Caminos 3

segunda edición

Niobe O'Connor
Amanda Rainger
Anneli McLachlan

Published in 2003 by:
Nelson Thornes Ltd
Delta Place
27 Bath Road
CHELTENHAM
GL53 7TH
United Kingdom

05 06 07 / 10 9 8 7 6 5 4 3 2

A catalogue record for this book is available from the British Library

First edition ISBN 0-7487-3898-3
Second edition ISBN 0-7487-7128-X

Printed and bound in China by Midas Printing International Ltd

Acknowledgements

The authors and publishers would like to thank the following for their assistance in preparing the first edition: Pilar Polo Gundín, Ian Blair, Jackie Milton, Judith O'Hare, the O'Connor family, the Rainger-Dingle family and Ken and Julie McAllister. They would also like to thank Anneli McLachlan for her work on this second edition and Emma Archard for her helpful comments throughout development.

Photographs
p15 (middle), 19, 58, 62, 118 (left and middle), 134, 139, 143 – Colette Thomson; p15 (top left), 41 (top middle and right, bottom left and right), 55 – Ron Wallace; p15 (top right and bottom), 41 (top left, bottom middle), 118 (right) –Niobe O'Connor; Penélope Cruz p37 – Frederic Injimbert/Famous; Enrique Iglesias p37 – Rudi Tucek/Famous; Juan Sebastian Verón p37 – John Walton/Empics; Rosa, Jorge and María p38 – Photodisk 75 (NT); Paco and Adriana p38 – Corbis; Natalia p39 – Corbis; Princess Diana p111 – Corel 654 (NT); Digital camera p122 – Corbis; Retiro Park, Madrid, p135 – Getty; Carlota p135, Roberto p170, Paloma p170, Juan Antonio p195 – Tom LeGoff/Digital Vision HU (NT); Maid making bed p171 – Corbis; Six teenagers p175 – Bananastock P (NT); Woman with car p178 – Corbis; Fitness trainer p194 – Corbis.

The authors and publishers acknowledge the use of the following copyright material: *Súper Pop*, Barcelona (photos, p42); © Michelin, from Map 990, 19th edition 1998, authorisation no.9811502 (map, p75); Consorcio Regional de Transportes de Madrid (metro plan, p76); Hostería de Pedraza, Segovia (text and photo, p83); Parador de Bielsa (text and photo, p83); Edicions Imatges, Lluis Real (postcard, p94); BBC (article based on information from *Voces Españolas*, p143).

Illustrations Jean de Lemos, John Crawford-Fraser, Peters and Zabransky and Angela Lumley
Designer Simon Hadlow, DP Press Ltd, Sevenoaks
Editor Naomi Laredo

Recordings Footstep Productions Ltd, recorded at Air Edel, London, with Azucena Durán, Javier Fernández-Peña, Ferrán Audi, Sergio Martínez-Burgos, Melisa Martínez, Jorge Peris Díaz-Noriega, Lidia Sarabia, Sara Lorenzo. *Producer*: Colette Thomson. *Engineer*: Simon Humphreys.

Front cover photography Main image – Towers of Sagrada Familia, Barcelona, Corel 546 (NT), Casa Lleo Morera, Barcelona (top) Corel 614 (NT), Aztec figure (middle) Corel 559 (NT), Alhambra Palace, Granada (bottom) Corel 564 (NT).

Índice de materias

Mapa de España

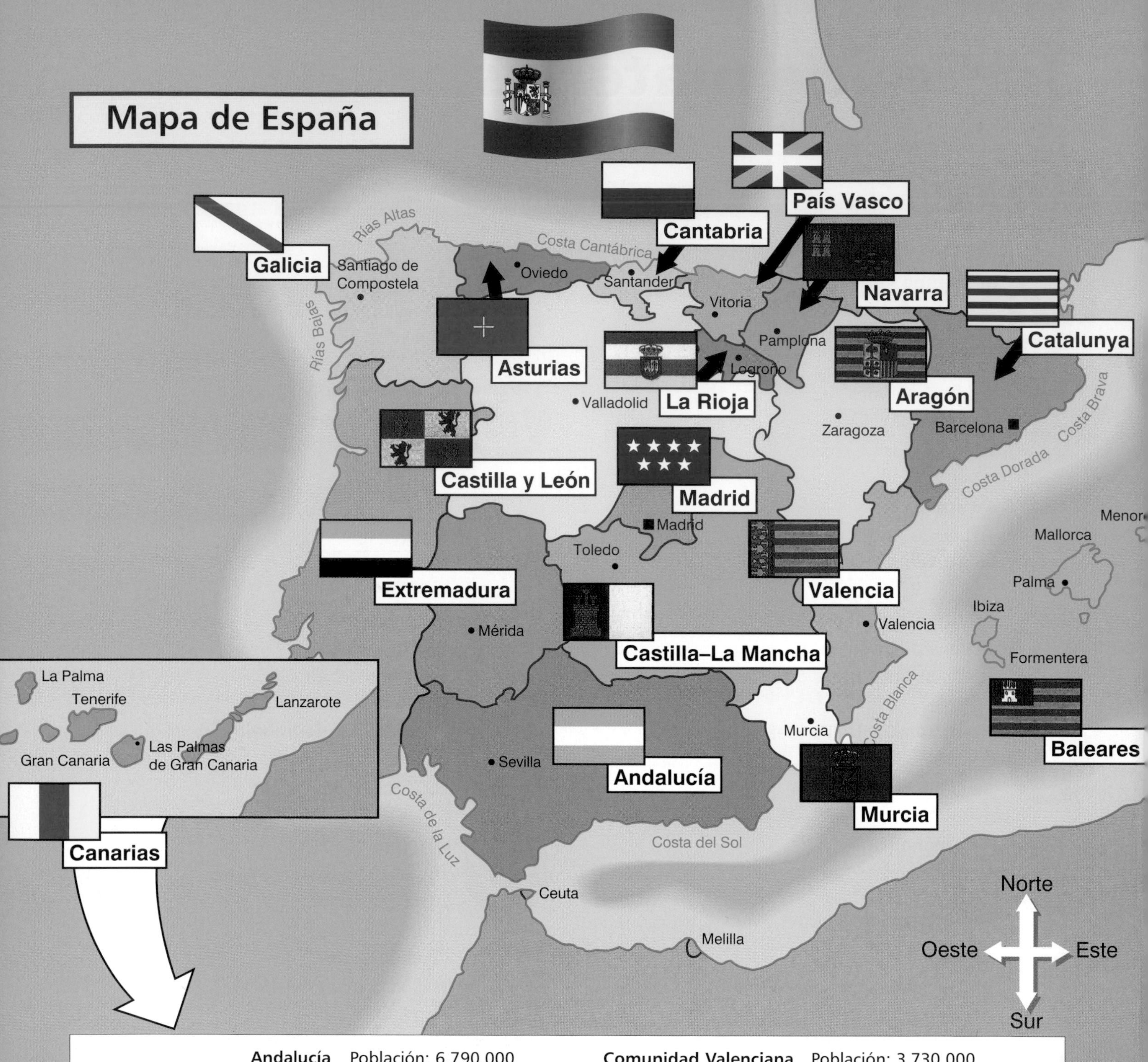

Andalucía	Población: 6.790.000 Capital: Sevilla	**Comunidad Valenciana**	Población: 3.730.000 Capital: Valencia
Aragón	Población: 1.800.000 Capital: Zaragoza	**Extremadura**	Población: 1.080.000 Capital: Mérida
Canarias	Población: 1.460.000 Capital: Las Palmas	**Galicia**	Población: 2.840.000 Capital: Santiago de Compostela
Cantabria	Población: 520.000 Capital: Santander	**Islas Baleares**	Población: 680.000 Capital: Palma
Castilla–La Mancha	Población: 1.670.000 Capital: Toledo	**Región de Murcia**	Población: 1.000.000 Capital: Murcia
Castilla y León	Población: 2.580.000 Capital: Valladolid	**La Rioja**	Población: 260.000 Capital: Logroño
Catalunya	Población: 5.970.000 Capital: Barcelona	**País Vasco**	Población: 2.130.000 Capital: Vitoria
Comunidad de Madrid	Población: 4.780.000 Capital: Madrid	**Principado de Asturias**	Población: 1.100.000 Capital: Oviedo
Comunidad foral de Navarra	Población: 510.000 Capital: Pamplona		

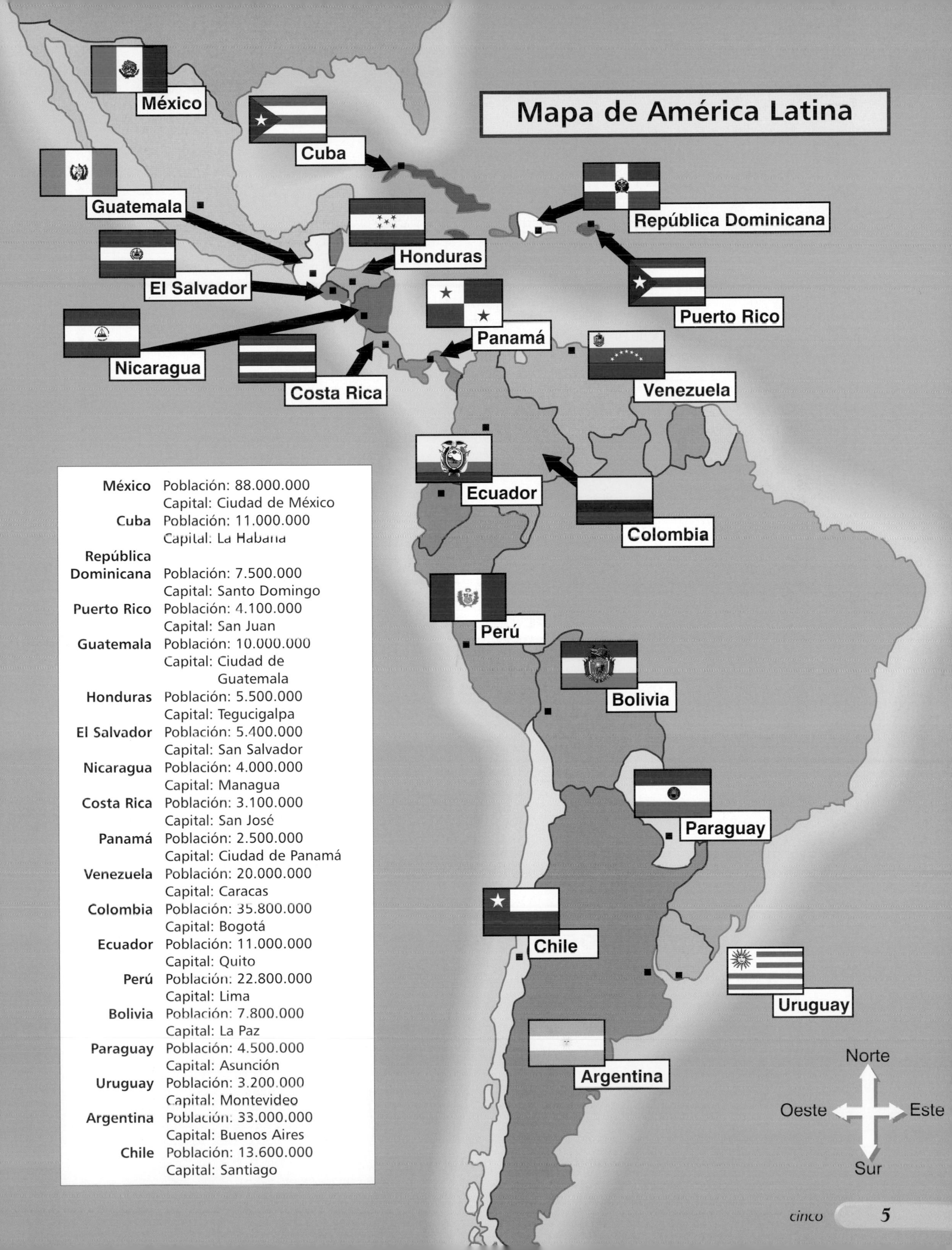

México	Población: 88.000.000 Capital: Ciudad de México
Cuba	Población: 11.000.000 Capital: La Habana
República Dominicana	Población: 7.500.000 Capital: Santo Domingo
Puerto Rico	Población: 4.100.000 Capital: San Juan
Guatemala	Población: 10.000.000 Capital: Ciudad de Guatemala
Honduras	Población: 5.500.000 Capital: Tegucigalpa
El Salvador	Población: 5.400.000 Capital: San Salvador
Nicaragua	Población: 4.000.000 Capital: Managua
Costa Rica	Población: 3.100.000 Capital: San José
Panamá	Población: 2.500.000 Capital: Ciudad de Panamá
Venezuela	Población: 20.000.000 Capital: Caracas
Colombia	Población: 35.800.000 Capital: Bogotá
Ecuador	Población: 11.000.000 Capital: Quito
Perú	Población: 22.800.000 Capital: Lima
Bolivia	Población: 7.800.000 Capital: La Paz
Paraguay	Población: 4.500.000 Capital: Asunción
Uruguay	Población: 3.200.000 Capital: Montevideo
Argentina	Población: 33.000.000 Capital: Buenos Aires
Chile	Población: 13.600.000 Capital: Santiago

¿Te acuerdas?

1 ¡Vamos al insti!

a Lee la lista de los artículos que necesitas para el insti. Divídela en dos partes: artículos para tu estuche / plumier, y artículos para tu mochila.

Ejemplo

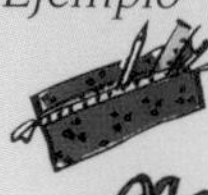

En mi estuche / plumier, tengo …
un boli

En mi mochila, tengo …

un boli
unos cuadernos
unas hojas de papel / unos folios
una agenda
unos lápices de color
unos rotuladores
un sacapuntas
una calculadora
una pluma
una goma
una regla
unos libros
un monedero
un compás
unas carpetas
un recambio de pluma

b Copia el cuadro y complétalo con *un, una, unos, unas*.

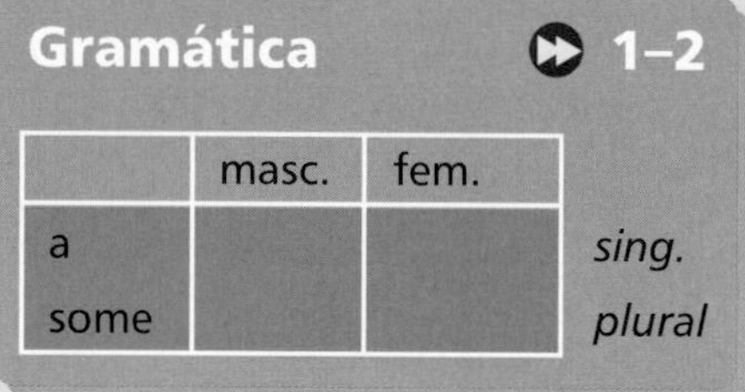

Gramática 1–2

	masc.	fem.	
a			*sing.*
some			*plural*

2 ¡Escuchad!

Lee lo que dice el profe, y estudia el cuadro. Completa sus frases con la palabra española correcta para *the*.

Ejemplo **1** el.

¡Escuchad! Este año es muy importante …
*¡Hay que aprender …**1**… vocabulario!*
*¡Hay que escuchar y leer …**2**… instrucciones atentamente!*
*¡Hay que traer …**3**… cuaderno o …**4**… carpeta a clase!*
*¡Hay que llegar con …**5**… estuche o …**6**… plumier!*
*También es importante traer …**7**… diccionario a clase.*
*¡Es muy importante no perder …**8**… hojas de vocabulario!*
*¡Y – súper importante – hay que hacer …**9**… deberes!*

Gramática 3–4

	masc.	*fem.*	
the	**el**	**la**	*sing.*
	los	**las**	*plural*

3 Los números al revés

a Copia y completa la lista de números al revés.

a doce	= 12	21	= veintiuno
b ochenta y uno	= 81	?	= dieciocho
c quince	= 15	51	= ?
d ?	= 27	72	= setenta y dos
e ?	= ?	?	= trescientos sesenta y siete
f ciento cuarenta y cinco	= ?	?	= ?
g ?	= ?	?	= dos mil setecientos noventa y uno

b Inventa cuatro más para tu compañero/a.

4 ¿Qué verbo?

Para cada cuadro **a–n** escribe el número **1–13** del verbo más apropiado. Utiliza cada verbo una sola vez. (¡Cuidado! Un cuadro no necesita un verbo.)

Ejemplo **1 k**.

1 ver	**2** montar	**3** hacer	**4** sacar	**5** salir	**6** dar	**7** ir
8 navegar	**9** andar	**10** practicar	**11** tocar	**12** jugar	**13** escuchar	

me chifla
me gusta
me da igual
detesto
odio
no aguanto

a fotos

b al baloncesto, al fútbol, al hockey, al squash, al voleibol, con el ordenador

c a caballo

d bailar, descansar, esquiar, nadar

e por Internet

f un paseo, una vuelta

g la radio, música

h con amigos, en pandilla

i atletismo, footing, piragüismo, vela, windsurf

j el alpinismo, el esquí, el ciclismo, la equitación, la informática, la natación

k la tele

l a la bolera, al campo, al cine, al parque de atracciones, a una corrida de toros, a una sala de fiestas, a la discoteca, al estadio de (fútbol), a la piscina, a la pista de hielo, a la playa, a la plaza de toros, al polideportivo, al zoo, de excursión, de pesca

m en bici(cleta) / moto

n la batería, la guitarra

5 ¿Y tú?

¿Qué pasatiempos te gustan? ¿Qué deportes odias? ¿Y por qué? Escribe un párrafo.

Ejemplo

No aguanto ver la tele porque es aburrido. Me chifla montar a caballo pero es caro …

porque	(no) es …	aburrido	divertido
pero	me parece que (no) es …	barato	educativo
		caro	emocionante
		competitivo	fácil
		difícil	relajado

1 Hablando de mí

1A ¡Pasa, pasa!

You will learn:
- to make and understand introductions
- to ask and understand where someone is from
- to talk about which languages people speak

Es el primer día del curso. Belén y Ana están en la recepción.

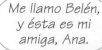

¡Mira!

¡Hola!
¡Pasa, pasa!

¿Qué tal?
Bien. ¿Y tú?
Muy bien.

Me llamo Belén, y ésta es mi amiga, Ana.
¡Hola!
¡Encantado!

¡Siéntate aquí!
Gracias.

¿Cómo te llamas?
Soy Raúl.

¿De dónde eres – de aquí, de Madrid?
No, soy de Barcelona. Y Ana también.

¿De qué nacionalidad eres? No eres español.
¡Sí, soy español! Pero mi madre es inglesa.
¿Raúl Valdés?

¡Hasta luego! ¡Ay, qué guapo es!
¡Eres imposible, Belén!

1 Los tres jóvenes

Empareja correctamente las frases 1–7 y las respuestas a–g.

Ejemplo **1 g**.

1 ¡Hola!
2 ¿Qué tal?
3 ¿Cómo te llamas?
4 Ésta es mi amiga.
5 ¿De dónde eres?
6 ¿De qué nacionalidad eres?
7 ¡Siéntate!

a Me llamo Belén.
b Encantado.
c Soy de Barcelona.
d Soy español.
e Muy bien. ¿Y tú?
f Gracias.
g ¡Hola!

2 ¿De qué nacionalidad eres?

Lee el cuadro de nacionalidades a la derecha. Copia y completa el cuadro correctamente.

Utiliza el diccionario. Busca el equivalente español de las nacionalidades **a–l**. Escribe en la forma masculina *(m)* y femenina *(f)*.

Ejemplo **a** Dutch: holandés *(m)*, holandesa *(f)*

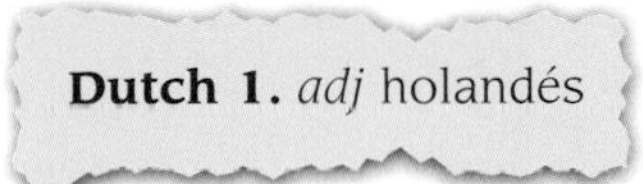
Dutch 1. *adj* holandés

a Dutch	**e** Swedish	**i** Greek
b British	**f** Norwegian	**j** Swiss
c Portuguese	**g** Chinese	**k** Indian
d African	**h** Moroccan	**l** Australian

Gramática 13–14

(m)	*(f)*
español	española
alemán	alemana
catalán	catalan_
escocés	escocesa
francés	franc_ _ _
galés	gal_ _ _
ingl_ _	inglesa
irland_ _	irlandesa
italiano	italiana
americano	american_
gallego	galleg_
vasc_	vasca
pakistaní	pakistaní
canadiense	canadiense

3 En un grupo de tres 

Adapta la escena en la recepción (actividad 1): elige otros nombres y nacionalidades.

Haz la escena de memoria.

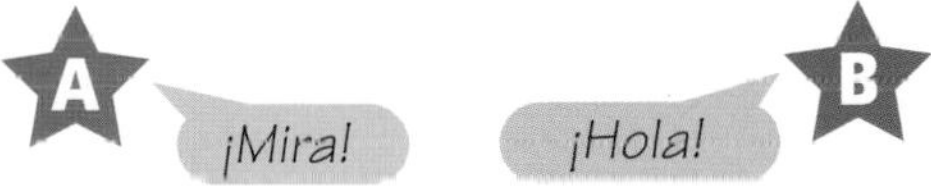

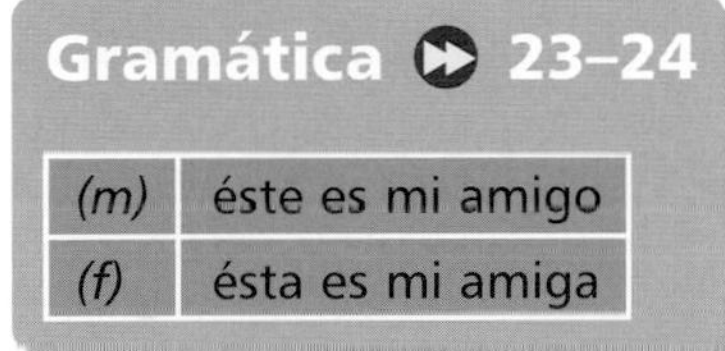

Gramática 23–24

(m)	éste es mi amigo
(f)	ésta es mi amiga

4 ¿Tú o usted?

Mira el cuadro a la derecha. Lee las frases **1–6**. Decide si la *persona en cursiva* dice *tú* o *usted*.

Ejemplo **1** tú.

1. *Un joven* – a una joven
2. *Una chica* – a su padre
3. *Una joven* – a un profesor
4. *Una profesora* – a un chico
5. *Un padre* – a un amigo
6. *Una madre* – a la directora del instituto

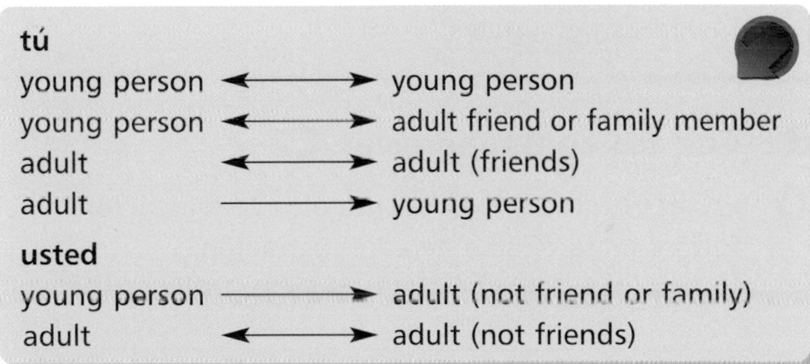

tú

young person	←→	young person
young person	←→	adult friend or family member
adult	←→	adult (friends)
adult	→	young person

usted

young person	→	adult (not friend or family)
adult	←→	adult (not friends)

5 En la escuela de idiomas

Escucha las conversaciones **1–6** en la escuela de idiomas. ¿La situación es formal *(usted)* o informal *(tú)*? Escribe **F** (formal) o **I** (informal).

Ejemplo **1** F.

Apunta también la nacionalidad de la persona entrevistada.

Ejemplo **1** F, española.

6 En la oficina de la administración

Iñaki es otro participante del curso. Lee la conversación y rellena los espacios en blanco correctamente.

Ejemplo **1** dónde.

en	Soy
días	dónde
gusto	poco
nacionalidad	

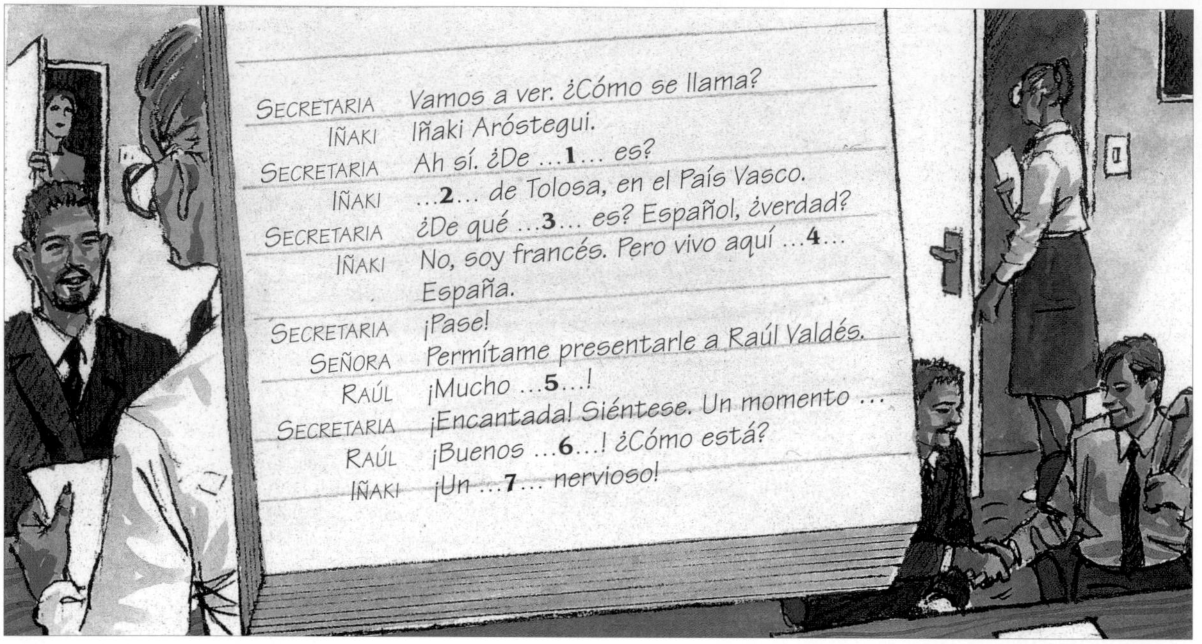

SECRETARIA Vamos a ver. ¿Cómo se llama?
IÑAKI Iñaki Aróstegui.
SECRETARIA Ah sí. ¿De ...1... es?
IÑAKI ...2... de Tolosa, en el País Vasco.
SECRETARIA ¿De qué ...3... es? Español, ¿verdad?
IÑAKI No, soy francés. Pero vivo aquí ...4... España.
SECRETARIA ¡Pase!
SEÑORA Permítame presentarle a Raúl Valdés.
RAÚL ¡Mucho ...5...!
SECRETARIA ¡Encantada! Siéntese. Un momento ...
RAÚL ¡Buenos ...6...! ¿Cómo está?
IÑAKI ¡Un ...7... nervioso!

7 La ficha

a Tú eres el / la secretaria. Copia y rellena la ficha de Iñaki correctamente.

b Haz otra ficha. Rellena la ficha con tus datos personales.

Apellido: ....

Nombre: ....

Domicilio: ....

Nacionalidad: ....

8 Con tus compañeros/as

En un grupo de tres, inventa otra conversación formal en la oficina de administración. Utiliza la actividad 6 como modelo. Utiliza *usted*.

tú (informal)	*usted (formal)*	*(yo)*
¡Pasa!	¡Pase!	Gracias
¡Hola!	Buenos días	Hola / Buenos días
¿Qué tal?	¿Cómo está usted?	(Bien) ¿Y tú? / ¿Y usted?
Siéntate	Siéntese	Gracias
¿Cómo te llamas?	¿Cómo se llama (usted)?	Me llamo ... / Soy ...
¿De dónde eres?	¿De dónde es (usted)?	Soy de (Manchester)
¿De qué nacionalidad eres?	¿De qué nacionalidad es (usted)?	Soy (galés, inglesa ...)
Éste / Ésta es ...	Permítame presentarle a ...	Mucho gusto / Encantado/a

1.1 La ensalada de nacionalidades

9 Los idiomas de España

Lee el artículo. Haz las actividades **a**, **b** y **c**.

a Copia el mapa y complétalo con los idiomas de España, y el número de hablantes de cada idioma.

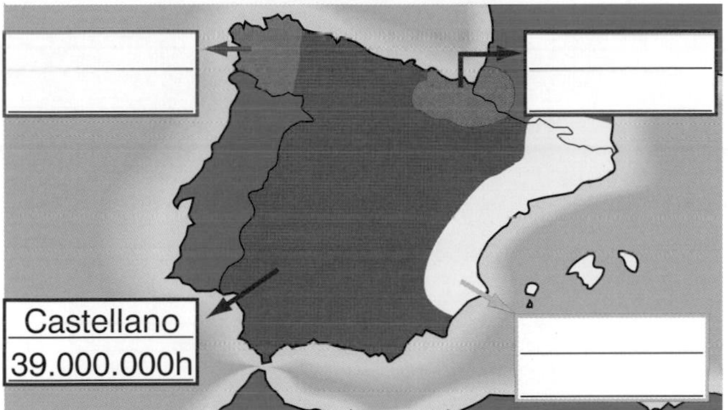

b Rellena los espacios en blanco con el nombre del idioma correcto. Todos están *en cursiva* en el artículo.

Otro nombre para el español es el …**1**… .

El …**2**… es parecido al portugués.

Otro nombre para el vasco es el …**3**… .

Hay también variantes del …**4**… .

El …**5**… no tiene su raíz en el latín.

Aranzazú aprende …**6**… en el instituto.

c Adapta la entrevista con Aranzazú. Haz las preguntas a tu compañero/a y contesta a él / ella.

El idioma oficial nacional de España es el español o el *castellano*, nombre que se da al español dentro de España. Antiguamente, fue el idioma de la región de Castilla en el centro de España. Pero no es el único idioma que se habla. De los treinta y nueve millones que hablan castellano, más de doce millones de españoles son bilingües – es decir, hablan dos idiomas.

En el noreste del país se habla *catalán*, que se parece un poco al francés. En las Islas Baleares y en la comunidad de Valencia se hablan dialectos del catalán. En total, ocho millones de españoles hablan catalán o una de sus variantes. En la región de Galicia, tres millones y medio de personas hablan *gallego* (parecido al portugués). El gallego y el catalán, igual que el castellano, tienen sus raíces en el latín.

Pero el *vasco* o – como se dice en el País Vasco – el *euskera* es un idioma muy antiguo que no tiene raíz latina, y no se parece a ningún otro idioma europeo. Unos ochocientos mil habitantes lo hablan, y otros muchos al otro lado de los Pirineos en Francia.

Aranzazú es una joven vasca de dieciséis años:

– Aranzazú, ¿cuántos idiomas hablas?
– Hablo tres idiomas.
– ¿Cuáles son?
– Castellano y vasco, y también aprendo *inglés* en el instituto.
– ¿Hablas bien inglés?
– Lo hablo mal, pero lo entiendo y lo escribo bien.
– ¿Cuánto tiempo hace que aprendes inglés?
– Lo aprendo desde hace cuatro años.

10 ¿Qué idiomas hablas?

Escucha las cinco entrevistas **a–e**. Copia y completa el cuadro con los detalles necesarios.

	También hablo …	Aprendo …	Dominio	Años de estudio
a	vasco	francés	lo hablo bien, lo escribo mal	4 años
b				

Gramática

61

¿Cuántos idiomas habla(s)? ¿Cuáles son?	Hablo (tres) idiomas: (…) y (…) y aprendo (…)
¿Habla(s) / Entiende(s) / Escribe(s) bien (inglés)?	Lo hablo / entiendo / escribo un poco, bien, mal
¿Cuánto tiempo hace que aprende(s) (inglés)?	Lo aprendo desde hace (dos) años

1.2 La carta de Luciana

1B Los datos personales

You will learn:
- to give and ask for personal details
- to spell your name and ask others to spell theirs

Raúl y Ana están en la recepción, rellenando los formularios para matricularse.

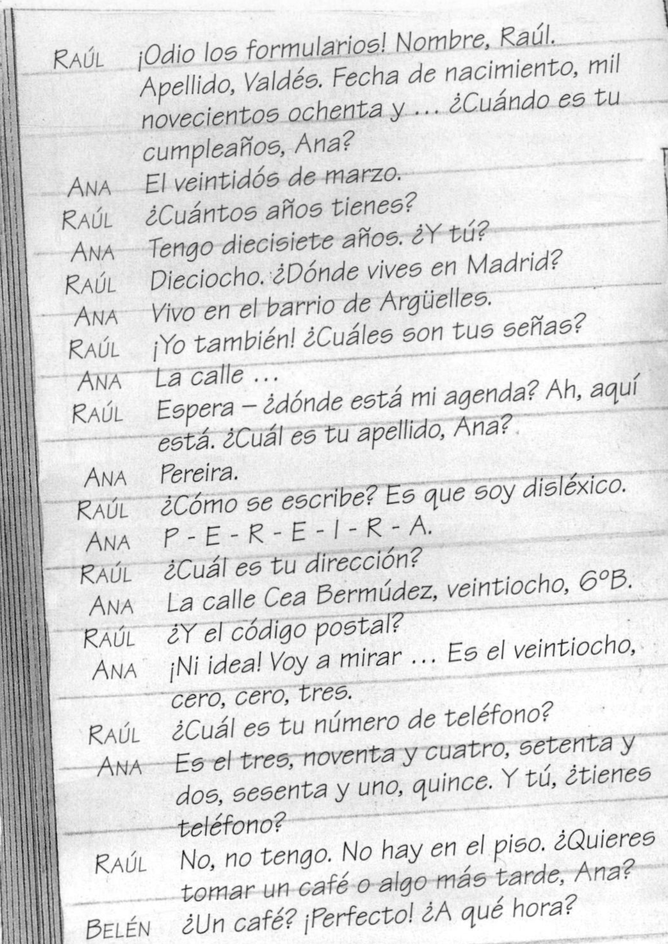

RAÚL ¡Odio los formularios! Nombre, Raúl. Apellido, Valdés. Fecha de nacimiento, mil novecientos ochenta y … ¿Cuándo es tu cumpleaños, Ana?
ANA El veintidós de marzo.
RAÚL ¿Cuántos años tienes?
ANA Tengo diecisiete años. ¿Y tú?
RAÚL Dieciocho. ¿Dónde vives en Madrid?
ANA Vivo en el barrio de Argüelles.
RAÚL ¡Yo también! ¿Cuáles son tus señas?
ANA La calle …
RAÚL Espera – ¿dónde está mi agenda? Ah, aquí está. ¿Cuál es tu apellido, Ana?
ANA Pereira.
RAÚL ¿Cómo se escribe? Es que soy disléxico.
ANA P - E - R - E - I - R - A.
RAÚL ¿Cuál es tu dirección?
ANA La calle Cea Bermúdez, veintiocho, 6ºB.
RAÚL ¿Y el código postal?
ANA ¡Ni idea! Voy a mirar … Es el veintiocho, cero, cero, tres.
RAÚL ¿Cuál es tu número de teléfono?
ANA Es el tres, noventa y cuatro, setenta y dos, sesenta y uno, quince. Y tú, ¿tienes teléfono?
RAÚL No, no tengo. No hay en el piso. ¿Quieres tomar un café o algo más tarde, Ana?
BELÉN ¿Un café? ¡Perfecto! ¿A qué hora?

1 Raúl y Ana

Hay un error en cada frase a–g. Corrígelas.

Ejemplo **a** Mi apellido es **Pereira**.

a Mi apellido es Ana.
b Se escribe P - E - R - I - R - A.
c Tengo dieciséis años.
d Mi cumpleaños es el primero de marzo.
e Vivo en la calle Cea Bermúdez, número 18.
f El código postal es 28032.
g Mi número de teléfono es el 394 62 61 15.

Lee el resumen. Escribe *Raúl*, *Ana* o *Belén* en el lugar correcto.

Ejemplo **1** Ana.

Raúl descubre que …**1**… vive cerca, y quiere sus señas y su número de teléfono. Detrás de la puerta, …**2**… escucha la conversación. Raúl invita a …**3**… a tomar algo más tarde. Pero …**4**… no está contenta con este plan – es ella quien quiere salir con …**5**… .

2 Detalles personales

a Lee las respuestas **a–g** de la actividad 1 otra vez. ¿Cuáles son las preguntas posibles? Lee otra vez la conversación entre Raúl y Ana, y escribe una lista. (A veces, hay dos preguntas posibles.)

Pregunta(s)	Respuesta
¿Cuál es tu apellido?	**a** Mi apellido es Pereira.

b Trabaja con tu compañero/a. Haz las preguntas de tu lista, y adapta las respuestas.

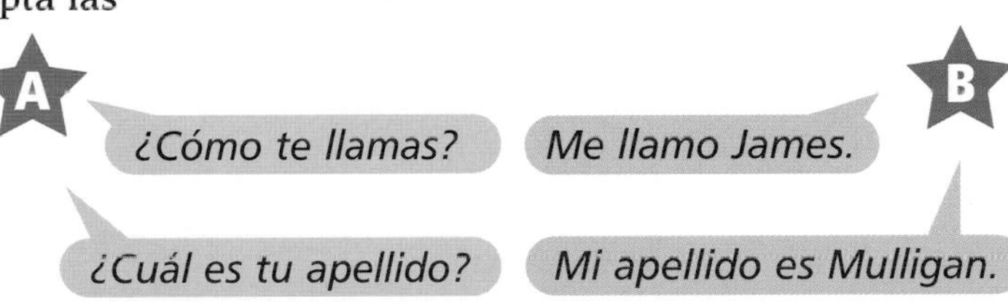

A
B
¿Cómo te llamas?
Me llamo James.
¿Cuál es tu apellido?
Mi apellido es Mulligan.

3 En la radio: ¿cuál es la fecha de …?

Escucha el concurso en la radio. Apunta las fechas **1–6**.

Ejemplo **1** 12.4.1961.

4 Las señas

a Mucha gente vive en pisos o apartamentos. Con tu compañero/a, busca las palabras para *first* etc. en el diccionario. ¡Tienes cinco minutos!

b Escucha los extractos **1–5**. Escribe la dirección de cada persona.

Ejemplo **1** Calle Caracas 14, 6ºC.

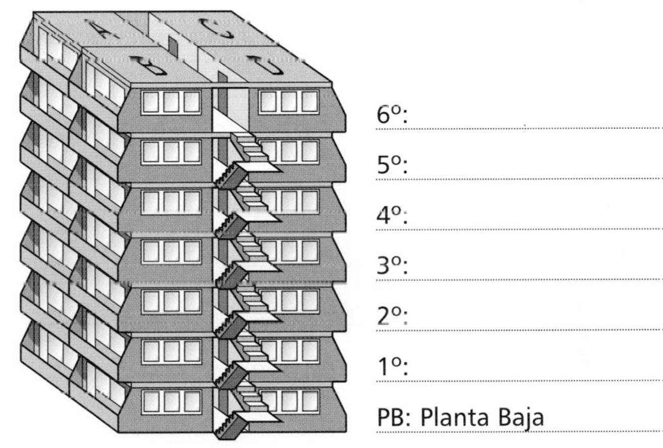

5 La secretaria contesta el teléfono

a Escucha la conversación y lee las preguntas **1–6**. Rellena cada espacio en blanco con *su*, *sus* o *tiene*.

Ejemplo **1** su.

Apunta también la respuesta.

Ejemplo **1** su, María.

1 ¿Cuál es … nombre?
2 ¿Cómo se escribe … apellido?
3 ¿Cuántos años …?
4 ¿Cuál es … fecha de nacimiento?
5 ¿Cuáles son … señas?
6 ¿… teléfono?
7 ¿Cuál es … número de teléfono?

b Lee otra vez la conversación entre Ana y Raúl (actividad 1). Copia y completa el cuadro.

Gramática 21

singular	*plural*	
?	mis	my
?	?	your *(informal, familiar)*
su	sus	your *(formal, polite)*, his, her

1.3 Pregunta y contesta

6 Las otras voces de Guatemala

a Lee los fragmentos **1–9** de la entrevista con Marisol. Utiliza el diccionario, si es necesario.

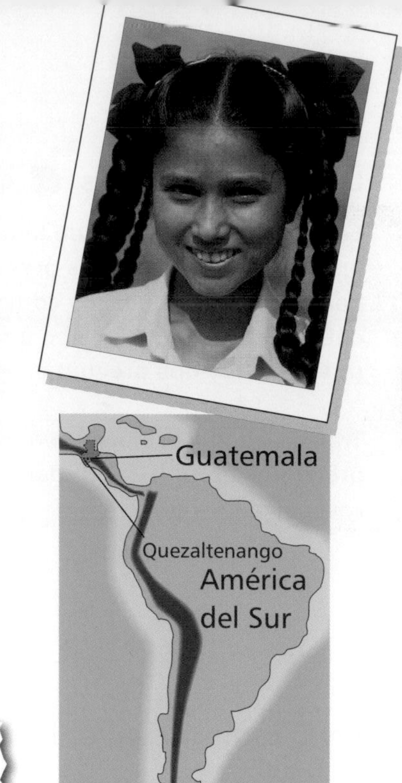

1. Es el veintidós de enero.
2. Soy de un pueblo de la sierra, que se llama Quezaltenango.
3. Tengo quince años.
4. No tenemos agua, y no hay saneamiento ni electricidad. ¡Claro que no tenemos teléfono!
5. Mi apellido es Ayensu.
6. ¡No tengo! Mi barrio es muy pequeño: sólo hay dos calles.
7. Vivo en la ciudad de Guatemala. Mi barrio está situado en las afueras, cerca de un basurero enorme.
8. Me llamo Marisol.
9. Soy guatemalteca, pero mi familia es de raza india maya.

b Empareja cada dibujo **1–6** con la palabra correcta del cuadro.

Ejemplo **1** la sierra.

1  2 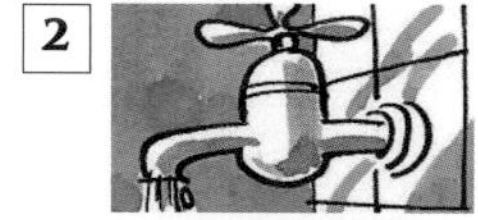 3 

4 5 6 

saneamiento	el agua
electricidad	la sierra
un basurero	india maya

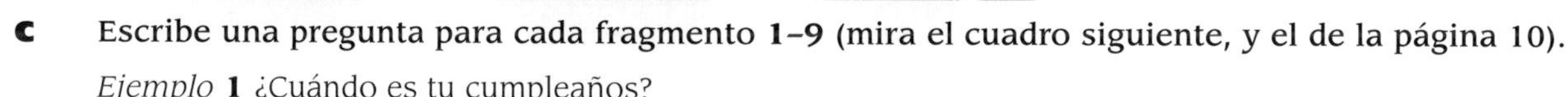

c Escribe una pregunta para cada fragmento **1–9** (mira el cuadro siguiente, y el de la página 10).

Ejemplo **1** ¿Cuándo es tu cumpleaños?

d Lee las frases **1–6**. Decide si cada frase es verdad (V) o mentira (M).

Ejemplo **1** V.

1 Marisol vive en Guatemala.
2 Vive en el centro de la ciudad.
3 Hay un basurero cerca del barrio.
4 El barrio es enorme.
5 Marisol vive en un barrio rico.
6 El barrio no tiene servicios básicos.

7 Te toca a ti

Prepara tus respuestas personales a las preguntas del cuadro siguiente. Haz una versión escrita.

tú (informal)	*yo*
¿Cuántos años tienes?	Tengo … años
¿Cuándo es tu cumpleaños?	Es el (once) de (mayo)
¿Cuál es tu nombre / apellido?	Mi nombre / apellido es …
¿Cómo se escribe?	Se escribe (A …)
¿Dónde vives?	Vivo en (Madrid)
¿Cuál es tu dirección? / ¿Cuáles son tus señas?	La calle / avenida (Sur), número (8), (6ºB)
¿Cuál es el código postal?	Es (77110)
¿Tienes teléfono? ¿Cuál es tu número de teléfono?	No, lo siento / Sí. Es el (245 18 73 56)

¿Cuánto tiempo hace que vives en la capital, Paloma?

He vivido en Madrid toda la vida. Pero vine aquí a este barrio con mi familia hace dos años.

¿Dónde naciste?

Nací en el barrio de Chamartín, al norte.

¿Cuándo nació usted, señora?

Nací el doce de octubre, de mil novecientos veintidós.

¿Dónde nació? ¿Aquí en la capital provincial de Granada?

No, en un pueblo al lado del mar, al sur.

¿Cuánto tiempo hace que vive aquí en este barrio?

Vivo aquí desde hace treinta años.

8 ¿Cuándo y dónde?

a Lee las dos entrevistas y las frases 1–6. ¿Quién es: Paloma o la señora?

Ejemplo **1** Paloma.

1 Es nativa de Madrid.
2 Nació en los años veinte.
3 Nació en la costa.
4 No es nativa de la capital.
5 Nació hace muchos años.
6 Vive en el barrio desde hace dos años.

b Túrnate con tu compañero/a para preguntar y contestar a estas tres preguntas:

¿Cuándo naciste? *¿Dónde naciste?* *¿Cuánto tiempo hace que vives aquí en este barrio?*

9 Las dos entrevistas 

Utiliza la información siguiente para hacer dos entrevistas. Utiliza *usted* en la entrevista con la señora Najem y *tú* en la entrevista con Álvaro. Haz también una versión escrita.

Apellido: Najem
Nombre: Moma
Fecha de nacimiento: 24.6.60
Lugar de nacimiento: Dakhla
Domicilio: La Ayoun (25 años)

Apellido: Cuevas Vidal
Nombre: Álvaro
Fecha de nacimiento: 15.9.81
Lugar de nacimiento: Sevilla
Domicilio: Sevilla

A: *¿Cómo se llama usted?*

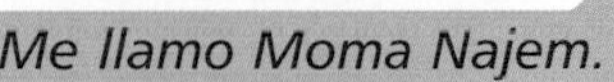

B: *Me llamo Moma Najem.*

A: *¿Cuándo nació usted?*

¿Cuándo naciste *(tú)* / nació (usted)?	Nací el 7 de (mayo) de mil novecientos (setenta y uno)
¿Dónde naciste *(tú)* / nació (usted)?	Nací en (Irún) en el (norte) / Soy nativo/a de …
¿Cuánto tiempo hace que vive(s) en (…)?	Vivo allí desde hace (cinco) años
	He vivido aquí toda la vida / Vine aquí hace (dos) años

2 Mi tiempo libre

2A ¿Eres deportista?

You will learn:
- to talk about the sports that you like and dislike
- to talk about healthy lifestyles
- to describe a sporting event you have attended

En el polideportivo …

Ana, Raúl, mirad la lista de deportes … ¡Es fenomenal! Mmmm, a ver … ¿Eres deportista, Raúl? ¿Quieres jugar al hockey … conmigo?
¡Uf! No juego al hockey. No me gustan mucho los deportes de equipo …
Yo también odio los deportes de equipo.

Hmm. ¿Prefieres los deportes individuales, Raúl? ¿Te gusta practicar el alpinismo … o hacer footing?
No practico el alpinismo y no hago footing. ¿Y tú, Ana? ¿Te gusta correr?
No, no corro.

Pues, ¿qué tipo de deportes prefieres, Raúl?
Prefiero practicar los deportes acuáticos …
Ah … ¿haces vela o windsurf? A mí me chiflan …
No exactamente … es que … me gusta bañarme … y pescar.
¡Nadar y hacer pesca!
A decir verdad, no soy muy deportista …

Yo no soy nada deportista, pero los viernes voy a la pista de hielo.
¿A la pista de hielo? … A mí también me chifla patinar. ¿Puedo ir contigo?

1 ¿Qué tipo de deporte?

Haz una lista de los deportes arriba mencionados. Apunta E para los deportes de equipo, I para los individuales, y A para los acuáticos.

Ejemplo el hockey – E.

2 ¿Qué deportes practicas?

¿Quién lo dice? ¿Belén, Ana o Raúl?

Ejemplo **a** Raúl.

a No juego al hockey.
b Sí, practico algunos deportes acuáticos.
c Me chifla hacer vela.
d Sí, me encanta; voy allí los viernes.
e No hago footing.
f No corro.

3 Una conversación

Empareja las preguntas con las respuestas de la actividad 2.

Ejemplo **1 c**.

1 ¿Haces vela?
2 ¿Quieres jugar al hockey?
3 ¿Te gusta hacer footing?
4 ¿Te gusta correr?
5 ¿Prefieres practicar deportes acuáticos?
6 ¿Te gusta ir a la pista de hielo?

4 ¿Deportista o no?

¿Qué dice Pablo? ¿Verdad (M) o mentira (V)?

Ejemplo **1** V.

1 Soy muy deportista.
2 Soy aficionado al fútbol.
3 Practico algunos deportes.
4 Soy hincha del Real Madrid.
5 Cuando juega en casa, veo el partido en la tele.
6 Cuando juega fuera, veo el partido en directo.
7 Cuando marca un gol, me encanta.
8 Cuando pierde, lo paso bomba.

Corrige las frases mentirosas.

5 Cómo cambiar tu estilo de vida ...

Pablo no juega al fútbol, prefiere ver los partidos ... ¿Qué tiene que hacer para cambiar su estilo de vida? Lee los consejos y empareja las dos partes de cada frase.

Ejemplo **1 d**.

1 Se debe comer	**a** controlar el estrés.
2 No se debe beber	**b** una cantidad de agua.
3 Es importante	**c** deporte regularmente.
4 Se debe beber	**d** menos dulces.
5 Hay que hacer	**e** demasiado alcohol.

Un estilo de vida sano – 8 saltos adelante

- Hay que hacer ejercicio tres veces o más cada semana: hacer footing o jugar al hockey, practicar deportes de equipo o deportes individuales.
- Hay que tomar ocho vasos de agua cada día.
- Hay que consumir muy pocas pastillas o refrescos, y reducir las grasas en la dieta.
- Hay que dormir ocho horas cada noche.
- Hay que beber muy poco café.
- Hay que relajarse y evitar el estrés.
- No fumar.
- Hay que limitar el alcohol.

Así tendrás más vitalidad ...

OHT 2 ¿Qué haces en tus ratos libres? 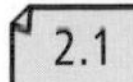 2.1 En el polideportivo 2.2 ¿Qué tipo de deportes prefieres?

6 Un partido de fútbol

Lee el mensaje de Javier y rellena la ficha en español.

<u>Soy hincha del</u> Real Madrid. <u>El fin de semana pasado, vi</u> el partido entre el Real Madrid y el Barcelona aquí <u>en</u> Madrid. <u>Fue</u> muy divertido. <u>El ambiente era</u> electrizante. <u>Me gusta mucho</u> ver el fútbol en directo.

En el primer tiempo el Real Madrid marcó un gol y en el segundo tiempo marcó dos, pero había un incidente muy desagradable entre un jugador del Barça y nuestro portero, y el portero recibió una tarjeta roja. ¡Qué horror! No era justo. Estaba enfadado con el árbitro después del partido.

<u>El juego era</u> fenomenal pero la tarjeta roja ... ¡qué desastre para el portero de mi equipo! ¿<u>Te apetece</u> ver el próximo partido conmigo?

Javier

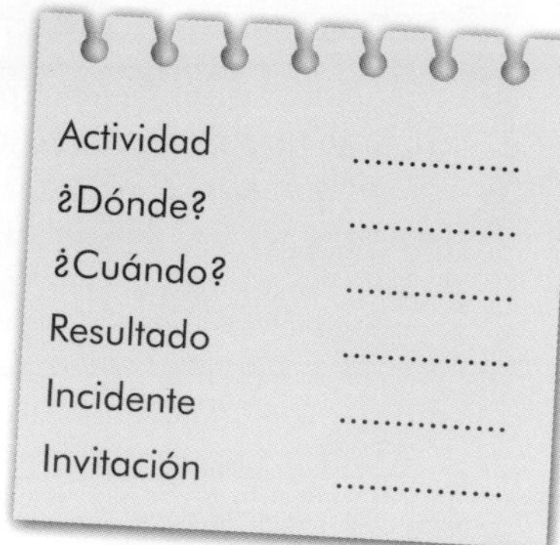
Actividad ....
¿Dónde? ....
¿Cuándo? ....
Resultado ....
Incidente ....
Invitación ....

Can you remember how to form the preterite tense?
For a reminder, see Grammar 41.

7 ¿Qué hiciste el fin de semana pasado?

Contesta al mensaje de Javier. Utiliza las frases <u>subrayadas</u> de la actividad 6.

8 Entrevista personal

Haz una entrevista con tu compañero/a, tu profe o el / la auxiliar de lengua. Utiliza el cuadro como modelo.

Ejemplo ¿Es deportista? Sí, soy deportista.

¿Eres / Es deportista?	Sí / No, (no) soy (muy / nada) deportista
¿Qué tipo de deportes te / le gusta?	Prefiero los deportes individuales / de equipo / acuáticos
¿Qué deportes practica(s)?	Me gusta hacer (atletismo) / Hago (windsurf) Me chifla jugar al (hockey) / Juego al (fútbol) Odio (correr) / (Corro)
¿Eres / Es aficionado/a a algún deporte?	Soy aficionado/a al (atletismo)
¿Qué deportes te / le gusta ver?	Me gusta ver (el golf) en la tele / en directo
¿Eres / Es hincha de algún equipo?	Soy hincha del (Manchester United)
¿Qué hace(s) por tu / su equipo?	Voy a sus partidos Veo sus partidos en la tele cuando juega fuera / en casa

Be careful with articles!
juego **al, a la** ...
practico **el, la** ...
hago ...

9 ¿Eres aficionado? 

¿Eres aficionado/a a algún deporte o hincha de algún equipo? Prepara algunas frases, utilizando el cuadro y tus respuestas de la actividad 8.

Ejemplo

Soy deportista. Soy aficionada al tenis y al golf ...

10 Una carta  

Lee la carta que Belén escribe a Miguel Ángel, su corresponsal guatemalteco. Empareja las preguntas **1–6** con las respuestas **a–f**.

Ejemplo **1 e**.

Madrid
Viernes

Querido Miguel Ángel:

Hola. ¿Qué tal la ciudad de Guatemala? ¿Y qué tal el instituto?

Como sabes, soy muy deportista y soy miembro de un equipo de rugby femenino. Jugamos muchos partidos. Normalmente entrenamos tres veces a la semana. Nadamos y practicamos el ciclismo. ¿Y tú? ¿Eres miembro de algún equipo? ¿Cuántas veces a la semana entrenáis?

También soy socia de un club de tenis. Nos reunimos todos los sábados por la tarde. Aprendemos muchas cosas. La semana pasada ganamos la copa de plata. ¿Y tú? ¿Eres socio de algún club? ¿Qué hacéis? ¿Habéis ganado algún trofeo? ¿Cuántas veces a la semana os reunís?

Escríbeme pronto.

Belén

1 ¿Eres miembro de un equipo?
2 ¿Eres socio de algún club?
3 ¿Cuántas veces a la semana os reunís?
4 ¿Cuántas veces a la semana entrenáis?
5 ¿Qué hacéis?
6 ¿Habéis ganado algún trofeo?

a Todos los sábados por la tarde.
b Este año ganamos una copa.
c Sí, y cuando nos reunimos aprendemos muchas cosas.
d Practicamos la natación y montamos en bici.
e Sí, porque juego para mi colegio.
f Tres veces, generalmente.

11 La respuesta

Escucha a Miguel Ángel. ¿Cómo contesta a las preguntas de la actividad 10?

a Apunta sus respuestas.

Ejemplo Soy miembro de un equipo de ping-pong.

b Utiliza tus notas para escribir la carta de Miguel Ángel.

12 Te toca a ti

Túrnate con tu compañero/a para preguntar y contestar, utilizando las preguntas y el cuadro.

No, no soy miembro de ningún equipo
Sí, soy socio/a de un club de tenis
Nos reunimos todos los (viernes) por la tarde
Entrenamos (dos) veces a la semana
Jugamos al …, practicamos el … / la …, aprendemos a …, hacemos …
La semana pasada / Este año / Hace (dos) años gané / ganamos la copa / el trofeo de …

13 ¿Y tú?

Utiliza las preguntas de la actividad 10 y el cuadro de arriba para escribir una carta a un amigo / una amiga.

2B ¿Qué te gusta hacer en tus ratos libres?

You will learn:
- to talk about your hobbies and ask others about theirs
- to ask and say when and how often you do things

Hola, Raúl. ¿Tienes una carta? ¿Me das el sello? Me gusta mucho coleccionar sellos.
¿Qué otras cosas te gusta hacer en tus ratos libres?

Pues … el fin de semana me gusta guisar.
¿Guisar? Mmm. ¿Qué cocinas?
La cocina Inglesa
Me interesa mucho cocinar platos ingleses.
¡Qué raro!

Y … en invierno, cuando hace mal tiempo, me chifla jugar con videojuegos o ver vídeos de películas antiguas. O jugar a los naipes con mi familia.
¿A los naipes? Yo no sé jugar a las cartas, pero me gusta jugar al ajedrez.

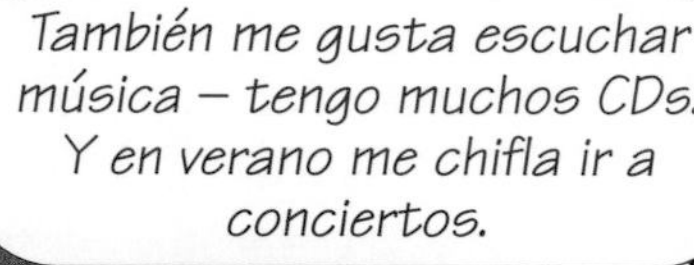

También me gusta escuchar música – tengo muchos CDs. Y en verano me chifla ir a conciertos.
¿Qué instrumento prefieres?
El piano. Me chifla tocar el piano y el teclado también. ¿Y tú?
No toco ningún instrumento musical, pero en verano, cuando hace buen tiempo, me interesa pintar.
¿Pintar? ¿Al óleo o a la acuarela?
A la acuarela. Odio pintar al óleo.

¿Quieres ir a un concierto conmigo?
¿Quieres ir al museo de arte conmigo?
¡Ana!, ¡Raúl! ¿Adónde vais? ¿Queréis venir a entrenar con nosotros?
Eh … No gracias.
Vamos al museo de arte.
Vamos a un concierto.
¡Oh!

1 Los pasatiempos

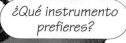

Escucha y lee.

◆ **Haz una lista de los pasatiempos.**
Ejemplo coleccionar sellos.

♣ **Apunta también si le gusta a Ana o a Raúl.** *Ejemplo*

	Ana	Raúl
coleccionar sellos	✓	

2 Juego de memoria

Mira la lista de la actividad 1 y la página 7. Trabaja con tu compañero/a.
Hay que cerrar los libros.

Me gusta coleccionar sellos …

Me gusta coleccionar sellos y escuchar la radio …

3 Unas frases útiles Repaso

Busca en la sección de vocabulario o el diccionario si es necesario.

¿Cómo se dicen estas frases en español?

on Fridays	on Sunday mornings
on Saturday afternoons	on Monday nights
at the weekend	in summer
in winter	in good weather
in bad weather	

¿Qué más? ¿Te acuerdas de otras frases?
Ejemplo en primavera.

4 ¿Qué haces y cuándo lo haces?

Escucha a las personas 1–5 en el club juvenil. ¿Qué pasatiempos tienen? Apunta una letra para cada persona.
Ejemplo **1 e**.

Escucha otra vez. ¿Cuándo lo hacen?
Ejemplo **1 e**, el fin de semana.

a Construyo maquetas de coches.
b Juego al ajedrez.
c Escucho CDs.
d Colecciono llaveros.
e Cocino platos típicos.
f Pinto al óleo.

Is it a verb? … Does it end in practic**ar**? corr**er**? escrib**ir**? Then it's an infinitive!

Odio tocar el piano
Me gusta corr**er**
Me chifla escrib**ir** cartas

me interesa, odio and detesto, me gusta, me chifla and prefiero are always followed by an infinitive!

5 ¿Qué te gusta hacer? 2.3

Túrnate con tu compañero/a.

¿Qué te interesa hacer en tus ratos libres?

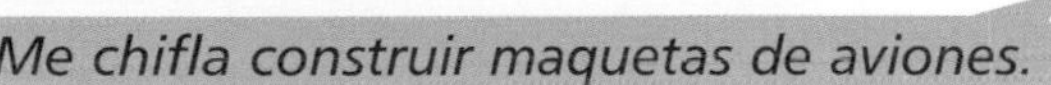

Me chifla construir maquetas de aviones.

¿Qué otras cosas te gusta hacer?

Añade cuándo prefieres hacerlo.

Prefiero ir a conciertos en verano.

¿Qué te gusta hacer?

6 El correo de Ana

Ana escribe un mensaje a su corresponsal guatemalteca. Rellena los espacios en blanco, utilizando los verbos del cuadro.

Ejemplo **1** hacer.

tengo
salgo
cocinar
hacer
voy
prefiero
ir
Como
llego
escuchar
jugar

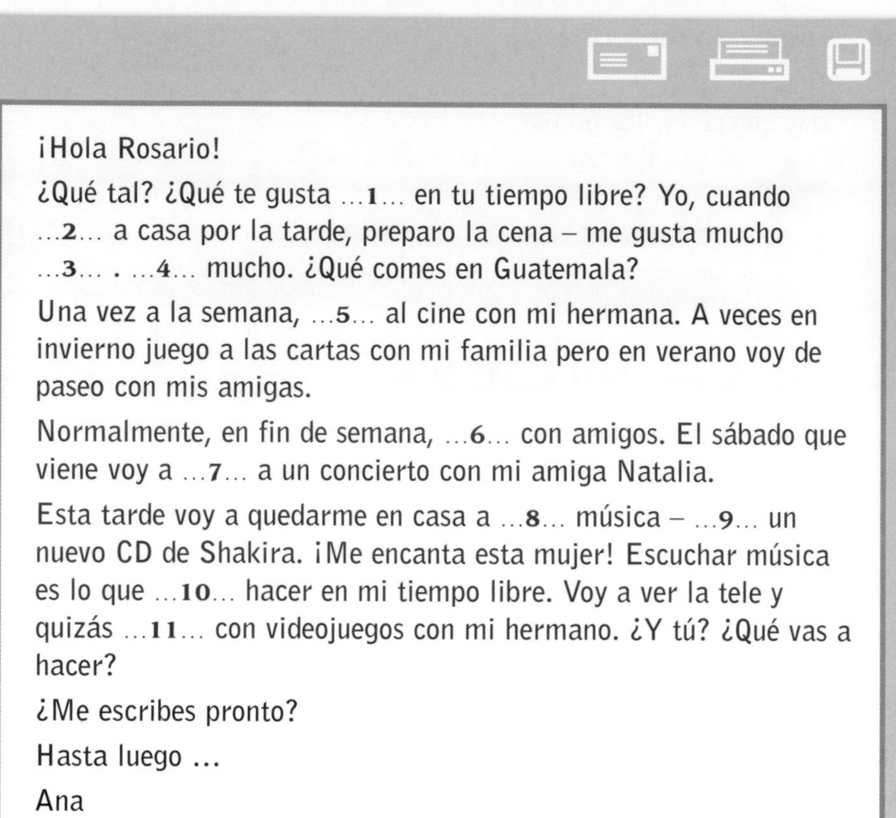

¡Hola Rosario!

¿Qué tal? ¿Qué te gusta …**1**… en tu tiempo libre? Yo, cuando …**2**… a casa por la tarde, preparo la cena – me gusta mucho …**3**… . …**4**… mucho. ¿Qué comes en Guatemala?

Una vez a la semana, …**5**… al cine con mi hermana. A veces en invierno juego a las cartas con mi familia pero en verano voy de paseo con mis amigas.

Normalmente, en fin de semana, …**6**… con amigos. El sábado que viene voy a …**7**… a un concierto con mi amiga Natalia.

Esta tarde voy a quedarme en casa a …**8**… música – …**9**… un nuevo CD de Shakira. ¡Me encanta esta mujer! Escuchar música es lo que …**10**… hacer en mi tiempo libre. Voy a ver la tele y quizás …**11**… con videojuegos con mi hermano. ¿Y tú? ¿Qué vas a hacer?

¿Me escribes pronto?

Hasta luego …

Ana

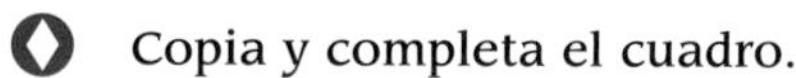

7 El cuadro de verbos

Copia y completa el cuadro.

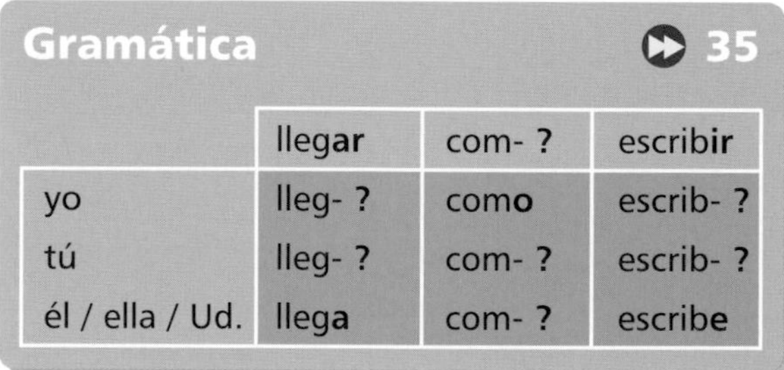

Gramática 35

	llegar	com- ?	escribir
yo	lleg- ?	como	escrib- ?
tú	lleg- ?	com- ?	escrib- ?
él / ella / Ud.	llega	com- ?	escribe

8 En mis ratos libres

¿Qué te gusta hacer en tus ratos libres? Utiliza la carta de Ana y el cuadro. Prepara un párrafo sobre lo que te gusta y no te gusta hacer. Añade cuándo lo haces (ver la actividad 3) y por qué (ver la página 7).

Ejemplo

En mis ratos libres me gusta guisar porque es relajado.

¿Qué (otras cosas) te gusta hacer en tu tiempo libre / en tus ratos libres?		
Me gusta	coleccionar (sellos)	jugar a las cartas / los naipes
Me interesa	construir maquetas	jugar al ajedrez / con los videojuegos
Me chifla	escuchar (discos compactos)	pintar (al óleo / a la acuarela)
Odio	guisar / cocinar	tocar (el piano / el teclado)
Detesto	ir a conciertos	ver (la tele / vídeos)
Prefiero	dar una vuelta en pandilla	escribir mensajes electrónicos
No me gusta	hacer nada	

9 ¿Qué vamos a hacer?

Alfonso y Begoña están hablando del fin de semana que viene. Escucha y elige la respuesta correcta.

1 Si llueve, van a
- **a** quedarse en Cádiz
- **b** ir a Cádiz
- **c** olvidar Cádiz

2 Si llueve, no van a
- **a** hacer vela
- **b** visitar a la abuela
- **c** ir de compras

3 Si hace mal tiempo, van a
- **a** quedarse en Jerez
- **b** ir al cine en Jerez
- **c** irse

4 A Begoña
- **a** le gusta Jerez
- **b** no le gusta Jerez
- **c** le encanta Jerez

5 Van a ir al concierto
- **a** después de cenar
- **b** después del cine
- **c** antes de cenar

10 ¿Y si tuvieras todo el tiempo del mundo …?

Lee las cartas y decide quién habla.

Ejemplo **1** Marco

Durante mis ratos libres – que son rarísimos – me encanta relajarme. Por eso hago el yoga. Tengo que liberar bastante tiempo para mí, estoy estresada casi todo el tiempo y creo que mi estilo de vida me hace daño actualmente. No me satisface mi nivel actual de energía. Termino el día de trabajo sin vitalidad. Debería reducir la tensión de la vida diaria. Tengo que cambiar mi vida. ¡Hay que vivir!

Nábila

No tengo mucho dinero, pero si tuviera plata, me gustaría probar unos deportes de riesgo – por ejemplo, el parapente. Estar en el cielo mirando la tierra sería fenomenal. Podría ver el mundo de una perspectiva distinta.

O quizás la espeleología: es un deporte muy atrevido y hay que confiar en sus compañeros – si no, es un desastre.

Domingo

Trabajo mucho, pero cuando tengo tiempo libre, me divierto haciendo buceo. Lo encuentro fascinante y apasionante. Ver los peces y las plantas submarinos es una cosa maravillosa.

Marco

1 Nadar en el mar es una cosa estupenda.

2 No tengo energía.

3 Me gustaría volar como un pájaro.

4 Quiero trabajar menos.

5 Me encantaría descubrir los espacios subterráneos.

11 ¿Y tú? Prepara tus respuestas personales.

Escribe un párrafo utilizando las expresiones del cuadro. Explica:
- **lo que te gustaría hacer en tu tiempo libre si no tuvieras que ir al colegio**
- **lo que te gustaría hacer en tu tiempo libre si tuvieras mucho dinero.**

Cuando tengo tiempo libre, me divierto (haciendo) …	*When I have free time, I amuse myself by (…ing) …*
Lo encuentro …	*I find it …*
Me gustaría probar …	*I would like to try …*
Podría …	*I would be able to …*
Sería …	*It would be …*
Debería …	*I should …*

2.4 ¿Qué haces la semana que viene?

2.5 El fin de semana que viene …

2.6 Esta revista, por favor

The present tense of regular verbs

- Remember that in Spanish, unlike English, subject pronouns *(I, you, he / she, we, you, they)* are not often used. You can tell who is doing the action by the endings of the verbs.
- There are three types of Spanish regular verbs, ending in **-ar**, **-er** and **-ir**.

	habl**ar** *(to speak)*	corr**er** *(to run)*	escrib**ir** *(to write)*
(yo)	habl**o**	corr**o**	escrib**o**
(tú)	habl**as**	corr**es**	escrib**es**
(él / ella / usted)	habl**a**	corr**e**	escrib**e**
(nosotros)	habl**amos**	corr**emos**	escrib**imos**
(vosotros)	habl**áis**	corr**éis**	escrib**ís**
(ellos / ellas / ustedes)	habl**an**	corr**en**	escrib**en**

- For more examples of regular verbs see Grammar 35.

1 Fill in the first person form of the verb in brackets to complete the list of activities at school.

Lo que hago en el insti
(Escuchar) la profesora
(Leer) mucho
(Llegar) a la hora
(Sacar) buenas notas
(Mirar) la pizarra
(Trabajar) bien

2 Fill the blanks with the correct form of the verbs from the box to complete what this headteacher says about her school.

*En nuestro insti, los alumnos …**1**… bien por lo general. …**2**… la pizarra y …**3**… la profesora. …**4**… libros y …**5**… en sus cuadernos. Un alumno me dijo ayer: '…**6**… buenas notas y estoy muy contento'. A mí me gusta mucho …**7**… aquí.*

escuchar leer escribir
sacar mirar trabajar x 2

3 Choose the correct verb from the box to fill each gap.

Pepe, su familia y sus amigos

Soy deportista. Todo el año, …**1**… los deportes de equipo. No …**2**…, pero me gusta …**3**…, y …**4**… dos veces a la semana.

Mi hermana …**5**… la natación. A ella le gusta mucho.

No …**6**… un instrumento, pero mi amigo Jorge …**7**… el piano. También …**8**… por Internet todo el tiempo. Es imposible hablar con él por la tarde. …**9**… mensajes y juega a videojuegos durante horas.

toca Escribe practica toco corro
patinar entreno practico navega

4 Write a paragraph about free time. Say:

- what you do in your free time
- what your best friend does in his / her free time
- what members of your family do in their free time.

E.g. Yo no soy muy deportista, pero …

The present tense of irregular verbs

- Some verbs are irregular in the first person singular *(yo)* form, but regular in all other forms.

doy	*I give*
conduzco	*I drive*
conozco	*I know*
hago	*I do / I make*
pongo	*I put / I set / I lay*
sé	*I know*
salgo	*I go out*
traigo	*I bring*
veo	*I watch*

- For more information see Grammar 36.

5 **Choose the correct verb for each sentence so that they make sense.**

1 Veo / Hago la tele por la tarde.
2 El fin de semana salgo / pongo con mis amigos.
3 No conduzco / sé lo que tenemos que hacer.
4 Conozco / Pongo la mesa dos veces por semana.
5 Hago / Doy mis deberes cada día.

6 **Translate these sentences into Spanish.**

1 I do my homework every evening.
2 I go out three times a week.
3 I don't know.
4 I know Belén very well.
5 I drive to school each morning.

- These common verbs are completely irregular!

	ir *(to go)*	ser *(to be)*	estar *(to be)*
(yo)	voy	soy	estoy
(tú)	vas	eres	estás
(él / ella / usted)	va	es	está
(nosotros)	vamos	somos	estamos
(vosotros)	vais	sois	estáis
(ellos / ellas / ustedes)	van	son	están

- For examples see Grammar 36.

7 **Fill the gaps in this conversation. Choose verbs from the box below.**

BLANCA *¿De dónde …**1**…?*
PACO *…**2**… de Toledo.*
BLANCA *¿De qué nacionalidad eres?*
PACO *Soy español.*
BLANCA *¿Dónde …**3**… ahora?*
PACO *…**4**… en Cartagena en Colombia. Mi barrio …**5**… en el centro de la ciudad.*
BLANCA *¿Cuántos idiomas …**6**… ?*
PACO *…**7**… tres y …**8**… el italiano. Lo …**9**… un poco.*

hablas	aprendo	Hablo	vives	
Soy	eres	está	Vivo	escribo

8 **Translate these questions into Spanish.**

1 Where are you from?
2 What nationality are you?
3 Are you sporty?
4 Do you go to the cinema often?
5 What are you doing this evening?

9 **Fill the gaps in this passage, choosing verbs from the box below.**

E.g. **1** eres

¿Y tú? ¿ …**1**… deportista? Yo no …**2**… muchos deportes: …**3**… windsurf en verano. Pero …**4**… hincha del club de fútbol Real Madrid. En invierno …**5**… sus partidos en la tele, y a veces mi amigo Jaime y yo …**6**… al estadio. Jaime …**7**… el piano y …**8**… al óleo también.

soy	veo	toca	practico
vamos	pinta	Eres	hago

10 **Put the verbs in *italics* in this passage into the correct form. Make sure you work out the subject of the verb before you start.**

Nosotros los adultos españoles no *(ser)* nada deportistas. El domingo *(conducir)* el coche al campo, pero no *(hacer)* ningún deporte: los hombres *(leer)* el periódico, y las mujeres *(charlar)*. En casa el padre *(poner)* la tele y *(ver)* un partido de fútbol, y la madre *(guisar)* en la cocina con las hijas. ¡La verdad es que la gente española no *(ser)* muy energética!

3-4 ¿Te acuerdas?

1 Los colores

Trabaja con tu compañero/a: ¿cuántos colores podéis decir en un minuto?

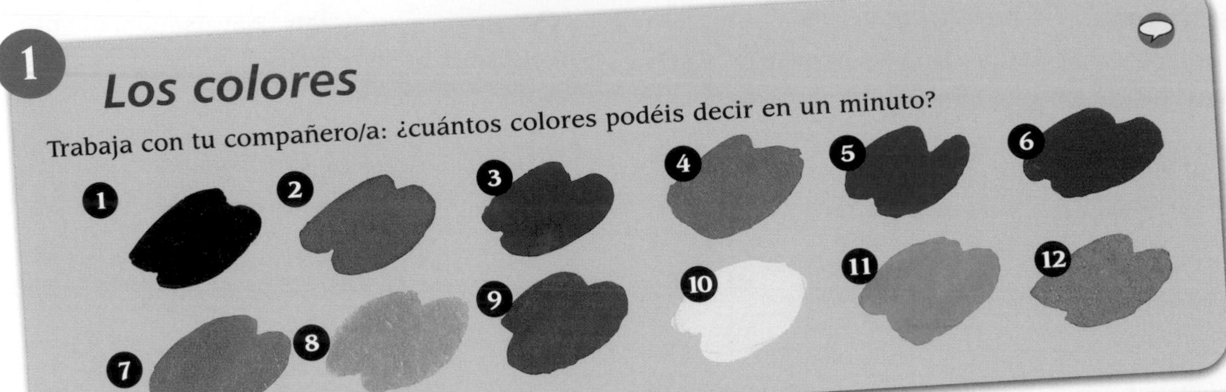

2 ¿Puedo ...?

Belén tiene calor pero Raúl tiene frío. Prepara cuatro frases para cada persona.

¿Puedo ...	abrir cerrar	la puerta? la ventana?
	ponerme quitarme	la chaqueta? la corbata? el jersey?

Ejemplo

¿Puedo abrir la ventana?

¿Puedo ponerme la chaqueta?

3 Otros problemas

Empareja la frase con el dibujo.

Ejemplo **1 d**.

1 No he terminado.
2 ¡No entiendo!
3 ¿Puedo ir a la enfermería?
4 ¿Puedo trabajar en el ordenador?
5 ¿Puedo ir a los servicios?
6 ¿Puedo ir a mi clase de teclado?
7 ¡No lo sé!
8 ¿Puedo trabajar con mi amiga?
9 ¿Se hace en el cuaderno, por delante?
10 ¿Se hace en limpio en una hoja?

a

en lo que se refiere a perdurabilidad. Además, es fácilmente transportable y almacenable, con la peculiaridad de que su capacidad de almacenamiento

b

c

d

1. Tengo dos lápices
2. No tengo bolígrafo

e

f

g

h

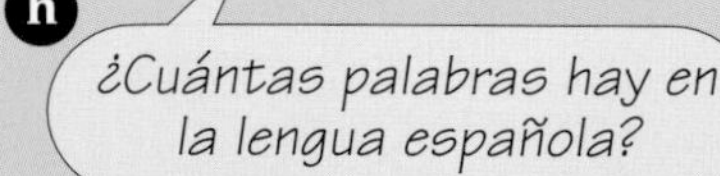

¿Cuántas palabras hay en la lengua española?

i

j

4 ¿Cómo eres y cómo estás?

a ¿Cuáles de estas palabras se refieren al *carácter* (permanente) de una persona, y cuáles al *humor* (temporal)? Escribe C o H.

Ejemplo tímido – C.

b Utiliza unas palabras de la lista para …

- describir a tu mejor amigo/a
- explicar qué tal estás:

i hoy **ii** el viernes por la noche
iii cuando tienes un examen
iv cuando tienes muchos deberes.

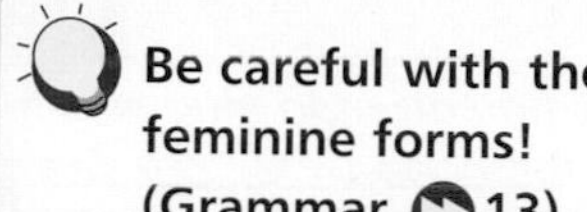

Be careful with the feminine forms! (Grammar 13)

c Copia y rellena el cuadro correctamente con las frases 1–5.

1 para indicar *el carácter*
2 para indicar *el humor*
3 para indicar *dónde*
4 para indicar *color*
5 para indicar *las relaciones*

ser (to be)	**estar** (to be)

tímido/a
antipático/a
contento/a
pesimista
harto/a
simpático/a
deprimido/a
callado/a
furioso/a
gracioso/a
extrovertido/a
decepcionado/a
trabajador(a)
optimista
perezoso/a
estresado/a
preocupado/a
hablador(a)
ilusionado/a

5 Los animales

Haz dos listas: una de los animales que te gustaría tener, y otra de los animales que no te gustaría tener.

Me gustaría tener …	No me gustaría tener …
un caballo	*un ratón*

¿Cuáles son las ventajas y desventajas de tener un animal? Escribe los números de las frases en el lugar apropiado.

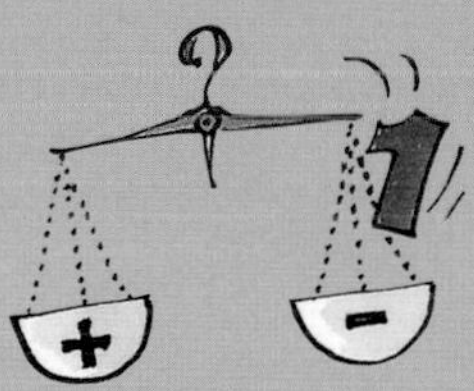

Ejemplo – 1

Un animal en casa: ¿buena idea o mala?

1 son caros
2 son sociables
3 son sucios
4 son peligrosos
5 son muy inteligentes
6 son cariñosos con los bebés
7 son portadores de microbios
8 pueden atacar a los bebés
9 pueden ayudar a los ancianos
10 pueden disminuir el estrés y la depresión
11 pueden hacer compañía a las personas solitarias
12 necesitan a alguien para cuidarlos en las vacaciones
13 necesitan comida especial

6 Un árbol genealógico

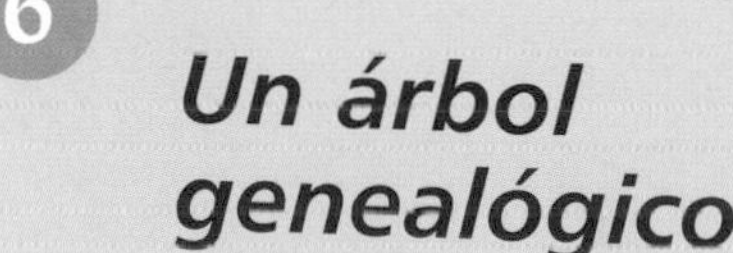

Rellena los blancos en el árbol genealógico de Nuria.

mi abuela
mi hermano
mi abuelo
mi madre
mi padre
mi tía
mi tío
mi hermana

3 Comunicaciones

3A ¿Es correcto?

You will learn:

- to ask for more information when you don't understand
- to ask or state whether something is correct

En el curso, todo el mundo tiene muchos deberes.

Ay, Ana, ¡tenemos muchos deberes!
Sí, y no entiendo muy bien algunas cosas. ¿Me puedes explicar esta actividad?
Sí, podemos hacerla ahora.

¿Qué significa 'can you spell these words'?

Significa '¿puedes deletrear estas palabras?'.

¿Me puedes ayudar, Belén? ¿Cómo se dice 'explicar' en inglés?

¡Es fácil! ¡Mira!

1 ¿Es correcto?

a **Contesta verdad (V) o mentira (M).**

Ejemplo **1** M.

1. Ana y Raúl no tienen muchos deberes.
2. Ana no entiende muy bien.
3. Raúl y Ana pueden hacer la actividad.
4. '¿Puedes deletrear estas palabras?' significa 'Can you spell these words?'
5. Iñaki no le pide ayuda a Belén.
6. En inglés, 'explicar' se dice 'to explain'.
7. Finalmente Belén no se va.
8. Belén puede estudiar aquí.

b **Corrige las frases mentirosas.**

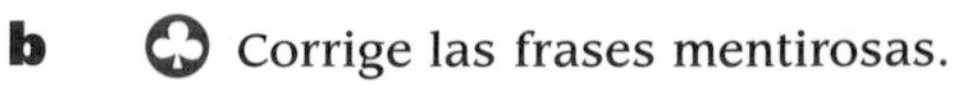

2 ¿Quién habla?

Mira la actividad 1. ¿Quién dice las frases 1–8?

Ejemplo **1** Iñaki.

1. ¿Cómo se pronuncia?
2. ¿Puedes hablar más despacio?
3. ¿Es correcto?
4. ¿Cómo se escribe?
5. ¿Puedes repetir?
6. ¿Qué significa?
7. ¿Cómo se dice?
8. ¿Me puedes explicar?

3 ¿Cómo ...?

Escucha los fragmentos de conversaciones a–f en el curso. Para cada respuesta, elige la pregunta apropiada 1–8 de la actividad 2.

Ejemplo **a 2**.

4 ¿Me lo puedes deletrear?

Trabaja con tu compañero/a. Busca en el libro de texto. En secreto, prepara una lista de cinco palabras o nombres.

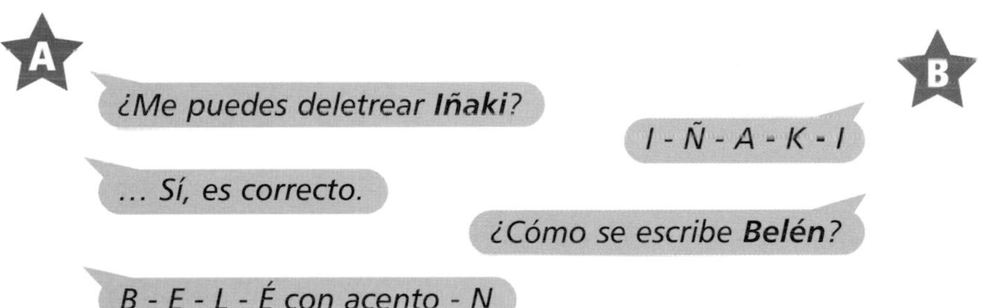
A
B
¿Me puedes deletrear **Iñaki**?
I - Ñ - A - K - I
... Sí, es correcto.
¿Cómo se escribe **Belén**?
B - E - L - É con acento - N

5 ¿Cómo se dice en español?

Lee la táctica y copia el cuadro. Utiliza el diccionario para completar el cuadro.

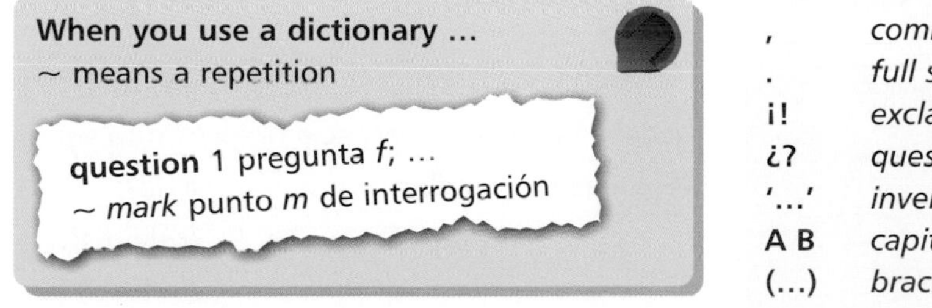
When you use a dictionary ...
~ means a repetition
question 1 pregunta *f*; ...
~ *mark* punto *m* de interrogación

,	*comma*	una coma
.	*full stop*	
¡!	*exclamation mark(s)*	
¿?	*question mark(s)*	
'...'	*inverted commas*	
A B	*capital letters*	
(...)	*brackets*	

¿Cómo se dicen estos signos de puntuación en inglés y en español?

: ; –

3.1 Se me ha olvidado

Por favor, ¿me puedes ...**1**... ?
¡No, no! No ...**2**... deletrear.
No puedo decir esta ...**3**... .
No sé cómo se ...**4**... .
¿Cómo se dice en ...**5**... ?
¿Me puedes repetir otra ...**6**... ?
¿Puedes hablar más ...**7**... ?
¿Puedes repetir? ¡ ...**8**... puedo escribirlo!
Y esta frase, ¿qué ...**9**... ? ¿De quién es la pluma?
¡Es ...**10**... !
Este apellido, ¿es ...**11**... ?
¿De quién es? Ah sí, ¡ ...**12**... mío!
NOV.

6 El poema ¿Me puedes ayudar?

a Kiko ayuda a Papá Noel a leer las cartas de Navidad. Rellena los espacios en blanco con la palabra apropiada.

Ejemplo Por favor, ¿me puedes **ayudar**?

significa	despacio	no
pronuncia	vez	inglés
correcto	puedo	palabra
mía	ayudar	es

b Ahora escucha la conversación. Si tienes razón, ¡has escrito un poema!

7 Un poco de teatro 

Haz el diálogo con tu compañero/a.

8 Te toca a ti

Prepara otro diálogo. Utiliza 5 a 7 frases.

¿Puede(s) hablar más despacio / repetir otra vez?		
¿Me puede(s)	escribir deletrear decir explicar ayudar?	lo/la? (esta actividad)? (la frase)? (esta palabra)?
¿Qué significa ¿Cómo se pronuncia ¿Cómo se dice en español / inglés?		(este párrafo)? (esta palabra)?
¿Es correcto?		(No) es correcto

3.2 ¿Mío, tuyo, suyo?

9 Trabajando en grupo

a Lee la discusión entre los cuatro amigos. Utiliza la sección de vocabulario, si es necesario.

b Escucha la discusión. Apunta las diferencias.

Ejemplo Alicia: actividades 3 a 6.

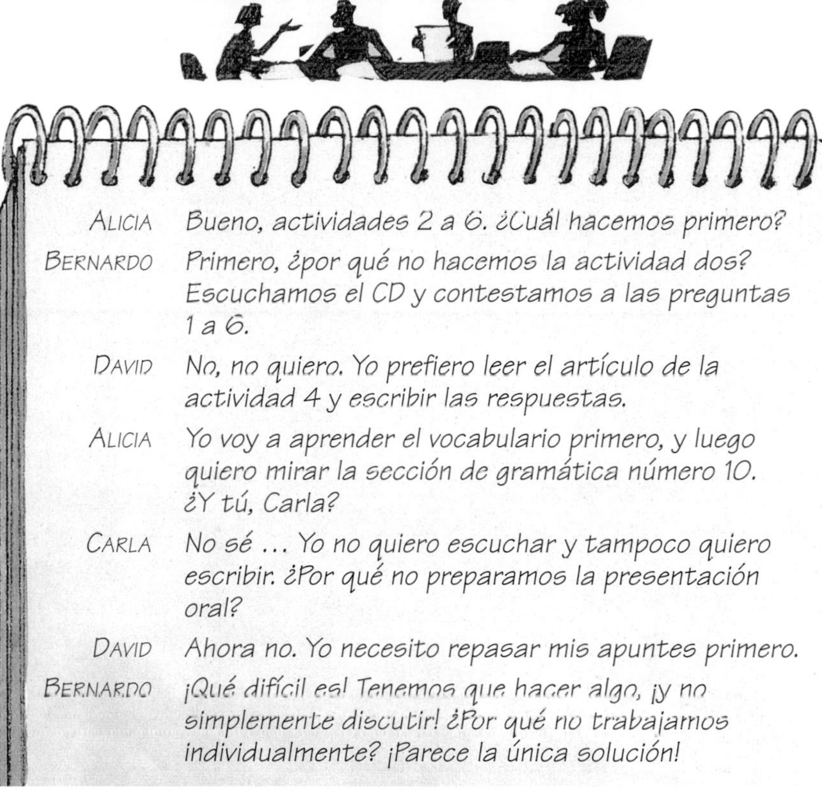

ALICIA Bueno, actividades 2 a 6. ¿Cuál hacemos primero?
BERNARDO Primero, ¿por qué no hacemos la actividad dos? Escuchamos el CD y contestamos a las preguntas 1 a 6.
DAVID No, no quiero. Yo prefiero leer el artículo de la actividad 4 y escribir las respuestas.
ALICIA Yo voy a aprender el vocabulario primero, y luego quiero mirar la sección de gramática número 10. ¿Y tú, Carla?
CARLA No sé ... Yo no quiero escuchar y tampoco quiero escribir. ¿Por qué no preparamos la presentación oral?
DAVID Ahora no. Yo necesito repasar mis apuntes primero.
BERNARDO ¡Qué difícil es! Tenemos que hacer algo, ¡y no simplemente discutir! ¿Por qué no trabajamos individualmente? ¡Parece la única solución!

10 Preparándose 

a Con tu compañero/a, estudia el cuadro siguiente. ¿Cuántas expresiones puedes inventar? Haz una lista.

Ejemplo Quiero escuchar el diálogo.

Tenemos que	contestar a	trabajar	la actividad número 2, los apuntes,
(Yo) quiero	escuchar	aprender	el artículo, el CD, el diálogo,
(Yo) prefiero	mirar	hacer	en un grupo, la hoja de conversación,
(Yo) voy a	practicar	leer	la hoja de actividades, la sección de gramática,
	preparar	corregir	las preguntas, una presentación oral (sobre ...),
	repasar	escribir	las respuestas, el vídeo, el vocabulario

b Para negociar, hay que sugerir cosas. Túrnate con tu compañero/a a utilizar estas frases útiles.

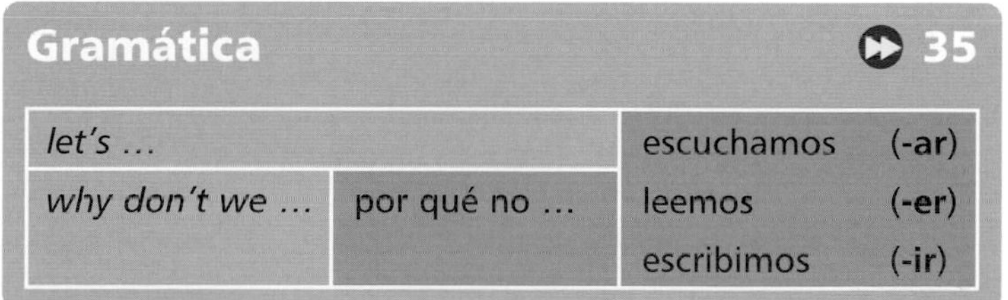

Gramática ⊳ 35

let's ...		escuchamos	(-ar)
why don't we ...	por qué no ...	leemos	(-er)
		escribimos	(-ir)

¿Cómo se dice en español 'Let's listen to the CD'?

Escuchamos el CD. ¿Cómo se dice en español 'Why don't we correct the answers?'?

¿Por qué no corregimos las respuestas?

* * ¡Desde aquí en adelante, hay que negociar con tu compañero/a o grupo en español! * *

3B ¿Puedo dejar un recado?

You will learn:
- to make a telephone call
- to take and leave messages

Como parte de su cursillo, los participantes practican cómo hacer llamadas telefónicas.

1 ¿Cuál es el número?

a **Empareja las preguntas o frases 1–7 con las respuestas a–g.**

Ejemplo **1 c**.

1 ¿Cuál es el número de teléfono (del hotel ...)?
2 ¿Cuál es el prefijo para (Torremolinos)?
3 ¿Hablo con (la recepcionista)?
4 ¿Puedo hablar con (el señor García)?
5 ¿Puedo dejar un recado?
6 ¿Me puede volver a llamar (a la una)?
7 Adiós.

a Muy bien, gracias. Adiós.
b Claro.
c Es el 430 75 23 40.
d A la una ... vale. ¿Cuál es su número?
e Es el 95.
f Lo siento, no está.
g Sí, soy yo.

b **Practica la conversación con tu compañero/a, y adapta las respuestas.**

2 ¿Qué significa?

Empareja y copia las frases que significan lo mismo.

Ejemplo **1 c**.

1 ¡Diga!
2 ¿Quién habla?
3 ¿Cuál es el número?
4 Quiero telefonear.
5 ¿Puedo hablar con Raúl?

a ¿De parte de quién?
b Quiero llamar por teléfono.
c ¡Dígame!
d ¿Raúl está?
e ¿Me puede dar el número?

3 ¡Diga!

Practica las conversaciones de la actividad 1 con tu compañero/a.

A: *Hotel Estupendo. ¡Dígame!*

B: *Buenos días. ¿Puedo hablar con ...?*

Utiliza las actividades 1 y 2 para adaptar las conversaciones.

A: *Centro polideportivo. ¡Diga!*

B: *Buenas tardes. Quiero hablar con ...*

 OHT 3 Llamadas telefónicas 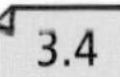 3.3 ¡Dígame!  3.4 ¿Puedo dejar un recado?

4 En la oficina

Hoy Belén es telefonista, pero … ¿qué debe decir? Utiliza las frases del cuadro rojo para completar lo que dice Belén.

¡Dígame!
1 ¿Está Pablo?
¡Un ……………………………!
2 Quiero hablar con Ana o Belén, por favor.
……………………
¿ ? ¿Quién habla?
Soy Iñaki.
3 ¿Está la señora Vásquez, por favor?
……………… no está.
¿ ? ¿Quiere ………………………?
¿Me puede llamar a las tres?

Sí, soy Belén | dejar un recado | Lo siento | momento

5 Te toca a ti

a Escribe los tres diálogos completos y practícalos con tu compañero/a.

b Utiliza los diálogos y el cuadro para hacer otros diálogos.

¡Diga! / ¡Dígame!	¡Oiga!
¿Puedo / ¿Quiero / ¿Quiere(s)	telefonear, llamar, hablar (con …), dejar un recado?
¿(El señor García) me puede	volver a llamar?
¿Cuál es	el / su número de teléfono, el prefijo (para …)?
¿De parte de quién? / ¿Quién es?	Soy …
¿Está (Carlos), por favor? / ¿Hablo con (Ana)?	Sí, soy yo / Un momento / No está
Se ha equivocado	Perdón / Lo siento
¿Cuánto cuesta llamar a (Francia)?	Cuesta … euros / No cuesta mucho

6 ¡Dígame!

¿Sabes telefonear? Mira los dibujos y pon las instrucciones **a–e** en el orden correcto.

a Comunicar.
b Esperar el tono de marcar.
c Descolgar el teléfono.
d Marcar el número.
e Introducir las monedas o la tarjeta.

7 ¿Qué hago para mandar un fax?

Completa las órdenes anteriores **1–4** con las palabras apropiadas **a–f**.

Ejemplo **1 b**.

a el número **b** el papel **c** el botón
d la moneda **e** la tarjeta telefónica **f** el prefijo

8 Para llamar al extranjero

Escucha y apunta las instrucciones para telefonear al extranjero. Utiliza las palabras del cuadro de arriba.

9 Por correo electrónico

Pon las instrucciones **a–g** en el orden correcto.

¿Qué hago para …?	llamar	al extranjero	
¿Me puede …?	mandar	algo	por fax
		una carta	por correo electrónico
		un fax	por teléfono
		un plano	
		un recado	
	contactar		

a Apunta la dirección electrónica del destinatario.
b Pon el ordenador.
c Escribe el mensaje.
d Busca el programa de correo. *(the e-mail program)*
e Manda el mensaje.
f Apaga el ordenador.
g Sal del programa.

4 Así somos

4A Hablando de tu familia

You will learn:
- to talk about members of your family
- to talk about your personality and other people's personalities

¿Estás casado, Iñaki?

No, soy soltero. No tengo hermanos y mis padres están muertos. ¿Y tú, Consuelo? ¿Cuántas personas hay en tu familia?

Somos tres.

¿Quiénes son?

Mi hija, Yessica, que tiene dieciséis años, mi marido, Daniel, y yo.

¿En qué trabaja tu marido?

Trabaja en un garaje. Es mecánico. Pero estoy separada de él.

Ah. Y tu hija – ¿cómo es?

Extrovertida, perezosa, ... ¡y no es muy cortés! ¡Es terrible!

Y tú, ¿cómo eres? ¿Igual?

No, ¡pero soy impaciente! Sobre todo con ella.

Uh oh, aquí viene otra persona impaciente ...

1 Háblame de tu familia

¿A quién se refiere cada una de las frases 1–7: a Consuelo, a Iñaki, a Daniel o a Yessica?

Ejemplo **1** Consuelo.

1 Estoy casada.
2 Estoy separada.
3 Soy soltero.
4 Soy impaciente.
5 Es perezosa.
6 Es mecánico.
7 Mis padres están muertos.

Lee las frases 1–6: ¿cada frase es verdad (V), mentira (M) o no se sabe (?)?

Ejemplo **1** V.

1 Consuelo tiene una hija.
2 Iñaki es hijo único.
3 Iñaki está divorciado.
4 Los padres de Consuelo están muertos.
5 Yessica no trabaja mucho.
6 Daniel trabaja en Madrid.

2 ¿Cómo es tu carácter?

a Lee el artículo, y busca las palabras que no conoces en el diccionario.

b ¿Qué cualidades están en las letras de tu nombre? ¿Son verdad o mentira? Túrnate con un(a) amigo/a:

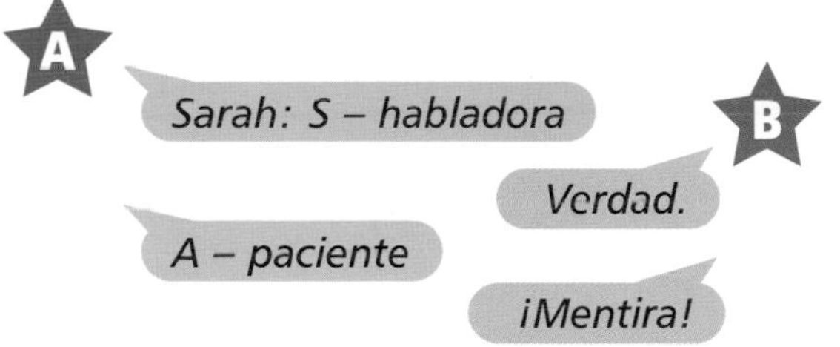

La numerología

¿Qué hay realmente en un nombre? Los numerólogos creen que las cualidades de una persona están ocultas en las letras de su nombre. Aquí damos la interpretación.

A	paciente	**J**	sincero/a	**S**	hablador(a)
B	amable	**K**	callado/a	**T**	inteligente
C	gracioso/a	**L**	generoso/a	**U**	agresivo/a
D	atrevido/a	**M**	valiente	**V**	nervioso/a
E	formal	**N**	cortés	**W**	maleducado/a
F	sensible	**O**	impaciente	**X**	sencillo/a
G	alegre	**P**	honrado/a	**Y**	cobarde
H	travieso/a	**Q**	tonto/a	**Z**	torpe
I	goloso/a	**R**	ambicioso/a		

3 Penélope Cruz y Enrique Iglesias ¿cómo son?

Lee los documentos de identidad. Contesta a las preguntas **1–6** con *Penélope* o *Enrique*.

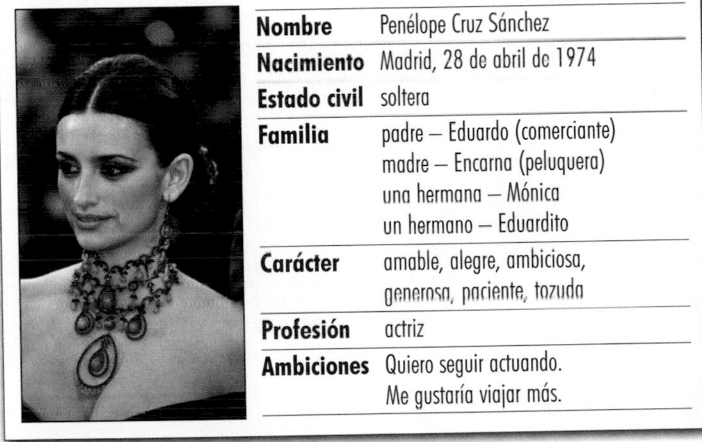

Nombre	Penélope Cruz Sánchez
Nacimiento	Madrid, 28 de abril de 1974
Estado civil	soltera
Familia	padre – Eduardo (comerciante) madre – Encarna (peluquera) una hermana – Mónica un hermano – Eduardito
Carácter	amable, alegre, ambiciosa, generosa, paciente, tozuda
Profesión	actriz
Ambiciones	Quiero seguir actuando. Me gustaría viajar más.

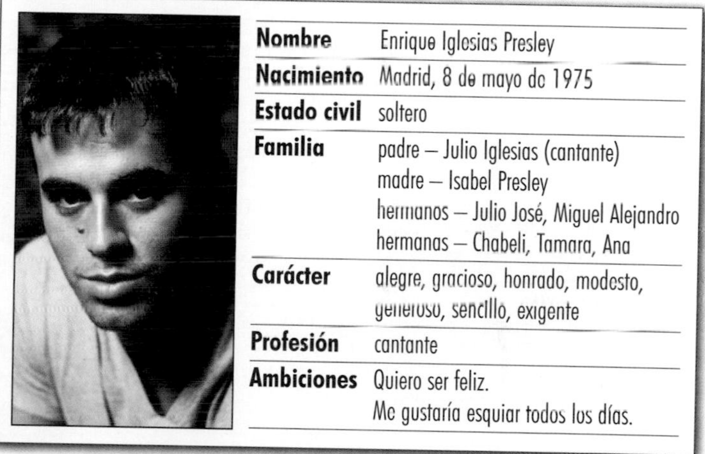

Nombre	Enrique Iglesias Presley
Nacimiento	Madrid, 8 de mayo de 1975
Estado civil	soltero
Familia	padre – Julio Iglesias (cantante) madre – Isabel Presley hermanos – Julio José, Miguel Alejandro hermanas – Chabeli, Tamara, Ana
Carácter	alegre, gracioso, honrado, modesto, generoso, sencillo, exigente
Profesión	cantante
Ambiciones	Quiero ser feliz. Me gustaría esquiar todos los días.

1 ¿Quién es tenaz?
2 ¿Quién hace el mismo trabajo que su padre?
3 ¿Quién tiene la familia más grande?
4 ¿Quién quiere ver el mundo?
5 ¿Quién lucha por la felicidad?
6 ¿A quién le gusta el deporte?

4 Un futbolista famoso 

Escucha la entrevista con Juan Sebastián Verón y rellena los blancos en el carnet de identidad.

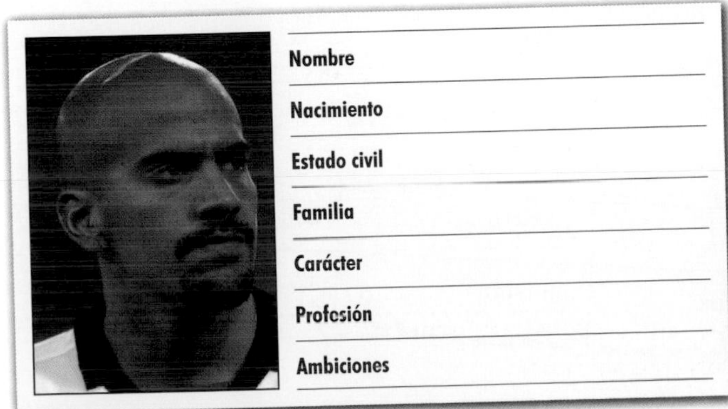

Nombre	
Nacimiento	
Estado civil	
Familia	
Carácter	
Profesión	
Ambiciones	

5 Te toca a ti: una persona famosa 

Haz una entrevista con tu compañero/a. Elige una persona famosa y utiliza las preguntas de la actividad 4.

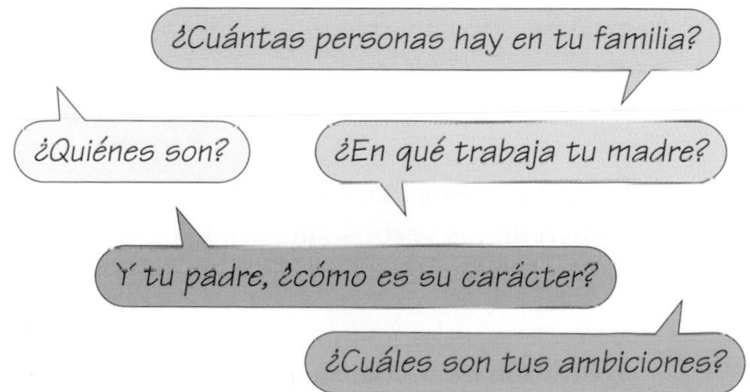

¿Cuántas personas hay en tu familia?
¿Quiénes son?
¿En qué trabaja tu madre?
Y tu padre, ¿cómo es su carácter?
¿Cuáles son tus ambiciones?

4.1 Los empleos 4.2 Una primera carta

6 Mi familia

Describe a tu familia: prepara una presentación oral. Haz una versión escrita también.

¿Cuántas personas hay en tu familia?	Somos (cuatro)	
¿Quiénes son?	Mi (padre, padrastro, madre, madrastra ...) Mis padres están divorciados / separados / muertos	
¿En qué trabaja tu (madre)?	Trabaja en (un hospital); es (médica) (4.1)	
¿Cómo es tu carácter?	Soy	alegre, amable ...
Y tu (madre), ¿cómo es su carácter?	Es	ambicioso/a, cortés ... *(act.2, p.37)*

7 ¿Amigos o enemigos?

a Lee el artículo '¿Amigos o enemigos?' y completa las frases correctamente. Elige **a**, **b** o **c**.

Dos hermanos – Rosa y Jorge – nos hablan de su familia. ¿Están de acuerdo? Vamos a ver ...

Rosa

Mi hermana María es generosa y muy amable. No es nunca seria. Me llevo muy bien con ella.

No me entiendo bien con mi padre. Es muy trabajador, pero me irrita. No puedo hablar con él. No quiere nunca entender mi opinión.

Mi madre es mi mejor amiga. Me entiendo bien con ella: tiene un buen sentido del humor. Siempre es alegre. Charlamos juntas todo el tiempo.

su hermana – María

su padre – Paco

su madre – Adriana

Jorge

En general no me llevo bien con mi hermana María. Es tonta y perezosa y habladora también. ¡Me fastidia! Puede ser muy traviesa.

Normalmente me llevo bien con mi padre, pero a veces me da rabia, por ejemplo cuando me dice que no puedo salir con mis amigos.

Mi madre es optimista y paciente, y nos entendemos bien. De vez en cuando me critica, pero normalmente tiene razón.

1 Jorge no se lleva bien con
- **a** su madre.
- **b** su padre.
- **c** su hermana.

2 Rosa se entiende mejor que Jorge con
- **a** su madre.
- **b** su padre.
- **c** su hermana.

3 Jorge se lleva mejor que Rosa con
- **a** su madre.
- **b** su padre.
- **c** su hermana.

4 Según Rosa, su padre no es
- **a** trabajador.
- **b** abierto.
- **c** impaciente.

5 Según Jorge, su madre
- **a** tiene siempre razón.
- **b** no tiene nunca razón.
- **c** tiene casi siempre razón.

b En el diccionario, busca el infinitivo de los verbos subrayados.

verbo	*infinitivo*	*diccionario*
charlamos	charlar	to chat

4.3 La familia Valdés   4.4 Consuelo y su hija

8 Las relaciones

Lee la carta de Natalia, que nos habla de sus relaciones familiares y de sus sueños para el futuro. Completa el resumen, utilizando las palabras de la lista.

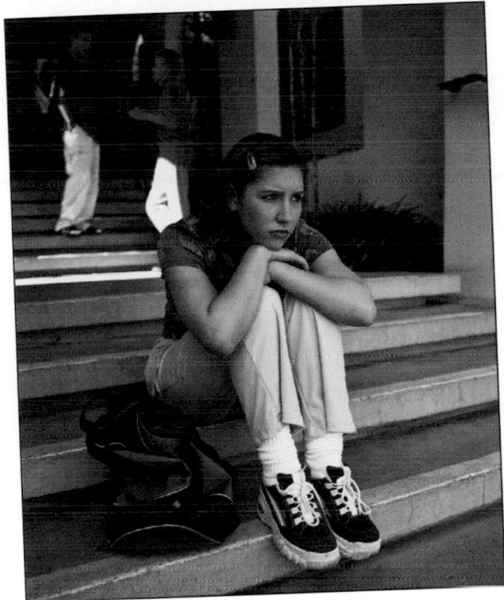

Mis padres están divorciados y ahora vivo con mi madre. Creo que los padres no deberían quedarse juntos si no están contentos. Si el amor se ha ido, se ha ido ¡ya está! Los padres no tienen que sufrir más. De todas formas, son los niños los que van a sufrir si los padres se quedan juntos. Van a reconocer inmediatamente que los padres no se entienden bien. En general, los niños son muy sensibles y prefieren el divorcio a la tristeza.

Mi padre no quiere reconocer su divorcio. Está siempre furioso conmigo. Tiene celos de mi madre y de mi relación con ella también.

Yo no quiero casarme pero tengo ganas de vivir con una persona y tener niños con él – por supuesto. Hoy en día pienso que es normal vivir con una persona en vez de casarse.

Mi madre es joven todavía, si quiere casarse de nuevo o vivir con otra persona, sería genial para ella. Si voy a tener pequeños hermanastros ... ¡tanto mejor!

Natalia piensa que el divorcio no es una …**1**… y que hoy en día la gente está …**2**… al divorcio. Según ella, los niños …**3**… bastante sensibles. Prefieren tener los padres …**4**… en vez de vivir en una casa infeliz.

Natalia tiene intención de vivir con alguien más tarde en su vida …**5**… casarse. Si su madre se enamora de otra …**6**…, Natalia será feliz. Feliz también de lo que va quizás a …**7**… hermanastros.

Por desgracia, Natalia …**8**… se lleva …**9**… con su padre.

sin
son
no
tener
pesadilla
divorciados
persona
acostumbrada
bien

9 Una familia de verdad y una imaginaria

a ¿Y tú? ¿Te llevas bien con tus padres o con tus hermanos? Escribe unas líneas.

b Imagina que tú formas parte de una familia donde las relaciones no son siempre positivas. Escribe un artículo para la revista, adaptando los reportajes de la actividad 8.

¿Te llevas bien con tus (padres)? / ¿Te entiendes bien con tu (hermano/a)?	
Normalmente, En general, A veces	me llevo / me entiendo bien con él / ella / ellos/as
Mi (hermano), Mi (madre)	me fastidia, me irrita ... *(act.7)*

4B Tu físico

You will learn:
- to describe physical appearance

No veo bien – es difícil imaginar cómo eres. ¿Cómo es tu físico? No eres baja.
No, y no soy alta. Soy de talla media. Y soy un poco gordita.

Gorda, delgada … ¡y qué! La personalidad es más importante. ¿Cómo tienes los ojos?
Tengo los ojos grises.

¿Llevas gafas?
No, lentillas.
¿Y cómo tienes el pelo – rubio? ¿O eres pelirroja?
Tengo el pelo castaño, corto, rizado …

¡Hola!
¡Yessica! ¿Qué haces aquí? ¿Por qué no estás en clase?
¿Éste es Iñaki? ¡Hola! ¡Soy la hija terrible de Consuelo!

1 ¿Cómo …?

¿Cómo se describe Consuelo? Las frases 1–15 son adecuadas (✓) o no (✗)?

Ejemplo **1 ✗**.

1 Tengo el pelo largo.
2 Tengo el pelo corto.
3 Tengo el pelo rubio.
4 Tengo el pelo castaño.
5 Tengo el pelo rizado.
6 Tengo el pelo liso.
7 Tengo los ojos azules.
8 Tengo los ojos grises.
9 Soy pelirrojo/a.
10 Soy alto/a.
11 Soy bajo/a.
12 Soy de talla media.
13 Soy delgado/a.
14 Llevo gafas.
15 Llevo lentillas.

Termina las frases correctamente.

1 Iñaki … *es ciego / tiene muy poca visión.*
2 Yessica … *hace novillos / es camarera.*
3 Consuelo está … *contenta / enfadada.*
4 Yessica es … *segura de sí misma / tímida.*

2 ¿Cómo es tu físico?

Escucha las descripciones, y dibuja las cinco personas del cursillo.

singular	*plural**
-o	-os
-e	-es
-l, -s	-les, -ses
-ón	-ones

*(colour) + *claro* / *oscuro*: no plural form

3 Adjetivos de color

Haz una lista de los colores de los ojos. Utiliza estos adjetivos y estudia la táctica.

Ejemplo los ojos grises.

gris verde castaño marrón verde claro oscuro

4 Más detalles

Mira las fotos y escucha los fragmentos de conversaciones **1–6**. ¿De quién se habla en cada fragmento? Escribe la primera letra de su nombre.

Ejemplo **1** B.

5 Túrnate con tu compañero/a

Imagina que eres otro/a estudiante de la clase. ***A*** pregunta y adivina; ***B*** contesta.

Describe su carácter también, si quieres.

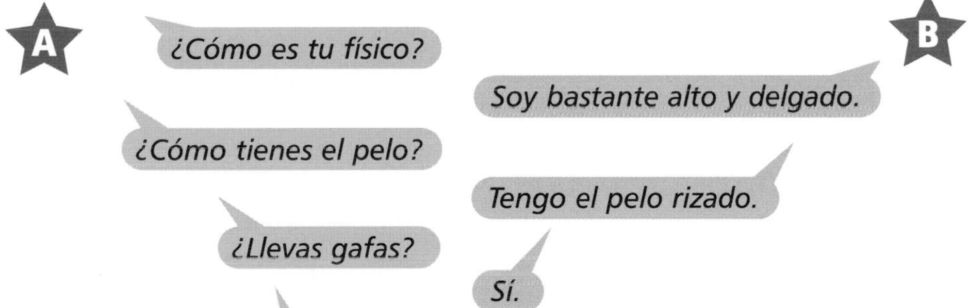

¿Cómo es tu físico?	Soy	alto/a, bajo/a, de talla media, delgado/a, gordito/a, fuerte	
¿Cómo tienes los ojos?	Tengo	los ojos	azules, castaños, grises, marrones, verdes
¿Cómo tienes el pelo?		el pelo	largo / corto, rizado / liso, rubio / moreno, negro, castaño
	Soy	pelirrojo/a, calvo	
¿Llevas gafas?	Llevo	gafas, lentillas	
Descríbeme tu (...)	Es (alto/a ...), tiene (el pelo ... / los ojos ...), lleva (gafas ...)		
¿Tienes animales?	Sí, tengo (un gato, una serpiente); se llama ..., tiene (dos) años, es (gris)		

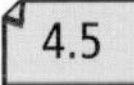 4.5  La clínica veterinaria   4.6 Descríbeme ...

6 Llevo …

¡Hay muchas formas de llevar el pelo! Empareja las expresiones del cuadro con las fotos de las revistas de pop: sobra una expresión. Utiliza la sección de vocabulario.

una barba
la cabeza pelada
un bigote
el pelo al dos
el pelo en trenza(s)
el pelo en cola de caballo

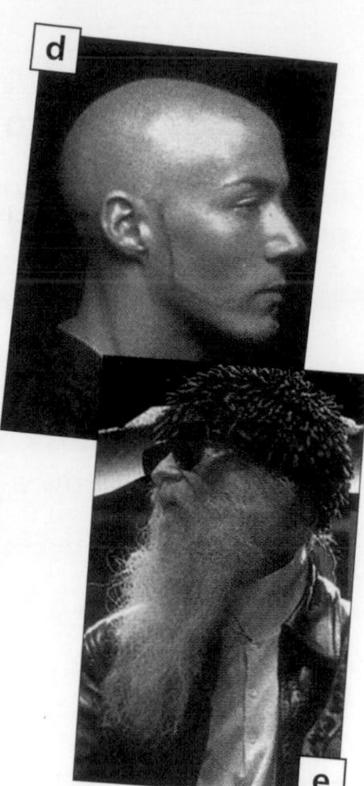

7 Estimada Sonia

Lee la carta de Luisa y empareja correctamente las dos partes de cada frase de abajo.

Ejemplo **1 c**.

Estimada Sonia

Tengo problemas en casa y no sé qué hacer. Mi madre no me deja llevar la ropa que quiero – la ropa que llevan todas las chicas de mi clase. La semana pasada compré una minifalda con el dinero que recibí para mi cumpleaños y cuando me la puse por primera vez, me dijo que no podía salir de casa.

Me parece muy injusto. Soy adulta ya y las madres de mis amigas les dejan llevar minifalda todos los días. Mi madre es muy estricta y no me deja maquillarme tampoco. Mi hermana mayor se maquilla a menudo, con pintalabios en colores muy fuertes, pero a mí me dice que no ini hablar!

¿Cómo es posible que a mi hermana le deja hacer lo que le da gana y a mí no? Ella sólo tiene dos años más que yo. Por favor, ayúdame a encontrar una solución. No puedo esperar dos años para poder llevar minifalda y maquillarme.

Un saludo

Luisa

1 Luisa compró
2 Su madre
3 Luisa piensa
4 Su madre no
5 Las amigas de Luisa
6 Su hermana mayor
7 Luisa
8 Quiere encontrar

a una solución.
b quiere poder llevar minifalda y maquillarse a partir de mañana.
c una minifalda.
d que es muy injusto.
e es demasiado severa.
f llevan minifalda todos los días.
g le deja llevar la minifalda.
h se maquilla frecuentemente.

8 Estimada Luisa

Utilizando el cuadro escribe una respuesta a Luisa.

Yo entiendo perfectamente tu situación.
Es normal que con tu edad quieras …
Tu madre te ve como a una niña …
No te deja …
Es difícil cuando …
Trata de hablar con …

4.7 La carta de Chema

Como soy viudo y vivo solo, mi perro guardián me protege de intrusos cuando estoy en casa. (Sr. Colás)

Mis padres no me permiten tener un animal en casa. Mi hermano es alérgico al pelo de los gatos. Le irrita los ojos. (Alfonso)

Vivo en una torre, y las autoridades no nos permiten tener un animal en el piso. (Juancho)

Yo soy casi ciego – para mí, mi perro-guía es esencial. Me ayuda en casa y en la calle, y me protege de asaltos. (Sr. Sarmiento)

A nosotros, no nos interesa tener un animal en casa. Nos molesta el ruido. ¡Odio el ladrar de un perro a las doce de la noche! (Guillermo)

Los gatos no son muy sociables. Pero mi gato me consuela cuando estoy deprimida. Y me consuela si estoy estresada, porque me tranquiliza. (Sra. Celaya)

A mi hermano y a mí, nos gustan mucho los animales pequeños. Pero a mi madre, no le gusta el olor de los ratones y cobayas cuando hace calor. ¡Y a Papá le irrita mucho el chillar de los ratones! (Verónica)

Soy alérgica a la piel de los perros. Me pone mala y me afecta al asma. (Ángela)

9 ¿Tener o no tener animales?

a Lee los comentarios y contesta a las preguntas.

Ejemplo **1** Sr. Colás + ?

1. ¿A quiénes les gustan los animales?
2. ¿Quiénes no quieren un animal?
3. ¿Quiénes no pueden tener un animal?
4. ¿A quiénes les afecta físicamente un animal?

Gramática 29

(a mí)	?
(a ti)	te
(a él / ella / usted)	?
(a nosotros)	?
(a vosotros)	os
(a ellos / ellas / ustedes)	?

b En los comentarios y las preguntas, busca las otras partes de los pronombres.

c Rellena los espacios en blanco con el pronombre correcto.

Ejemplo **1** le.

*No tenemos animales. A mi madre …**1**… irrita el ladrar de los perros; y a mis abuelos, que viven con nosotros, …**2**… molesta el olor. A mí, …**3**… gustaría tener un gato, porque mi mejor amiga tiene uno – ella dice que su gato …**4**… tranquiliza cuando está estresada. Pero vivimos en una torre muy alta, y mi padre dice que las autoridades no …**5**… permiten tener un animal. ¿Y vosotros? ¿Qué animales tenéis o …**6**… gustaría tener?*

d ¿Y tú? Si tienes un animal, ¿por qué te gusta? Si no tienes, explica por qué. Escribe unas líneas. Utiliza los comentarios y el cuadro siguiente.

Mis padres, Las autoridades no	(me)	permiten tener un animal
Mi (perro-guía, gato) El olor, El ruido, El ladrar, El chillar (de …)	(nos)	protege, ayuda, consuela, tranquiliza, pone malo/a, molesta, irrita … *(act.7, p.39)*
Soy alérgico/a al pelo / a la piel (de …)		

Acción: lengua

present tense – stem-changing verbs

- Some verbs have changes in their stem. Here are the patterns to look out for.

o / u > ue

poder – *to be able to*

(yo)	puedo
(tú)	puedes
(él / ella / usted)	puede
(nosotros)	podemos
(vosotros)	podéis
(ellos / ellas / ustedes)	pueden

Other examples:

almorzar	*to have lunch*
aprobar	*to pass (exam)*
contar	*to tell*
costar	*to cost*
doler	*to hurt*
dormir	*to sleep*
encontrar	*to find*
jugar	*to play*
morir	*to die*
volver	*to return*

e > ie

querer – *to want to*

(yo)	quiero
(tú)	quieres
(él / ella / usted)	quiere
(nosotros)	queremos
(vosotros)	queréis
(ellos / ellas / ustedes)	quieren

Other examples:

empezar	*to begin*
entender	*to understand*
pensar	*to think*
sentir	*to feel*
***tener**	*to have*
***venir**	*to come*

*These verbs change just as *querer* does, BUT they both have an irregular first person:

tengo	*I have*
vengo	*I come*

e > i

pedir – *to ask for*

(yo)	pido
(tú)	pides
(él / ella / usted)	pide
(nosotros)	pedimos
(vosotros)	pedís
(ellos / ellas / ustedes)	piden

Other examples:

conseguir	*to achieve*
corregir	*to correct*
elegir	*to select*
repetir	*to repeat*
seguir	*to follow*
servir	*to serve*
vestir	*to dress*

- For more examples see Grammar 37.

1 **Choose the correct verbs from the box to fill these gaps.**

1 _______ al voleibol.
2 El domingo _______ mucho.
3 ¿Vas a la piscina mañana? ¿_______ venir?
4 Mi hermana _______ al fútbol todos los días.
5 ¿Cuánto _______ este jersey?

duermo   puedo   cuesta   juega   Juego

2 **Replace the infinitives in brackets with the correct form of the verb, then translate the passage into English.**

Luisa (pedir) ayuda. La hermana de Luisa (poder) maquillarse y sus amigas (poder) llevar minifalda. Luisa piensa que su madre es demasiado severa. No (poder) entender la actitud de su madre. No (tener) una solución tampoco.

3 **Read what Paco says about his family and fill the gaps, using the correct forms of the verb *entender*.**

Paco y su madre se …**1**… bien. Paco dice: 'Me …**2**… bien con mi padre también, pero con mi hermana no. Me pongo siempre enfadado con ella. No nos …**3**… bien. Sin embargo mi hermana y mi hermano se …**4**… mejor.'

4 **Manolito is leaving a message on Jaime's answering machine. Which verb does he need in each gap? And which form?**

*¡Oiga, Jaime! No …**1**… venir hoy. …**2**… ir al match de baloncesto más tarde. …**3**… que mi hermano va a jugar. El match …**1**… a las ocho, entonces no …**4**… ver la película. ¿Quieres venir al match conmigo en vez de ir al cine? Lo siento mucho.*

poder   empezar   querer   pensar

5 Find the stem-changing verbs in each sentence, then put the phone conversation into the correct order.

E.g. siento, …

Telefonista

Lo siento, no está. ¿Quiere dejar un recado?

¡Dígame! ¡Dígame! ¿Puede repetir? No entiendo bien.

Antonio

Sí, soy Antonio. ¿Me puede llamar a las cinco?

¿Está la señora Gómez, por favor?

¡Oiga! ¿Está la señora Gómez, por favor?

6 Find the stem-changing verbs in each sentence, then translate the sentences into English.

E.g. **1** repite, tenemos

1. La profesora repite que tenemos que trabajar – es muy importante.
2. Luisa compite todo el tiempo con su hermano mayor.
3. Pepe pide ayuda. No se entiende bien con su hermana.
4. La gente se sirve así.
5. Los alumnos repiten la canción. Tienen que aprenderla.

7 Read the conversation and fill the gaps with the correct verbs from the box.

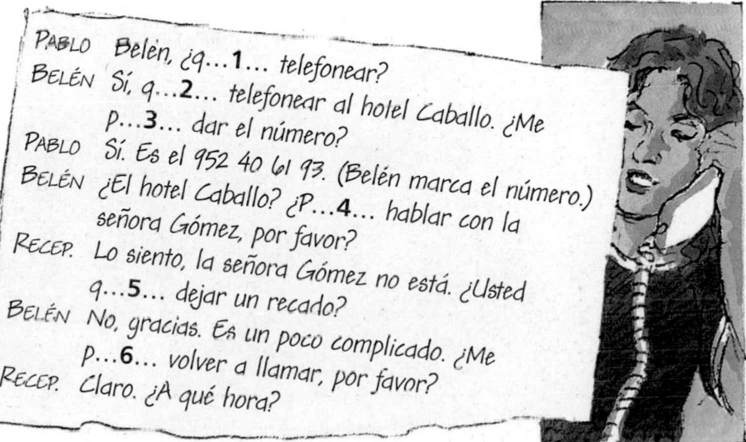

PABLO Belén, ¿q…1… telefonear?
BELÉN Sí, q…2… telefonear al hotel Caballo. ¿Me p…3… dar el número?
PABLO Sí. Es el 952 40 61 93. (Belén marca el número.)
BELÉN ¿El hotel Caballo? ¿P…4… hablar con la señora Gómez, por favor?
RECEP. Lo siento, la señora Gómez no está. ¿Usted q…5… dejar un recado?
BELÉN No, gracias. Es un poco complicado. ¿Me p…6… volver a llamar, por favor?
RECEP. Claro. ¿A qué hora?

quiere	quiero	quieres	puedes	Puedo	puede

8 Translate Michael's description of his family into Spanish.

My father has a good sense of humour. I get on well with him. I get on well with my stepmother too. My parents are not too strict. I can go out with my friends at night. I can listen to music in my room …

But my stepsister drives me mad. I want to kill her. She can be so naughty!

9 Mila is talking to Juan on the phone. Read their conversation and choose the correct form of each verb in brackets.

JUAN ¿Diga?
MILA ¡Oye, Juan! Soy Mila. ¿(Quieres / Quiero) salir al cine esta tarde a las cinco?
JUAN Esta tarde no (puedo / puede), Mila. Tengo una clase de natación que (empieza / empiezas) a las seis.
MILA ¿A qué hora termina?
JUAN No sé. Tengo que entrenar mucho, porque (compito / compite) con el equipo el sábado en Barcelona.
MILA ¿Tal vez más tarde, entonces?
JUAN No (vuelve / vuelvo) hasta las nueve.
MILA Vale, (entiendo / entiendes). Adiós …

10 Complete Mila's letter to her friend Yolanda by inserting the correct form of each verb in brackets.

Querida Yolanda:

¿Qué tal? Aquí, terrible … ¡Estoy enamorada! Pero no sé si él me (querer) o no. No como mucho, no (dormir) bien, y sólo (pensar) en él. Se llama Juan y es muy majo; (jugar) en el equipo de fútbol del insti, y practica la natación también. A veces (merendar) él y yo juntos en el patio con nuestro grupo de amigos y a veces él me (pedir) ayuda en clase.

No (poder) hablar con nadie. Mi madre no (entender) nada del amor, y mi mejor amiga es soplona – (contar) todo a todo el mundo …

5-6 ¿Te acuerdas?

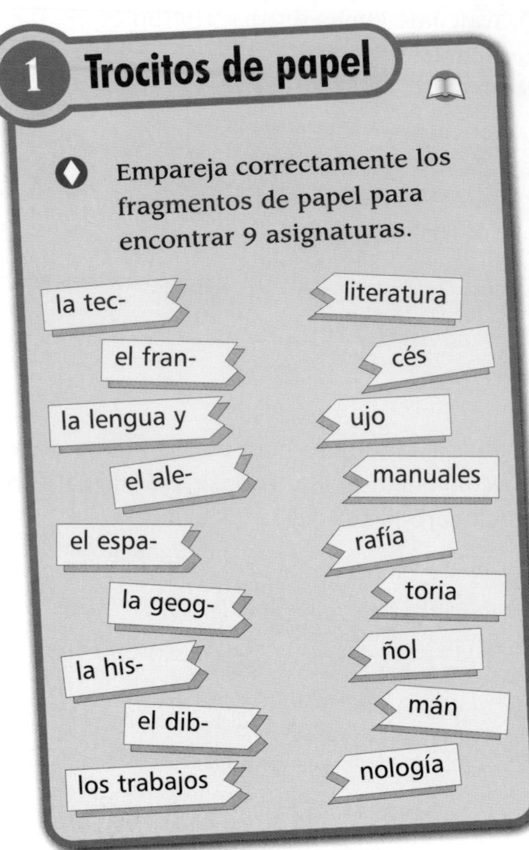

1 Trocitos de papel

Empareja correctamente los fragmentos de papel para encontrar 9 asignaturas.

la tec-	literatura
el fran-	cés
la lengua y	ujo
el ale-	manuales
el espa-	rafía
la geog-	toria
la his-	ñol
el dib-	mán
los trabajos	nología

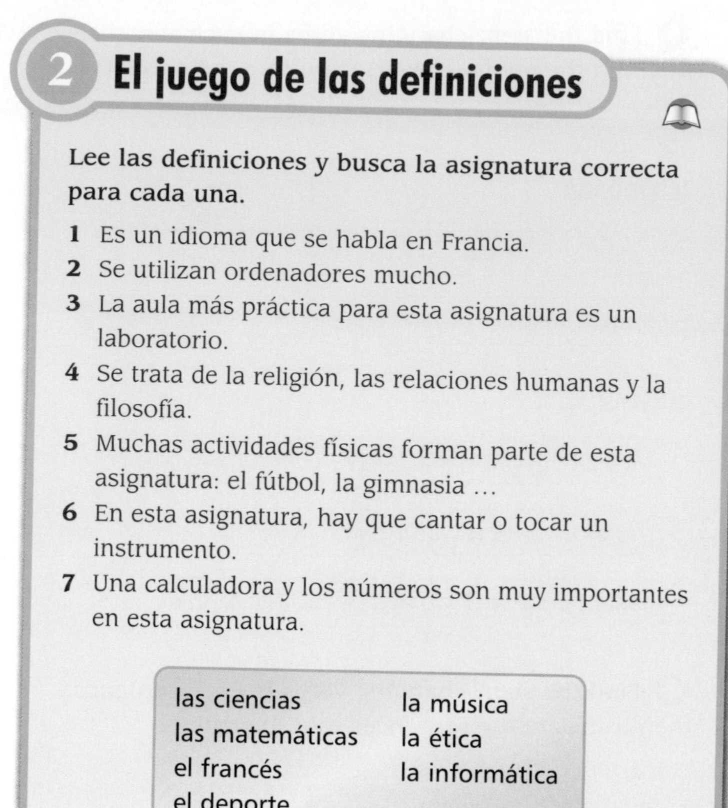

2 El juego de las definiciones

Lee las definiciones y busca la asignatura correcta para cada una.

1. Es un idioma que se habla en Francia.
2. Se utilizan ordenadores mucho.
3. La aula más práctica para esta asignatura es un laboratorio.
4. Se trata de la religión, las relaciones humanas y la filosofía.
5. Muchas actividades físicas forman parte de esta asignatura: el fútbol, la gimnasia …
6. En esta asignatura, hay que cantar o tocar un instrumento.
7. Una calculadora y los números son muy importantes en esta asignatura.

las ciencias	la música
las matemáticas	la ética
el francés	la informática
el deporte	

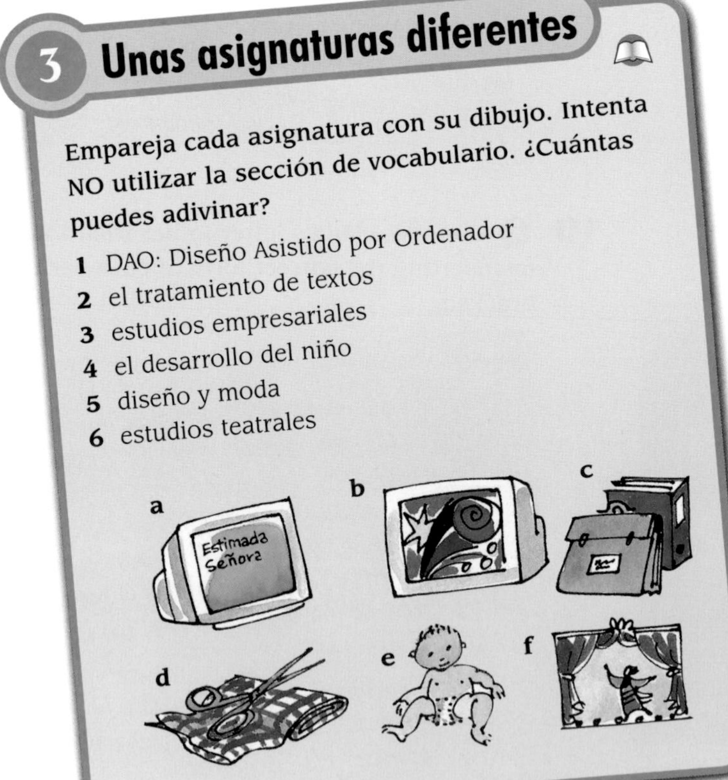

3 Unas asignaturas diferentes

Empareja cada asignatura con su dibujo. Intenta NO utilizar la sección de vocabulario. ¿Cuántas puedes adivinar?

1. DAO: Diseño Asistido por Ordenador
2. el tratamiento de textos
3. estudios empresariales
4. el desarrollo del niño
5. diseño y moda
6. estudios teatrales

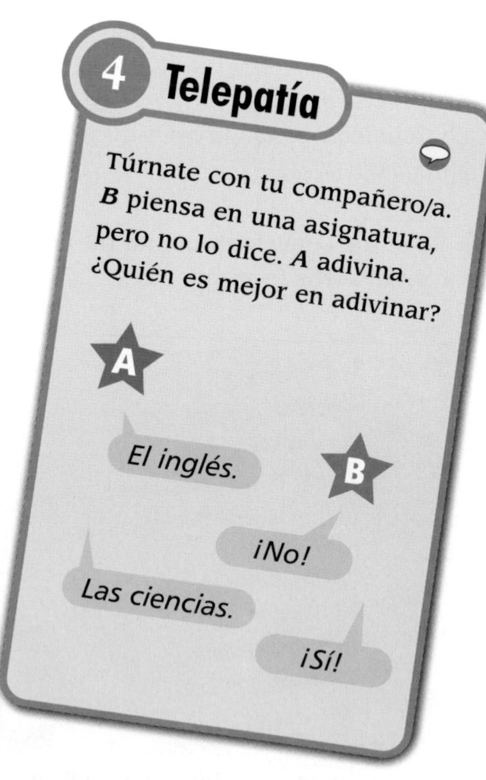

4 Telepatía

Túrnate con tu compañero/a. *B* piensa en una asignatura, pero no lo dice. *A* adivina. ¿Quién es mejor en adivinar?

5 Mis gustos

Completa cada frase **a–f** con una asignatura. ¡Cuidado con los plurales!

Ejemplo Me gusta el inglés. No me gustan las ciencias.

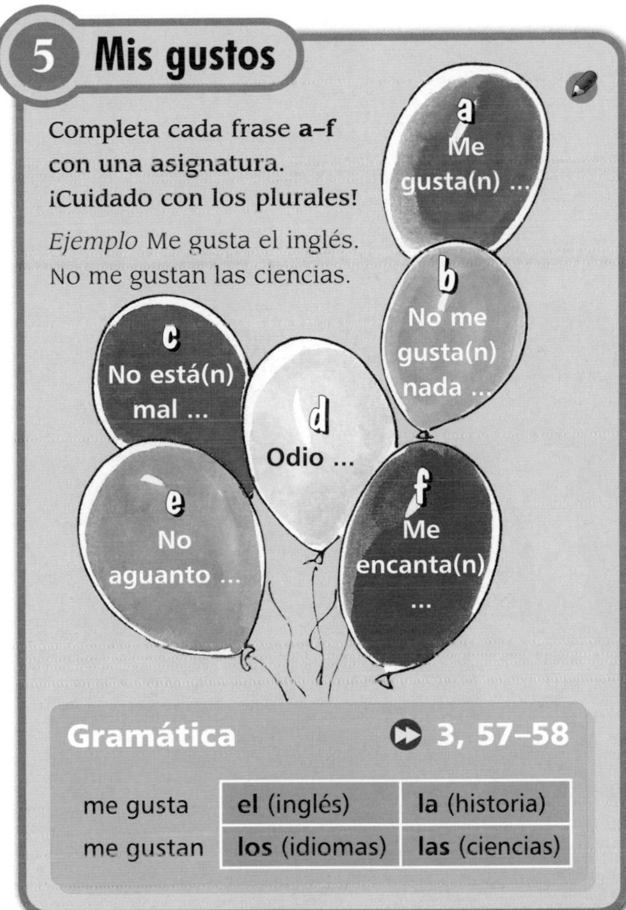

Gramática ⏩ 3, 57–58

me gusta	**el** (inglés)	**la** (historia)
me gustan	**los** (idiomas)	**las** (ciencias)

6 ¿Qué opinan del inglés?

¿Qué opinan estos alumnos de la clase de inglés? ¿Les gusta la clase de inglés o no? Escribe ✓ o ✗.

Ejemplo **A** ✓

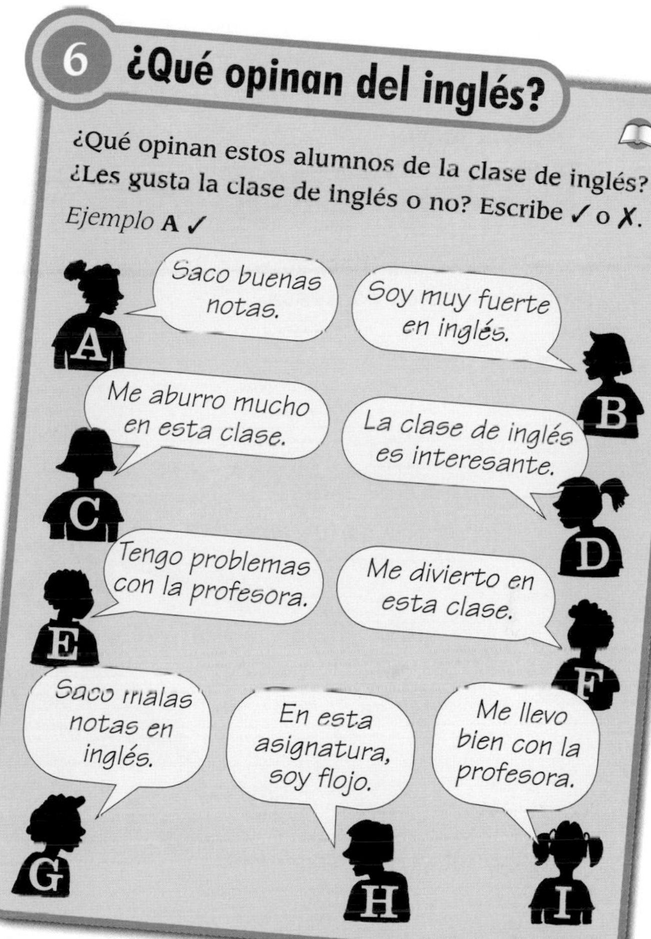

A Saco buenas notas.
B Soy muy fuerte en inglés.
C Me aburro mucho en esta clase.
D La clase de inglés es interesante.
E Tengo problemas con la profesora.
F Me divierto en esta clase.
G Saco malas notas en inglés.
H En esta asignatura, soy flojo.
I Me llevo bien con la profesora.

7 Tú y la rutina de todos los días

Lee y haz el test. Después, pide a tu profe la puntuación y la solución.

1 ***¿Eres madrugador(a)?***

- **a** Me despierto muy temprano.
- **b** Me levanto a las siete, o a las siete y media.
- **c** Me quedo en la cama hasta las ocho, y llego tarde al colegio.

2 ***¿Te cuidas bien?***

- **a** Me baño o me ducho todos los días.
- **b** Me lavo la cara y las manos solamente.
- **c** Me baño y me ducho todos los días.

3 ***Antes de salir …***

- **a** Me lavo los dientes, me peino y me arreglo: soy organizado/a.
- **b** No me lavo los dientes y no me arreglo, porque no tengo tiempo.
- **c** Me lavo los dientes en casa, pero me arreglo en los vestuarios del colegio.

4 ***¿Eres trasnochador(a)?***

- **a** No voy a la cama hasta las doce de la noche.
- **b** Me acuesto entre las diez y las once.
- **c** Duermo muy poco: cinco o seis horas al máximo.

5 ***El desayuno …***

- **a** No tomo absolutamente nada.
- **b** Desayuno bastante bien.
- **c** Bebo algo, pero no como nada.

6 ***En el colegio …***

- **a** Me aburro en clase pero lo paso bien con mis compañeros.
- **b** No me interesan las asignaturas, y odio la gente en mis clases.
- **c** Me gustan la mayoría de las clases y me divierto con mis amigos.

5 La rutina académica

5A El día académico

You will learn:

- to talk about your school routine
- to talk about the pressures and benefits of school

Consuelo invita a Iñaki a cenar. En el piso, suena el teléfono. Yessica contesta.

¿Diga? ¡Abuelita! ¡Hola!

1 *Estoy en tercero de BUP.*

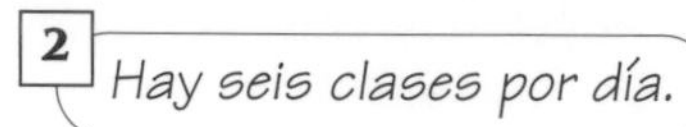

2 *Hay seis clases por día.*

3 *Las clases duran una hora.*

4 *Tengo dos horas de deberes al día.*

5 *Voy al instituto en autobús.*

6 *Salgo de casa a las ocho.*

7 *Empiezo a las ocho y media.*

8 *Termino a las tres y media.*

9 *Hay asamblea dos veces a la semana.*

10 *Primero, mi tutor pasa lista y hay tutoría el viernes.*

11 *Tengo un recreo de quince minutos a las once menos cuarto.*

12 *La hora de comer es de una a una y media.*

13 *Traigo un bocadillo, y un yogur …*

14 *Charlo con mis amigos en el patio, o voy a la biblioteca.*

15 *Después de las clases, hay diferentes clubs, pero yo no voy.*

16 *¡Qué asco! ¡Odio el instituto!*

¡Mamá!

1 Hablando del instituto

Observa los números a la derecha. Copia una frase de Yessica para cada número.

Ejemplo **a** Las clases duran una hora (1h).

a 1h	**d** 8.00	**g** 2h
b 6	**e** 8.30	**h** 1.00–1.30
c 3.30	**f** 15 min	

2 Las preguntas de la abuela

Empareja las preguntas a–p y las respuestas de Yessica 1–16 (actividad 1).

Ejemplo **a 1**, **b 6**.

a ¿En qué curso estás?
b ¿A qué hora sales de casa?
c ¿Cómo vas al instituto?
d ¿A qué hora empiezas?
e ¿Qué haces primero?
f ¿Hay asamblea?
g ¿Cuántas clases hay por día?
h ¿Cuánto tiempo dura cada clase?
i ¿Hay recreos?
j ¿Cuándo es la hora de comer?
k ¿Qué haces en la hora de comer?
l ¿Qué comes?
m ¿A qué hora terminas?
n ¿Tienes muchos deberes?
o Después de las clases, ¿qué haces?
p ¿Te gusta el instituto?

3 La rutina de Yessica y sus amigos

Escucha la conversación entre Yessica, Paco y Miguel y escribe las letras que corresponden a cada persona. ¡Cuidado! Las letras pueden aparecer dos veces.

Ejemplo Yessica **i** …

a

Salgo de casa a las ocho.

b

Salgo de casa a las siete y cuarto.

c

Salgo de casa a las ocho menos cinco.

d

Empiezo a las ocho.

e

Empiezo a las ocho y media.

f

Empezamos a las ocho y cuarto.

g

Tengo una rutina bastante agradable. / Tengo mucha suerte.

h

Odio el colegio.

i

Voy al instituto / colegio en autobús.

j

Tengo que cambiar dos veces.

k

Hay mucha gente.

l

El viaje dura cuarenta o cincuenta minutos.

4 ¿Y tu rutina?

Túrnate con tu compañero/a. Describe tu viaje al colegio, utilizando las frases de la actividad 3.

Salgo de casa a las ocho menos cuarto.

Salgo de casa a las ocho y media.

5 Con tu compañero/a

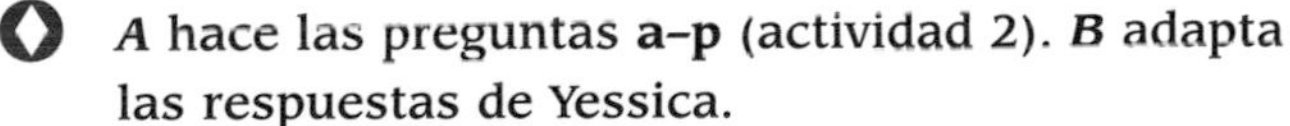

A **hace las preguntas a–p (actividad 2).** ***B*** **adapta las respuestas de Yessica.**

¿En qué curso estás?

Estoy en el primero de GCSE.

A **incluye otras preguntas relacionadas con la rutina.** ***B*** **contesta.** *(ver p.47, act.7)*

¿A qué hora te despiertas?

Me despierto a las siete.

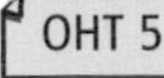
OHT 5 El día académico

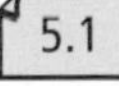
5.1 Háblame de tu rutina diaria

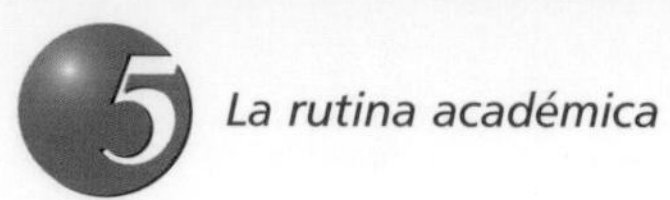

6 En la cárcel 5.2

a Lee el relato de Bernabé. Completa el horario con las horas correctas.

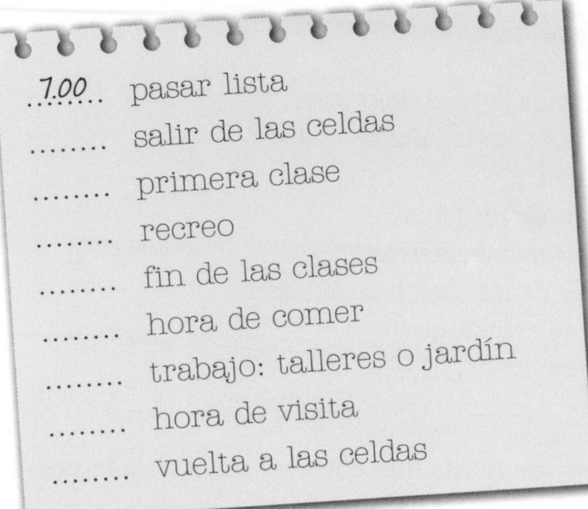
7.00 pasar lista
.... salir de las celdas
.... primera clase
.... recreo
.... fin de las clases
.... hora de comer
.... trabajo: talleres o jardín
.... hora de visita
.... vuelta a las celdas

Me llamo Bernabé y estoy en un centro de detención de menores. Aquí tenemos clases, igual que un colegio normal, pero la rutina es un poco diferente. Por la mañana, el funcionario pasa lista a las siete – aquí pasan lista tres veces al día. Salgo de mi celda a las ocho menos cuarto y voy directamente al aula.

Empiezo a las ocho. Hay seis horas de clases al día, y cada clase dura cincuenta minutos. Tengo un recreo de media hora a las diez y media: juego al fútbol en el patio o charlo con mis compañeros en el aula.

Termino a las doce cuarenta y después de las clases voy al gimnasio – me gusta el atletismo y hago ejercicio todos los días. La hora de comer es de las dos a las tres, y como en la cantina. Después de comer, voy a mi celda y leo un rato. No tengo deberes todos los días, pero por la tarde estudio porque quiero presentarme a los exámenes de BUP.

A las cuatro, trabajo en los talleres o en el jardín. La hora de visita es de las siete a las ocho – mi familia viene a verme dos veces por semana. Después de la hora de visita, hay dos horas libres. Por la noche, veo la tele en la sala común o juego al billar. Vuelvo a mi celda a las diez. ¡La rutina es muy monótona!

b ¿Verdad (V) o mentira (M)?

1 Bernabé va a un instituto normal.
2 Tiene cinco horas de clases al día.
3 Le gusta el deporte.
4 Tiene muchos deberes.
5 Sus padres le visitan todos los días.
6 Tiene tiempo libre por la noche.

c Escribe bien estas expresiones: todas están en el relato de Bernabé.

la mañana por	las clases después de
día veces al tres	rato un
noche por la	veces por dos semana
días los todos	la por tarde

7 Te toca a ti

Describe tu día académico. Prepara una presentación oral, y hazla en tu grupo. Haz una versión grabada también. Incluye algunas de las expresiones para decir *cuándo* y *cuántas veces* (actividad 6c).

Be careful!
por la tarde *(in general)*
a las dos **de** la tarde *(exact time)*

Salgo de casa (a las ocho)	Hay (seis) horas de clase, las clases duran (una hora)
Voy al instituto (a pie, en bici)	Tengo un recreo de (quince) minutos a (las once)
Primero voy a los vestuarios / al aula	La hora de comer es de (las doce) a (la una)
Empiezo / Termino a las (nueve)	Charlo con mis amigos en el patio, voy al club de ...
Mi tutor pasa lista (por la mañana)	Tomo (algo) en la cantina / Traigo (un bocadillo)
Hay asamblea (una vez a la semana)	Tengo (dos) horas de deberes por la noche

5.2 En la cárcel 5.3 El alumno del nocturno

8 Lourdes habla de las oportunidades en su colegio

Escucha la descripción de Lourdes y apunta la información suplementaria sobre los clubs y las actividades extraescolares.

Clubs	Deportes	Otras actividades extraescolares
música	fútbol	un coro

9 El estrés no es un juego

Lee la carta de Luis y decide si las frases **1–8** son verdad (V) o mentira (M).

1 A Luis le gustan las vacaciones.
2 A Luis le gustan los trimestres.
3 Piensa que va a suspender los exámenes finales.
4 Le encanta trabajar en el colegio.
5 Estudia mucho durante el verano.
6 Quiere ir a la Entrega de Premios.
7 Para él hay otras cosas que son más importantes que la educación.
8 Su relación con sus padres es positiva.

el 30 de septiembre

Estimada Sonia:

Te pido ayuda. Tengo problemas en el colegio. Hay tres trimestres, y los odio.

Cuando el curso académico empieza a principios de septiembre estoy siempre muy deprimido y cuando termina a mediados de junio lo paso bomba. No saco buenas notas. No me puedo sacar tantos 7 como los otros, y mis padres hacen siempre una comparación entre mí y mis hermanos o los hijos de sus amigos. ¡No es justo!

Me siento sobrecargado. Hay demasiado trabajo. Yo sé que las calificaciones y los resultados son importantes – pero para mí hay otras cosas más importantes. En verano tenemos casi tres meses de vacaciones: olvido todo, pero me gusta trabajar en la tienda de mi mamá, por ejemplo.

No soy intelectual pero no soy estúpido tampoco. A veces llego tarde al colegio porque estoy tan estresado. No sé qué hacer.

Nuestro colegio organiza una Entrega de Premios para entregar los resultados de los exámenes al fin del año y tengo miedo. No quiero ir – voy a suspender los exámenes. Odio el colegio.

Por favor, ¡ayúdame!

Luis

10 ¿Qué opinas tú?

Utilizando las frases del cuadro, describe las posibilidades en tu colegio. Tienes que dar tu opinión también.

		Opiniones
Hay clubs de	muchos tipos música informática teatro ajedrez deporte	Me gusta mucho el colegio A veces hay mucho estrés No saco buenas notas Hay demasiado trabajo Odio el colegio
Hay equipos de	fútbol baloncesto voleibol	
Hay	un coro una orquesta visitas culturales a museos o teatros viajes al extranjero	

5.4 Los clubs del instituto

5B ¿Cuántas asignaturas estudias?

You will learn:
- to talk about your school subjects and teachers
- to say what subjects you do well or badly in
- to express your likes and dislikes

Iñaki, Consuelo y Yessica cenan juntos en el piso de Consuelo.

Tuve diseño y moda ayer y se me da súper bien. Luego matemáticas, ¡que se me dan fatal! ¡**Las odio**!

¿Y después del recreo?
Ética e historia. Se me da muy mal la historia: **no la aguanto**. Voy a suspender los exámenes en junio.

La vida es dura si no te gusta el instituto.
Sí. ¡**Lo detesto**!

¡Qué simpático y guapo es Iñaki!
Iñaki tiene treinta años, Yessica – ¡y tú tienes dieciséis!
¡Y qué! Me gustan los hombres mayores …

1 ¿Qué asignaturas estudias?

diseño y moda = corte y confección

a Empareja las expresiones que quieren decir lo mismo.
Ejemplo **1 e**.

1 me da(n) igual	**a** me encanta(n)
2 se me da(n) muy bien	**b** no me gusta(n)
3 se me da(n) súper bien	**c** odio / no aguanto / detesto
4 se me da(n) mal	**d** me gusta(n) mucho
5 se me da(n) súper mal / fatal	**e** no está(n) mal

b Mira las frases **en negrita** del diálogo anterior. Copia y completa el cuadro correctamente.

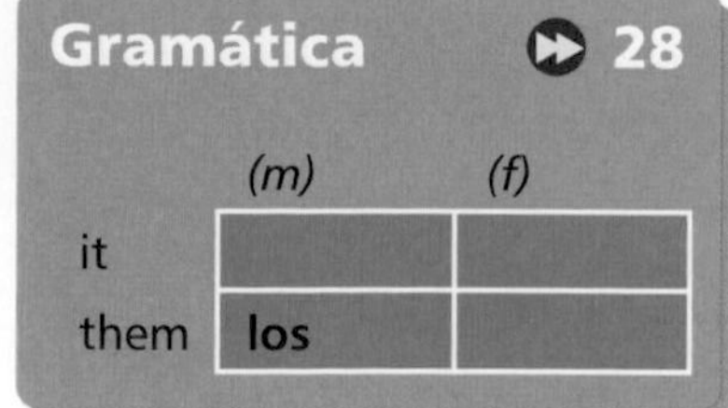

Gramática 28

	(m)	*(f)*
it		
them	**los**	

2 Estudio ...

Túrnate con tu compañero/a para hacer las preguntas del cuadro y para contestar.

¿Cuántas asignaturas estudias? *Estudio seis asignaturas obligatorias y tengo dos optativas.*

¿Cuántas asignaturas estudias?	Estudio / Tengo (seis) asignaturas obligatorias y (dos) optativas
¿Cuáles son?	Lengua, literatura, diseño y moda, DAO ... *(p.46)*
¿Qué asignaturas tuviste ayer / el lunes?	Primero / Luego / Después del recreo / Por la tarde tuve ...

3 ¿Qué opinas de ...?

Túrnate con varios compañeros.
A hace preguntas y *B* da su opinión.

¿Qué te parece la historia? – *Se me da súper mal.*

¿Te gusta (la geografía)? – *No estudio geografía.*

¿Te gustan (las ciencias)? – *¡Se me dan muy bien!*

¿Qué te parece(n) ¿Te gusta(n)	el (deporte)? la (historia)? los (idiomas)? las (ciencias)?
Se me da(n)	(muy) bien / mal, súper mal, fatal
Lo / La / Los / Las No lo / la / los / las	odio, detesto aguanto

4 Mi horario ideal

Diseña tu horario ideal. ¿Qué asignaturas vas a estudiar y cuánto tiempo vas a pasar en cada clase? Te toca a ti.

5 En clase

Con tu compañero/a, estudia las expresiones siguientes: ¿cómo se dicen en inglés?

Ejemplo **1** grita mucho – she / he shouts a lot.

Añade un adjetivo para describir a cada profesor: hay muchas posibilidades. Repasa los adjetivos en las páginas 27 y 37.

Ejemplo **1** grita mucho – es severo.

1

grita mucho

2

enseña bien

3

explica bien

4

me ayuda

5

nos hace trabajar mucho

6
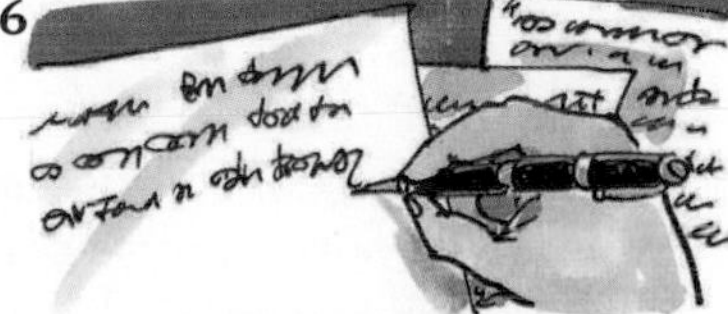
nos hace escribir todo el tiempo

7
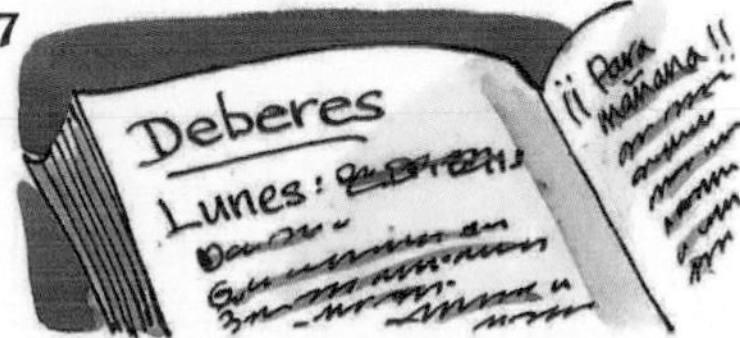

nos pone muchos deberes

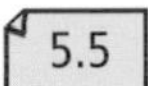

5.5 Los profesores y las notas

6 El rap del día de Juan

Primero, matemáticas, que no me gustan nada,
Luego, francés – se me da muy mal.
La profe no me ayuda y no explica bien,
No entiendo nada y lo paso fatal.

A las diez, ciencias – y saco malas notas,
El pobre profesor es súper aburrido,
Por fin, el recreo y charlo con mis amigos,
¡Eso, por lo menos, es divertido!

Después del recreo, tengo otra clase:
Diseño asistido por ordenador.
Me gusta el profe – es simpático,
Y en esta asignatura soy trabajador.

Pero luego tengo geografía,
Y la profe nos hace escribir
todo el tiempo, y nos pone deberes:
esta tarde, ¡no puedo salir!

Lengua española – no la aguanto,
Soy muy flojo, y me aburro un montón.
No me llevo bien con el profesor,
Grita mucho – ¡qué follón!

Son las dos de la tarde por fin,
Ya es la hora de comer,
Vuelvo a casa, muy deprimido.
¿Los exámenes? ¡Los voy a suspender!

a **Escucha y lee el rap. Utiliza la sección de vocabulario, si es necesario. Para cada dibujo 1–7, escribe el nombre de *la asignatura*, *la hora de comer* o *el recreo*.**

Ejemplo **1** geografía.

1 

2 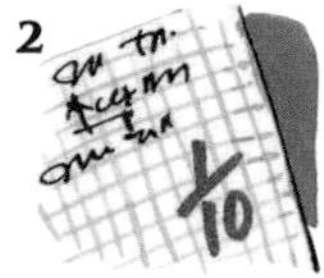

3 

4 

5 

6 

7 

b **Inventa otro rap de dos o tres estrofas. Adapta el rap de Juan. Cambia las asignaturas y algunas de las expresiones pero conserva las rimas.**

Primero, ciencias, que no me gustan mucho.
Luego, deporte – se me da muy mal.
El profe es severo y grita mucho.
Me aburro un montón y lo paso fatal.

7 Mis respuestas personales

Prepara tus respuestas a las preguntas. Túrnate con tu compañero/a para preguntar y contestar o graba una entrevista entre los dos.

- ¿Cuántas asignaturas estudias?
- ¿Cuáles son?
- ¿Qué asignaturas tuviste ayer?
- ¿Qué asignaturas prefieres? ¿Por qué?
- ¿Hay alguna asignatura que no te gusta? ¿Por qué?
- ¿Qué notas vas a sacar en los exámenes?

Se me da(n) muy bien el / la / los / las …	Se me da(n) muy mal el / la / los / las …	*(act.1, p.52)*
Es / Son fácil(es), divertido/a/os/as	Es / Son difícil(es), aburrido/a/os/as	
Saco buenas notas, soy fuerte en …	Saco malas notas, soy flojo/a en …	*(act.6, p.47)*
Me llevo bien con …, me divierto	No me llevo bien con …, me aburro	*(act.6, p.47)*
Voy a aprobar los exámenes de …	Voy a suspender el examen de …	

5.6 La carta de Yessica a su abuela

8 El instituto bueno

Lee la encuesta y pon las frases en orden de 1 (muy importante) a 9 (no tan importante).

Ejemplo

Mi orden de importancia
1 – f
2 – i

¿CUÁLES SON LOS FACTORES IMPORTANTES EN UN COLEGIO O INSTITUTO BUENO?

a El profesorado es justo. ☐
b El contacto con los padres es bueno. ☐
c El rendimiento escolar es alto. ☐
d La disciplina es buena. ☐
e Los grupos paritarios son positivos. ☐
f Las relaciones entre los padres y los profes son positivas. ☐
g Las instalaciones son buenas. ☐
h La droga y la intimidación están controladas. ☐
i El nivel de la ausencia sin permiso es bajo. ☐

9 El coloquio en la radio

a Lee las opiniones y decide si cada una es positiva (P) o negativa (N) o las dos (P+N).

Es un lugar donde el profesorado es justo y la disciplina es buena. Las relaciones entre los profes y los alumnos son positivas. (Marta)

Es un sitio donde es fácil aprender, y los alumnos (o la mayoría) respetan las normas del aula. El profesorado es comprensivo y trabajador. La única crítica que tengo, es que el contacto entre los profesores y los padres en mi colegio no es muy bueno. (Santiago)

La ausencia sin permiso es endémica. Los grupos paritarios no son positivos, y la intimidación no está controlada. Es difícil mantener una actitud positiva hacia mis estudios cuando las instalaciones no son adecuadas y el profesorado está demoralizado. (Francisco)

La droga no está controlada, y demasiados alumnos se comportan mal. Hacen muchos novillos, y hacen imposible la vida a los profes. Es una lástima, porque el rendimiento escolar es bastante alto. **(Dani)**

b Escucha el coloquio por teléfono en la radio con Pastora, Enrique y Yolanda. Contesta a las preguntas **1–6**. ¿Quién …

1 … critica a los alumnos?
2 … critica al profesorado?
3 … critica a los padres?
4 … está satisfecho/a con el rendimiento escolar?
5 … opina que la disciplina es mala?
6 … está contento/a con el contacto con los padres?

c ¿Qué opinas tú? ¿Cómo es un instituto o colegio bueno? ¿Cómo es tu instituto? Con tus compañeros, prepara un coloquio por teléfono: adapta las expresiones siguientes y las opiniones de la actividad **a**.

El profesorado, El rendimiento escolar, El contacto con los padres, La disciplina	(no)	es	bueno/a, malo/a, justo/a, alto/a, bajo/a
Los grupos paritarios, Las instalaciones, Las relaciones entre (los padres) y (los profes)		son	positivos/as, negativos/as, adecuados/as
El fumar, La intimidación, La droga,		está	controlado/a
El nivel de la ausencia sin permiso		es	endémico/a, bajo/a, alto/a
Algunos (alumnos) no se comportan bien / hacen imposible la vida (a los profesores, a los demás)			

6 Mi instituto actual e ideal

6A ¿Cómo es?

You will learn:

- to talk about school
- to discuss the pros and cons of school

El Director del hotel Espléndido enseña las instalaciones a una persona muy importante ...

DIRECTOR Por aquí, Condesa ...
Éstos son nuestros estudiantes. Forman parte de nuestro instituto aquí en el hotel ...
CONDESA ¿Cómo se llama el instituto?
DIRECTOR Se llama el 'Instituto de Hostelería'.
CONDESA ¿Y qué tipo de instituto es?
DIRECTOR Es mixto ...
CONDESA ¿Cuántos años tienen los estudiantes?
DIRECTOR Tienen entre dieciséis y cuarenta años ...
Es un curso de un año.

CONDESA ¿Qué instalaciones tiene?
DIRECTOR Hay aulas, despachos, una piscina climatizada, un gimnasio, una pista de tenis ...
CONDESA ¿Cómo son los edificios?
DIRECTOR Son muy modernos, bonitos ...
PABLO ¡Mentira! ¡Son antiguos y feos!
DIRECTOR Y son bastante espaciosos y tranquilos.
RAÚL ¡No es verdad! ¡Son pequeños y ruidosos!

CONDESA ¿Cuántos estudiantes hay?
DIRECTOR En total hay veinticinco.
CONDESA ¿Y cuántos profesores hay?
DIRECTOR Hay diez profesores, que también forman parte del personal del hotel.

BELÉN ¡Ay! ¡Disculpen, señores!
DIRECTOR Señorita Belén, ¡preséntese en mi despacho mañana a primera hora!
BELÉN ¡No es justo!

1 Una carrera en la hostelería

¡El director no sabe todo! Apunta las cinco diferencias.

Ejemplo un cursillo de un año.

¿Les interesa una carrera en la hostelería?

EL INSTITUTO de HOSTELERÍA

del hotel Espléndido les ofrece un cursillo de seis meses

- forma parte del célebre hotel Espléndido
- ambiente profesional
- capacidad para cincuenta estudiantes de entre 20 y 40 años
- doce profesores de avalada experiencia
- instalaciones modernas: piscina climatizada, dos pistas de tenis …

Rellena los espacios en blanco.

Ejemplo **1** invita.

El director …**1**… a la Condesa a ver el hotel y el instituto. La Condesa hace …**2**… preguntas acerca del instituto y de las …**3**… . Pablo y Raúl no están de …**4**… con lo que dice. Belén llega de prisa y casi provoca un …**5**… . El director está enfadado, y quiere verla en su …**6**… el día siguiente.

acuerdo	despacho
muchas	accidente
invita	instalaciones

2 Los opuestos

Busca los opuestos. Prepara una lista.

Ejemplo espacioso – exiguo

inconveniente pequeño moderno bonito conveniente ruidoso oscuro sucio cálido cómodo agradable exiguo feo antiguo grande incómodo frío desagradable claro limpio tranquilo espacioso

3 El juego de los opuestos

Trabaja con tu compañero/a. *A* dice un adjetivo. *B* debe decir el opuesto. Cierra el libro antes de jugar.

¡Sucio!

4 ¿Qué opinas?

¿Cómo son los edificios en tu instituto? ¿Qué opinan las otras personas del grupo? Haz una lista. Apunta las opiniones.

Ejemplo

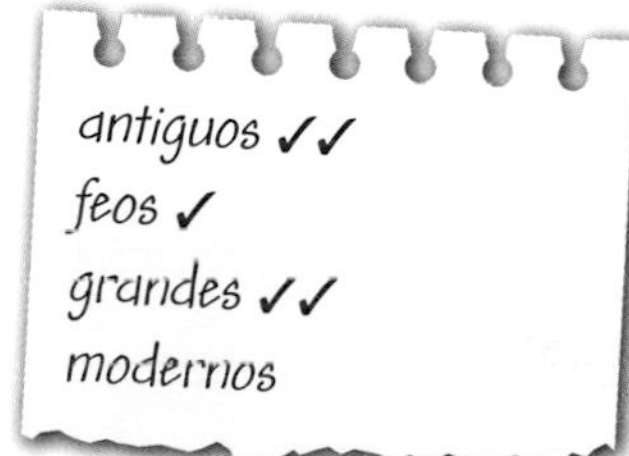

¿Qué opinas? ¿Cómo son los edificios?

Son antiguos, feos y grandes.

C: *Son antiguos y grandes.*

¿Qué instalaciones tiene?

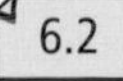

¿Cómo es el instituto?

5 El Colegio 9 de Junio 

El Colegio 9 de Junio está en el desierto de Argelia. Estos alumnos hablan de su instituto. Busca la respuesta correcta para cada una de las preguntas del cuadro.

Ejemplo **1 c**.

a Nuestro instituto es muy grande, porque tiene unos dos mil quinientos alumnos en total.

b Este instituto no tiene alumnos mayores. La mayoría de los alumnos tienen entre once y catorce años de edad. Cuando tenemos catorce años, tenemos que ir a otros países para seguir nuestros estudios.

c El 9 de junio es una fecha muy importante para nosotros porque es el día en honor de un héroe saharaui. Es por eso que nuestro instituto se llama Colegio 9 de Junio.

d Es un instituto mixto. Hay chicos y chicas. Es un internado – durante el trimestre vivimos aquí, en el colegio.

e Tenemos algunas clases en árabe y otras en español. En el instituto hay setenta profesores, y un director, claro.

f No tenemos muchas instalaciones modernas. Por ejemplo, no hay laboratorios ni campo de deportes pero hay un comedor enorme, unos dormitorios, muchas aulas y un patio.

g Hace mucho calor aquí durante el día. Por eso, la mayoría de los edificios no tienen muchas ventanas y son un poco oscuros.

1 ¿Cómo se llama tu instituto?	Se llama (Chatham Community College)
2 ¿Qué tipo de instituto es?	Es un instituto mixto / masculino / femenino
3 ¿Cuántos alumnos/as tiene?	Tiene (mil doscientos) alumnos
4 ¿Cuántos profesores hay?	Hay (ochenta) profesores
5 ¿Cuántos años tienen los alumnos?	Los alumnos tienen entre (once) y (dieciocho) años
6 ¿Cómo son los edificios?	Son (grandes y modernos) *(act.2, p.57)*
7 ¿Qué instalaciones tiene?	Hay (muchas aulas, un gimnasio ...) (6.1)

6 ¿Y tu instituto?

Cambia las respuestas de los alumnos para contestar a las preguntas del cuadro.

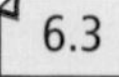  6.3 Las normas para los alumnos

7 Unas opiniones 

Estos jóvenes hablan de su instituto. Para cada opinión, apunta si es positivo (P) o negativo (N) o los dos (P+N).

Ejemplo **1** N.

Gramática ▶ 18

lo peor lo mejor	es que	no tiene no hay	ningún (patio) ninguna (piscina)	
			(comedor) (cocinas)	tampoco

1

Mi colegio está en el centro de la ciudad y las instalaciones no son muy espaciosas. Tiene muchas aulas y un patio pero no tiene ninguna sala de ordenadores y no tiene un salón de actos tampoco. Lo peor es que el campo de deportes está fuera de la ciudad y tenemos que ir allí en autobús.

2

Mi Instituto es un instituto para chicas de entre once y dieciocho años. Hay ochocientas alumnas y sesenta profesores. La mayoría de los edificios son antiguos y, por ejemplo, no hay ninguna sala de ordenadores ni vestuarios tampoco. Me chiflan las ciencias y lo peor es que no hay ningún laboratorio.

3

Mi instituto es muy moderno y bastante pequeño – solamente tiene cuatrocientos alumnos. Es un insti masculino. Los edificios son bastante agradables. Hay un patio y dos campos de deportes pero no hay ningún gimnasio. Para mí, lo mejor es que hay una piscina climatizada, así que podemos bañarnos durante todo el año.

4

Yo pienso que mi instituto es demasiado grande. Hay mil doscientos alumnos. Los edificios son enormes – hay de todo: una enfermería, dos salas de ordenadores, tres salones de actos y un bloque sólo para los despachos. Hay muchas instalaciones deportivas: un campo, una piscina y muchas pistas de tenis. Pero para mí es una desventaja porque odio los deportes.

8 Mi instituto

Rellena los espacios en blanco con las palabras del cuadro.

Mi instituto no tiene …**1**… sala de ordenadores.
No hay cocinas ni vestuarios …**2**… .
Hay dos campos de deportes pero no hay …**3**… gimnasios.
Lo …**4**… es que el campo de deportes está fuera de la ciudad.
Mi instituto no tiene …**5**… laboratorio.
Lo …**6**… es que hay una piscina climatizada.

peor
ninguna
ningún
mejor
ningunos
tampoco
ningunas

9 ¿Y tu instituto? 

¿Qué opinas de tu instituto? Utiliza las opiniones y el cuadro anteriores para escribir un párrafo en contra y un párrafo a favor.

6B En el futuro ...

You will learn:
- to ask and talk about the future
- to discuss future plans

Ahora vamos a entrevistar a la directora del polideportivo ...

REPORTERO	*Ahora hay edificios antiguos aquí.*
DIRECTORA	*En el futuro habrá un magnífico polideportivo nuevo.*
REPORTERO	*El centro actual es bastante pequeño.*
DIRECTORA	*Pero el nuevo centro será muy grande.*
REPORTERO	*Hace calor aquí ahora, y es muy difícil jugar.*
DIRECTORA	*En el futuro, con aire acondicionado, no hará calor.*
REPORTERO	*Ahora el centro no tiene un campo de deporte.*
DIRECTORA	*En el futuro tendrá un campo de rugby y unas pistas de tenis.*
REPORTERO	*El centro no tiene nada para los niños. Tampoco es muy cómodo para los padres.*
DIRECTORA	*El nuevo centro será muy cómodo para los padres. Tendrá muchas instalaciones para los niños pequeños y mayores también.*
REPORTERO	*Pero ... este centro no tiene muchos clientes – no hay muchas personas aquí.*
DIRECTORA	*En el futuro todo el mundo tendrá más tiempo libre así que el nuevo centro tendrá muchos más visitantes.*

1 Ahora y en el futuro

¿Cómo es el deportivo ahora y cómo será en el futuro? Para cada dibujo escribe *ahora* o *en el futuro*.

Ejemplo **1** en el futuro.

1

2

3

4

5

6

2 En el centro deportivo

Escucha las conversaciones **a–f**. ¿Qué dibujo es?

Ejemplo **a 1**.

3 En el instituto

a Con tu compañero/a, haz una lista de las instalaciones que os gustaría tener.

b *A* dice la frase de ahora. *B* dice la frase del futuro.

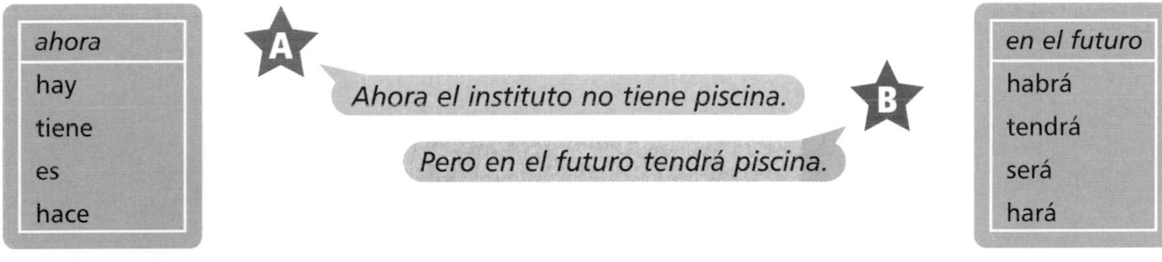

ahora
hay
tiene
es
hace
A
Ahora el instituto no tiene piscina.
Pero en el futuro tendrá piscina.
B
en el futuro
habrá
tendrá
será
hará

4 Los títulos

Escucha y completa los títulos con *habrá*, *hará*, *tendrá* o *será*.

Ejemplo **1** hará.

Mañana por la noche …**1**… mucho más frío.

La princesa Carlota …**2**… quince años el 1 de abril.

En este momento es difícil pero en el futuro …**3**… más fácil viajar a la luna.

El nuevo director del Instituto Lope de Vega …**4**… trabajar a sus alumnos.

…**5**… cincuenta salas en el nuevo hospital.

El nuevo centro deportivo …**6**… tres piscinas y dos campos de deporte.

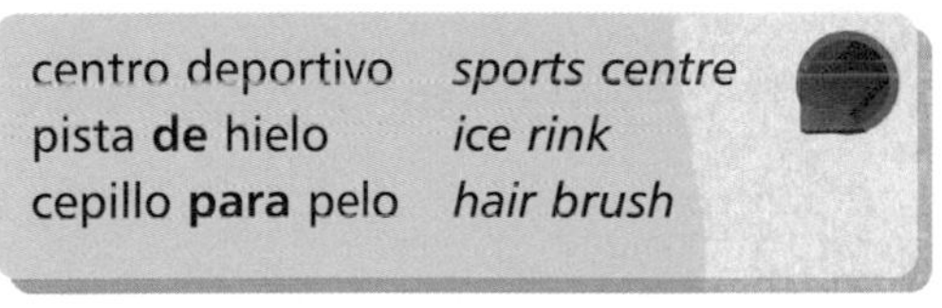

centro deportivo *sports centre*
pista **de** hielo *ice rink*
cepillo **para** pelo *hair brush*

5 ¿Cómo se dice?

Busca los equivalentes. Mira en un diccionario. ¿Tienes razón?

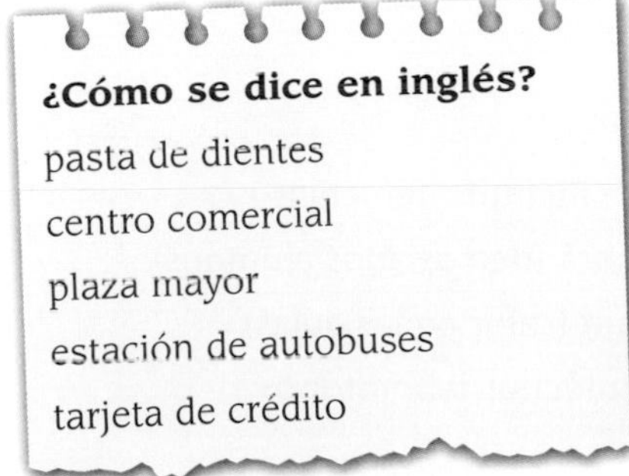

¿Cómo se dice en inglés?
pasta de dientes
centro comercial
plaza mayor
estación de autobuses
tarjeta de crédito

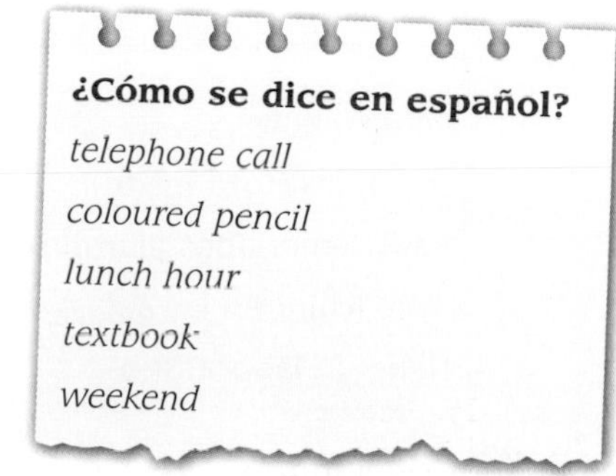

Busca otros ejemplos.

1 Tiene demasiados alumnos.
2 Tendrá muchos profesores de informática.
3 La profesora de inglés no me hará trabajar.
4 Es un instituto mixto.
5 Será muy cómodo.
6 Habrá tres gimnasios.
7 Hace demasiado frío en las aulas.
8 Hay muchos profesores severos.
9 No hay un gimnasio.
10 Será un instituto masculino / femenino.
11 La piscina es demasiado pequeña.
12 No es muy cómodo.
13 No tiene ningún profesor de informática.
14 No habrá que llevar uniforme.
15 No tendrá muchos alumnos.
16 No habrá profesores severos.
17 La profesora de inglés me hace trabajar mucho.
18 No hará frío en las aulas.
19 La piscina será enorme.
20 Hay que llevar uniforme.

6 El instituto actual e ideal

a **Lee la conversación entre Juan Antonio y Virginia. Virginia habla de su instituto actual … pero Juan Antonio piensa en su instituto ideal. ¿Quién habla? Apunta si es Virginia (V) o Juan Antonio (JA).**

Ejemplo **1** V.

b **Lee las frases de Virginia. ¿Tu instituto es parecido (P) o diferente (D)?**

c **Lee las frases de Juan Antonio. Apunta si estás de acuerdo (✓) o no (✗).**

7 ¿Y tú?

¿Cómo es en tu instituto actual? ¿Y cómo será tu instituto ideal? Trabaja con tu compañero/a. Utiliza la conversación y el cuadro siguiente para hacer dos listas. Graba la conversación.

En mi instituto actual …	*En mi instituto ideal …*
Hay muchos alumnos.	No habrá tantos alumnos.

Actualmente	*En el futuro*
Es (un instituto mixto)	Será (un instituto femenino)
Hay (demasiados alumnos)	(No) habrá (demasiados alumnos)
Hace (calor en las aulas)	(No) hará (calor en las aulas)
Tiene un laboratorio	Tendrá muchos laboratorios

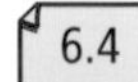 6.4 Mi uniforme actual y mi uniforme del futuro

La madre de Concha es científica. Ha escrito un libro sobre el instituto del futuro.

- *¿Cómo será el instituto del futuro, Mamá?*
  En el instituto del futuro los alumnos irán al instituto solamente un día por semana.
- *¡Qué bien! ¿Podré ir a la playa los otros días?*
  No, porque los otros días trabajarás en casa con tu ordenador.
- *¡Trabajaré en casa! Oh, ¡qué bien! y … ¿los deberes?*
  Los recibirás por correo electrónico.
- *¡Oh! ¿Tendremos nuevos profesores?*
  No habrá un profesor para cada asignatura. Tendréis un sólo profesor … Pero, por ejemplo, en la clase de geografía, podrás visitar otros países por medio de imágenes virtuales.

- *¿Habrá un polideportivo?*
  El polideportivo estará en un enorme globo climatizado así que nunca hará demasiado calor durante el verano y siempre podréis jugar al fútbol con los amigos.
- *¿No habrá otros juegos?*
  Sí, claro. Podrás elegir otros muchos deportes – por ejemplo, la bici volante, el esquí de arena y la canoa de nieve.
- *Y los edificios, ¿cómo serán?*
  No habrá despachos, porque el director y las secretarias serán hologramas. Trabajaréis en grandes salas, cada persona con su ordenador personal.
- *No sé si me gustará ir allí.*
  No te preocupes, Conchi. ¡Dentro de cincuenta años, tú tendrás sesenta!

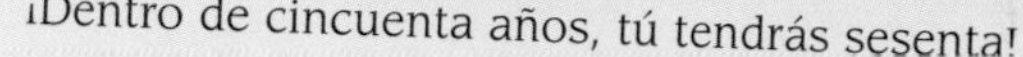

8 El instituto del futuro

Completa el cuadro de los verbos en futuro. Todos están en el artículo anterior.

Gramática 49

-ar, -er e -ir	trabajar
yo	trabajar?
tú	trabajar?
él / ella / Ud.	trabajará
nosotros	trabaja**remos**
vosotros	trabajar?
ellos / ellas / Uds.	trabaja**rán**

9 ¿Qué más?

a Haz una lista de los otros verbos en futuro en la entrevista.
Ejemplo será, irán …

b ¿Cómo se dicen en inglés?
Ejemplo irán: they will go.

10 Un resumen

Empareja las dos partes de cada frase para hacer el resumen de Concha.
Ejemplo **1 a**.

1. En el futuro no iré al instituto
2. Pero no podré bañarme en el mar
3. Me enviarán los deberes
4. Podremos practicar cualquier deporte
5. Las secretarias no serán
6. Para mí no es importante

a porque trabajaré en casa con el ordenador.
b personas físicas.
c durante todo el año.
d todos los días de la semana.
e porque no iré al instituto entonces.
f por Internet.

11 Mi instituto en el futuro

Imagínate cómo será tu instituto en el futuro.

Mi instituto será …

Present tense of reflexive verbs

- Reflexive verbs use a **reflexive pronoun** to show that the action is being done to oneself.
- With most verbs it's easy to see why they are reflexive:

me levanto – *I get myself up*
me lavo – *I wash myself*

- With others it's less obvious and you need to learn these: for more examples see Grammar 38.

me divierto – *I have fun, amuse myself*
me voy – *I'm going away*
me quedo en cama – *I stay in bed*

- If a verb is reflexive, **-se** will be attached to it in the dictionary.

	levantar**se** *(to get up)*
(yo)	**me** levanto
(tú)	**te** levantas
(él / ella / usted)	**se** levanta
(nosotros)	**nos** levantamos
(vosotros)	**os** levantáis
(ellos / ellas / ustedes)	**se** levantan

1 **Maribel is talking to an interviewer about her own routine and her sister's routine. Choose the correct reflexive pronoun of each pair in brackets.**

E.g. ¿A qué hora **te** levantas?

¿A qué hora (me / te) levantas?

¡Tarde! No soy muy madrugadora. (Me / Te) ducho y (me / te) visto de prisa, y salgo de casa a las ocho y cuarto. Mi hermana es peor. ¡Ella (te / se) queda en la cama hasta las ocho y cuarto!

¿Tu hermana no (te / se) lava?

La cara y las manos, sí. Pero no (me / se) peina. ¡Es un desastre!

2 **Translate these sentences into Spanish.**

1. I wake up at six o'clock.
2. My sister stays in bed until half past seven.
3. My parents get up at seven o'clock.
4. I have a shower and brush my teeth.
5. Do you get washed in the morning?
6. We have great fun at school.

3 **Put these verbs into the *yo* form, then translate the passage into English.**

No (llevarse) bien con mi profesor de inglés.
(Aburrirse) un montón en sus clases.
A veces (dormirse).
No (divertirse).
(Portarse) mal también.
'Sí señor, yo lo sé.
(Irse). Me voy pronto.'

4 **Write a paragraph about your daily routine. Include times and make sure you use the verbs and phrases in the box.**

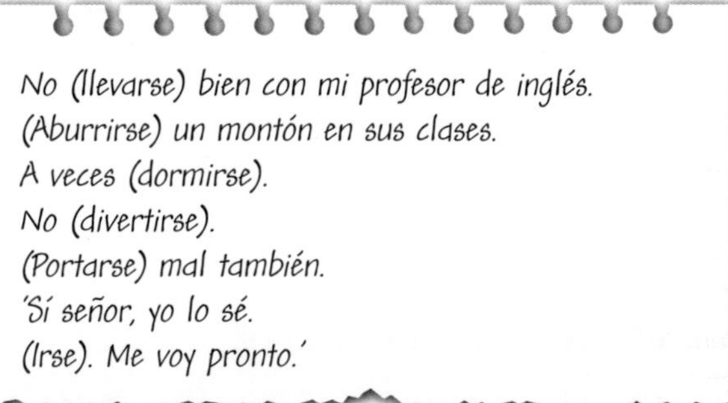

arreglarse levantarse despertarse
ducharse lavarse los dientes vestirse
acostarse divertirse irse

The future tense

- This is used to say what 'will' happen in the future. To form it, add the following endings to the infinitive.

	estudiar	entender	escribir
(yo)	estudiaré	entenderé	escribiré
(tú)	estudiarás	entenderás	escribirás
(él / ella / usted)	estudiará	entenderá	escribirá
(nosotros)	estudiaremos	entenderemos	escribiremos
(vosotros)	estudiaréis	entenderéis	escribiréis
(ellos / ellas / ustedes)	estudiarán	entenderán	escribirán

- Some verbs have irregular future stems, but they take the normal future endings. For more examples see Grammar 49.

English	*infinitive*	*future (yo form)*	*English*	*infinitive*	*future (yo form)*
to have	haber	**habr**é	*to want to*	querer	**querr**é
to do / make	hacer	**har**é	*to go out*	salir	**saldr**é
to be able to	poder	**podr**é	*to have*	tener	**tendr**é
to put	poner	**pondr**é	*to come*	venir	**vendr**é

5 Fill the gaps in the following passage using appropriate verbs from the box below.

En el futuro ...

Yo ...
...**1**... buenas notas.
...**2**... mucho.
...**3**... tres idiomas.

Los profesores ...
no ...**4**... .
...**5**... bien.
...**6**... mejor.
...**7**... a los alumnos.
no nos ...**8**... muchos deberes.

gritarán pondrán estudiaré enseñarán hablaré explicarán ayudarán sacaré

6 Maribel is looking to the future. Use *habrá, será, tendrá* and *hará* to complete the passage.

E.g. **1** habrá.

En el futuro, no ...**1**... institutos. Todo el mundo ...**2**... un ordenador-profesor en casa y ...**3**... más interesante y divertido. No ...**4**... clases a horas fijas, y cada persona ...**5**... más tiempo libre. Como el clima va a cambiar, en el futuro ...**6**... más calor. No ...**7**... posible salir al mediodía y cada casa ...**8**... su propia piscina y aire acondicionado. ¡Fenomenal!

7 How will you live in the future if you're allowed to do exactly as you please? Make sentences following this model, using the verbs given.

E.g. 1 Hoy **me despierto** a las **siete**, en el futuro **me despertaré** a las **diez**.

1 despertarse
2 levantarse
3 lavarse los dientes
4 divertirse
5 acostarse

8 What does the future hold? Put the <u>underlined</u> reflexive verbs into the correct form of the present tense and put the verbs in *italics* into the future tense. Which alternative, **a** or **b**, seems more likely to you?

1 ¿Cómo eres tú? ¿(<u>Despertarse</u>) tarde? En el futuro ...
a tu cama *(tener)* un mecanismo especial para echarte en el suelo.
b un robot doméstico *(poner)* música suave a la hora debida.

2 ¿Qué opináis vosotros del instituto? ¿(<u>Aburrirse</u>) un poco? En el futuro ...
a No *(haber)* clases: ¡vas a aburrirte en casa solo/a!
b Cada alumno/a *(poder)* pasar horas en el Internet o trabajando con el ordenador en clase.

3 ¿Muchos alumnos (<u>portarse</u>) mal en tu instituto? En el futuro ...
a ¡Las clases *(ser)* tan interesantes que estos alumnos *(querer)* trabajar!
b Estos alumnos no *(venir)* al instituto. *(Hacer)* cursos más prácticos en centros especiales.

1 ¿Qué hora es?

Empareja cada frase con el reloj correcto.

Ejemplo **1 d**.

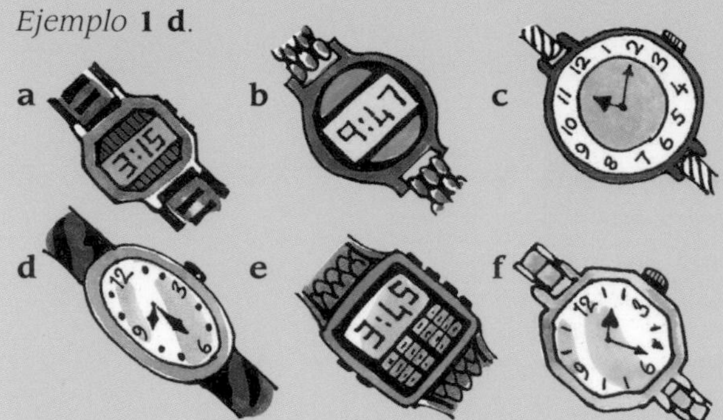

1 las ocho y media
2 la una y veintisiete
3 las tres y cuarto
4 las diez menos trece
5 las once y diez
6 las cuatro menos cuarto

2 Hay dos maneras de decir la hora

Escribe las horas utilizando el sistema de 24 horas.

Ejemplo **a** las dieciséis veinte

a las cuatro y veinte de la tarde
b las tres y media de la tarde
c la una y cuarto de la tarde
d las diez menos cuarto de la mañana
e medianoche
f mediodía menos cinco

3 ¿Qué tiempo hace?

Para cada dibujo escribe una o dos frases.

Ejemplo **1** Hace calor.

hace	buen	tiempo
	mal	
	sol	
	calor	
	frío	
	viento	
	fresco	
	malo	
	bueno	

hay	(mucho)	hielo
	(mucha)	lluvia
	(muchos)	chubascos
	(muchas)	tormentas
está	nublado	
	despejado	
nieva		
llueve		

4 ¿Dónde está Kiko?

Para cada dibujo, escribe una palabra o frase del cuadro. *Ejemplo* **1** enfrente.

1 2 3

4

5

6

7

entre
detrás
enfrente
debajo
encima
delante
al lado

5 ¿Para ir a la estación?

Escribe las instrucciones para ir:

a al cine
b a la piscina
c a la Oficina de Turismo
d a la estación de tren

Ejemplo **a** Siga todo recto, y a los semáforos …

tome la tercera calle
tome la primera calle
al cruce
siga todo recto
cruce la plaza
a la izquierda
cruce el puente
a los semáforos
tome la segunda calle
a la derecha
suba la calle
baje el paseo
pase la rotonda
al final de la calle
tuerza a la derecha
tuerza a la izquierda

7 Informándose

7A En la Oficina de Turismo

You will learn:

- to ask and say what there is of interest in a tourist area
- to understand tourist information

1
- *¿Tiene un mapa de España?*
- *Sí, aquí tiene.*
- *¿Cuánto es?*
- *Son cinco euros.*

2
- *Quisiera un folleto sobre Madrid.*
- *Muy bien.*
- *¿Es gratuito?*
- *Sí.*

3
- *¿Tiene un horario de trenes, de Madrid a Sevilla?*
- *Sí. Un momento …*

4
- *Quisiera una lista de albergues juveniles.*
- *Lo siento, no quedan. Sólo tengo una copia. Pero tengo una lista de campings …*

5
- *Quisiera un plano o una guía.*
- *¿De Madrid?*
- *Sí, del centro.*
- *Muy bien. Aquí tiene.*

6
- *Busco una lista de hoteles.*
- *¿En Madrid?*
- *No, en Zamora.*
- *Aquí tiene.*
- *¿Cuánto cuesta?*
- *Es gratis.*

7
- *¿Tiene un horario de autobuses?*
- *Tengo un plano de la red de autobuses. Vale.*

1 En la Oficina de Turismo 

a Completa el anuncio en la pared con las palabras que faltan.

gratis mapas red albergues

La mayoría de nuestros folletos, planos de la …1… de transportes y listas de alojamiento (hoteles, …2…, campings) son …3… . A veces, por …4… u otras publicaciones semejantes, tenemos que cobrar.

b Lee los diálogos con tu compañero/a. Inventa otros, cambiando las expresiones subrayadas.

¿Tiene …? Busco Quisiera	un mapa, un plano, una guía un horario, un plano de la red una lista un folleto (de información)	de (Madrid), de la ciudad / región de trenes, de autobuses, del metro de hoteles, de campings, de restaurantes, de albergues sobre (Madrid), sobre la ciudad
¿Cuánto es / cuesta?		Son / Cuesta … euros Es gratis / gratuito
Sí, aquí tiene / Lo siento, no quedan		

2 ¿Qué hay de interés? Repaso

a Trabaja en un grupo. Haz una lista de lugares de interés para los turistas.

b Haz el Juego de la Cadena:

A: *Quiero visitar el centro.*

B: *Quiero visitar el centro y la piscina.*

C: *Quiero visitar el centro, la piscina y la playa.*

el mercado...
Lugares para comprar
Monumentos históricos
Instalaciones deportivas
Lugares de diversión
A writes a word without the vowels. E.g. ply
B writes the word correctly. E.g. playa

c Lee lo que dice Kiko y escribe seis lugares para tu compañero/a. Él o ella los escribe correctamente.

3 Consuelo pide información

a Escucha y lee la conversación en la Oficina de Turismo. Elige la posibilidad correcta.

Ejemplo Madrid.

CONSUELO *Buenos días. ¿Qué hay de interés en la ciudad / Madrid / la capital?*
EMPLEADO *¿De interés turístico / histórico / general?*
CONSUELO *Lugares de interés para los niños / los jóvenes / los adultos.*
EMPLEADO *En cuanto a instalaciones deportivas, está el polideportivo / la pista de correr.*
YESSICA *¿Hay algo más divertido?*
EMPLEADO *El Zoo / El Parque del Retiro / El Parque de Atracciones.*
YESSICA *¡Qué bien! ¿Dónde está?*
EMPLEADO *En el centro / las afueras / el parque Casa de Campo.*
CONSUELO *¿A qué hora abre y cierra?*
EMPLEADO *Abre a las 9.00 / 10.00 / 11.00 y cierra a las once de la noche.*
YESSICA *¿Está abierto los sábados / los domingos / los lunes?*
EMPLEADO *Sí. Está abierto toda la semana sin interrupción.*
CONSUELO *A mí no me interesa ese tipo de diversión. Me quedo en la cafetería.*
YESSICA *¡Por fin sola, Mamá! Iñaki viene conmigo – ¿verdad, Iñaki? ¡Lo vamos a pasar bomba!*

b Con tu compañero/a, inventa dos diálogos en la Oficina de Turismo. Utiliza la conversación anterior como modelo. Cambia los lugares y las horas.

No utilices el libro y haz las preguntas en un orden diferente: ¡hazlo más difícil para tu compañero/a!

¿Qué hay	de interés (turístico, histórico, general) (para los niños / jóvenes)? en cuanto a espectáculos, diversiones, instalaciones deportivas, monumentos?
Hay	(un polideportivo, una piscina climatizada) en el centro / las afueras / la ciudad de …
¿A qué hora abre / cierra (el castillo, la iglesia)?	
Abre / Cierra a	(la una, las dos)
Está cerrado/a, abierto/a	el (lunes), entre (las nueve) y (las tres), desde (la una) hasta (las cinco)

7.1 Buenos días, ¿qué desea? 7.2 ¿Qué hay de interés por aquí?

¡Ven a Madrid! ¡Todo para los turistas!

¡El visitante encontrará todos los atractivos de una gran ciudad, llena de historia y de presente!

Museo del Prado: *¡Una experiencia inolvidable!* Galería de arte, con una de las colecciones más grandes del mundo, con obras de artistas famosos españoles. Mar.–sáb. 9h–19h; dom. 9h–14h; cerrado lunes. Estudiantes de la Comunidad Europea gratis.

El Rastro: el mercadillo más grande de España que tiene lugar los domingos de 10h a 15h. Aquí se vende de todo: antigüedades, ropa, animales, libros, pinturas ... Entrada gratis. *¡Para no perdérselo!*

Palacio Real: aquí vive la familia real española. Abierto al público, lun.–sáb. 9h–18.15h (verano), 9h–17.15h (invierno); dom. 9h–14.15h. Jóvenes y estudiantes, 8 euros en invierno, 10 euros en verano. *¡Merece una visita!*

Casa de Campo: parque natural enorme con piscina al aire libre (abierta sólo verano 8h–20h, entrada 12 euros); un zoo (abierto 10h–20h diariamente, adultos 15 euros, niños 2–12, 10 euros); Parque de Atracciones (10h–23h, cerrado lunes, 20 euros). *¡Lugar ideal para descansar en medio de una gran belleza!*

Cultura: se necesitaría una guía completa para describir la extensísima oferta de Madrid. La capital del teatro, aquí se pone en escena todo tipo de representaciones, desde obras clásicas a las de vanguardia. Cafés teatro, conciertos musicales, salas de fiesta, tablaos flamenco, cafés famosos como el café Gijón y discotecas a la última conforman una oferta para satisfacer todos los gustos. *¡Madrid es una ciudad con una intensa vida diurna y nocturna!*

Ocio: *Hay que destacar* las fiestas mayores de San Isidro, patrón de la ciudad, y la feria taurina más importante del mundo a lo largo del mes de mayo. Para los amantes de los deportes, en los alrededores de Madrid existen cuatro estaciones de esquí y numerosos campos de golf.

4 Madrid  

a 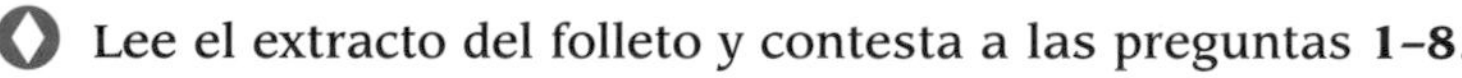 **Lee el extracto del folleto y contesta a las preguntas 1–8.**

Ejemplo Hay un palacio ...

1. ¿Qué hay de interés histórico o cultural?
2. ¿Qué instalaciones deportivas hay?
3. ¿Qué lugares no están abiertos los lunes?
4. Estamos en enero: ¿cuándo se cierra el Palacio Real entre semana?
5. ¿Cuándo hay corridas de toros?
6. ¿Qué hay de interés para ti?
7. ¿A qué hora abre el mercadillo?
8. ¿Cuánto cuesta visitar el zoo para ti, tus padres y tu hermano de once años?

b **Es un fin de semana en agosto. Tienes 20 euros para gastar en entradas. ¿Qué lugares quieres visitar y cuándo? Escribe tu horario para el sábado y el domingo, y cuánto gastas en cada lugar.**

c **Estudia las frases *en cursiva*. Adáptalas para hablar de lugares de interés en tu ciudad o región.**

Ejemplo El castillo de Warwick: ¡una experiencia inolvidable y magnífica!

5 Mi ciudad 

Prepara un folleto turístico sobre tu ciudad o una ciudad cerca. Utiliza el ejemplo de la actividad 4c como modelo y adapta las expresiones de la actividad 3, p.69. Describe:

- **cómo es la ciudad (añade un plano)**
- **qué hay de interés turístico *(act.4)***
- **el clima: qué tiempo hace normalmente *(act.3, p.66)***

6 Los anuncios publicitarios

a Trabajas en una agencia de viajes. Lee los apuntes sobre la familia Robertson y la publicidad sobre las tres excursiones. ¿Cuál les va a gustar más?

El grupo Robertson quiere una excursión de un día completo o de medio día: el grupo consta de los señores Robertson y sus dos hijos: Harry (16 años) y Rachel (17 años). No quieren visitar muchos monumentos ni tiendas. Les gusta el campo y la oportunidad de ir a su aire.

b **El guía explica los detalles de la excursión Burro Safari. Lee la publicidad otra vez y pon las frases 1–12 en el orden correcto.**

Ejemplo **6** …

1. Nos bañaremos en la bonita piscina natural.
2. Visitaremos la marina en Puerto Banús.
3. Almorzaremos allí: un plato de paella y ensalada.
4. Continuaremos a la finca 'La Albuquería'.
5. Cenaremos en un bar pesquero del puerto.
6. Saldremos de Sevilla a las ocho de la mañana.
7. Pasaremos dos horas en el barrio antiguo.
8. Regresaremos por la carretera de la costa.
9. Desayunaremos chocolate con churros en el pueblo.
10. Bajaremos a la famosa ciudad de Marbella.
11. Iremos primero al pueblo de Coín.
12. Podremos participar en varias actividades e ir de paseo en burro.

c **Utiliza los verbos 1–12 de la actividad b para explicar a tu compañero/a los detalles de la excursión a Ronda.**

7 El intercambio

Tu instituto de intercambio quiere detalles de una excursión en tu región para sus alumnos que vienen a Gran Bretaña. Prepara un anuncio publicitario y graba un mensaje, explicando los detalles.

Excursiones desde Sevilla

Ronda (1 día)

- MARTES y SÁBADOS *(todo el año)*

Recorrido por la famosa Sierra de Ronda. Comienzo de la visita de esta original y hermosa ciudad andaluza de origen celta con la antigua Catedral (maravillosos estilos románico, árabe y gótico), deberá incluir el barrio antiguo, con sus tortuosas calles, y la plaza de toros más antigua de España. Almuerzo en el hotel Reina Victoria y visita a las tiendas de antigüedades. Regreso por Jiménez de la Frontera y visita de su castillo magnífico. (TODO INCLUIDO)

Burro Safari y Costa (1 día)

- MIÉRCOLES *(todo el año)*
- LUNES *(abril a octubre)*

Salida a las ocho de la mañana, y llegada al maravilloso pueblo de Coín. Aquí será servido un abundante desayuno de chocolate con churros, para después continuar el recorrido hasta la finca «La Albuquería», donde podrá participar en concursos, juegos, premios, obtener el Carnet de Conducir Burros, tomar la sangría y bañarse en la piscina natural. Almuerzo en plena naturaleza, a base de paella y ensalada variada con refrescos para los niños. A continuación, bajada a la Costa del Sol con vistas magníficas, y dos horas en el centro antiguo de Marbella. Visita a la marina en Puerto Banús y cena en un restaurante típico. Regreso por la costa. (DESAYUNO, ALMUERZO y CENA INCLUIDOS)

La Alpujarra (1 día)

- DOMINGOS *(todo el año)*

Entre sol, nieve y verdor se encuentra la Alpujarra, aislada entre sus montañas. Visita a los pueblos más típicos y afamados, como Capileira, para ver sus calles, sus «tinaos» llenos de flores, y su Horno de Pan. Almuerzo típico alpujarreño, con lo mejor de su gastronomía. Bajada al pueblo de Lanjarón (balneario – ¡hay que probar el agua mineral!) y tiempo libre. Por la tarde, paseo de dos horas por el paisaje con guía experto. Regreso a Sevilla. (ALMUERZO INCLUIDO)

8 ¿Qué excursiones ofrece?

Consuelo va a la agencia de viajes y pide información sobre las excursiones. Escucha la conversación y contesta a sus preguntas.

a ¿Qué excursiones ofrece?
b ¿Adónde va(n)?
c ¿De dónde sale(n) y a qué hora?
d ¿Cuándo regresa(n)?
e ¿Hay paradas?
f ¿Cuánto cuesta(n) por persona?
g ¿El almuerzo está incluido?
h ¿Hay descuento para jóvenes?

7.3 ¿Qué tiempo hara? 7.4 En la agencia de viajes 7.5 La previsión meteorológica

7B ¿Para ir a ...?

You will learn:
- to ask for and give directions
- to understand directions

Los amigos van a pasar el fin de semana en otro hotel de la cadena para ver cómo es. Llegan en dos coches al piso de Consuelo, para recogerla. Yessica no está contenta.

CONSUELO *Yessica, ¡va directamente a la estación de tren!*
PABLO *¿Qué le pasa a Yessica?*
CONSUELO *No quiere pasar el fin de semana en Toledo con su padre. Quiere venir conmigo.*

. . . . .

SEÑORA *Perdone, ¿me puede ayudar?*

SEÑOR *¿Sí?*
SEÑORA *¿Por dónde se va a la estación de Chamartín?*
SEÑOR *Lo siento, no soy de aquí. Soy extranjero.*
YESSICA *Hay que ir en metro.*
SEÑORA *¿Y para ir a la estación de metro más cercana?*
RAÚL *Suba la calle hasta los semáforos, pase la rotonda, doble la esquina y vaya todo recto por la avenida hasta el final.*
YESSICA *No, estás equivocado.*
RAÚL *¿Sí?*

YESSICA *Sí. Cruce el puente, siga todo recto hasta el final, tuerza a la derecha y tome la primera a la izquierda.*
RAÚL *Sí, es verdad. Tienes razón.*
SEÑORA *¿A qué distancia está? ¿Está lejos?*
YESSICA *A unos diez minutos andando. Yo voy a Chamartín también.*
SEÑORA *¡Qué bien!*
YESSICA *¡Adiós, Raúl!*
RAÚL *¿Por qué quiere ir a la estación de Chamartín? Para ir a Toledo, la estación es Atocha ...*

1 ¿Por dónde se va ...?

Elige los símbolos que corresponden con las instrucciones de Yessica y Raúl.

Ejemplo Raúl: 4 ...

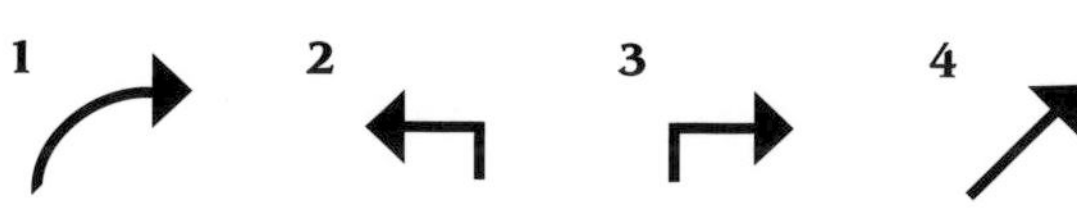

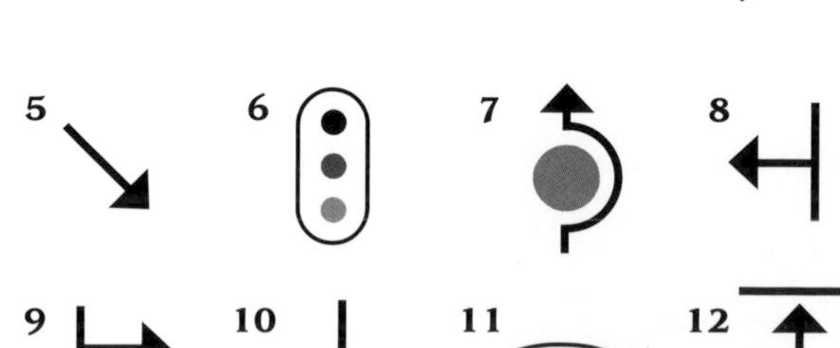

Túrnate con tu compañero/a. *A* dice un número, *B* dice la instrucción pero no mira el libro: ¡hazlo de memoria!

A: *John, número dos.*

B: *No estoy seguro ... Tuerza a la derecha.*

A: *No, ¡estás equivocado! Tuerza a la izquierda.*

✗ estoy / estás equivocado/a
✓ tengo / tienes razón
? no estoy / estás seguro/a

2 ¿Hay un banco por aquí?

Escucha las seis conversaciones **a–f** y dibuja o apunta los símbolos (de la actividad 1) para las instrucciones en el orden correcto.

Ejemplo **a** ↰ + ?

¿A qué distancia está? Contesta verdad (V) o mentira (M) a las preguntas.

Ejemplo **a** V.

a Está a cinco minutos andando.
b Está a diez minutos en coche.
c Está a cien metros.
d Está a unos doce kilómetros.
e El banco está muy cerca.
f Está un poco lejos para ir a pie.

3 ¿Me puede ayudar ...?

Trabaja con tu compañero/a: utiliza los dibujos para hacer diálogos. Empieza y termina los diálogos cortésmente.

A: *Perdone, ¿me puede ayudar? ¿Por dónde se va al castillo?*

B: *¿Al castillo? Pase la rotonda y siga todo recto.*

A: *¿A qué distancia está?*

B: *A unos doscientos metros.*

A: *Vale, gracias. Adiós.*

B: *Adiós ...*

Perdone, estoy perdido/a.
¿Me puede decir ...? ¿Me puede ayudar?

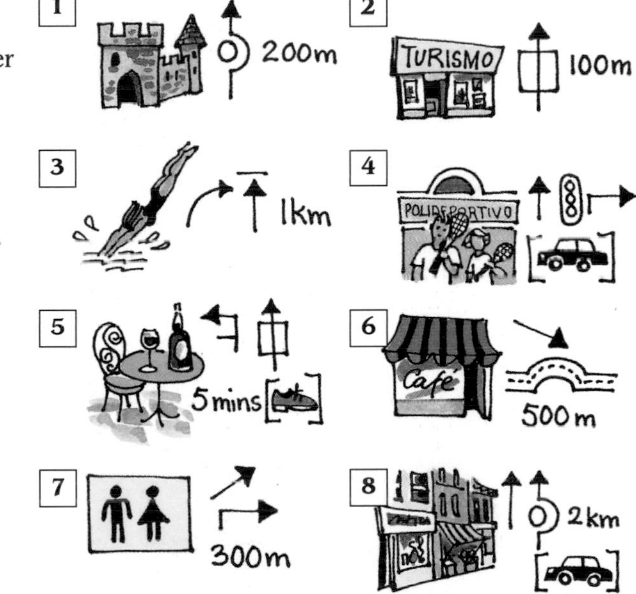

Gramática ⏩ 13

el (bar) más cercano	los (...) más cercan?
la (...) más cercan?	las (...) más cercan?

4 ¿Dónde está(n) ...?

Mira otra vez el símbolo para el lugar en cada diálogo **5–8** (actividad 3). ¿Cómo se dice en español: *'Where's the nearest (bar)?'*?

¿Por dónde se va a ...?	Lo siento, no soy de aquí, soy extranjero/a	
¿Para ir a ...?	Tuerza	a la izquierda / derecha
¿Hay ... por aquí?	Doble	la esquina
Perdone, estoy perdido/a	Siga / Vaya	todo recto / derecho, al final, hasta el cruce
	Tome / Coja	la (primera) a la (derecha)
	Pase	la rotonda, los semáforos, por la calle ...
	Cruce	la plaza, la calle, el puente
	Suba / Baje	la calle, la avenida, la carretera, el paseo
¿A qué distancia está(n)?		Está(n) a (unos) 5 minutos
¿Dónde está el / la ... más cercano/a?		Está(n) a 100 metros andando / en (coche)
¿Dónde están los / las ... más cercanos/as?		

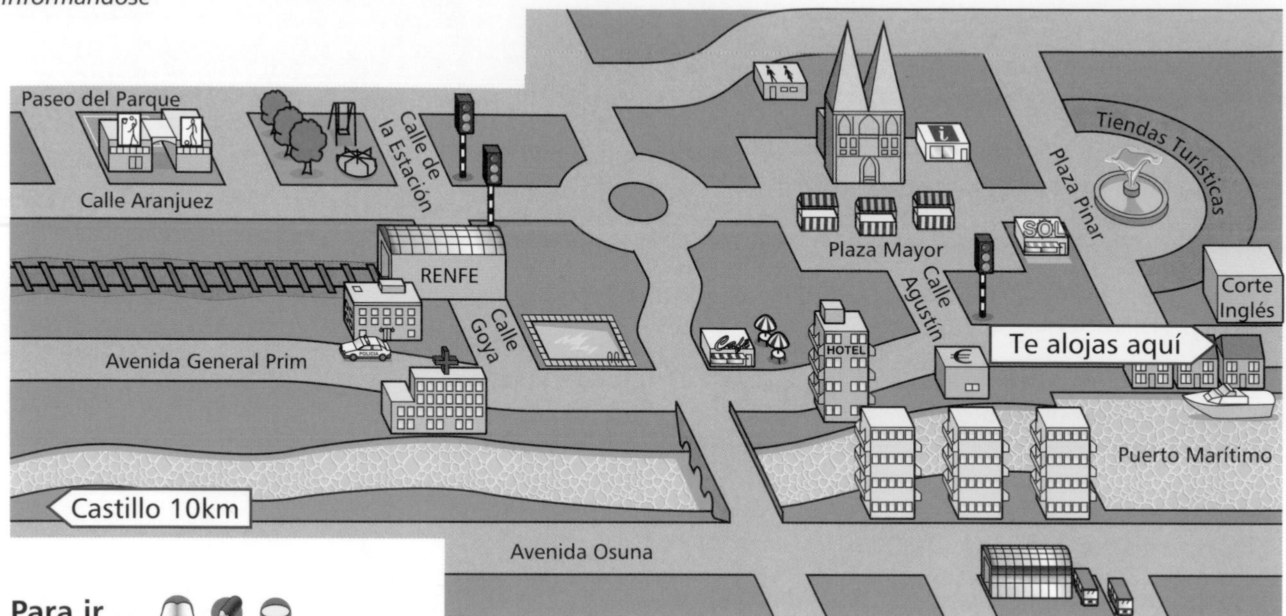

5 Para ir ...

a Estudia el plano y lee las frases. Complétalas correctamente.

*El banco está …**1**… del hotel.*

*El mercado está …**2**… de la catedral.*

*La estación de tren está …**3**… de la rotonda.*

*El castillo está …**4**… del centro.*

*La Oficina de Turismo está …**5**… la Plaza Mayor.*

*Los servicios están …**6**… de la catedral.*

*El bar Sol está …**7**… de las tiendas turísticas.*

*El hospital está …**8**… la estación y el río.*

delante detrás enfrente al lado cerca lejos entre en

b Trabaja con tu compañero/a. Estáis en la Plaza Mayor. Explica cómo ir a seis lugares diferentes y dónde están exactamente.

Ejemplo

Para ir a la cafetería, baje la calle Agustín y tuerza a la derecha. Siga por la avenida General Prim hasta el cruce. La cafetería está a la derecha.

- la estación de autobuses
- la cafetería
- el polideportivo
- la comisaría
- el Corte Inglés
- las tiendas

c Tu familia del intercambio invita a tu profesor(a) a cenar y le escribe instrucciones para ir desde la estación de tren a su casa. Pero el papel se ha mojado. Estudia el plano y escribe bien las instrucciones.

d Tu profesor(a) quiere volver a casa en autobús. Escribe instrucciones para ir desde la casa donde alojas a la estación de autobuses.

Al salir de la estación, coja la calle de enfrente, la calle de [ ] hasta el cruce. En los [ ], tuerza a la derecha y suba la calle [ ] hasta la rotonda. Pase la rotonda y siga todo recto hasta la Plaza Mayor. [ ] la plaza y coja la calle Agustín hasta el final. [ ] a la izquierda y siga todo recto hasta el puerto. Mi casa está [ ] del Corte Inglés.

6 ¡Problemas!

a ¿Reconoces los letreros y símbolos de la carretera? Lee el test: utiliza el diccionario, si es necesario. Elige y escribe la respuesta correcta.

1 *Este letrero significa:*
- nieve – hielo
- obras – mucho tráfico

2 *La carretera …*
- está cortada – es estrecha
- está cerrada – es peligrosa

3 *Este letrero significa:*
- atascos – circunvalación
- desvío – enlace

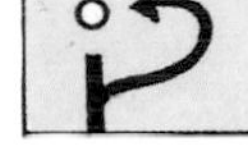

4 *Ésta es …*
- una carretera – una autovía
- una autopista – una senda

b Para cada uno de los letreros **5–12**, busca su título en el test anterior.

Ejemplo **5** enlace.

5  **6** 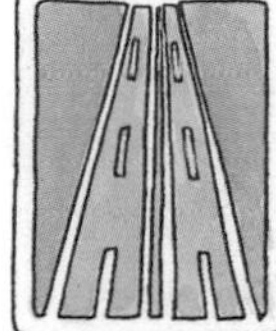 **7**  **8**  **9**  **10**  **11**  **12** 

7 ¿Cuál es la mejor ruta para …?

a Lee el cuadro de abajo y luego escucha la conversación. Rellena los espacios en blanco.

- ¿Cuál es la mejor …**1**… para ir a Navacerrada?
- Sería mejor tomar la …**2**… hasta el enlace 2, y luego …**3**… M614.
- ¿Y cuál es la ruta más …**4**…?
- Se puede coger la M607 pero hay …**5**… después de Colmenar.
- ¿Y para ir de Navacerrada a Rascafría?
- ¡Uf! Cuidado – hay peligro de …**6**… . Me parece que la carretera está cerrada por …**7**… .
- ¿Cuánto tiempo se tarda en llegar?
- Por la autopista, unos …**8**… minutos, pero por la carretera normal, alrededor de …**9**… .

b Túrnate con tu compañero/a para inventar conversaciones. Utiliza la actividad a como modelo.

A *quiere ir …*

Madrid – Segovia (¿pasando por Navacerrada?)

Segovia – Madrid (ver amigos en Brunete)

B *quiere ir …*

Madrid – San Ildefonso (¿ruta pintoresca?)

El Molar (E5 / A1) – Torrejón de Ardoz

¿Cuál es la mejor ruta / carretera para ir a …?		¿Cuál es la ruta / carretera más rápida / pintoresca?
Hay que	tomar / coger	la carretera (principal), la autovía, la autopista
Sería mejor	seguir hasta	(Segovia), el enlace con …, la salida para …
El problema es que hay		un desvío, mucho tráfico, atascos
La carretera está cerrada / cortada por		obras, hielo, nieve
¿Cuánto tiempo se tarda en (ir / llegar) a …?		Unos (veinte) minutos, Alrededor de (una) hora

7.6 Problemas en la carretera

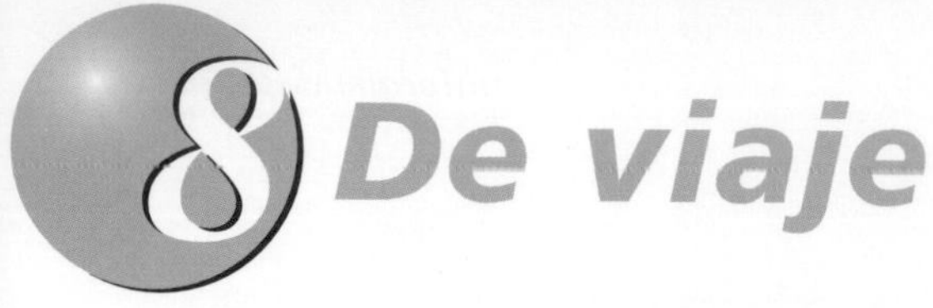

8 De viaje

8A ¿Qué tengo que hacer?

You will learn:

- to ask if there is a bus or train to a particular place
- to ask about and give times and details of a journey
- to understand and give details of how to get somewhere
- to buy tickets

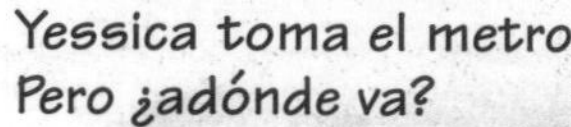

Buenos días. Un billete, por favor.

Buenos días, señorita. ¿Qué tipo de billete quiere? ¿Un billete sencillo o un bono-metro?

¿Un bono-metro? ¿Qué es?

Es un billete para diez viajes.

No ... Deme un billete sencillo, por favor. ¿Cuánto es?

Son dos euros.

¿Qué tengo que hacer para ir a Chamartín?

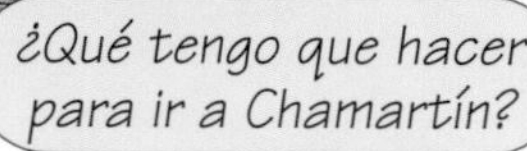

Hay que cambiar en Plaza de Castilla. Hay una conexión allí.

¿Qué número de línea es?

Es la línea ocho, hacia Fuencarral. Chamartín es la próxima parada.

¿Cuántas paradas hay?

A ver ... hay siete paradas.

¡No, no! Hay que bajar en Cuatro Caminos y coger la línea seis.

¿Qué dirección es?

Hacia Avenida de América.

¿Dónde tengo que cambiar?

En Nuevos Ministerios.

¿Cuántas paradas hay?

¡Hay seis paradas!

Pero hay que cambiar dos veces.

Sí, pero solamente hay seis paradas.

Gracias. Adiós.

1 En el metro

Empareja las preguntas 1–6 con las respuestas a–f.

Ejemplo **1 d**.

1 ¿Qué tipo de billete quiere?
2 ¿Cuánto es?
3 ¿Hay que cambiar?
4 ¿Qué línea es?
5 ¿Qué dirección?
6 ¿Cuántas paradas hay?

a Sí, en Plaza de Castilla.
b La línea ocho.
c Hacia Fuencarral.
d Un billete sencillo, por favor.
e Hay seis paradas.
f Son dos euros.

2 Una conversación

Trabaja con tu compañero/a. Practica la conversación de la actividad 1.

3 En Ríos Rosas

Mira el plan del metro. Escucha y contesta *Sí* o *No* a los viajeros 1–6.

Ejemplo **1** Sí.

Escucha otra vez. Contesta con una frase completa.

Ejemplo **1** Sí, está en la línea uno.

4 ¿Qué hay que hacer?

Trabaja en un grupo de tres. Utiliza el cuadro para preparar conversaciones.

Utiliza el plan y el cuadro para hacer otras conversaciones.

<table>
<tr><td>¿Qué tipo de billete quiere?</td><td colspan="3">Un billete sencillo / para diez viajes
Un bono-metro</td></tr>
<tr><td>¿Cuánto es?</td><td colspan="3">Son (dos) euros</td></tr>
<tr><td rowspan="2">¿(Qué hay que hacer) para ir a (Chamartín)?
¿Dónde hay que bajar / cambiar?</td><td rowspan="2">Hay que
Tiene que</td><td colspan="2">tomar la línea (dos)</td></tr>
<tr><td>bajar en
cambiar en</td><td>la (próxima) parada
(Pacífico)</td></tr>
<tr><td>¿Cuántas paradas hay?
¿Qué número de línea es?
¿Qué dirección es?
¿Hay una conexión en (Plaza de Castilla)?</td><td colspan="3">Hay (dos) paradas
Es la línea (tres)
Hacia (Fuencarral)
Sí / No</td></tr>
</table>

5 ¿Qué quiere saber?

Escucha las preguntas 1–6 y elige los dibujos que corresponden.

Ejemplo **1 b**.

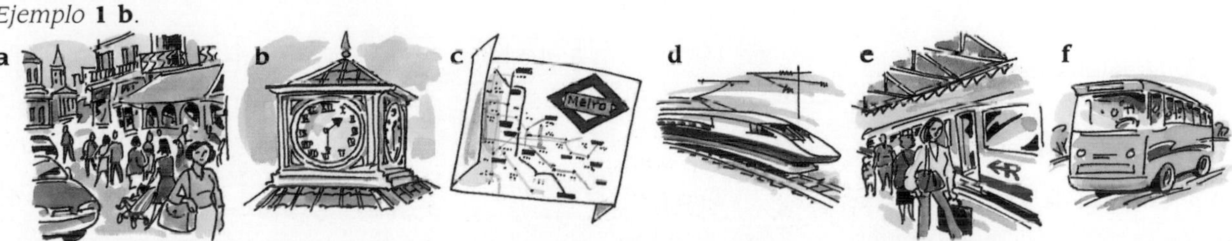

6 En el aeropuerto

Esta semana Rodri y Felipe trabajan en Barajas, preparando anuncios para el aeropuerto y la estación de autobuses. Escucha el altavoz y completa los tablones con el número o la hora que falta.

Ejemplo **1** 11.03.

LLEGADAS DE AUTOBÚS		
Hora de llegada	**Procedente de**	**Andén**
…**1**…	Madrid	6
11.47	Madrid	…**2**…
…**3**…	Madrid	1

SALIDAS DE AVIÓN		
Número de vuelo	**Hora de salida**	**Puerta**
LN 939	09.16	…**4**…
…**5**…	10.22	48
PS 293	…**6**…	39

7 El altavoz

Completa los espacios en blanco con las palabras del cuadro.

Ejemplo **1** procedente.

El autobús …**1**… de Madrid llega al …**2**… número tres.
Los pasajeros del vuelo …**3**… PS 230 con …**4**… a París tienen que embarcar por la puerta número 42.
El autobús para Madrid …**5**… a las dieciséis veinte del andén número cinco.
Los pasajeros del …**6**… número MD 425, procedente de Bruselas, desembarcarán por la …**7**… número 54.
El …**8**… autobús sale del andén número 4 en dos minutos.
El …**9**… número LN 107 procedente de Londres tiene una …**10**… de retraso.

vuelo	destino	sale	procedente	puerta	próximo	andén	número	vuelo	hora

8 Los tablones

Prepara preguntas y respuestas sobre estos vuelos y estas salidas de autobuses.

Ejemplo ¿A qué hora sale el autobús para Madrid?

SALIDAS DE AUTOBÚS		
Hora de salida	**Destino**	**Andén**
18.33	Madrid	9
21.42	Guadalajara	4

LLEGADAS DE AVIÓN		
Número de vuelo	**Procedente de**	**Puerta**
LA 167	Lisboa	62
PS 219	París	57

9 Te toca a ti

Prepara anuncios para los vuelos y las salidas de autobús.

Ejemplo El autobús para Madrid …

¿A qué hora	sale	el autobús	para	(Madrid)?
	llega	el avión	de	
El autobús	de	(Madrid)	llega	a (las tres)
El avión	para		sale	del andén (9)

8.1 En la estación de tren

10 En el tren

El revisor quiere ver el billete de Yessica. Completa las respuestas de Yessica con los verbos del cuadro. ¡Cuidado! Sobran tres.

Ejemplo **1** Quiero ir a Ávila.

¿Adónde quiere ir, señorita?
¿Tiene un billete?
¿Me lo puede mostrar?
¿Cuándo lo compró?
¿Cómo lo pagó?
¿Sacó un billete de qué clase?
¿Hizo una reserva?
¿Qué tipo de asiento reservó?
¿Qué tipo de tren es éste?
¿A qué hora salió usted de Madrid?
¿A qué hora llegará a su destino?

*…**1**… ir a Ávila.*
*Sí, …**2**… un billete.*
*Sí, le …**3**… mostrarlo.*
*Lo …**4**… hoy.*
*Lo …**5**… con una tarjeta de crédito.*
*…**6**… un billete de primera clase.*
*Sí, la …**7**… esta tarde.*
*…**8**… un asiento en un compartimiento de fumadores.*
*…**9**… un Interurbano.*
*…**10**… de Chamartín a las quince cinco.*
*…**11**… a las dieciséis veintiséis.*

saqué	reservé	es	hice	puedo
llegué	cambié	tengo	salí	pagué
fui	quiero	compré	llegaré	

11 El transporte  

Escucha las conversaciones **1–4**. Copia el cuadro y rellénalo en español.

	Prefiere viajar al trabajo …	¿Problemas?	Otros detalles
1	en metro		

12 ¿Qué contestas?

Haz una presentación sobre el transporte. Adapta las frases y las expresiones de la actividad 11. Describe:

- cómo prefieres viajar al colegio y por qué
- si hay problemas con el tráfico
- cuánto tiempo hace falta para llegar al colegio

Normalmente cojo el metro / un taxi / el autobús.
Me gusta viajar en … .
Es rápido / limpio / cómodo.
El viaje dura … minutos.
Es ruidoso.
Hay mucha contaminación.
Llego a las … .
Me molesta la gente.
Si tengo prisa, prefiero coger un taxi.
No me gusta esperar en la parada de autobús.

 8.2  La tarjeta joven

8B ¿Tiene habitaciones libres?

You will learn:

- to ask about and arrange hotel accommodation
- to request and understand hotel information

El grupo llega a Ávila para inspeccionar otro hotel de la cadena.

RECEPCIONISTA	*Aquí está la cuenta, señor. ¿Cómo quiere pagar?*
CLIENTE	*En metálico …*
RECEPCIONISTA	*Buenas tardes, señora. ¿Hizo una reserva?*
CONSUELO	*No. ¿Tiene habitaciones libres para esta noche?*
RECEPCIONISTA	*… Sí. ¿Para cuántas personas?*
CONSUELO	*Para seis personas.*
RECEPCIONISTA	*¿Para cuántas noches?*
CONSUELO	*Para dos noches.*
RECEPCIONISTA	*¿Qué tipo de habitación desea?*
CONSUELO	*Bueno … para mí, una habitación individual … con baño. Iñaki, tú también, ¿quieres una habitación individual?*
IÑAKI	*Sí, con ducha.*
CONSUELO	*Raúl y Pablo, ¿queréis una habitación doble?*
RAÚL	*Sí, con ducha …*
PABLO	*… y televisión.*
BELÉN	*¿Cuánto cuesta una habitación individual?*
RECEPCIONISTA	*Son cincuenta euros por noche.*
BELÉN	*¡Es mucho! Voy a coger una habitación doble con Ana, con baño, televisión y balcón.*
RECEPCIONISTA	*Muy bien … El desayuno está incluido. ¿Quieren media pensión o pensión completa?*
CONSUELO	*Para mí, media pensión.*
IÑAKI	*Para mí también.*
BELÉN	*Y para nosotros, pensión completa.*
PABLO	*Sí. ¿A qué hora se sirve la cena?*
RECEPCIONISTA	*Entre las ocho y las once. ¿Quiere firmar aquí? Gracias. Aquí están las llaves. Las habitaciones están en el cuarto piso. Hay un ascensor allí, a la derecha.*
CONSUELO	*Muy bien, gracias.*

1 En el hotel Las Golondrinas

Escucha y lee la conversación.

a Apunta si cada pregunta es del cliente o de la recepcionista.

Ejemplo **1** cliente (Consuelo).

1 ¿Tiene habitaciones libres?
2 ¿Para cuántas personas?
3 ¿Para cuántas noches?
4 ¿Qué tipo de habitación?
5 ¿Cuánto cuesta?
6 ¿Media pensión o pensión completa?
7 ¿A qué hora se sirve la cena?

b En la conversación, busca una respuesta apropiada a cada pregunta.

c Completa los detalles de la reserva para cada persona.

Ejemplo Consuelo: habitación individual, con baño, dos noches, media pensión.

2 ¿Qué hay en el hotel?

El grupo comprueba lo que hay en el hotel. Escucha y dibuja símbolos para lo que hay y lo que no hay.

Ejemplo

3 ¿Hay ...?

Utiliza la lista de la actividad 2. Túrnate con tu compañero/a para preguntar y contestar.

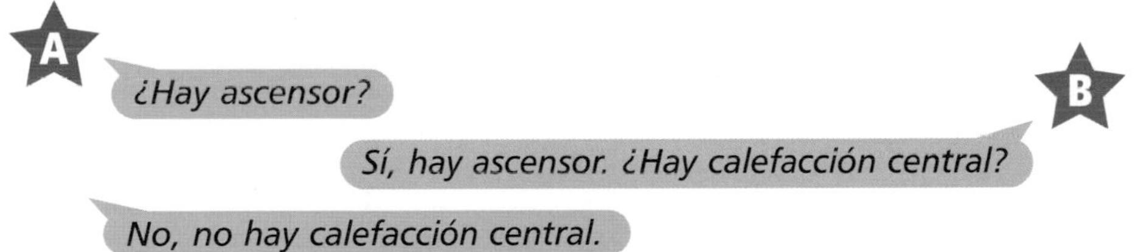

A
¿Hay ascensor?
B
Sí, hay ascensor. ¿Hay calefacción central?
No, no hay calefacción central.

4 Una sorpresa para Consuelo

Escucha la llamada telefónica. Apunta respuestas a las preguntas de Consuelo.

1 ¿Quién?
2 ¿Dónde?
3 ¿Cuándo?
4 ¿Cómo?
5 ¿Por qué?
6 ¿Cuánto?
7 ¿Cuál es el número?

OHT 8 ¿Qué hay que hacer? 8.3 En el albergue juvenil

5 En la recepción

Hay otros clientes en el hotel Las Golondrinas. Escribe la conversación, sustituyendo a los símbolos.

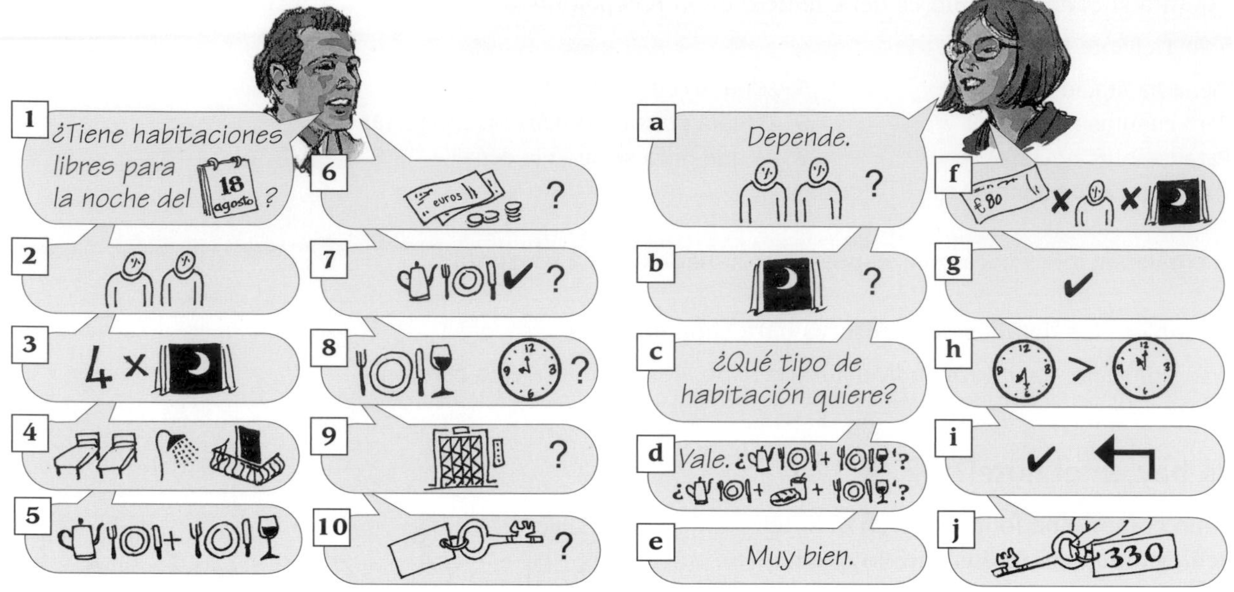

6 Te toca a ti

Trabaja con tu compañero/a. Practica la conversación.

7 Otras conversaciones

Utiliza la conversación de la actividad 5 y el cuadro para hacer otras conversaciones.

¿Tiene habitaciones libres para (la noche del 21)?	Sí / No / Depende …	
¿Quiere hacer / Hizo una reserva?	Sí, quiero hacer / hice una reserva	
¿A qué nombre?	A nombre de (Blanco)	
¿Para cuántas personas?	Para (dos) personas	
¿Para cuántas noches?	Para (cuatro) noches	
¿Qué tipo de habitación desea?	Una habitación	individual / doble
		con ducha / baño / balcón
¿Media pensión o pensión completa?	Pensión completa	
¿El desayuno está incluido?	Sí / No	
¿Cuánto cuesta?	(50) euros por persona por noche	
¿Hay (un ascensor)?	Por aquí, A la derecha / izquierda, Siga todo recto	
¿A qué hora se sirve la cena / el desayuno?	Entre (las ocho) y (las once)	
¿Me da (la cuenta / las llaves)?	Aquí está(n)	
¿Cómo quiere pagar?	En metálico / Con tarjeta de crédito	
¿Quiere firmar aquí?	Sí	

8.4 ¿Tiene habitaciones libres? 8.5 Rellenar el impreso

8 Los paradores

Lee el artículo. Contesta verdad (V) o mentira (M) a las frases 1–6.

1 Los paradores suelen estar en edificios modernos.
2 Hay paradores por toda España.
3 En tiempos pasados, los viajeros pobres se alojaban en paradores.
4 Se encuentran cerca de los hoteles comerciales.
5 Algunos paradores eran hospicios, palacios o castillos en el pasado.
6 Hay muy pocos paradores en España.

En tiempos pasados mientras que los viajeros pobres se alojaban en la posada, el parador servía de hotel a los viajeros más ricos.

En los años 20, con el aumento del turismo en España, el Comisario Regio de Turismo tuvo la idea de abrir hoteles en lugares lejos de los hoteles comerciales y que dejaban entre ellos una distancia que se podría recorrer en una jornada de coche. Muchas veces, se reutilizaron antiguos monumentos como viejos hospicios, palacios, castillos o conventos. Así el viajero se encontrará hoy con la sorpresa de que puede dormir en la misma habitación que Carlos V o comer en las salas de una antigua universidad.

En este momento, la Red de Paradores tiene más de ochenta establecimientos, repartidos por toda España.

Parador de BIELSA ***

El Parador se encuentra al fondo del maravilloso Valle de Pineta a 14 km de Bielsa, capital del alto Cinca, junto al nacimiento de dicho río y a los pies de Las Tres Sorores (Monte Perdido, Cilindro y Soum de Ramond, picos que superan los 3.350 metros de altitud). Por su ubicación es un lugar ideal para visitar el Parque Nacional de Ordesa y Monte Perdido, hacer montañismo y toda clase de excursiones por los bellos parajes que le circundan. Asimismo la caza y la pesca son muy abundantes en la zona. Desde este lugar se pueden visitar los bonitos pueblos cercanos con sus Iglesias del siglo XIII dotadas de retablos de gran interés.

Valle de Pineta 22350 BIELSA (Huesca)
Tel.: (974) 50 10 11 Fax: (974) 50 11 88

Hostería de PEDRAZA

La Hostería se ha instalado en la antigua Casa de la Inquisición de la villa de Pedraza. Villa señorial y petrificado ensueño del siglo XVI, en el que todavía parecen resonar ecos de su pasado caballeresco. Es imprescindible la visita a la Plaza Mayor y al Castillo.

40172 PEDRAZA (Segovia)
Tel.: (911) 50 98 35 Fax: (911) 50 98 36

9 ¿Qué parador?

Lee los folletos de arriba. ¿Qué parador recomiendas a las personas A y B?

A
20 de junio > 6 días
3 x hab. indiv. + ducha, teléfono
sitios históricos, en una ciudad

B
24 de agosto > 8 días
1 x hab. doble + televisión
pesca, sitios históricos, montaña

10 Quiero reservar ...

Escribe una carta de reserva para cada persona.

8.6 Vamos de camping 8.7 Las normas del albergue

Acción: lengua

positive commands; question words; *por* and *para*

Positive commands

- A positive command is an instruction or order to do something.
- The *tú* and *usted* forms are formed from the first person singular of the present tense:

	tú *(informal)*	usted *(formal)*
pas**ar** (paso)	¡pasa!	¡pase!
com**er** (como)	¡come!	¡coma!
sub**ir** (subo)	¡sube!	¡suba!

- Verbs with stem changes or spelling changes in the present tense have the same changes in positive commands:

coger	>	coge / coja
cruzar	>	cruza / cruce
seguir	>	sigue / siga
torcer	>	tuerce / tuerza

- Some verbs have completely irregular positive command forms. Examples:

hacer	>	**haz** / haga
ir	>	**ve** / **vaya**
salir	>	**sal** / salga
venir	>	**ven** / venga

- For more information see Grammar 51.

1 **Make sentences by choosing an appropriate *usted* command from the box below.**

a ______ la esquina.
b ______ la rotonda.
c ______ la calle Gil.
d ______ la avenida.
e ______ la calle.
f ______ a la derecha.
g ______ todo recto.
h ______ la plaza.

Baje	Siga	Suba	Pase
Tuerza	Tome	Cruce	Doble

2 **Translate these instructions into Spanish, using the *usted* form.**

Go past the traffic lights and turn right. Go down the avenue to the end and cross the square. Carry straight on and go over the roundabout. Take the first street on the left and go round the corner.

3a **Complete this poem by adding the correct endings to make commands in the *usted* form.**

E.g. Suba la calle …

¿Para ir al bar?

Sub_ la calle hasta el cruce,
Pas_ el hostal Sol y Mar,
Dobl_ la esquina y baj_ la avenida,
Cru_ _ la plaza y allí está el bar.
Si necesita aspirinas cuando sale de allí,
Co_ _ la calle Ramón y Cajal,
Tuer_ _ a la derecha y sig_ todo recto,
¡La farmacia de guardia está al final!

3b **Rewrite the poem using *tú* command forms.**

E.g. Sube la calle …

4 **Señora Gutiérrez is given the following instructions on her first day in a new job. Write the verbs in italics in the *usted* command form.**

E.g. Escriba esta carta …

El primer día de trabajo

(Escribir) esta carta en el ordenador.
(Poner) este póster en el escaparate.
(Salir) a la calle para ver si está bien.
Luego, (ir) a Correos para comprar sellos.
(Tener) cuidado, porque hay mucho tráfico.
A la vuelta, (pasar) por el supermercado.
(Traer) una brik de leche desnatada.
(Hacer) café para todo el mundo.

Question words

- Spanish question words always have an accent.

¿qué? *what?*	¿cuánto/a? *how much?*
¿cuándo? *when?*	¿cuántos/as? *how many?*
¿dónde? *where?*	¿cuál(es)? *which?*
¿adónde? *where … to?*	¿quién(es)? *who?*
¿cómo? *how?, what … like?*	¿a quién(es)? *to whom?*
¿por qué? *why?*	¿de quién(es)? *whose?*

- For more information see Grammar  32.

5 Complete this hotel conversation with the appropriate question words from the box.

A ¿Tiene habitaciones libres para hoy?
*B Depende. ¿Para ...**1**... personas?*
A Dos personas.
*B ¿Para ...**2**... noches?*
A Para tres noches.
*B ¿...**3**... habitación desea?*
A Una habitación doble con ducha.
B Pues sí, tengo una habitación.
*A ¿...**4**... cuesta?*
B Cuarenta euros por persona por noche.
A Muy bien.
*B ¿...**5**... nombre?*
A Buitrago.
*B ¿...**6**... quiere pagar?*
A Con tarjeta de crédito.

Cómo	Qué tipo de	Cuánto
cuántas	A qué	cuántas

6 You are at the tourist office, asking about a bus tour. Ask these questions:

- Where does it go?
- Where does it leave from and at what time?
- When does it get back?
- Are there stops?
- How much does it cost per person?
- Is lunch included?
- Is there a discount for young people?

7 Unjumble these questions.

1 ¿ es Cuánto ?
2 ¿ de hay Qué interés Madrid en ?
3 ¿ está Dónde ?
4 ¿ abre cierra A y qué hora?
5 ¿ Cuándo de hay toro corridas ?
6 ¿ la es ciudad Cómo ?
7 ¿ hace Qué tiempo ?
8 ¿ vas Adónde ?
9 ¿ al se castillo va Por dónde ?
10 ¿ es Cuál mejor la ir ruta a para Nerja ?

8 Write in Spanish the questions to which these are the answers.

1 Nieva.
2 Son las ocho y media.
3 Tome la tercera calle, la estación está enfrente.
4 Son ocho euros.
5 Está a unos cinco minutos.
6 Una habitación individual.
7 Soy yo.
8 834 43 56 67.

Por *and* para

- Both *por* and *para* can translate 'for', but they are used in different situations.

Use *para* to express:

intention	El billete es para ella.
destination	¿Es éste el tren para Almagro?
purpose: 'in order to'	Voy en la ciudad para comprar algo.
specific future time	Quiero una habitación para hoy.

Use *por* to express:

'through / along'	Siga todo recto por el paseo.
reason: 'because of'	La carretera está cerrada por obras.
'in exchange for'	Se paga diez euros por una visita al zoo.
'per'	Cuesta treinta euros por persona por noche.

- For more information see Grammar  9.

9 Match up the correct sentence halves.

1 Siga todo recto
2 ¿De qué andén sale el tren
3 ¿Hay muchas cosas de interés
4 El cine está cerrado
5 Voy a la biblioteca

a por obras.
b para buscar un libro.
c para Alicante?
d para los niños?
e por la avenida.

10 *Por* or *para*?

1 ¿(Para / Por) ir al supermercado?
2 Las manzanas – un euro (para / por) kilo.
3 La limonada es (para / por) mí.
4 El tren (para / por) Barcelona sale a las once, ¿verdad?
5 Voy a España (para / por) hablar español.

9-10 ¿Te acuerdas?

1 Los países

¿Reconoces los países por las letras que se ponen en las pegatinas? Empaéjalas con los países. ¡Cuidado! Sobran dos países.

Ejemplo GB – Gran Bretaña.

2 Las bebidas

Túrnate con tu compañero/a: ***A*** inventa una combinación, ***B*** dice

'¡Qué rico!'  o *¡Qué asco!* 

un café	con limón
un té	con leche
un zumo	sin gas
un batido	con gas
un granizado	solo
un agua mineral	de chocolate
	de fresa
	de fruta

A: *Un café con limón*

B: *¡Qué asco!*

3 La comida

a Haz una lista de cosas que se comen y se beben para el desayuno.

Ejemplo cereales …

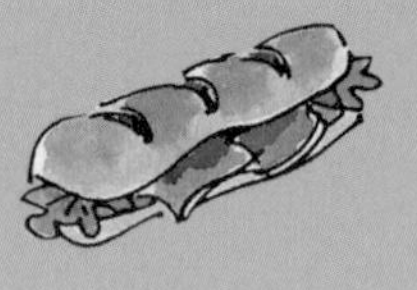

b Describe tus bocadillos favoritos.

Ejemplo un bocadillo de jamón …

c Inventa tres pizzas nuevas. ¡Pueden ser raras, si quieres!

Ejemplo Pizza 1: con queso, pimiento, tomate y piña.

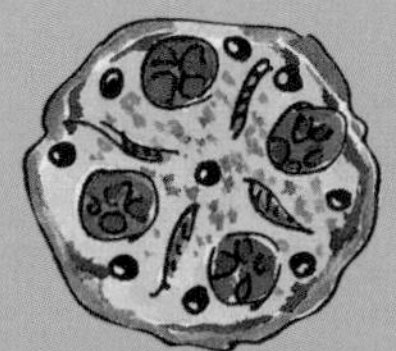

d ¿Te gusta la mermelada? ¿Cuántas variedades puedes apuntar?

Ejemplo mermelada de fresas …

4 ¿Te gustó México?

¿Qué opinó Juan de sus vacaciones en México? Para cada dibujo, sustituye la palabra o expresión correcta de la lista. ¡Cuidado: sobran muchas!

tiempo	me aburrí
me divertí	música
gente	paisaje
basura	humo
ritmo de vida	visita
comida	

Me gustó bastante mi visita a México. Me gustó el  *que era impresionante, y me gustó mucho la*  *. La* [picture] *era buenísima también. Lo peor era el* [picture] *y la* [picture] *en la capital. Pero*  *mucho en general.*

5 ¿Lo pasaste bien?

Lee los comentarios de los jóvenes **1–6**, y decide si cada persona es positiva (P) o negativa (N).

1 *Fui a Alemania con mi familia, y lo pasé muy bien.*

2 *El año pasado, visité Marruecos con mi mejor amigo y me divertí mucho.*

3 *Fui a Sevilla para celebrar la Semana Santa, pero hizo mal tiempo y me aburrí un poco.*

4 *Visité a mis parientes en Francia, y lo pasé bomba.*

5 *El verano pasado, fui de intercambio a los Estados Unidos. No me gustó la familia, y lo pasé muy mal.*

6 *Fui en avión – el viaje fue muy largo, pero emocionante.*

6 ¿Cómo te gusta viajar?

Pilla al intruso en cada grupo.

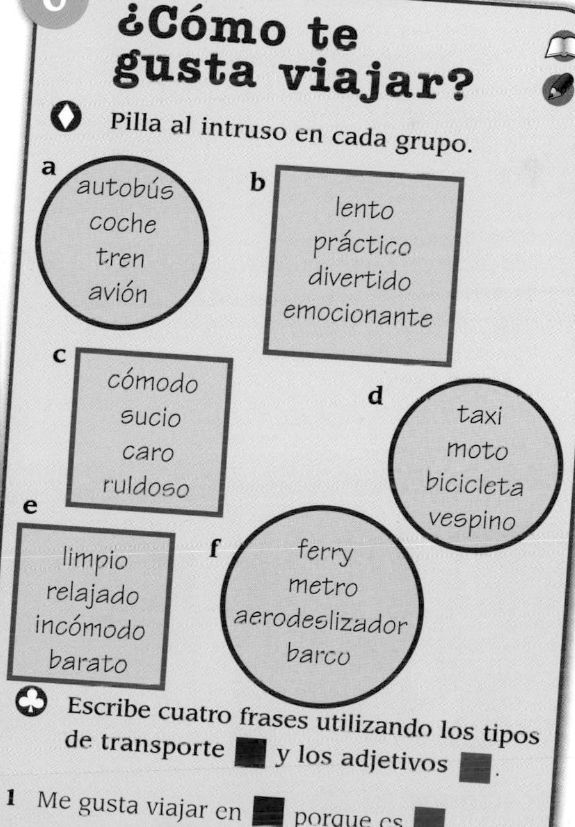

a
autobús
coche
tren
avión
b
lento
práctico
divertido
emocionante
c
cómodo
sucio
caro
ruidoso
d
taxi
moto
bicicleta
vespino
e
limpio
relajado
incómodo
barato
f
ferry
metro
aerodeslizador
barco

Escribe cuatro frases utilizando los tipos de transporte ■ y los adjetivos ■.

1 Me gusta viajar en ■ porque es ■.
2 Odio ir en ■ porque es ■.
3 Lo bueno de ir en ■ es que es ■.
4 Lo malo de viajar en ■ es que es ■.

9 De vacaciones

9A ¿Adónde vas de vacaciones?

You will learn:
- to say where you go on holiday
- to talk about where you stay and what you like doing on holiday
- to say what you're going to do on holiday in the future

¡Concurso!

En secreto, rellena el formulario sobre tus vacaciones: lo que te gusta hacer, y tus planes para este año. ¡¡¡ El ordenador va a buscar las tres parejas más compatibles para tres premios magníficos!!!

1 Un fin de semana en Andalucía
2 Una noche especial en Madrid
3 ¡Una cena romántica en el restaurante!

Raúl y Ana leen un folleto publicitario en la recepción del hotel.

RAÚL ¡Qué bien! ¿Te interesa?
ANA ¡Claro! ¿Lo hacemos juntos?
RAÚL Sí – escribimos las mismas cosas ...
ANA ¡Y así ganaremos un premio!
RAÚL Uno: ¿adónde vas de vacaciones normalmente?
ANA Voy al campo.
RAÚL Dos: ¿para cuánto tiempo?
ANA Una semana.
RAÚL Tres: ¿dónde te alojas?
ANA Me alojo en casa de mis abuelos.
RAÚL Cuatro: ¿adónde vas a ir de vacaciones este año?
ANA Voy a ir a la montaña.
RAÚL A los Pirineos.
ANA Cinco: ¿cómo vas a ir?
RAÚL Voy a ir en bici.
ANA Seis: ¿cuándo y con quién?
RAÚL En junio ... con mi mejor amigo.
ANA Siete: ¿cuánto tiempo vas a quedarte?
RAÚL Mm ... ¿Una semana?
ANA Ocho: ¿dónde vas a alojarte?
RAÚL Voy a alojarme en un camping.
ANA Yo, en un albergue juvenil.
RAÚL Nueve: ¿qué vas a hacer?
ANA Quiero explorar la sierra ...
RAÚL Voy a visitar lugares nuevos y hacer turismo ...
ANA Quiero bañarme en los ríos ...
RAÚL Diez: ¿qué haces normalmente durante las vacaciones?
ANA Me encanta ir a conciertos ...
RAÚL Pero no me gusta tomar el sol ...
ANA No quiero ponerme morena.
RAÚL ¡Bueno, ya está!

Mmm ... ¡ya veremos!

¡Qué útil es el corrector!
¡Este formulario es mío!
Belen

Y el tercer premio: una cena romántica para Raúl y ... Belén!

1 Las vacaciones

Para cada dibujo, escribe una frase de la conversación.

Ejemplo **1** Voy a ir en bici.

2 Pablo charla de las vacaciones con sus amigos 

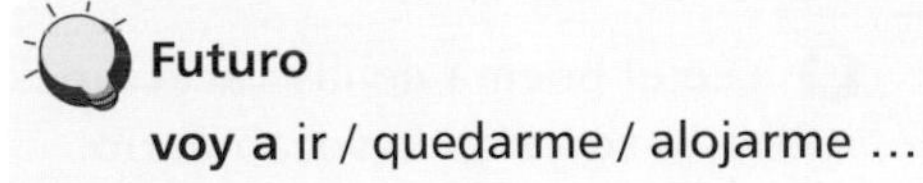

Escucha los fragmentos **1–8**. ¿Cada fragmento se refiere a lo que hace normalmente (N) o lo que va a hacer este verano (V)?

Ejemplo **1** N.

Copia y completa la lista con los detalles de sus vacaciones.

normalmente
este verano
destino
la montaña
alojamiento
cuánto tiempo
actividades

3 Me gusta, quiero, voy a ...

Trabaja con tu compañero/a. Inventa 7 a 10 frases para hablar de las vacaciones.

Ejemplo Me gusta comprar recuerdos.
Quiero practicar el esquí.
Voy a ir a Italia.

Me gusta Quiero Voy a	comprar ...	practicar ...	bailar ...
	visitar ...	alquilar...	salir por la noche (a) ...
	merendar ...	dar un paseo ...	ir (a) ...

Añade también otras expresiones que conoces.

Ejemplo Quiero montar en globo.

4 Túrnate con tu compañero/a

Prepara tus respuestas a las preguntas **1–10** (subrayadas) de la actividad 1.

A: *¿Adónde vas de vacaciones normalmente?*

B: *Algunas veces voy al extranjero, y otras veces me quedo en casa.*

normalmente	*este verano*	
Voy	Voy a ir	a (Rhyl) en el (norte) de (Gales), a (Francia), a la costa, al campo, al extranjero, con mi familia, mi mejor amigo/a
Me quedo	Voy a quedarme / pasar	una semana, dos semanas, quince días, un mes
Me alojo	Voy a alojarme	en casa, en casa de (mis tíos), en (Gran Bretaña), en un hotel, en un camping, en un albergue juvenil, en un chalé
Me gusta Me encanta	Voy a Quiero	tomar el sol, visitar / explorar (lugares nuevos), aprender a (...), hacer deporte / turismo, bañarme, ponerme moreno/a

 9.1 Una carta a la Oficina de Turismo 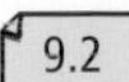 9.2 Mis vacaciones  9.3  ¿Qué voy a necesitar?

5 ¿Qué vas a hacer en las vacaciones? 

a Lee el poema de las vacaciones de la profesora: utiliza la sección de vocabulario.

b ¿La profesora va a hacer las actividades **1–6** o no? Escribe ✓ o ✗.

c Escribe tu propio poema. Utiliza *voy a / no voy a …, quiero / no quiero … .*

 *Las Vacaciones de la Profesora* 

¿Qué voy a hacer en las vacaciones?

No quiero levantarme a las cinco –
Quiero quedarme en la cama hasta las nueve.
No voy a desayunar de prisa –
Voy a tomar un café tranquilamente en el jardín.

No quiero salir al instituto a las siete y media –
Quiero ir al centro de la ciudad a las once.
No voy a mirar libros y cuadernos,
Voy a mirar escaparates en la zona comercial.

No quiero preparar clases –
Quiero descansar y leer novelas en el sofá.
No voy a acostarme a las doce de la noche,
Voy a bailar en una discoteca por la noche.

 *¡No voy a trabajar! ¡No señor!* 

6 La postal de Belén 

a Lee la postal y rellena los espacios en blanco.

Ejemplo **1** días.

explorar	salir
cómodo	voy
noche	buena
pronto	días

¡Hola, Margarita!
Estoy en el hotel Las Golondrinas y voy a pasar tres …**1**… aquí. El hotel es muy …**2**… y bonito, y la comida es bastante …**3**…. Mañana por la tarde, …**4**… a visitar un pueblo cercano – me gusta …**5**… lugares nuevos. Esta …**6**… voy a cenar con un compañero Raúl. (¡Es muy guapo!) Quiero …**7**… con él, pero no sé si él quiere o no. ¡A ver!
Hasta …**8**…, Belén

b Escribe otra postal: explica …

- dónde te alojas
- cuánto tiempo vas a quedarte
- cómo es el hotel
- qué vas a hacer o quieres hacer

7 Las vacaciones de un(a) compañero/a

Entrevista a un(a) compañero/a de tu clase sobre las vacaciones. Utiliza las preguntas de la actividad 1. Toma apuntes y escribe un párrafo sobre sus vacaciones.

Ejemplo Normalmente, mi compañero Alex va a Devon en el sur …

va …	va a ir …
se queda …	va a quedarse …
se aloja …	va a alojarse …
le gusta …	quiere …

Las dos caras del turismo: ¿bueno o malo?

Carlos: El problema es que los viajes en avión gastan muchísimo carburante y contribuyen a la contaminación. Y hay mucha masificación en las playas españolas – es imposible bañarse tranquilamente. Pero hay que reconocer que el turismo facilita el trabajo a los nativos.

Alejandro: Los dueños extranjeros hacen mucho dinero, pero los empleados nativos, no. Eso no es justo. Es un tipo de explotación. No son los habitantes los que sacan provecho de un 'boom' turístico. ¿Y después del boom? El desempleo.

Irene: La industria fuerte o manufacturera ensucia el medio ambiente. El turismo es una industria 'limpia', por lo menos. Pero si los habitantes no cultivan ni fabrican cosas, dependen demasiado de los turistas. Y esto conduce a un desarrollo inestable del país.

Mariola: Muchos habitantes españoles trabajan en el sector turismo: son obreros en la construcción de hoteles, conducen taxis, trabajan como empleados de la industria hotelera o de restauración.

Vanessa: Cuesta un dineral construir un complejo hotelero. Sería mejor utilizar el dinero para construir colegios, clínicas, fábricas. Y muchos hoteles son feos – rascacielos enormes, sin ningún mérito arquitectónico.

Rafael: Muchos sitios bonitos – playas, campos – son privados. Están cerrados a los españoles pero abiertos a los extranjeros. Esto no debe ser. Hay mucha explotación del entorno natural también – después de cierto tiempo, los sitios bonitos ya no lo son.

8 El turismo: ¿a favor o en contra?

a Lee los comentarios de los jóvenes. ¿Están a favor (F) o en contra (C) del turismo, o los dos (FC)?

Ejemplo Carlos: FC.

b ¿Quién o quiénes está(n) de acuerdo con los comentarios 1–5?

Ejemplo **1** Carlos …

1 A largo plazo, el turismo contamina el medio ambiente.
2 El turismo no es una industria 'sucia': favorece el entorno natural.
3 El turismo quita a los habitantes del país el derecho de acceso libre a los lugares más bonitos.
4 El turismo proporciona trabajo y empleo a los habitantes del país.
5 La inversión económica extranjera en el turismo no favorece a los habitantes del país.

9 Los países en vías de desarrollo

En cuanto a los países del Tercer Mundo, ¿es bueno o malo el turismo? ¿Qué opinas? Prepara una corta presentación. Adapta las frases del artículo y de los comentarios.

El turismo		proporciona / facilita	trabajo, empleo, desempleo, dinero
El sector de servicios	(no)	favorece / conduce a	un desarrollo estable / inestable, la explotación
La industria manufacturera		contamina	el medio ambiente, el entorno natural

9.4 Perdone, hay un problema

9.5 Los consejos para las vacaciones

9B ¡Fue un desastre!

You will learn:
- to talk about past holidays
- to describe things that went wrong

Consuelo e Iñaki hablan de sus vacaciones del año pasado.

CONSUELO *Durante las vacaciones de verano, fui a la Costa Brava, a Lloret de Mar, con mi familia. Pasamos quince días allí. Fue un desastre. Lo pasamos fatal. No hacía buen tiempo y había muchos turistas.*

IÑAKI *¿Dónde te alojaste?*
CONSUELO *Nos alojamos en un hotel de tres estrellas pero era horrible. Muchos hoteles allí son feos. Éste estaba sucio también. El hotel estaba cerca de una calle muy ruidosa. ¡Qué horror!*

CONSUELO *Un día, di una vuelta por las calles y miré escaparates. Compré unos artículos artesanales bonitos. Y tú Iñaki, ¿adónde fuiste de vacaciones el año pasado?*

IÑAKI *Fui a México a la playa del Carmen, no lejos de Cancún. Me alojé en una habitación en la posada Lily, avenida Juárez.*

IÑAKI *Descansé. Nadé mucho. No había tantos turistas como en Cancún y fue mucho más interesante. Todo fue estupendo. Por la noche, bailé en una discoteca, Ziggy's Bar.*

IÑAKI *Hice una excursión a la Isla de Cozumel también – ¡qué preciosa! – con un museo interesante y playas blancas increíbles.*
CONSUELO *Yo soy independiente y prefiero alquilar un apartamento o alojarme en un hotel rural, en la montaña por ejemplo. Pero me gusta también tomar el sol y ponerme morena. Me gustaría ir a México o a Costa Rica … A ver …*

1 ¿Qué tal las vacaciones? 

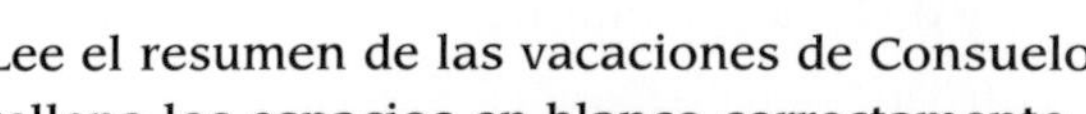

Lee el resumen de las vacaciones de Consuelo y rellena los espacios en blanco correctamente.

Ejemplo **1** fue

Se alojó fue Fue
Pasó Compró miró

Durante las vacaciones de verano, Consuelo …**1**… a la Costa Brava, a Lloret de Mar, con su familia. …**2**… quince días allí. …**3**… un desastre. …**4**… en un hotel de tres estrellas horrible. Un día, dio una vuelta por las calles y …**5**… escaparates. …**6**… unos artículos artesanales bonitos.

2 ¿Qué hiciste? Repaso

a Estudia la lista de actividades. ¿Cómo se dicen en inglés? Utiliza la sección de vocabulario.

Ejemplo alquilar – to hire.

b Estudia el cuadro de verbos. Escribe cada verbo de la lista en la forma *yo* y termina la frase con algo adecuado.

Ejemplo Alquilé una bici.

alquilar	dar* una vuelta (por)	mirar escaparates
bailar	descansar	nadar
beber	escribir	salir
cenar	hacer una excursión	tomar
coger	ir (a)	ver*
comer	ir de compras	viajar
comprar	merendar	visitar
conocer		

Gramática 40–41

	-ar (tomar)	**-er** (comer)	**-ir** (escribir)	ir	hacer	*dar	*ver
yo	tomé	comí	escribí	**fui**	**hice**	**di**	**vi**

3 Las preguntas

Escucha lo que dicen las personas **1–7**. ¿Contestan a qué pregunta **a–h** del cuadro?

Ejemplo **1 c**.

¿Lo pasó bien cada persona o no? Escribe 😊 o ☹.

Ejemplo **1 c** ☹.

a ¿Adónde fuiste de vacaciones?	Fui a (España) / al extranjero, Me quedé en casa
b ¿Cómo fuiste? ¿Con quién?	Fui en (avión, barco, aerodeslizador, coche) con …
c ¿Te gusta viajar en …?	Es (un poco / muy) aburrido, interesante *(act.6, p.87)*
d ¿Qué tal el viaje?	Salí a las (ocho), cogí (el tren), llegué …, volví …
e ¿Cuánto tiempo te quedaste?	Me quedé / pasé (una semana, quince días, un mes) allí
f ¿Dónde te alojaste?	Me alojé en (un hotel), en casa de unos amigos / mis tíos
g ¿Qué hiciste?	Hice turismo, Visité …, Compré …, Tomé el sol
h ¿Lo pasaste bien?	Lo pasé bien / mal, Me divertí / Me aburrí *(act.5, p.87)*

4 Mis vacaciones

Escribe un resumen de tus vacaciones de verano el año pasado. Prepara respuestas a las preguntas **a–h** de la actividad 3. Utiliza el cuadro de abajo también para describir:

- el alojamiento
- el paisaje
- el tiempo

Me alojé en	un hotel, un apartamento / un piso, un albergue juvenil, un hostal, una granja, una pensión	
Estaba	cómodo/a, limpio/a, ruidoso/a, sucio/a, incómodo/a cerca de la playa / del centro muy lejos de la playa / del centro. Tuve que coger el autobús muchas veces	
El paisaje fue	precioso. Había lagos y ríos muy feo. Había rascacielos enormes estupendo. Había playas y montañas increíbles muy aburrido. No había nada	
Hacía	buen tiempo, sol, calor, frío, mal tiempo, viento	(todos los días)
Había	tormenta, niebla	

9.6 ¿Adónde fuiste?

5 De vacaciones en Menorca

Empareja las frases 1–9 con las fotos de la postal.

Ejemplo **1 g**.

1. Me quedé en un apartamento cerca de una playa bonita.
2. Visité una playa bonita y casi desierta, lejos de la ciudad.
3. Di una vuelta por la catedral, y comí en un bar en el puerto.
4. Fui de paseo en bici a un talyot: un monumento prehistórico.
5. Pagué veinte euros por un par de sandalias muy bonitas.
6. Saqué muchas fotos de la bahía, con la ciudad al fondo.
7. Vi una fiesta típica en un pueblo, ¡pero yo no bailé!
8. Un día, subí la montaña en el centro de la isla.
9. Conocí a un chico menorquino, y vi la puesta del sol con él: ¡fue muy romántico!

Gramática 41

¡Atención!
pa**g**ar > pa**gu**é sa**c**ar > sa**qu**é cru**z**ar > cru**c**é
lle**g**ar, ju**g**ar > ? practi**c**ar, bus**c**ar > ? empe**z**ar, comen**z**ar > ?

6 El alojamiento

Prepara una presentación sobre las ventajas y las desventajas de alojarse en un hotel o un apartamento. Utiliza las expresiones del cuadro.

Me gusta quedarme en Si tuviera mucho dinero, me gustaría quedarme en	un apartamento un hotel un albergue juvenil	porque	eres independiente puedo descansar es muy barato hay mucha gente
Odio quedarme en			no eres independiente no puedo descansar es muy caro hay mucha gente hay que cocinar / arreglar
Lo bueno de quedarse en Lo malo de quedarse en		es que	puedes / eres / es … no puedes / no eres / no es …

7 El pretérito grave

Estudia el cuadro de verbos. ¿Cómo se dicen en inglés? Utiliza la sección de vocabulario, si es necesario.

Ejemplo andar – to walk, anduve – I walked.

infinitivo		*'yo' pretérito*	*infinitivo*		*'yo' pretérito*
andar	>	**anduve**	poder	>	**pude**
estar	>	**estuve**	poner	>	**puse**
caber	>	**cupe**	tener	>	**tuve**
saber	>	**supe**	decir	>	**dije**
querer	>	**quise**	conducir	>	**conduje**
venir	>	**vine**	traer	>	**traje**

8 El hotel horroroso

a Escucha la conversación y pon los símbolos en el orden correcto.

Ejemplo **c** …

b Escucha la conversación una segunda vez y pon los verbos en el orden correcto.

quise tuve estuve pude

9 Una carta de queja

De vacaciones, pasaste unos días en un hotel horroroso. Escribe una carta en la que te quejas de la habitación y del hotel. Menciona al menos tres problemas de la lista.

Quiero quejarme del hotel donde estuve, el hotel …
El hotel era …
Mi habitación estaba sucia.
La ducha no funcionaba y faltaban toallas.
No había papel higiénico.
El aire acondicionado no … . No podía respirar.

10 Me gustaría viajar …

Lee lo que dicen estas tres personas y contesta a las preguntas.

1 ¿Quién quiere visitar el Oriente?
2 ¿Quién quiere descansar?
3 ¿Quién quiere nadar mucho?

Nuala

Me encanta relajarme. Por eso, si tuviera mucho dinero iría a un refugio donde podría hacer el yoga.

Alfredo

Cuando tengo el dinero para marcharme y el tiempo libre también, me gusta divertirme haciendo buceo. Me encantaría ir a Belice u Honduras para descubrir el Caribe y el mundo submarino allí.

Ana

Si tuviera mucho dinero, me gustaría viajar y pasar unos meses en China. Sería fenomenal – muy interesante. Creo que podría ver el mundo de una perspectiva distinta después de esta experiencia.

11 Mis vacaciones ideales

¿Y tú? ¿Cómo serían tus vacaciones ideales? Escribe tus respuestas personales.

Me encantaría		viajar y pasar … en …
Si tuviera mucho dinero,	me gustaría	ir a …
	iría a …	
Sería …		
Podría …		

9.7 ¿Cómo pasar las vacaciones?

9.8 ¡Lo pasé fatal!

10 En el restaurante

10A ¿Qué van a tomar?

You will learn:
- to order a meal in a restaurant

Belén y Raúl están en el restaurante, en una cena romántica. Belén llama al camarero, Juan.

BELÉN	*¡Oiga, camarero! ¿Me trae el menú?*
CAMARERO	*¿El menú del día o la carta?*
BELÉN	*La carta, por favor.*

(Diez minutos más tarde)

CAMARERO	*¿Qué van a tomar ustedes de primero?*
RAÚL	*Para mí, gazpacho.*
BELÉN	*Yo quiero ensaladilla rusa.*
CAMARERO	*¿Y de segundo plato?*
RAÚL	*¿Qué recomienda?*
CAMARERO	*La trucha con almendras es muy rica.*
RAÚL	*No la he probado nunca. La trucha entonces.*
BELÉN	*Para mí, calamares en su tinta.*
CAMARERO	*Muy bien. ¿Y para beber?*
BELÉN	*¿Me trae la lista de vinos, por favor?*
CAMARERO	*En seguida, señorita.*

(Una hora más tarde)

CAMARERO	*¿Qué van a tomar de postre?*
BELÉN	*¿Tiene tarta helada?*
CAMARERO	*Lo siento, señorita, no queda.*
BELÉN	*¿Qué es el 'pastel de Caribe' exactamente?*
CAMARERO	*Es un pastel con una mezcla de frutas y nata, con una salsa de chocolate.*
BELÉN	*¡Mm, delicioso! Me gustaría probarlo.*
RAÚL	*Y para mí, peras al vino.*
CAMARERO	*Muy bien, en seguida.*

¿Es tu amiga? Es muy guapa y elegante. Hacen una pareja muy bonita.

1 ¡Oiga, camarero! 

Escucha y lee la conversación. Identifica los platos siguientes, y si son ***de primero, de segundo*** **o** ***de postre.***

Ejemplo **1** pastel de Caribe – de postre.

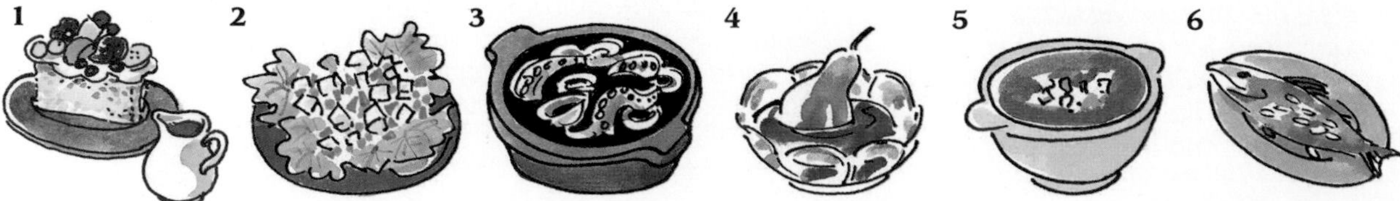

Para cada plato 1–6, escribe la frase: ***No (lo / la / los / las) he probado nunca. Pero me gustaría probar(lo/la/los/las).***

Ejemplo **1** ¿El pastel de Caribe? No **lo** he probado nunca, pero me gustaría probar**lo**.

Gramática ▶ 28

	it	them
masc.	lo	los
fem.	la	las

2 El menú Repaso

a Ayuda al camarero Juan a preparar el menú. Pon los platos del cuadro en la categoría correcta.

Ejemplo Sopas y huevos: 20 …

Sopas y huevos
Pastas y arroces
Pescados y mariscos
Carnes
Verduras y legumbres
Postres

1 **albóndigas** caseras
2 **arroz** primavera con zanahorias
3 **bacalao** dorado
4 **bistec** a la pimienta
5 **calamares** en su tinta
6 **champiñones** al ajillo
7 **chuleta de cerdo**
8 cóctel de gambas
9 cocido de **lentejas**
10 **col**
11 **coliflor**
12 empanada de **atún**
13 **ensalada** mixta
14 **ensaladilla** rusa
15 **cordero** asado
16 **espaguettis** en salsa boloñesa
17 filete de **ternera**
18 **flan** con nata
19 **garbanzos** asturianos
20 **gazpacho** andaluz
21 **guisantes** con jamón
22 **habas** con almejas
23 **helados** rellenos
24 **huevos** a la flamenca
25 **judías verdes**
26 **lasaña** verde
27 **lechuga** con tomate
28 **manzana** asada con nata
29 **merluza** a la romana
30 **paella** valenciana
31 **patatas** fritas
32 **pimientos** rellenos
33 **piña** en almíbar
34 **plátanos** flambés
35 **pollo** con alubias y tomate
36 fabada de **salchichón**
37 **sardinas** rellenas
38 **sopa** de cebolla y ajo
39 **sorbete** de melocotón
40 **tarta** de ciruela y limón
41 **tortilla** de patatas
42 **tortilla** francesa
43 **trucha** con almendras
44 **uvas** frescas con sandía

b Túrnate con tu compañero/a. Utiliza la lista de platos. ***A*** pregunta, ***B*** da su opinión.

A: *¿Te gustan las albóndigas?*

B: *No, no me gustan nada. ¡Soy vegetariano!*

- ☺ me gustan (mucho)
- ☺ me encantan / me chiflan
- ☹ no me gusta(n) (nada)
- ☹ no (lo / la / los / las) aguanto
- 😐 no está(n) mal
- **?** no (lo / la / los / las) he probado nunca
- **?** me gustaría probar(lo/la/los/las)
- **V** soy vegetariano/a

3 En un grupo de tres

Estudia la cuenta a la derecha. Con tus compañeros inventa un diálogo entre el camarero y dos clientes. Utiliza la conversación de la página 96 como modelo.

Gramática 34

para mí, para ti
para él, para ella

Restaurante Ca'n Moll
Ses Sivines, Ciutadella
Tel. 25.38.46.90
Mesa: 25

	DESCRIPCIÓN	CANTIDAD	IMPORTE
1º	ENSALADA MIXTA	1	2,85
1º	GAZPACHO	1	3,60
2º	TORTILLA DE PATATA	1	5,00
2º	MERLUZA A LA ROMANA	1	6,90
P	FLAN CON NATA	1	2,70
P	HELADO DE FRESA	1	2,95
BEB.	FANTA DE NARANJA	1	2,20
BEB.	CERVEZA	1	2,20
	TOTAL (IVA y servicio incluido)		28,40

10.1 ¿Qué van a tomar? 10.2 Los clientes tiquismiquis 10.3 ¿Cómo preparas las comidas?

Taberna El Cordobés
San Jerónimo 7
Especialidades: bocadillos, gazpacho, salmorejo, rabo de toro y otros platos típicos andaluces. *Música y tablado flamenco.*

Cafetería Carmencita
Avenida San Martín 82
Bollería y repostería, helados, tortas, pastas ... Para cumpleaños, fiestas, desayunos y meriendas.
Baile domingo 5.00.

Mesón Vigo
C/ Bolivar 42
Gambas y mariscos, pez espada, bacalao, bonito, recepción diaria. Reserva de mesas. Tel. 953 68 24 30.
Cerrado domingos.
Local climatizado.

Cinco de Mayo
c/ Reforma 112
Burritos, chilaquilas, enchiladas, machaca, quesadillas, y otras especialidades mexicanas.
Viernes y sábado tarde: grupo merengue.

En casa de Roberto
Plaza Mayor
Chuletas a la parrilla, callos, jamones, jarrete de ternera, barbacoa en la terraza amplia.
Aparcamiento gratuito privado.

Martín
c/ Independencia 194
Hamburguesas, perritos calientes, pizzas, las mejores patatas fritas, ¡todo a los mejores precios!
Abierto toda la noche.

Centro Naturista
Pl. Pujol
Especialidades vegetarianas, comida sana y macrobiótica. Ambiente acogedor.
Cerrado lunes. Metro Tetuán.

Sushi Tako
Plaza Benavente
Extenso surtido de platos y tapas japoneses, vinos y aperitivos. Salón privado para conferencias. *Abiertos todos los días.*

4 Los restaurantes

a **Lee los anuncios y, para cada frase 1–10, elige un restaurante.**

Ejemplo **1** Mesón Vigo.

1 Te gustaría probar varios tipos de pescado.
2 Quieres comer especialidades de Andalucía.
3 Te apetece tomar algo oriental.
4 Te interesa probar la comida latinoamericana.
5 El restaurante debe tener aire acondicionado.
6 Te gusta mucho la carne.
7 Te encantan los dulces.
8 No tomas ni carne ni pescado.
9 Te gusta la comida rápida.
10 Tus padres tienen coche.

b **Inventa un anuncio para un restaurante en tu ciudad: describe las especialidades, las horas de apertura y las instalaciones. Utiliza los anuncios de la actividad a como modelo.**

5 La comida rápida

Lee el anuncio y decide si las frases 1–5 son verdad (V) o mentira (M).

1 Si compras una pizza, la bebida no cuesta nada.
2 Puedes elegir la bebida.
3 En inglés 'integral' se dice *wholewheat*.
4 La oferta es válida los fines de semana también.
5 'Servicio a domicilio' quiere decir 'llevamos la pizza a tu casa'.

Pizzería TIFFANY
¡¡Pizzas elaboradas con masa integral!!
Avda. Federico García Lorca, 124 ☎ 244 75 31 21
¡¡Ahora!! Servicio a Domicilio GRATIS
OFERTA
Llévate con tu Pizza ...
La bebida gratis.
Oferta válida de lunes a jueves.
Bebida incluida en la oferta: Coca-Cola o cerveza.
PIZZAS DESDE 3,50 EUROS

¿Me trae ...? Tráigame	el menú del día la carta la lista de vinos	¿Qué va a tomar (usted) ...? ¿Qué van a tomar (ustedes) ...?	de primer plato / de primero de segundo (plato), de postre
		¿Y para beber?	
Para mí, Para mi amigo/a ...		Muy bien, En seguida, Lo siento, no queda	
Quisiera ..., Quiero probar ..., ¿Tiene ...?		¿Algo más?, ¿Y con esto?	
¿Qué me recomienda (usted)?		El (pescado) / La (sopa) es muy bueno/a, rico/a, fresco/a	
¿Qué es ...?, ¿Qué hay en ...?		Es ..., Es una mezcla / salsa de ..., Hay ...	
¿Qué hay para vegetarianos?		Hay ...	

6 Reservando una mesa

Escucha y lee la conversación y elige la palabra correcta de la lista. ¡Sobran palabras!

RECEPCIONISTA	Restaurante Las Cuatro Estaciones. ¡Buenas ...**1**...!
SRA. ÁLVAREZ	Buenas noches. Quisiera reservar una mesa.
RECEPCIONISTA	¿Para qué fecha?
SRA. ÁLVAREZ	Para ...**2**... catorce de junio.
RECEPCIONISTA	¿Para qué hora?
SRA. ÁLVAREZ	A eso de las ...**3**... de la tarde.
RECEPCIONISTA	¿Para cuántas personas?
SRA. ÁLVAREZ	Para ...**4**... .
RECEPCIONISTA	¿Dónde prefiere la mesa – en la ...**5**... o en el comedor?
SRA. ÁLVAREZ	En el comedor. ¿Tiene una mesa en ...**6**...?
RECEPCIONISTA	Sí, hay una cerca de las puertaventanas y otra cerca de ...**7**... .
SRA. ÁLVAREZ	Cerca de la entrada es ideal.
RECEPCIONISTA	Muy bien, señora. ¿A ...**8**... de quién?
SRA. ÁLVAREZ	Álvarez.
RECEPCIONISTA	Muy bien, señora, está reservada.

nueve
noches
la entrada
nombre
cuatro
sábado
la ventana
terraza
tardes
cinco
viernes
diez
un rincón

7 Por teléfono

a Escucha las cinco conversaciones y coloca cada grupo **A–E** en su mesa correcta.

Ejemplo **A** mesa 2.

b Trabaja con tu compañero/a: ***A*** es recepcionista y ***B*** quiere reservar una mesa. Utiliza la actividad 6 como modelo.

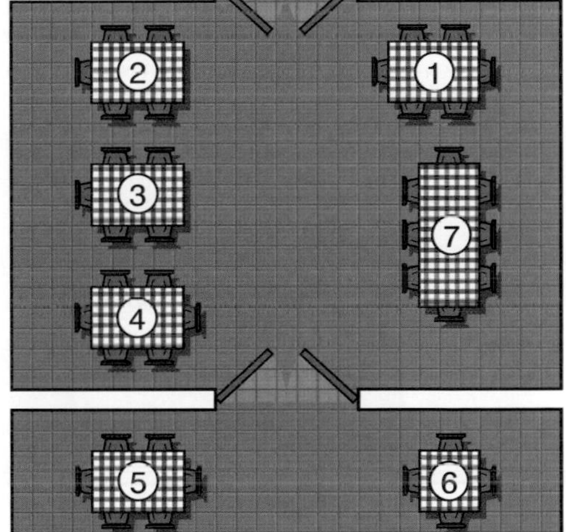

8 ¡Qué pesadilla!

a ¿Cuáles de las frases siguientes son del recepcionista (R) y cuáles del cliente furioso (C)?

Ejemplo **1** C.

b Pon las frases en orden y practica el diálogo con tu compañero/a. (El / La cliente/a está furioso/a y el / la recepcionista puede ser cortés o descortés.)

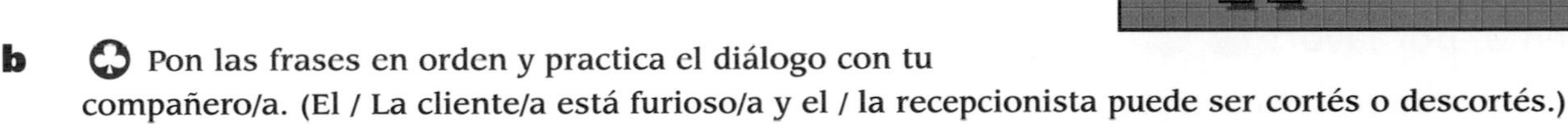

1 No, no hemos reservado.

2 Somos tres. ¿Quedan mesas libres en la terraza?

3 ¿Cuántos son ustedes?

4 ¿Qué me dice usted? ¡Quiero hablar con el gerente!

5 Sólo quedan mesas cerca de la entrada. No se sirven comidas en la terraza después de las once.

6 Buenas noches, señores. ¿Tienen ustedes una reserva?

10B ¿Le gustó?

You will learn:
- to complain in a restaurant
- to express an opinion about the food
- to pay the bill
- to ask where the telephone and toilets are

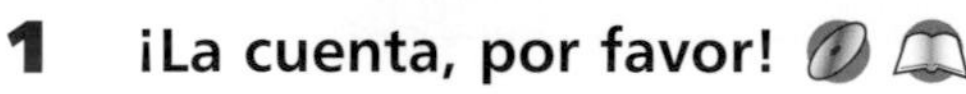

1 ¡La cuenta, por favor!

¿Los clientes están contentos con las cosas siguientes **1–6**? Escribe ✓ o ✗.

Ejemplo **1** ✗.

1  **2**  **3**  **4** 

5  **6** 

Otra manera de decir *muy* es añadir *-ísimo/a* a un adjetivo. Copia y completa el cuadro.

Gramática ▶ 19

bueno/a	buen**ísimo**/a
guapo/a	?
caro/a	?
malo/a	?
barato/a	?
rico/a	riqu**ísimo**/a

2 ¿Qué pasa?

a Escucha las ocho conversaciones. Para cada una, apunta el problema: *falta* (F), *está sucio/a* (S) o *está malo/a* (M).

Ejemplo **1** F.

Escucha también el tono de la voz de cada cliente: ¿es cortés o descortés ?

Ejemplo **1** F, .

1 la sal

2 la pimienta

3 la mostaza

4 el vino

5 el tenedor

6 el cuchillo

7 el vaso

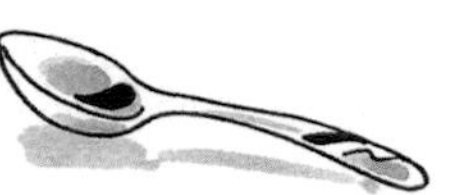

8 la cuchara

b Utiliza los dibujos **1–8** para hacer diálogos. ***A*** es camarero/a, ***B*** es cliente/a.

¡Oiga, camarero/a!

¿Sí, señor(a)? ¿Qué pasa?

Este tenedor está sucio. ¿Me trae otro?

Lo siento. En seguida, señor(a).

falta = no tengo = no hay

el … está mal**o** / suci**o**	**la** … está mal**a** / suci**a**

3 ¿Le gustó la comida?

Lee las opiniones: ¿cuántos clientes son positivos y cuántos son negativos ? Utiliza la sección de vocabulario, si es necesario.

Ejemplo **1** + …

1 *El helado estaba rico.*

2 *El postre estaba delicioso.*

3 *El pescado estaba muy salado.*

4 *La salsa estaba demasiado picante.*

5 *La comida estaba buena.*

6 *La sopa estaba fría.*

¿Cómo se dicen estas palabras en español? Utiliza el diccionario.

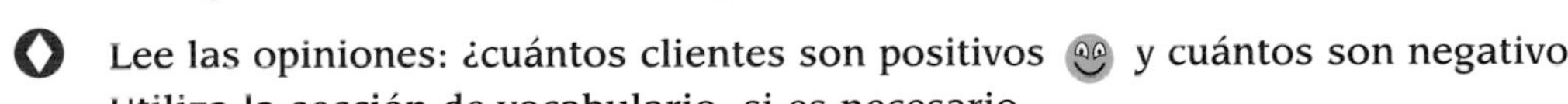

Be careful! These are adjectives: look for **adj**.

sweet *n (candy)* dulce *m*, caramelo *m (BRIT: pudding)* postre *m*; **adj**. dulce

 ¡Problemas!

 ¿Me pasas …?

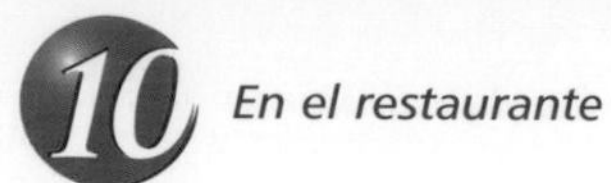

4 Trabaja con tus compañeros/as

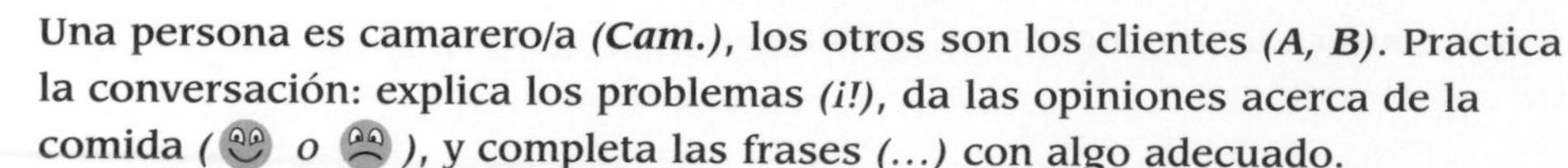

Una persona es camarero/a *(Cam.)*, los otros son los clientes *(A, B)*. Practica la conversación: explica los problemas *(¡!)*, da las opiniones acerca de la comida *(☺ o ☹)*, y completa las frases *(…)* con algo adecuado.

A ¡Oiga, camarero/a!
Cam. ¿Sí, señor(a)? ¿Qué pasa?
A (¡!)
B (¡!)
Cam. Lo siento, se lo arreglo en seguida.

(Una hora más tarde)

Cam. ¿Qué tal la comida? ¿Les gustó?
A ☺
B ☹

A La cuenta, por favor.
Cam. Muy bien. Aquí tiene.
B ¿No hay un error? Aquí pone (…), pero debe poner (…)
Cam. ¡Ay, perdón! Es verdad.
A ¿El servicio está incluido?
Cam. (…)
A ¿Dónde están los servicios?
Cam. Están (…)
B ¿Dónde está el teléfono?
Cam. Está (…)

La sal / pimienta / mostaza, El vino	está malo/a	¿Me trae otro/a?
Este tenedor / cuchillo / vaso, Esta cuchara	está sucio/a	
Falta / No tengo / No hay	un tenedor / cuchillo / cubierto / vaso, una cuchara	
¿Qué tal (la comida)? ¿Le(s) gustó?	Era rico/a, delicioso/a, picante, salado/a, Estaba frío/a	
La cuenta, por favor	Me parece que hay un error: aquí pone … / debe poner …	
¿Está incluido el servicio / el IVA?	Sí, está incluido / No, es aparte	
¿Dónde está(n) el teléfono / los servicios?	Está(n) al fondo / al final del pasillo	

5 Una carta

a Lee la carta de Raúl a su amigo y contesta verdad (V) o mentira (M) a las preguntas 1–6.

1 A Raúl le gustó el restaurante.
2 Le gustó mucho toda la comida.
3 El gazpacho estaba malo.
4 Le gustó el pescado.
5 El vino no era bueno.
6 A Raúl le gusta mucho Belén ahora.

b Copia la carta y sustituye las palabras subrayadas por las palabras del cuadro.

rica	picante	bastante
estupendo	malísimo	

¡Hola, Manolo!
¿Qué tal estás? Aquí, estupendo. Estoy pasando el fin de semana en un hotel aquí. Ayer, ¡cené en un restaurante de cuatro tenedores! Era muy bonito, y me gustó mucho el plato principal. De primero, comí un gazpacho muy bueno, y de segundo probé la trucha – estaba deliciosa, pero la salsa era un poco salada para mí. De postre, comí un plato de peras al vino – ¡estaba asqueroso! El vino era buenísimo. Belén vino conmigo. Era súper elegante, muy guapa y amable … ¡Me parece que estoy un poco enamorado de ella! Te llamo el fin de semana,
Raúl

6 Te toca a ti

Haz una descripción escrita de una cena especial para tu cumpleaños. Utiliza la carta de Raúl como modelo. Describe …

- el restaurante
- qué comiste / bebiste
- cómo era
- qué (no) te gustó y por qué

El servicio era muy lento: tardaron media hora en traer el primer plato. Y pedimos el bistec poco hecho, pero estaba muy hecho y muy seco. (Sr. Sánchez Donaire)

Las sillas eran incómodas, y la mesa estaba mal colocada entre la puerta de la cocina y la terraza. (Sra. Velázquez Aguilar)

Para decir la verdad, la camarera no era muy cortés. No sonrió ni una vez. (Sr. Ruiz Díaz)

La música ambiental era demasiado fuerte y nos irritó mucho. Era difícil mantener una conversación normal sin gritar. (Sra. Rufo Pedrero)

Pedimos merluza, pero nos trajeron bacalao. Estaba riquísimo, ¡pero no era lo que pedimos! (Sra. Munafo Vidal)

No estamos nada contentos – nos cobraron tres postres en vez de dos. Era carísimo. (Sr. Bonilla Olivera)

Pedimos una mesa en la terraza, pero nos dieron una en el interior, donde hacía muchísimo calor. Además, era una mesa para cuatro, y no había suficiente espacio para seis. (Sr. García Rubiano)

7 El libro de reclamaciones

Lee las quejas del libro de reclamaciones. ¿Quién(es) no está(n) contento(s) con …

- el trato personal
- la comida
- el precio
- las instalaciones / los alrededores?

Ejemplo

El trato personal – Sr. Sánchez Donaire

8 Pues, mire usted …

Tú eres gerente. Escucha a los seis clientes y apunta sus quejas.

Ejemplo

1 comida fría, mesa mal colocada en un rincón – no había suficiente espacio.

9 ¡Qué desastre! 

¡Estás furioso/a! Fuiste a un restaurante para comer o cenar, ¡y fue un desastre! Explica lo que pasó. Haz una versión escrita o explícalo a tu grupo.

El viernes pasado, fui a un restaurante con mis amigos. ¡Qué desastre! Primero, pedimos una mesa para seis en un rincón, pero nos dieron una mesa para cuatro …

El servicio, El / La camarero/a	(no) era (muy) lento/a, rápido/a, cortés
La (carne), El (bistec)	estaba poco hecho/a, era muy hecho/a
La música ambiental	era muy / demasiado fuerte, me / nos irritó
Pedí / Pedimos …	pero me / nos trajeron …, dieron …, cobraron …
La mesa estaba mal colocada	
Las sillas (no) eran (in)cómodas	
No había suficiente espacio	

 10.6 Las recetas sabrosas  10.7  Mis platos favoritos

Acción: lengua

the preterite tense; disjunctive pronouns

The preterite tense

- The preterite tense indicates a completed action in the past.
- To form it, remove the infinitive ending **-ar**, **-er** or **-ir** and add the following endings:

	hablar *(to speak)*	comer *(to eat)*	vivir *(to live)*
(yo)	habl**é**	com**í**	viv**í**
(tú)	habl**aste**	com**iste**	viv**iste**
(él / ella / usted)	habl**ó**	com**ió**	viv**ió**
(nosotros)	habl**amos**	com**imos**	viv**imos**
(vosotros)	habl**asteis**	com**isteis**	viv**isteis**
(ellos / ellas / ustedes)	habl**aron**	com**ieron**	viv**ieron**

- For examples see Grammar ⏩ 40.

- Some verbs are irregular in the preterite. Examples:

dar	>	di, diste, dio ...
estar	>	estuve, estuviste, estuvo ...
hacer	>	hice, hiciste, hizo ...
ir	>	fui, fuiste, fue ...
querer	>	quise, quisiste, quiso ...
ser	>	fui, fuiste, fue ...
tener	>	tuve, tuviste, tuvo ...
venir	>	vine, viniste, vino ...

- Other verbs have spelling or stem changes in the preterite. For more information see Grammar ⏩ 41–2.

1 **Put the verbs in brackets into the *yo* form of the preterite.**

1 (ir) a España
2 (salir) a las ocho
3 (llegar) a las cuatro
4 (pasar) un mes allí
5 (hacer) turismo
6 (visitar) un castillo
7 Lo (pasar) bien
8 Me (divertir) mucho

2 **Fill each gap with an appropriate verb in the *él* form of the preterite.**

Durante las vacaciones de verano, Javier ...**1**... a la Costa Brava con su familia. ...**2**... una semana allí. ...**3**... un desastre. Se ...**4**... en un hotel de tres estrellas horrible. El hotel estaba lejos de la playa. ...**5**... que coger el autobús para ir a la playa.

Un día, ...**6**... una vuelta por las calles y ...**7**... unos artículos artesanales bonitos.

3 **Complete these sentences by choosing the correct verb from the box.**

1 ¿Te _____ Inglaterra?
2 ¿Lo _____ bien?
3 _____ a Marruecos en avión.
4 Me _____ mucho.
5 Lo _____ bomba.
6 _____ mal tiempo.
7 Me _____ un poco.
8 _____ a mis parientes en Francia.
9 _____ de intercambio a los Estados Unidos.

pasé	Hizo	divertí
Fui	Visité	gustó
aburrí	Fui	pasaste

4 **Marta is writing about her holiday in Ireland last year. Read this extract from her letter and choose the correct verb for each gap.**

E.g. **1** fui.

1 va / voy / fui / fuiste
2 puedo / pude / pudo / podemos
3 quise / quiere / quiero / quisimos
4 dice / digo / dije / dijo
5 hace / hizo / hice / hago
6 estamos / estuvo / estuvimos / estar
7 vino / viene / vengo / vine
8 traje / traer / traigo / trajo

El año pasado, ...**1**... a Irlanda con mi mejor amiga, Pili. Ella se quedó dos semanas, pero yo sólo ...**2**... quedarme ocho días. Cogimos el avión a Dublín, y luego alquilamos bicicletas. Yo ...**3**... llevar ropa de verano (pantalón corto, camisetas etc.), pero mi madre me ...**4**... que no, que todo el mundo sabe que hace frío en Irlanda. Pero en realidad, ¡ ...**5**... mucho calor! Nos gustó mucho Wexford: ...**6**... tres días allí antes de volver a la capital. La antigua corresponsal irlandesa de Pili ...**7**... a vernos allí, y nos ...**8**... regalos de la parte de su familia. ¡Lo pasamos bomba – la gente era simpatiquísima!

Using the preterite and the imperfect

- Use the **preterite** when talking about a completed action in the past or to say what a particular event or action was like.
- Use the **imperfect** for repeated actions in the past or to describe what something was like at the time.
- For more information about using the imperfect and the preterite together see Grammar 45.

5a **Make a list of the preterite and imperfect verbs in José's description of his holiday and explain why each tense is used.**

5b **Rewrite the passage in the third person to describe José's holiday to someone else.**

E.g. El año pasado, José **fue** de vacaciones a Santander.

El año pasado, fui de vacaciones a Santander. El viaje en tren no fue muy largo. Me alojé en un hotel de cuatro estrellas. El hotel estaba cómodo y bastante limpio y muy cerca del centro. Pasé quince días allí. Hacía buen tiempo – hacía sol y mucho calor todos los días.

Disjunctive pronouns

- These are pronouns that can stand by themselves. They are most often used after prepositions. Examples:

Estoy un poco enamorado de **ella**.	*I am a bit in love with **her**.*
La salsa era un poco salada para **mí**.	*The sauce was a little salty for **me**.*
Para **él** el plato principal fue la zarzuela.	*For **him** the main course was zarzuela.*

mí	nosotros/as
ti	vosotros/as
él	ellos
ella	ellas
usted	ustedes

- When combined with *con*, *mí* and *ti* change to *conmigo* and *contigo*.

Belén vino **conmigo**. *Belén came with me.*

6 **Unjumble these sentences and then translate them into English.**

1 regalo ti este para es
2 mi vino conmigo hermana
3 de Belén ella está detrás
4 está ellos delante Consuelo de
5 él gustó a le no

7 **Translate these sentences into Spanish.**

1 The sauce was too hot for me.
2 Is Ana coming with us?
3 The journey was very tiring for them.
4 The room is perfect for us.
5 Do you have anything for me?

¿Te acuerdas?

1 ¿De qué se trata?

Empareja cada libro con la descripción apropiada.

Ejemplo **1 e**.

1 un secuestro
2 un robo
3 un atentado
4 un viaje
5 un chantaje
6 una misión secreta
7 una historia de amor
8 una misión científica
9 una lucha entre el bien y el mal
10 una amistad
11 fantasmas
12 vampiros

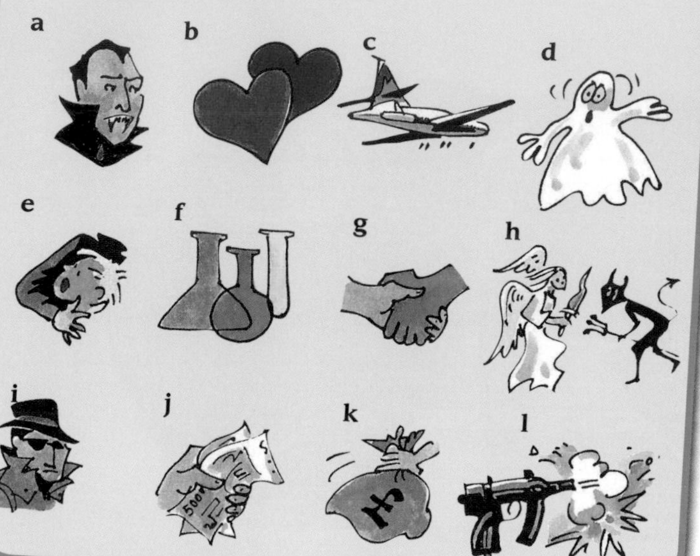

2 ¿Cómo es?

Pon los adjetivos siguientes en tres categorías:

favorable 

indiferente 

desfavorable 

Ejemplo Favorable: interesante …

interesante
emocionante
horrible
aburrido/a
divertido/a
bonito/a
tonto/a
extraño/a
estupendo/a
buenísimo/a
malísimo/a
feo/a

3 ¿Qué tipos de película te gustan?

Empareja cada comentario con el dibujo que corresponde.

1 Me chiflan las películas policíacas y las de ciencia ficción. Odio los westerns.
2 Me encantan las películas de terror y de guerra. Detesto las comedias y las películas románticas.
3 Me dan igual las películas históricas y de aventuras. Me gustan los dibujos animados.

4 ¿Dónde se compra ...?

Pablo tiene problemas en el supermercado. Empareja los artículos en su lista con la sección apropiada.

Ejemplo **1 e**.

1 pimientos
2 pastel
3 barra de pan
4 revista de fútbol
5 gambas
6 helados
7 leche
8 zumo de fruta
9 café
10 tisús
11 mis antibióticos

5 ¿Demasiado caro o muy barato?

Para cada precio escribe la reacción de Pablo. *Ejemplo* **1** ¡Muy barato!

1 2,90 euros ✓ **2** 58 euros ✗ **3** 5,80 euros ✓

4 1,40 euros ✓ **5** 110 euros ✗ **6** 36 euros ✗

6 ¿Más o menos?

Pablo está comparando los precios. Completa cada frase con *más (+) ... que, menos (-) ... que* o *tan ... como.*

Ejemplo **1** La limonada es **menos** cara **que** el zumo de fruta.

1 La limonada es ... cara ... el zumo de fruta.
2 El café normal es ... barato ... el café descafeinado.
3 Los tomates son ... caros ... los pimientos.
4 Los tisús rosa son ... baratos ... los tisús blancos.
5 El bocadillo de jamón es ... caro ... el bocadillo de queso.
6 La revista de fútbol es ... barata ... la revista de pop.
7 El pastel de café es ... caro ... el pastel de chocolate.
8 Las naranjas son ... baratas ... los plátanos.

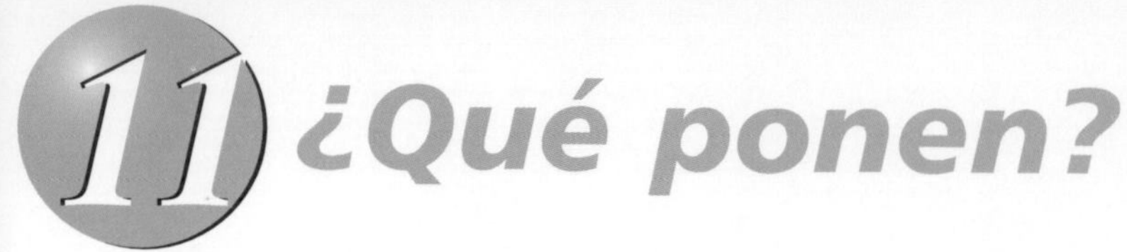

11 ¿Qué ponen?

11A La tele

You will learn:

- to understand and give information about TV and radio programmes, books, magazines and newspapers
- to understand and describe the main features of a TV programme

TVE1	La 2	TELE 5	ANTENA 3	TV3
19.15 Cine club HOGAR, DULCE HOGAR: Comedia **21.00** Telediario	**19.15** Vuelta ciclista de España **21.30** Telecupón: Entrevista	**19.50** La Ruleta de la Fortuna: Concurso **21.30** Estudio Estadio: Fútbol, Alemania–Italia	**19.45** Los Vigilantes de la Playa: Telenovela **20.20** Impacto TV **21.00** Noticias: Presentador Luis Marinas	**19.30** Ironside: Telenovela **20.30** Mira: Programa-concurso **21.00** Las noticias **21.30** El tiempo

BELÉN *¿Qué ponen en la tele esta noche?*
RAÚL *A ver … en este momento en TVE1 hay una película …*
ANA *¡Oh! Es una comedia. ¡Qué divertido!*
BELÉN *No me gustan las comedias. No las veo nunca.*

ANA *¿Qué ponen en la 2?*
RAÚL *La vuelta ciclista …*
BELÉN *¡Oh! ¡Estupendo!*
ANA *¡Ah, no! Odio los programas deportivos …*

ANA *En Tele 5 hay la Ruleta de la Fortuna.*
RAÚL *¿Qué tipo de programa es?*
ANA *Es un concurso.*
BELÉN *¡Uf! Los concursos son muy tontos.*

ANA *¿Qué ponen en las otras cadenas?*
RAÚL *¿Te gustan las telenovelas? Hay unas telenovelas americanas.*
BELÉN *Sí, me chiflan.*
ANA *¡No aguanto las telenovelas! ¿Y tú, Raúl? ¿Qué quieres ver?*

RAÚL *Yo quiero ver las noticias. ¿A qué hora las ponen?*
ANA *A las 21.00. Y a las 21.30 hay el parte meteorológico.*

1 ¿Qué ponen en la tele?

Empareja las preguntas con las respuestas.

Ejemplo **1 f**.

1 ¿Qué ponen en la tele esta noche?
2 ¿Qué ponen en la 2?
3 ¿Qué quieres ver?
4 ¿Qué tipo de programa es?
5 ¿Te gustan las telenovelas?
6 ¿A qué hora ponen las noticias?

a Hay un programa deportivo.
b A las 21.00.
c Sí, me chiflan.
d Quiero ver el Telediario.
e Es un concurso.
f En este momento hay una película.

¿Y tú? Contesta a las preguntas 1–6.

OHT 11 ¿Qué ponen en la tele?

2 ¿En qué cadena y a qué hora?

Trabaja con tu compañero/a. Mira la guía.

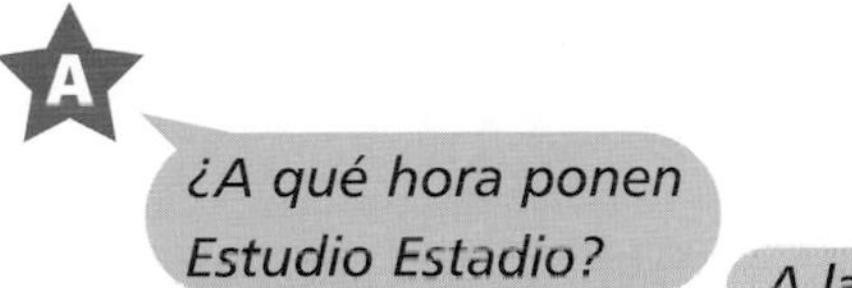

¿A qué hora ponen Estudio Estadio?
¿En qué cadena?

En Tele 5.

Apunta también …

¿Qué hay en Antena 3 a las 21 horas?

Hay noticias.

3 ¿Qué tipo de programa es?

Paco está haciendo zapping. Escucha y pon los programas **a–m** en el orden correcto.

Ejemplo **g** …

a un drama
b un documental
c una telenovela
d un concurso
e una entrevista
f una comedia
g un programa infantil
h un programa de música
i un programa deportivo
j unos dibujos animados
k el parte meteorológico
l los anuncios
m las noticias

4 ¿Qué es?

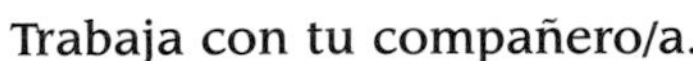

Trabaja con tu compañero/a.

EastEnders …

Una telenovela. Match of the Day …

Un programa deportivo. News at Ten …

5 ¿Qué quieres ver?

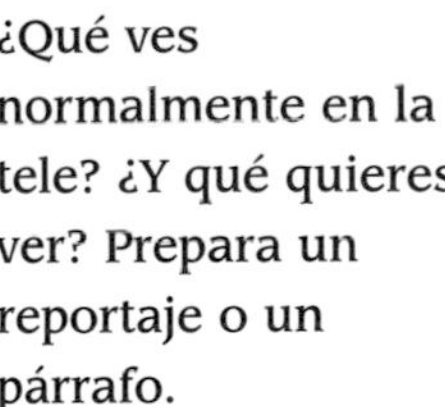

¿Qué ves normalmente en la tele? ¿Y qué quieres ver? Prepara un reportaje o un párrafo.

¿Qué hay ¿Qué ponen ¿Qué quieres ver ¿Qué ves	en la tele	esta noche? ahora? mañana? normalmente?	Hay Ponen Voy a ver Veo	(Estudio Estadio) (Ali G)
¿En qué cadena / estación es?			En (TVE1 / la 2 / Tele 5) (BBC1 / Meridian)	
¿A qué hora es?			A las (diez y media)	
¿Qué tipo de programa es?			Es un drama, una comedia, un programa infantil / deportivo … *(act.3)*	
¿Te gustan (los dramas / las comedias)?			Me los / las chiflan No los / las aguanto	

6 Un episodio de 'Compañeros'

Belén pregunta a su amiga Ana lo que ha pasado en el último episodio de su programa preferido 'Compañeros'. Escucha bien y escribe un resumen del episodio siguiente. Utiliza las frases y los verbos de la lista.

Pues, era …	
Te acuerdas que X …	estaba enamorado/a
Y bueno …	murió
¡Qué horror!	descubrió
Al final …	
Después de todo eso …	

11.1 La guía de programas 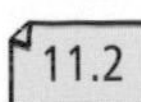 11.2  ¿Qué hay en el quiosco?  11.3 Entrevista con Juan Antonio

7 Noticias

Lee este artículo y contesta verdad (V) o mentira (M) a las frases 1–5.

1 La explosión fue muy grave.
2 Cuatro personas sobrevivieron a la explosión.
3 Dos soldados murieron.
4 La explosión tuvo lugar a mediodía.
5 Veinte heridos tuvieron que ir al hospital.

Al menos cuatro muertos y 20 heridos en fuerte explosión en Cuba

LA HABANA – Una fuerte explosión en un cuartel militar en el norte de Cuba dejó al menos cuatro muertos y unos 20 heridos.

'Al menos cuatro muertos deja como resultado la explosión del polvorín', dijo el presidente del Congreso, Javier Roque. Son 'dos oficiales y dos soldados del cuartel militar'.

La explosión se produjo aproximadamente a las 11:45 hora local.

'Han ingresado 20 heridos al hospital, obviamente el número puede subir por la magnitud de la explosión. No sabemos si hay muertos', afirmó un agente de la policía.

8 Eres periodista

Elige una de las noticias de abajo y escribe un artículo con una descripción de lo que ha pasado. Utiliza un diccionario y la sección de gramática.

Una explosión en el norte de España dejó 2 muertos y 15 heridos

Un terremoto en los Estados Unidos ha provocado millares de muertos

Un barco, que se hundió ayer, ha contaminado cientos de kilómetros de la costa del norte de España

Un tren con destino a Barcelona chocó con un coche. Hubo dos muertos

9 Las noticias

Escucha a Ana y Begoña que están hablando de las noticias. Completa el cuadro, apuntando en español las opiniones de las chicas sobre cada tema.

	Ana	Begoña
El uso de las armas		
El tráfico		
La elección general		
Sofía		

10 Lady Di está todavía con nosotros

Lee este artículo y contesta a las preguntas en inglés.

La Lady Di es una figura muy grande en España. Todos saben algo de la vida que llevaba y la tristeza que causó su muerte por todo el mundo. Hay muchas imágenes de sus hijos guapos en los medios de comunicación, sobre todo del entierro, y siempre hay artículos sobre la relación que llevan el Príncipe Carlos y su novia Camilla Parker Bowles.

Antes de su muerte la Lady Di hizo una entrevista con un periodista inglés hablando de que 'había tres personas en su matrimonio' y lo difícil que llevaba el hecho de que su marido tenía esa amante.

Siempre había rumores de que Lady Di también tenía un lío con el Capitán James Hewitt. La princesa admitió en esa entrevista que tenía relaciones con este señor. Los periódicos publicaban artículos sobre su

relación y sobre algunas cartas que había escrito Lady Di a James Hewitt antes de su muerte, sobre su amor, su tristeza, su soledad como resultado de su matrimonio con el Príncipe Carlos y su lío con Camilla Parker Bowles.

Había unas especulaciones tremendas entre la prensa inglesa debido a la entrevista entre el Capitán Hewitt y un presentador americano, donde admitió que iba a vender por mucho dinero aquellas cartas que le escribió la princesa.

Hay que tener en cuenta el efecto de esto sobre sus hijos: habían sufrido mucho durante los últimos años y tuvieron que aguantar un interés excesivo por parte de la prensa, que les perseguía por todos lados – en la universidad, en el colegio, cuando se iban de vacaciones. ¿Qué van a pensar de este hombre, que se supone que estaba enamorado de su madre durante muchos años, en el que confiaba su querida madre, y ahora tienen que aguantar que este hombre esté cobrando como resultado de su muerte? ¿Podemos decir que la Lady Di lo merece porque se casó con un príncipe? ¿Que muerta o viva no tiene derecho a la privacidad?

1. How does Princess Diana live on in the Spanish press?
2. What did Princess Di admit in her famous interview with a British journalist?
3. Why was James Hewitt in the news after Princess Diana's death?
4. According to the article, what has life been like for the princes?
5. What questions does the article pose at the end?

11 ¿Qué pasa en el mundo?

Trabaja con tu compañero/a. Utiliza las frases y las preguntas del cuadro para preparar una conversación sobre unos temas de actualidad.

Preguntas	*Opiniones*	*Si estás de acuerdo:*	*Si no estás de acuerdo:*
¿Qué hay en las noticias?	Pienso que …	Estoy de acuerdo contigo	No estoy de acuerdo contigo (porque …)
¿Ha pasado algo interesante?	Yo creo que …	Sí, tienes razón	No te creo
¿Has leído el periódico hoy?	En mi opinión …	¡Claro!	No, al contrario
¿Qué piensas de …?	Me parece que …	¡Por supuesto!	
¿Puedes explicarme …?	Es un punto de vista interesante pero …		

11B ¿Quieres venir conmigo?

You will learn:

- to talk about what sort of films or concerts are on
- to ask about entry times and ticket prices
- to discuss a film or concert

BELÉN Hola, Ana. ¿Qué tal?
ANA Hola Belén. Quiero ir al cine, pero no me dejan entrar.
BELÉN ¿Qué categoría es?
ANA Es para mayores de 18 años.
BELÉN Hay un concierto de Los Escarabajos, el sábado. ¿Quieres venir conmigo?
ANA ¿A qué hora empieza?
BELÉN A las nueve y media.
ANA No sé … ¿A qué hora termina?
BELÉN Oh … a las once y media, creo.
ANA ¿Cuánto cuesta entrar?
BELÉN Doce euros … no es mucho.
ANA Bueno … de acuerdo. Voy contigo.
RAÚL Hola Ana, hola Belén.
BELÉN Hola Raúl … ¿Quieres venir al concierto con nosotras?
RAÚL ¿A un concierto? ¿Qué tipo de concierto es? ¿Es de música clásica?
ANA Es un concierto de rock, con Los Escarabajos.
RAÚL ¿De rock? Ah, ¡no gracias!

a

LA BODA DE MI MEJOR AMIGO

Con Julia Roberts. La comedia más divertida y romántica desde *Pretty Woman*. No recomendada para menores de 7 años.

Cine Goya *Horarios*: 15.00, 16.55, 18.50, 20.45 y 22.40

b

MIMIC

La última batalla entre el hombre y la naturaleza. El mejor thriller de ciencia ficción desde *Alien*. Verdaderamente espeluznante.

Multicine 1 *Horarios:* 15.20, 17.15, 19.10, 21.05 y 23.00

c

LA CAMARERA DEL TITANIC

Una película de Bigas Luna. Una extraordinaria historia de amor. No recomendada para menores de 13 años.

Cine ABC *Horarios:* 15.20, 17.15, 19.10, 21.05 y 23.00

d

LOS ESCARABAJOS

Gira de verano del famoso grupo. Con Alberto (guitarra), Jordi (bajo), Carlos (teclado) y Felipe (batería).

Teatro Principal Sábado a las 21.30

e

LES LUTHIERS

Desde Buenos Aires, quinteto de música argentina. Músicos, cantantes y maestros del humor.

Teatro Municipal Lunes y martes a las 19.00

f

NADA QUE PERDER

Película trágica de Steve Oedekerk. Uno sin trabajo. Otro sin ganas de vivir. No recomendada para menores de 13 años.

Cine Alcázar *Horario:* 15.20, 17.10, 19.00, 20.55

1 ¿Quieres venir a un concierto conmigo?

a Apunta a qué tipo de película o concierto se refieren los anuncios **a–f**.

Ejemplo **a** comedia.

b Las frases siguientes se refieren al concierto de rock. ¿Son verdad (V), mentira (M) o no se sabe (?)?

Ejemplo **1** M.

1 El concierto empieza a las 21 horas.
2 Termina a las 23.30.
3 Carlos toca la batería.
4 El grupo consta de cinco personas.
5 Es un concierto de música rock.
6 No está recomendado para menores de 18 años.

Corrige las frases mentirosas.

2 El contestador automático

Escucha el contestador automático y apunta los horarios y los precios de las películas o conciertos **1–6**.

Ejemplo **1** 15.00, 17.00, 19.00, 21.00; 6,50 euros

Apunta también el título y para quién está recomendada la película.

Ejemplo La boda de mi mejor amigo: mayores de 7 años.

3 ¿A qué hora?

Túrnate con tu compañero/a. Mira los horarios de los anuncios **a–f**.

A qué hora empieza Mimic?

A las tres y veinte, las cinco y cuarto …

4 Una conversación

Utilizando los anuncios **a–f** y el cuadro de abajo, practica unas conversaciones.

Prepara conversaciones sobre otras películas o otros conciertos que conoces.

¿Quieres venir	a un concierto a una película	conmigo? con nosotros?	Sí, voy No, no quiero venir	contigo / con vosotros
¿Cómo se llama	la película? el grupo?		Se llama	(Nada que perder) (Los Escarabajos)
¿Qué tipo	de película de concierto	es?	Es una película	(policíaca) *(p.106)*
			Es un concierto	de música rock / pop / clásica
¿Qué categoría es?			No está recomendada para menores de (18) años	
¿Dónde se pone?			En (el cine Goya)	
¿A qué hora		empieza? termina?	Empieza Termina	a las (diez) a la (una y media)
¿Cuánto cuesta una entrada?			Cuesta (doce euros)	

5 ¿Cómo fue ...?

a Lee las opiniones **1–14** de Belén y Ana. ¿Quién habla, Belén o Ana?

¿Te gustó?
¿Cómo fue?
¿Estás de acuerdo?
Me gustó el concierto porque ...
No me gustó el concierto porque ...

1. Las canciones eran malísimas.
2. Es cierto que había mucha gente pero el ambiente era maravilloso.
3. Los músicos eran estupendos.
4. La música era muy aburrida.
5. Había demasiado humo.
6. La música era buenísima y era muy diferente.
7. La música era demasiado fuerte.
8. Las canciones eran muy emocionantes.
9. Es cierto que el sonido era fuerte pero muy interesante.
10. Las canciones eran bonitas.
11. La música era diferente pero ciertamente muy extraña.
12. El cantante principal era muy guapo.
13. No estoy de acuerdo, el músico principal era horrible.
14. Había demasiado ruido y demasiada gente.

b Escucha la conversación. ¿Tienes razón?

Ejemplo **1** Ana.

6 Una carta

Utiliza las opiniones de Ana para escribir una carta de queja al director del Teatro Principal.

Muy señor mío:

No me gustó el concierto de Los Escarabajos porque el cantante era horrible y la música era aburrida. También es cierto que ...

Le saluda atentamente

Ana Pereira

7 Críticas de cine

a Busca en el diccionario las palabras o frases siguientes que no conoces.

b Completa las críticas con las palabras o frases siguientes. Algunas se utilizan dos veces.

basada en una verdadera historia
es la primera película de
hace el papel
los decorados son fantásticos
un gran sentido del humor
mucha acción

una banda sonora
cuenta las aventuras
cuenta la historia de
una de las mejores películas del año
la mala

¡Llega Batman IV!

George Clooney es muy divertido porque ...1... del hombre murciélago con ...2... . Su compañero Robin tiene una ayudante femenina, y hay más sorpresas: Arnold Schwarzenegger es Mr Freeze, Uma Thurman es ...3... Poison Ivy. Por supuesto, los trajes y ...4... .

Las Spice, estrellas de cine

Spice, the movie, ...5... las "chicas picantes", que coincide con el lanzamiento de su segundo disco. Esta divertida comedia con ...6... y mucha música ...7... de las chicas en Londres.

Jóvenes aventureros

Esta película ...8... de tres hermanos que abandonaron su casa en Arkansas para filmar a los animales en peligro de extinción en su país. Está ...9... .

The Full Monty

La comedia de Peter Cattaneo ...10... cinco parados sin trabajo y sin dinero. Robert Carlyle ...11... del personaje principal. Ciertamente es ...12... . Además tiene ...13... estupenda con muchas canciones y mucha música de baile.

8 Te toca a ti

Utiliza las críticas para preparar la crítica de una película que has visto recientemente.

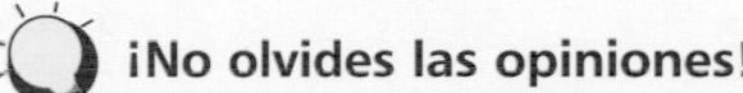

¡No olvides las opiniones!

La película es fenomenal / superfantástica / muy divertida
regular
fatal / aburrida

El personaje principal es fascinante / aburrido porque ...

Vale la pena / No vale la pena porque ...

11.4 ¿De qué se trata? 11.5 ¿Qué piensas tú?  11.6 ¿Qué quieres cambiar?

De compras

12A ¿Dónde puedo comprar ...?

You will learn:

- to ask and say where different sections in a department store are
- to ask if something is sold and where to buy it
- to talk about your shopping preferences

GUÍA DE DEPARTAMENTOS	
6ª	Cafetería – Agencia de viajes – Cambio – Oportunidades
5ª	Imagen y sonido – Informática – Jardín – Automóvil – Juguetes
4ª	Hogar textil – Hogar menaje – Electrodomésticos – Muebles
3ª	Confección señoras – Confección señores – Confección bebés
2ª	Moda Joven – Zapatería – Deporte – Tienda de música
1ª	Complementos – Artículos de viaje – Bolsos – Regalos
PB	Perfumería – Papelería – Librería – Pastelería – Bisutería
S	Supermercado – Bricolaje – Saneamiento – Droguería

Raúl y Pablo van a los grandes almacenes. Belén va a cumplir dieciocho años dentro de poco, y Pablo busca un regalo.

Perdón, ¿dónde puedo comprar unos pendientes, por favor?
En la sección de bisutería. O en la sección de regalos.

¿Dónde está la sección de regalos?
En la primera planta, al lado de los ascensores.

¿La ves?
Sí, allí. Cerca de las escaleras mecánicas.
¿Dónde?

¡Entre las escaleras mecánicas y los servicios! ¿No ves? ¡Necesitas gafas!
¡Buena idea! ¿Dónde se venden gafas, entonces?

¿Qué le vas a comprar a Belén?

No sé. Algo práctico. Un monedero, o un paraguas ...
¡Qué aburrido!
Mi regalo es más guay ...

1 En los grandes almacenes

Sustituye los dibujos por las palabras correctas para completar las frases.

1 ¿Dónde puedo comprar 

2 ¿Dónde se venden 

3 ¿Dónde está la sección de 

4 ¿Dónde están  ?

5 Está al lado de los 

6 Está cerca de los  .

¿Verdad (V), mentira (M) o no se sabe (?)?

1 Belén va a cumplir dieciocho años.
2 Los dos chicos quieren comprar regalos.
3 Raúl necesita gafas.
4 Belén prefiere los regalos prácticos.
5 Según Raúl, Pablo tiene mucha imaginación.

2 Las compras

a Con tu compañero/a, escribe dos o tres cosas que se pueden comprar en cada sección. Utiliza el diccionario si es necesario.

Ejemplo sección de artículos de viaje: una bolsa, una maleta.

b Túrnate con tu compañero/a para preguntar y contestar. Utiliza tu lista de cosas de la actividad **a** y la guía (actividad 1).

A: *Perdón, señor(a). ¿Dónde se pueden comprar bolsas?*

B: *En la sección de artículos de viaje.*

A: *¿Dónde está, por favor?*

B: *En la primera planta.*

A: *Vale, gracias.*

3 ¿Dónde está exactamente?

a Escucha los fragmentos de conversación **1–6** y mira los planos. ¿Qué sección busca cada cliente?

Ejemplo **1 D**.

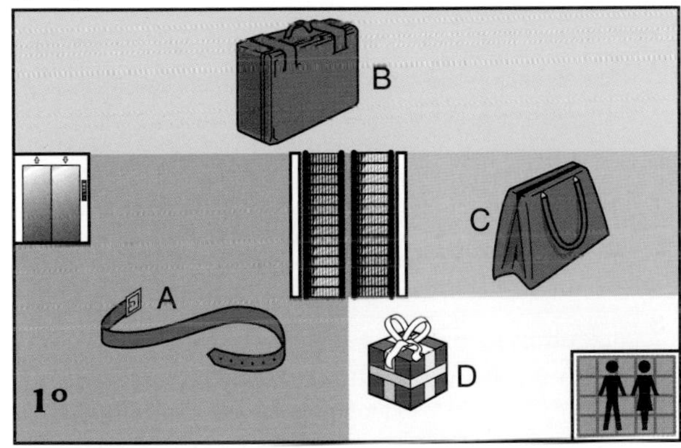

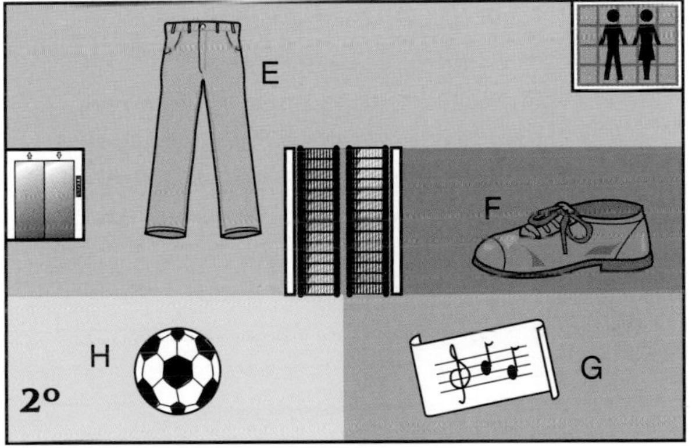

Apunta también para quién cada cliente **1–6** quiere hacer su compra.

Ejemplo **1 D**, para su padre.

b Utiliza el plano de la segunda planta y el cuadro de abajo para inventar más conversaciones con tu compañero/a.

A: *¿Dónde está la sección de moda joven?*

B: *Está en la segunda planta, al lado de los ascensores.*

¿Dónde está la sección de (bisutería ... *act.1*)?	En	el sótano, la planta baja
¿Dónde están (los servicios)?		la (primera / segunda / tercera) planta
¿Dónde puedo comprar (un paraguas)?		la (cuarta / quinta / sexta) planta
¿Dónde se venden (recuerdos)?	Al lado de Cerca de Entre ... y	los ascensores, la escalera mecánica, los servicios

OHT 12 Regalos y recuerdos

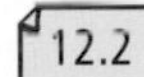

12.1 ¿Dónde se venden ...?

12.2 Los anuncios

Yo vivo en un campamento del Sáhara. Sólo hay una tienda donde se vende comida. Los productos vienen de organizaciones humanitarias. A veces, no hay nada para comprar y muy poco para comer. *Omar*

Soy de Guatemala. No hay grandes almacenes en el barrio. Vamos de compras al mercado – hay de todo y es barato. Se vende mucha fruta y verduras, y hay una sección de artesanía también. *Virginia*

Vivo en Sevilla, una ciudad grande en el sur de España. Hay una gran variedad de tiendas: grandes almacenes, supermercados e hipermercados. ¡Incluso hay una sucursal de Marks y Spencer! ***Iñigo***

4 Ir de compras

Mira las fotos, y lee las tres descripciones y las frases 1–8. ¿Quién habla en cada frase?

Ejemplo **1** Iñigo.

1 Voy a la sección de música en el Corte Inglés, porque tienen las últimas novedades.

2 ¡No hay muchas tiendas en el desierto! Aquí, sólo hay una tienda de comestibles.

3 Fui de compras el sábado pasado, y compré un regalo para mi madre: una jarra.

4 No soy muy aficionado/a a la compra. Es aburrido. A veces, no hay nada que comprar.

5 Soy adicto/a a ir de compras. Hay muchas tiendas donde vivo.

6 Me gusta ir de compras a los grandes almacenes porque la calidad es buena y son baratos.

7 Prefiero visitar el mercado. Es grande, hay mucha variedad y no es caro.

8 La última vez que fui a la tienda, compré un refresco y dos latas de conserva.

5 ¿Qué opinas tú? 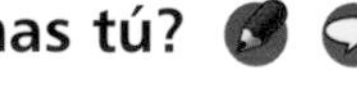

Prepara una presentación oral sobre la compra: contesta a las preguntas 1–6. Utiliza el cuadro siguiente y los comentarios de la actividad 4 como modelo.

1 ¿Te gusta ir de compras?
2 ¿Cómo son las tiendas donde vives?
3 ¿Qué grandes almacenes hay? ¿Cómo son?
4 ¿A qué tienda vas a menudo?
5 ¿Por qué te gusta esa tienda?
6 ¿Qué compraste la última vez que fuiste de compras?

No me gusta mucho, No aguanto Me gusta, Soy adicto/a a	ir de compras	
(No) hay muchas tiendas (No) hay grandes almacenes	Sólo hay … Hay una sucursal de …	
Voy a (la tienda de música) (No) me gusta ir (a las tiendas pequeñas) Prefiero ir (a los grandes almacenes) Es aburrido / divertido ir (al mercado)	porque	es pequeño/a, caro/a, barato/a, grande (no) hay mucha variedad la calidad es buena / mala, mejor / peor (que …) (no) tienen las últimas novedades
Compré (un regalo de cumpleaños)	para (mí, mi mejor amigo/a, mi madrastra, mi padre)	

12.3  La lista de Pablo

«¿Prefieres ir de compras a un mercado o a las tiendas? ¿Por qué?»

(21%) es más barato
(33%) los productos están más frescos

(14%) es más cómodo
(22%) la calidad de los productos es mejor

«¿Cuáles son las ventajas de los supermercados?»

(25%) la calidad de la comida es mejor
(18%) es fácil aparcar
(27%) ahorras tiempo
(35%) están abiertos sin interrupción

«¿Cuáles son las ventajas de los grandes almacenes?»

(34%) venden de todo en un edificio
(11%) no cierran al mediodía
(42%) hay un surtido más grande de productos
(6%) hay rebajas u ofertas muy interesantes
(7%) el ambiente es divertido y animado

«¿Cuáles son las desventajas de los grandes almacenes?»

(14%) son más impersonales
(27%) son más caros, a veces
(10%) no venden cosas originales
(2%) no hay muchas gangas
(26%) quita la clientela a las tiendas más pequeñas

«¿Te parece bien que las tiendas permanezcan abiertas los domingos?»

(11%) ofrecen más posibilidades al público
(54%) cada persona tiene la libertad de ir de compras cuando quiere
(9%) el domingo pierde su carácter 'especial': ya no es un día de descanso
(26%) el personal tiene que trabajar, aún cuando está en contra de sus principios religiosos o culturales

6 Ventajas e inconvenientes 

a **Lee la encuesta anterior de un instituto de intercambio, y completa las conclusiones 1–8 con el porcentaje correcto.**

Ejemplo **1** un 35%.

Uno de los atractivos para …**1**… es que los supermercados no cierran al mediodía.
…**2**… prefieren comprar en el mercado.
A …**3**… les gusta encontrar todo bajo un mismo techo.
Para sólo …**4**… son los productos un factor importante en comprar en un supermercado.
A …**5**… no les gusta tener que pagar más en los grandes almacenes.
…**6**… están a favor de poder ir de compras los domingos.
En cuanto a las ofertas u oportunidades en los grandes almacenes, la opinión pública está dividida: …**7**… dice que sí hay muchas, pero …**8**… opina que no hay.

b **Lee otras veces los comentarios. Copia las frases útiles y haz tres listas para hablar de …**

los productos	las instalaciones	los precios
están más frescos		

7 En mi opinión

Escribe una carta al instituto de intercambio, y explica lo que opinas tú: dónde prefieres comprar y por qué; cuáles son las ventajas y desventajas de los varios tipos de tiendas en tu país.

A mí me gustan varios tipos de tiendas. Vivo en una ciudad bastante grande, y depende de lo que quiero comprar y del tiempo. Si hace buen tiempo, me gusta mucho ir de compras en el mercado, porque …

8 ¿Eres adicto/a a ir de compras?  

Prepara una presentación oral sobre una excursión que vas a hacer para ir de compras con amigos. Contesta a las preguntas 1–6.

1 ¿Adónde vas?
2 Haz una descripción de la tienda.
3 ¿Cuándo vas a ir?
4 ¿Con quién?
5 ¿Por qué te gusta comprar allí?
6 ¿Qué quieres comprar?

12.4 ¿Adónde ir de compras?

12B ¿Qué desea?

You will learn:
- to ask for and choose an item
- to buy and pay for an item
- to handle problems with an item you have bought

En la sección de bisutería ...

DEPENDIENTA *Buenos días. ¿Qué desea?*
RAÚL *Quisiera comprar unos pendientes.*
DEPENDIENTA *¿Para quién son? ¿Para un chico o una chica?*
RAÚL *Son para mí.*
PABLO *¿Para ti? ¿No son para Belén?*
RAÚL *¡Sí, claro! ¡Le estoy tomando el pelo*!*
DEPENDIENTA *¿De qué colores quiere?*
RAÚL *No sé ...*
DEPENDIENTA *¿De oro o de plata?*
RAÚL *Mm ... de plata.*
DEPENDIENTA *¿De qué tamaño: grande, pequeño, mediano ...?*
RAÚL *Mediano. Algo moderno, joven ...*
DEPENDIENTA *¿Le gustan éstos?*
RAÚL *¿Cuánto son?*
DEPENDIENTA *Cuarenta y cuatro euros.*
PABLO *¡Uf! ¡Qué caro!*
RAÚL *¿Tiene algo más barato?*
DEPENDIENTA *Ésos son muy bonitos. Los azules ...*
RAÚL *Mm ... ¿Puedo ver aquéllos? ¿Los verdes?*
DEPENDIENTA *Sí, aquí tiene.*
RAÚL *¡Qué bonitos! ¡Me van muy bien! Me los llevo.*
DEPENDIENTA *¿Algo más?*
RAÚL *No, nada más, gracias.*
DEPENDIENTA *¿Es todo?*
RAÚL *Sí, es todo. ¿Cuánto es?*
DEPENDIENTA *Cincuenta euros, por favor.*
RAÚL *¡Cincuenta euros!*
DEPENDIENTA *No, no ... quince euros. Le estoy tomando el pelo*, señor.*
RAÚL *Aquí tiene. Gracias.*
DEPENDIENTA *De nada. ¡Adiós!*

*I'm just having her / you on!

1 Quisiera comprar ...

Termina la frase con tres expresiones de la lista.

Raúl compra unos pendientes ...

azules	de 15 euros
verdes	de 50 euros
de oro	de 44 euros
de plata	

Copia y completa el cuadro con las palabras que faltan. Están en la conversación anterior.

	masc.	*fem.*
this one	éste	ésta
these ones	?	éstas
that one	ése	ésa
those ones	?	ésas
that one (over there)	aquél	aquélla
those ones (over there)	?	aquéllas

2 Túrnate con tu compañero/a

Mira los dibujos siguientes. Para cada dibujo, busca una frase de la conversación de la actividad 1. Túrnate con tu compañero/a para hacer los dos diálogos.

Buenos días, ¿qué desea?

Buenos días. Quisiera comprar unos pendientes.

Dependiente/a	Cliente/a
¿ ?	
¿ ?	
¿ ✔ ?	¿ ?
	¿ ¡ ! ?
	✔ ✔
¿todo?	✔

Dependiente/a	Cliente/a
¿ ?	
¿ ?	
¿ ?	¿cuánto?
	→ ¿ ?
✔	✔ ✔
¿todo?	✔

Inventa tres conversaciones: compra uno de los dos artículos de cada conversación. Adapta la conversación de la actividad 1. ¡Cuidado con *éste*, *ésta*, etc.!

un reloj

una pulsera

unas gafas de sol

3 En la tienda

Escucha las cinco conversaciones. Copia el cuadro y apunta los detalles.

	Artículo / Prenda	Tamaño / Talla / Número	Color	¿Lo / La compra?: Sí / No
1	*abanico*	*grande*	*negro y lila*	*no*

Apunta también el pequeño problema con cada artículo / prenda.

Ejemplo **1** es muy caro.

12.5 En la tienda de comestibles 12.6 Quisiera comprar un sello

4 Comprando ropa y zapatos Repaso

a Lee las frases **1–20**. Haz dos listas: las frases del cliente y las frases del dependiente.

Ejemplo

Dependiente	Cliente
1	

b ¿Cada frase se oye en la sección de moda joven (MJ), en la zapatería (Z) o en los dos (MJ + Z)?

Ejemplo **1** MJ + Z.

1 Buenos días. ¿Qué desea?
2 Quisiera comprar unos vaqueros.
3 Busco un par de zapatos.
4 ¿Qué talla usa?
5 ¿Qué número calza?
6 La 42, creo.
7 El 37, me parece.
8 ¿Qué colores prefiere?
9 Azul marino o negro.
10 ¿Me los puedo probar?
11 Sí. Los probadores están allí, al fondo.
12 ¿Qué tal están?
13 No me van muy bien.
14 Son un poco grandes.
15 Son un poco holgados.
16 ¿Quiere probar éstos?
17 Sí, éstos son mejores.
18 ¿Cuánto son?
19 Treinta y nueve euros.
20 Muy bien. Me los llevo.

c Utiliza las expresiones de la actividad **b** para inventar dos conversaciones: (i) en la sección de moda joven; (ii) en la zapatería.

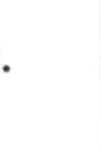

¡Extra!
Añade otras expresiones que conoces: colores (*ej.* azul claro), problemas (*ej.* demasiado estrecho).

Buenos días, ¿qué desea?

Quisiera comprar unos vaqueros.

Buenos días, ¿qué desea?	Quisiera comprar …, Busco …, ¿Tiene …?
¿De qué tamaño?	Pequeño, Mediano, Grande
¿Qué talla usas?, ¿Qué número calzas?	La (42), El (37)
¿De qué color?	Azul (claro / oscuro / marino)
¿Me lo / la / los / las puedo probar?	Sí, los probadores están (al fondo, ahí a la derecha / izquierda)
¿Qué tal (la camisa, los vaqueros)?	(No) me va(n) / queda(n) bien, Sí, me (lo / la / los / las) llevo
¿Por qué? Es un poco,	grande, pequeño/a, estrecho/a, holgado/a
Son muy, demasiado	grandes, pequeños/as, estrechos/as, holgados/as
Pase por caja, ¿Cómo quiere pagar?	Con tarjeta de crédito / un cheque, En metálico / efectivo

5 La compra por Internet 

Ahora se puede comprar todo por Internet. Esta cámara digital te interesa mucho. Rellena la página Internet con tus detalles.

Cámara de fotos digital con sensor de imagen CCD y distintos tamaños de imagen y enfoque.
(Leer más)

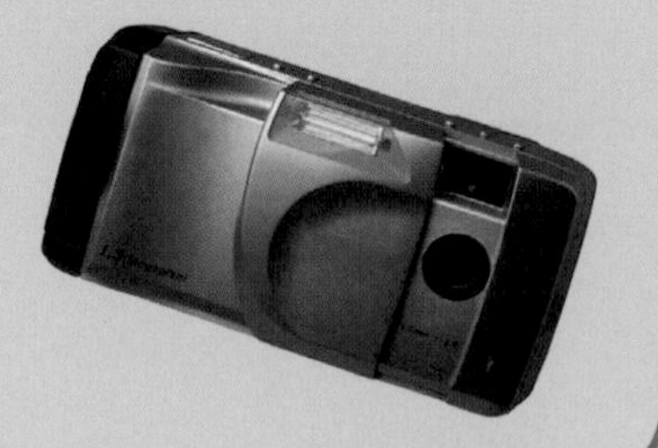

– 33%

PRODUCTO	UNIDADES	PRECIO
Cámara de fotos digital con sensor de imagen CCD	1	299 euros

Nombre ______ Apellidos ______
Calle ______
Número ______ Escalera ______ Piso ______ Puerta ______
Ciudad ______
CP ______ Teléfono ______
Selecciona la fecha de entrega de tu compra.
Fecha de entrega DD-MM-AAAA
En la próxima página introducirás la forma de pago y confirmarás tu orden de forma totalmente segura.

Continuar comprando **Cancelar compra**

6 Belén y los regalos de cumpleaños

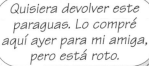

a **Escucha la historia y lee las frases 1–7. Una de las alternativas A, B o C no es correcta: ¿cuál es?**

Ejemplo **1 B**.

	A	B	C
1 Belén quiere visitar	la sección de bisutería	la cafetería	la óptica
2 El paraguas	está sucio	está roto	no funciona
3 La señora recomienda	cambiarlo	repararlo	dejarlo
4 Está(n) estropeado(s)/a(s)	los pendientes	el paraguas	las gafas de sol
5 Reparar las gafas	no costará nada	costará muy poco	es gratis
6 Estarán listas	dentro de media hora	dentro de poco	mañana
7 Belén prefiere los regalos	prácticos	imaginativos	útiles

b **Escucha otra vez la historia y completa el cuadro con las palabras que faltan.**

Gramática  31

me **lo** puede reparar	puede ?
me **la** puede limpiar	puede limpiármela
me **los** puede cambiar	puede ?
me **las** puede arreglar	puede ?

12.7 ¡Problemas!

Acabo de comprar, Compré, (Mi amigo) me compró ...	Está roto/a, estropeado/a, sucio/a
Quisiera devolver este ... / esta ... / estos ... / estas ...	No funciona(n)
¿Me (lo / la / los / las) puede cambiar / reparar / limpiar / arreglar?	Falta (un botón), Tiene un agujero
¿Cuánto costará?	Alrededor de ... euros, Es gratis
¿Cuándo estará(n) listo(s)/a(s)?	(Pasado) mañana, Dentro de (dos) días

Acción: lengua

direct object pronouns; indirect object pronouns

Direct and indirect object pronouns

- Direct object pronouns are words like *me, him, it, them* … In Spanish, they usually come before the verb.

No me gustan las comedias. No **las** veo nunca.	*I don't like comedies. I never watch **them**.*
No **las** aguanto.	*I can't bear **them**.*
Lo compré aquí ayer.	*I bought **it** here yesterday.*

- Indirect object pronouns usually have the word 'to' in front of them in English, but not always.

¿**Te** doy el rojo?	*Shall I give **you** the red one? / Shall I give the red one **to you**?*
¿Manuel? **Le** escribo todos los días.	*Manuel? I write **to him** every day.*

- Most of the direct and indirect forms are the same in Spanish.

	Direct	*Indirect*
me	me	me
you (tú)	te	te
him / it (m)	le, lo	le
her / it (f)	la	le
you (usted)	le *(m)*, la *(f)*	le
us	nos	nos
you (vosotros)	os	os
them (m)	les, los	les
them (f)	las	les
you (ustedes)	les *(m)*, las *(f)*	les

- For more examples see Grammar ▶ 28–9.

Using direct object pronouns

1 **Carlos is very ill equipped. Every time his teacher asks him for a piece of equipment, he replies that he left it on the table. Fill in *lo / la / los / las* each time.**

1 ¿Tienes un boli? ___ dejé en la mesa.
2 ¿Tienes una goma? ___ dejé en la mesa.
3 ¿Tienes un sacapuntas? ___ dejé en la mesa.
4 ¿Tienes un compás? ___ dejé en la mesa.
5 ¿Tienes folios? ___ dejé en la mesa.
6 ¿Tienes carpetas? ___ dejé en la mesa.

2 **Translate these sentences into English.**

1 No te vi ayer, Paco.
2 ¿La cuenta? La metí en mi bolsa.
3 – Me gustan tus zapatos.
– Los compré en el Corte Inglés.
4 Nos llamó la semana pasada.
5 Quisiera devolver este paraguas. Lo compré aquí ayer.

3 **Find all the direct object pronouns in this conversation, then put the conversation into the right order.**

RAÚL *La historia de Laura – una telenovela.*

BELÉN *Muy bien, ¿y después?*

RAÚL *¿A qué hora las ponen?*

ANA *No me gustan las telenovelas. No las veo nunca. Yo quiero ver las noticias.*

BELÉN *¿Qué ponen en la tele esta noche?*

RAÚL *No, no los aguanto.*

ANA *A las 21.00.*

ANA *Hay un drama. Me chiflan los dramas.*

- When a sentence is negative, the pronoun comes after the *no*:

> No **los** aguanto. *I can't bear **them**.*

- When a sentence contains an infinitive, the pronoun is often joined to the end of the infinitive (see Grammar 30).

> Voy a comprar**lo**. *I am going to buy **it**.*

4 **Put these sentences into the correct order.**

1 dejé la autobús el en
2 a voy mañana verte
3 ¿ perdiste lo ayer ?
4 compro las no
5 profesora la mira te

Using direct and indirect object pronouns together

- Where two pronouns are used together, the indirect object pronoun comes first. For more information see Grammar 31.

5 **Match the questions to the answers.**

1 ¿Le gusta el pantalón?
2 ¿Qué le parecen los vaqueros?
3 ¿Le gusta la chaqueta?
4 ¿Qué tal las sandalias?

a Me quedan bien. Me las llevo.
b Son bonitos. ¿Me los puedo probar?
c Sí. Me la puedo probar, ¿no?
d No mucho. Es un poco grande. Lo dejo, gracias.

6 **Match up the correct sentences and then translate them into English.**

1 Acabo de comprar este jersey ayer, pero es un poco corto.
2 Mi padre me compró esta camisa ayer, pero falta un botón.
3 Esos zapatos son muy sucios, María.
4 Compré estos pendientes para mi amiga, pero no le gustan.

a ¿Los puedo devolver?
b ¿Puedo limpiártelos?
c ¿Me lo puede cambiar?
d ¿Puede arreglármela?

7 **Fill the gaps with *lo / la / los / las*.**

1 El chándal es demasiado caro: _____ dejo, gracias.
2 Me encanta la camiseta: ¿dónde me _____ puedo probar?
3 Las zapatillas son baratas – me _____ llevo.
4 No me gustan mucho los zapatos marrones: ¿_____ tiene en negro?
5 Esta sudadera está muy de moda. ¿Me _____ puedo probar?

8 **Choose the correct pronoun pairs for each gap.**

El reloj no funciona. ¿…**1**… puede arreglar?
Esta falda está sucia. ¿…**2**… puede limpiar?
Estos vaqueros no me van bien. ¿…**3**… puede cambiar?
Mi madre compró estas medias ayer, pero tienen un agujero. ¿…**4**… puede cambiar?
Mi amiga compró esta pulsera ayer – pero el cierre está roto. ¿…**5**… puede arreglar?
No hay problema: si no le queda bien el abrigo, …**6**… puede cambiar.

se lo
me lo
me la
se la
me los
se las

¿Te acuerdas?

1 ¿Dónde vives?

Lee los comentarios 1–6. Empareja cada comentario con el lugar correcto del mapa.

Ejemplo **1** Madrid.

1 Vivo en un barrio antiguo en el centro de la capital de España.
2 Vivo en un pueblo en las afueras de la capital.
3 ¿Yo? Vivo en una ciudad en el sureste, no muy lejos de la costa.
4 Vivo en una ciudad grande en el sur de España, junto a un río.
5 ¿Dónde vivo? En un pueblo en la costa noroeste de España.
6 Vivo en un pueblo en la sierra, en el norte.

2 ¿Cómo es tu región?

Busca las frases que quieren decir (casi) la misma cosa.

Ejemplo **1 e**.

1 Hay mucho dinero.
2 Hay mucho comercio.
3 Hay mucho desempleo.
4 Hay mucho turismo.
5 Hay mucha agricultura.
6 Hay mucha contaminación.
7 Hay mucha industria.
8 Hay mucha diversión.
9 Hay mucho ruido.
10 Hay mucho verde.

a Mucha gente no tiene trabajo.
b La región es agrícola – hay muchas granjas.
c Hay mucha basura y todo es muy sucio.
d Hay mucho campo y árboles.
e Hay mucha gente rica.
f Hay muchas fábricas en la zona.
g Hay muchas tiendas y empresas.
h Vienen muchos turistas.
i Hay mucho que hacer.
j Es muy ruidoso.

Adapta las frases para describir tu región: escribe un párrafo corto.

En mi región no hay mucho comercio ni industria. La región es agrícola, y hay muchas granjas. Vienen muchos turistas, pero no hay mucho que hacer para los jóvenes.

3 ¿En qué tipo de casa vives?

Lee las definiciones y busca la expresión correcta del cuadro.

Ejemplo **a** un apartamento.

a una vivienda pequeña de una o dos habitaciones
b una vivienda de tres o cuatro habitaciones en un edificio muy alto
c una vivienda unifamiliar con jardín
d una vivienda miserable, generalmente en las afueras
e una vivienda en una hilera de casas
f una vivienda en el campo
g una vivienda que está pegada a otra igual

un apartamento
una casa adosada
una finca
un piso en una torre
una casa doble
una chabola
un chalé

4 ¿Te gusta tu pueblo o ciudad?

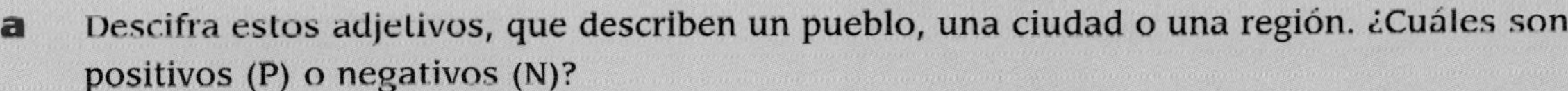

a **Descifra estos adjetivos, que describen un pueblo, una ciudad o una región. ¿Cuáles son positivos (P) o negativos (N)?**

Ejemplo **1** bonito (P).

1 tinobo	**4** dirubaro	**7** alridnistu	**10** rendomo
2 ofe	**5** ocusi	**8** quinratol	**11** imipol
3 ogutina	**6** diosuro	**9** citírusto	**12** ricsihotó

b **¿Qué opinas de tu pueblo o ciudad y de tu región? Escribe unas frases utilizando el cuadro siguiente.**

Ejemplo Me gusta mucho mi pueblo porque es bonito y limpio, pero la capital de mi región está muy contaminada.

😊	Me gusta (mucho)	mi pueblo mi ciudad mi región	porque lo bueno es que	es bonito/a … *(ver act.a)*
😐	No está mal / Me da igual		porque	está contaminado/a, muerto/a … está masificado/a …
☹️	No me gusta (nada)		porque lo malo es que	

5 ¿Qué hay en tu localidad?

a **Busca parejas: un lugar (1–8) y una actividad (a–h). Haz frases completas:** ***Hay (lugar) donde se puede (actividad).***

Ejemplo **1** + **d**: Hay **una piscina climatizada** donde se puede **bañar y nadar**.

1 una piscina climatizada	**a** alquilar vídeos
2 un supermercado y tiendas	**b** ligar y bailar
3 un videoclub	**c** tomar un refresco
4 un parque	**d** bañar y nadar
5 una discoteca	**e** hacer muchos deportes
6 un polideportivo	**f** pedir prestado libros y discos compactos
7 una biblioteca	**g** ir de compras
8 una cafetería	**h** jugar al fútbol

b **Haz tres listas de lo que hay, o puede haber, en una ciudad grande. Utiliza un diccionario, si es necesario.**

Para comprar, hay: un hipermercado …

Para divertirse, hay: un cine con diez pantallas …

Para visitar, hay: la catedral gótica …

Para comer, hay: varias cafeterías …

En cuanto a lugares e instalaciones públicas, hay: una estación de tren …

¿Cómo es donde vives?

13A ¿Cómo es y cómo era?

You will learn:

- to talk about what your town is like now
- to talk about what your town used to be like

Raúl vuelve a su pueblo cerca de Madrid para ver a su madre.

No hay mucho tráfico en la calle ahora. Antes, había muchos atascos.

Sí, el pueblo tiene una circunvalación ahora.

Antes, tenía un parque industrial junto al río, ¿no?

Sí, cuando me instalé aquí, el río estaba muy contaminado desde hace muchos años. Ahora se ha mejorado. Es limpio.

Hay muchas casas nuevas.

Ahora es un pueblo dormitorio. De día, está muerto.

Vivía aquí desde hace tres años cuando todo empezó a cambiar.

Sí, es verdad. Antes, había más lugares de diversión.
CINE REX

¿Te gusta vivir en el centro de Madrid, Raúl?
Mi barrio no es muy tranquilo.

Hay mucha masificación. Antes había menos basura. Ahora hay mucha pintada.

¿Tienes novia ya, Raúl?
Tenía dos: Ana y Belén. Pero ahora – ¡no sé!

1 ¿Cómo es y cómo era?

Lee la lista de factores a–h. ¿Cuáles están relacionados con el pueblo y Madrid *ahora*, y cuáles *antes*? Escribe dos listas.

a pintada
b una circunvalación
c atascos
d lugares de diversión
e casas nuevas
f menos basura
g jaleo
h masificación

	Ahora	Antes
el pueblo		
Madrid	*pintada*	

2 Ahora y antes

Lee la historia otra vez, y copia y completa la lista correctamente con los verbos del cuadro.

es tenía era hay estaba había está tiene

Ahora	Antes
es	era

3 ¿Desde hace cuánto tiempo?

Pon las palabras en el orden correcto para hacer frases.

todo pueblo cuando a cambiar hace mi años vivía el madre desde en tres empezó

Madrid decidí vivía muchos yo ir a desde el hace pueblo cuando en años

Gramática

61

desde hace + imperfecto

Sí, cuando me instalé aquí, el río **estaba** muy contaminado **desde hace** muchos años.
Yes, when I moved in, the river had been polluted for many years.

Vivía aquí **desde hace** tres años cuando todo empezó a cambiar.
I had been living here for three years when everything started to change.

4 ¿Qué es lo bueno y lo malo de vivir allí? 

a Lee las frases **1–9** y escucha los fragmentos de conversación. Para cada frase, elige la palabra o expresión correcta. *Ejemplo* **1** mucho jaleo.

¿Cada persona habla de *ahora* o *antes*?
Ejemplo **1** ahora (hay).

b Escucha otra vez. Apunta también si le gusta donde vive o no.
Ejemplo **1** ☹.

	ahora	*antes*	
1	hay	había	(mucho) jaleo / ruido / turismo.
2	hay	había	(mucha) gente / basura / pintada.
3	hay	había	(muchos) pubs / teatros / lugares de diversión / atascos.
4	hay	había	(muchas) casas nuevas / instalaciones deportivas / fábricas.
5	tiene	tenía	una circunvalación / una zona comercial / un parque industrial.
6	es	era	tranquilo / ruidoso / turístico / antiguo.
7	es	era	administrativa / comercial / histórica / industrial / sucia / limpia.
8	está	estaba	contaminada / masificada / muerta.
9	vivo	vivía	en un pueblo (dormitorio) / una ciudad (dormitorio) / una chabola.

5 Entrevista a tres o cuatro compañeros

Utiliza las preguntas de *A* y las frases de la actividad 4.

A	B
¿Dónde vives?	*Vivo en un pueblo, que se llama …*
¿Cómo es?	*Es un pueblo tranquilo y bonito.*
¿Qué es lo bueno de vivir allí?	*No hay mucha basura y es limpio.*
¿Qué es lo malo?	*No hay muchos lugares de diversión. Está muerto.*

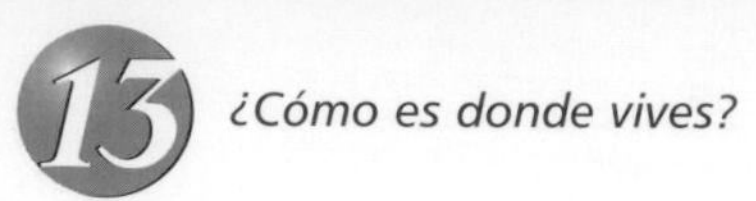

6 Un mensaje de Magdalena

Lee el mensaje, copia el cuadro y apunta los detalles de cada país en inglés o en español.

¡Querida Helen!

¿Qué tal estás? Inglaterra me pareció completamente distinto a lo que me imaginaba. Era verde, muy verde: había campos verdes en todos lados. ¡La lluvia en Inglaterra me pareció un lujo también! Yo estoy acostumbrada a ver campos amarillos con el cielo de color azul claro. Como ya sabes, ¡el sur de España no tiene nada que ver!

Tampoco se pueden comparar las actividades que hacéis allí en el tiempo libre con nuestras actividades. Está claro que en España con el sol no se puede hacer tantas cosas, hay tendencia de relajarse en el verano por ejemplo, porque hace demasiado calor para ir corriendo a todos lados a todas horas. Al mediodía por ejemplo, comemos en casa y solemos dormir un rato. A mí me encanta una hora de siesta a las 3, luego un café para despertarse. En Inglaterra termináis de trabajar a las 5.30, lo que me parece genial. Dado que no salgo de clase hasta las 8 o 9, eso me parece un sueño.

Me da pena que no tengáis ferias como aquí: hay muchas en mi pueblo y son geniales, la banda de la huerta en abril es fantástica. Todos salen a la calle vestidos de blanco como paisanos, con gorros y todo. Hay barras en todos lados con cerveza y comidas buenísimas, y estamos en la calle todo el día bebiendo, bailando, comiendo y pasándolo bien hasta las 6 de la mañana.

En Londres contigo vi las celebraciones de la reina. Me parecían bien pero no todo Londres estaba de acuerdo con eso, había manifestaciones y eso. ¡Qué fuerte!

También hay ferias en Alicante que está a 40 minutos de Murcia. Hay fuegos artificiales, grupos de música tocando en las plazas hasta las cuatro, y todos bailando, mi abuela, mi madre, mis tíos y todos. Lo pasé bomba allí, bajo la luna y las palmeras en la playa, con un calor buenísimo.

Te escribo para invitarte a mi casa a pasar unos días en abril. Tienes que ver cómo lo celebramos en España.

¡Escribe pronto!

Un beso muy fuerte

Magdalena

7 Te toca a ti

Describe tu pueblo o ciudad y tu región. Contesta a las preguntas siguientes.

- ¿Dónde vives? ¿Dónde está exactamente? *(act.1, p.126)*
- ¿Cómo es tu región? *(act.2, p.126)*
- ¿Qué opinas de tu pueblo o ciudad? ¿Te gusta? *(act.4, p.127)*
- ¿Qué hay en tu barrio, pueblo o ciudad? *(act.5, p.127)*
- ¿Qué es lo bueno y lo malo de vivir allí? *(act.4, p.129)*

	Inglaterra	España
Paisaje		
Tiempo		
Actividades		
Fiestas		

ahora	*antes*		
(No) hay	(No) había	(mucho, tanto)	tráfico, ruido, jaleo *(act.4)*
(No) tiene	(No) tenía	una (carretera de)	circunvalación
		(mucha, tanta)	gente, basura, masificación, pintada *(act.4)*
		(muchos, tantos)	lugares de diversión: pubs, teatros, cines …
		(muchas, tantas)	casas nuevas, instalaciones deportivas, fábricas
(No) es	(No) era	(muy)	limpio/a … *(act.4)*
		un pueblo / una ciudad dormitorio	
(No) está	(No) estaba	contaminado/a, masificado/a, muerto/a	

13.1 ¿Qué te parece tu ciudad?

8 Vivir en el Sáhara

a Lee el relato de Nábila. Para cada dibujo **1–6** busca la expresión apropiada *en cursiva*.

b Copia y completa el cuadro de verbos: están en el relato de Nábila.

Gramática ⏩ 43

	-ar trabajar	-er / -ir vivir
yo	trabaj**aba**	viv ?
tú	trabaj**abas**	viv**ías**
él / ella / usted	trabaj- ?	viv**ía**
nosotros	trabaj**ábamos**	viv- ?
vosotros	trabaj**abais**	viv**íais**
ellos / ellas / ustedes	trabaj- ?	viv**ían**

c Estudia las frases **1–6** y elige el verbo correcto.

1 Antes, la República *(es / era)* española.
2 Nábila *(vive / vivía)* en el desierto.
3 Los tíos de Nábila *(viven / vivían)* de la agricultura.
4 Ahora *(se cultivan / se cultivaban)* verduras para la gente en los campamentos.
5 Mucha gente *(trabaja / trabajaba)* en la industria pesquera.
6 En los campamentos no *(hay / había)* casas ni pisos.

¡HOLA! Me llamo Nábila y tengo cuarenta y dos años. Antes, yo vivía en la ciudad de L'Ayoun, que antes era la capital de una zona gobernada por España. Ahora, la zona se llama La República Árabe Saharaui Democrática. Desde el año 1976, Marruecos la quiere anexar y controlar. Y vivo en un campamento de refugiados en el desierto.

HAY muchas diferencias entre mi vida aquí y allí. En L'Ayoun, vivíamos en casas y pisos, pero aquí vivimos en tiendas de campaña. Mi antiguo país era *montañoso* en el norte, pero aquí en el desierto todo es muy *llano* y poco poblado. Allí, había campos y prados, pero aquí sólo hay arena. Aquí no llueve, y es difícil cultivar alimentos. Como consecuencia, la comida es diferente. Antes, comíamos una gran variedad de cosas: carne, verduras, pescado ... Pero, claro, ¡en el desierto no hay pescado! En los campamentos se cultivan verduras para la comunidad. Vivimos de *la ganadería* también – hay camellos que nos dan carne y leche, y gallinas que nos dan huevos.

ALLÍ en el este, había más zonas agrícolas. Mis tíos trabajaban en los campos. En la costa, mucha gente vivía de *la pesca*. El sector más importante de la economía era *la minería*. La República Árabe Saharaui Democrática es rica en fosfatos y otros recursos naturales. Ahora se exportan millones de toneladas de fosfatos al año – pero Marruecos es el país que se beneficia, y no nosotros. Se dice que hay reservas grandes de petróleo y que un día *la industria petrolera* va a ser importante. Quiero volver a mi patria: todo el mundo tiene derecho de vivir en su propia tierra.

Es / Era	una región / zona	montañosa, llana, agrícola, rural, lluviosa, (poca) poblada	
La gente vive / vivía		del turismo, de la pesca, de la ganadería, de la minería	
El sector más importante es / era La gente trabaja / trabajaba en		la industria	ligera / pesada / automovilística / hotelera / petrolera / militar / terciaria / manufacturera
Se cultivan / cultivaban, Se exportan / exportaban			vinos, frutas, frutos secos, cereales, verduras

13.2 ¡Qué cambios!   13.3 Mi ciudad: presente, pasado y futuro

13B ¿Cómo se puede mejorar?

You will learn:

- to ask and say what is important to you and others about your area
- to say how your area could be improved

Tengo una carta para ti. Es de tu padre.
¡De Papá!

¡Hola, Raúl!

¿Qué tal estás? Aquí, igual. ¿Qué tal tu proyecto sobre el entorno? En tu última carta, me hiciste tres preguntas sobre el entorno aquí en la cárcel y aquí tienes mis respuestas.

¿Qué es lo importante para ti?

Lo importante para mí, aquí en la cárcel, es un lugar tranquilo – un parque o un jardín, por ejemplo, donde poder descansar y pensar. Aquí en la cárcel, no hay. Sólo tenemos un patio, que no es muy interesante.

¿Cómo se puede mejorar el entorno aquí?

Sería mejor con más instalaciones recreativas: un gimnasio y una biblioteca, por ejemplo, y más oportunidades deportivas – hay un campo de fútbol, pero no hay posibilidad de aprender el yoga o el tai-chi.

¿Qué te gustaría tener?

¡Me gustaría tener mi libertad! Pero, como no es posible, me gustaría tener más oportunidades educativas: aprender informática o un nuevo empleo ...

1 El padre de Raúl

¿Qué opina el padre de Raúl? ¿Cuáles de las cosas **1–6** son importantes (✔✔) y cuáles hay ya en la cárcel (✔)?

1 
2 
3 
4 
5 
6 

Contesta verdad (V) o mentira (M) a las preguntas **1–5**.

1 El padre de Raúl está en la cárcel.
2 No le gustaría tener un espacio verde.
3 Es importante para él aprender cosas nuevas.
4 Sería mejor si tuviera* menos libertad.
5 Sería mejor si tuviese* la posibilidad de hacer más ejercicio físico.

*si tuviera / si tuviese ... = con ...

2 Mi ciudad ideal

a Lee la lista de factores importantes. Elige diez y apúntalos en el orden más importante para ti.

Ejemplo **1 d** instalaciones deportivas.

b Escucha las entrevistas **1–4**. Para cada una, apunta los factores importantes.

Ejemplo **1 h** + ? + ?

Apunta también los problemas que se mencionan.

Ejemplo **1** Hay mucho tráfico.

Mi ciudad ideal tiene …

- *a* actividades recreativas
- *b* lugares verdes
- *c* lugares de diversión
- *d* instalaciones deportivas
- *e* oportunidades educativas
- *f* una red de transporte eficiente y barata
- *g* buenos servicios médicos
- *h* una gran variedad de tiendas
- *i* alojamiento agradable
- *j* cámaras de seguridad en el centro
- *k* calles peatonales en la zona comercial
- *l* buenas comunicaciones con otras ciudades
- *m* un entorno limpio
- *n* una (carretera de) circunvalación

3 Una encuesta 13.4

Haz una encuesta en tu clase: ¿cuáles son los tres factores más importantes para tus compañeros?

¿Cómo es tu ciudad ideal?
¿Qué es lo importante para ti?

Mi ciudad ideal tiene una gran variedad de tiendas, actividades recreativas y un entorno limpio.

4 Con el diccionario

Lee otra vez la lista de factores importantes (de la actividad 2). Utiliza tu diccionario, si es necesario, para hacer una lista de 2 a 3 ejemplos de los factores **a–i**.

Ejemplo **a** actividades recreativas: un club juvenil, un club de alpinismo, baloncesto …

Haz una lista de factores y ejemplos para estos grupos diferentes:

- niños (0–11)
- familias
- la gente mayor
- turistas

niños (0–11):
oportunidades educativas, p.ej. un parvulario …

¿Qué es lo importante para ti? ¿Cómo se puede mejorar tu pueblo / ciudad? ¿Qué te gustaría tener?				
Lo importante (para mí) es		una piscina, una discoteca …		
Mi ciudad ideal tiene / tendría		lugares verdes, buenos servicios médicos … *(ver act.2)*		
Sería mejor con	más	instalaciones (recreativas)	para	los jóvenes, los niños, familias,
Me gustaría tener	menos	actividades (deportivas)		la gente mayor, turistas,
Se necesitan		oportunidades (educativas)		la comunidad en general

13.4 Mi ciudad ideal: una encuesta

vivimos en un país desarrollado

1 Hay un colegio en mi barrio, y me gustaría tener una biblioteca. Pero lo más importante para mí es tener drenajes – hay mucha basura en la calle y esto no es muy higiénico. Lucía

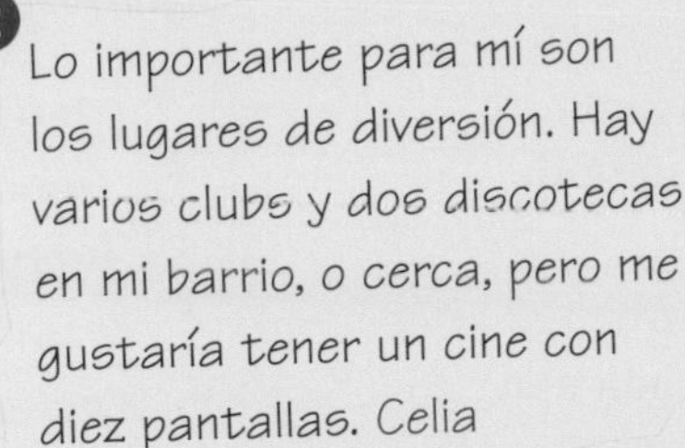

2 Lo importante para mí son los lugares de diversión. Hay varios clubs y dos discotecas en mi barrio, o cerca, pero me gustaría tener un cine con diez pantallas. Celia

vivimos en un país en vías de desarrollo

3 En mi ciudad hay colegios e institutos para los jóvenes, pero sería mejor con clases para los adultos o la gente mayor también: por ejemplo, clases de informática. Nuria

4 Lo importante para mí es tener luz pública en las calles y agua potable en las casas. Hay una fuente, pero no está muy cerca. Magda

5 No hay mucho para los jóvenes en mi barrio. Hay un parque bonito y una piscina para la comunidad, pero me gustaría tener un polideportivo. Lorenzo

6 Me gustaría tener un entorno limpio y más instalaciones para los niños pequeños – un parvulario o un parque público donde se puede jugar al fútbol o ir de paseo. Aquí no hay nada. Los niños juegan en las calles, que son muy sucias, o en el basurero. Carlos

5 Mi barrio, pueblo o ciudad actual e ideal

a Lee los comentarios de los jóvenes. ¿Cuáles viven (probablemente) en un país en vías de desarrollo (V) y cuáles viven en un país desarrollado (D)?

Ejemplo Lucía – V.

b ¿Quiénes mencionan: **1** las instalaciones deportivas; **2** las actividades recreativas; **3** las oportunidades educativas?

Ejemplo **1** Lorenzo + …

6 Te toca a ti

Prepara tus propias respuestas a las preguntas 1–10. Haz una presentación oral a tu grupo.

1. ¿Dónde vives? *(act.1, p.126)*
2. ¿Dónde está exactamente? *(act.1, p.126)*
3. ¿Cómo es tu región? *(act.2, p.126)*
4. ¿Qué hay en tu localidad? *(act.5, p.127)*
5. ¿Cómo es donde vives? ¿Es mejor ahora que antes? *(Unidad 13A)*
6. ¿Qué opinas de tu pueblo o ciudad? ¿Te gusta? *(act.4, p.127)*
7. ¿Qué se puede hacer?
8. ¿Qué hay de interés? *(Unidad 7A, p.69)*
9. ¿Qué es lo importante de tu pueblo o ciudad para ti?
10. ¿Cómo se puede mejorar tu pueblo o ciudad? ¿Qué te gustaría tener?

7 ¿Qué hay de interés aquí?

Escucha las entrevistas **1–3**. Para cada una, apunta lo que hay o no hay de interés en la región o en la ciudad.

8 ¿Y para los turistas?

Trabaja con tu compañero/a. Prepara una conversación sobre lo que hay de interés donde vives.

¿Qué hay de interés en tu ciudad / pueblo / región?

Vivo en …		
Hay	muchos lugares de diversión monumentos históricos museos bares restaurantes discotecas	donde se puede …
No hay nada de interés		
Es una región …		

9 ¿Te gustaría vivir en Madrid?

Lee el artículo de Carlota sobre Madrid y pon los títulos de abajo en el orden correcto.

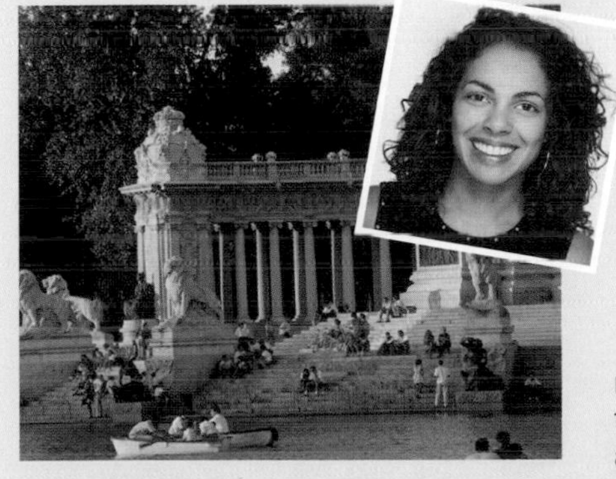

Vivo en Madrid ahora. Mi casa está en el centro, en Callo, y está ubicada al lado de la Gran Vía, con lo cual tengo mucha facilidad de comer, salir y comprar.

Mis guías me ayudan mucho, me enseñan todos los mejores restaurantes, bares y tiendas.

Hay varios parques de interés en Madrid. El mejor es el Retiro, que es enorme, verde y bien cuidado. Mucha gente suele ir allí los domingos. Hay muchos sudamericanos que tocan música y cantan. Es un espectáculo: hay partidos de deporte, niños jugando y otra gente tocando música, bailando y relajándose.

Los domingos tiene lugar también el mercado de la Latina, donde se venden todo tipo de artículos: comida, antigüedades, ropa, porquerías y todo. La gente canta y baila allí también.

Se puede decir que Madrid es una ciudad de canciones y bailes y de felicidad. No hay playa aquí pero hay una cultura rica en música, arte y baile, con muchos museos – el Reina Sofía y el Prado, por ejemplo. Hay mucho que disfrutar y gozar.

Hay muchos lugares de diversión – pubs, teatros, cines. Además está la Plaza Real, con una vista preciosa de Madrid y un lago pequeñito con barcos, donde se puede comer, dormir la siesta o tomar el sol – y hace sol aquí: ¡hombre, qué calor en verano! Me encanta la Plaza Real: me gustaría venir aquí todos los días. Comería aquí, dormiría aquí y no trabajaría …

Madrid es tan agradable que no hay mucho que cambiar. Sin embargo, me gustaría ir de vez en cuando a una piscina climatizada. Madrid estaría mejor con más piscinas. Un cine con quince pantallas al lado de mi casa estaría bien también – ¡en mis sueños en el centro de la ciudad!

Los espacios verdes | **Mi domicilio** | **La animación** | **La fantasía**

10 En mi pueblo …

Escribe un párrafo sobre tu ciudad o pueblo. Utiliza y adapta las expresiones de las actividades 7, 8 y 9. Describe

- lo que hay de interés en tu ciudad o pueblo
- el tiempo
- lo que te gustaría cambiar.

13.5 En un mundo ideal ¿qué deberíamos hacer?

Gramática

50

	Regulares	*Irregulares*
	trabajar *(to speak)*	poder *(to be able to)*
(yo)	trabajar**ía**	podr**ía**
(tú)	trabajar**ías**	podr**ías**
(él / ella / usted)	trabajar**ía**	podr**ía**
(nosotros)	trabajar**íamos**	podr**íamos**
(vosotros)	trabajar**íais**	podr**íais**
(ellos / ellas / ustedes)	trabajar**ían**	podr**ían**

14 En casa

14A ¿En qué tipo de casa vives?

You will learn:
- to talk about where you and others live
- to talk about jobs around the house

Se espera a Raúl ...

¡Cuánto has tardado! ¿Dónde vives en las vacaciones, Raúl?
Vivo en un chalé en las afueras, con mi madre.
¿Dónde está?
MADRID 20
Está a veinte kilómetros. ¿Y tú, Pablo?

Vivo en una casa adosada.
¿Dónde está?
Está cerca del instituto, pero es muy ruidosa.

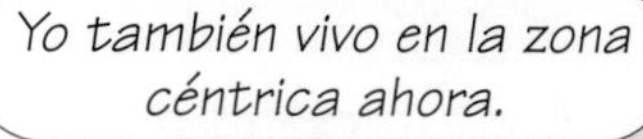
Yo también vivo en la zona céntrica ahora.

¿En una casa o en un piso?
4
En un piso.
¿En qué planta está?
En la cuarta planta.

¿Y tú, Belén? ¿Dónde vives ahora?

Ahora vivo en un piso en una torre a cinco minutos andando, pero no me gusta. Está en la novena planta.

¿En qué planta te gustaría vivir?
Me gustaría vivir en la planta baja.
Me gustaría vivir en un piso más tranquilo.
Me gustaría vivir en una zona céntrica.
Pues yo prefiero vivir en un piso.
Hmm ... Vamos a mirar el periódico ...

1 ¿Dónde vives?

Empareja las preguntas con las respuestas.

Ejemplo **1 c**.

1. ¿En qué tipo de casa vives?
2. ¿Cómo es?
3. ¿Dónde está?
4. ¿En qué planta está?
5. ¿Dónde te gustaría vivir?
6. ¿Prefieres vivir en una casa o un piso?

- **a** Prefiero vivir en un piso.
- **b** Me gustaría vivir en el centro.
- **c** Vivo en un piso.
- **d** Es muy ruidoso.
- **e** Está en la cuarta planta.
- **f** Está en las afueras.

Haz la conversación con tu compañero/a.

2 Los anuncios

a **Mira los anuncios. Busca en el diccionario las palabras y frases en negrita.**

b **Escucha las conversaciones 1–6. ¿Qué anuncio es?**

Ejemplo **1 c**.

a CASA DOBLE **amueblada** 4 dormitorios, salón con chimenea, cocina, desván, jardín y garaje.

b PISO EN 6° PLANTA de construcción nueva **sin muebles** 2 dormitorios, salón, comedor, cocina.

c FINCA **recién pintada** piscina comunitaria, 3 dormitorios dobles, gran salón, 2 baños.

d CHALÉ **recién reformado** gran salón, **chimenea**, comedor con balcón, lavadero, sótano, garaje doble, jardín con árboles, pista de tenis.

e CASA ADOSADA **amueblada** 2 dormitorios dobles, baño, aseo, cocina, salón-comedor, terraza.

f PISO PLANTA BAJA **calefacción central** 1 dormitorio, cocina, salón con balcón, baño.

3 ¿En qué planta está? ¿Cómo es?

Escucha las conversaciones 1–3. Mira la lista de Ana y apunta cómo es cada piso.

Ejemplo **1** 6° planta, antiguo y oscuro.

ruidoso	tranquilo
antiguo	moderno
claro	oscuro
pequeño	grande
cómodo	incómodo
bonito	feo

4 ¿Y tú?

Trabaja con tu compañero/a. Utiliza las preguntas 1–6 de la actividad 1.

¿En qué tipo de casa vives?

Vivo en un piso.

5 ¿Qué habitaciones hay?

Trabaja con tu compañero/a. Mira los anuncios.

En la casa doble … ¿cuántas habitaciones hay?

Hay seis habitaciones.

¿Qué habitaciones hay?

Hay una cocina, cuatro dormitorios …

14.1 La casa ideal

14.2 Las faenas de casa

14.3 Encuesta

6 Entrevista

Lee la entrevista con Paquita Perón.

a **Para cada frase, busca el dibujo apropiado. Faltan tres dibujos.**
Ejemplo **1 b**.

a

b

c

d

e

f

1 Vivo en Oviedo, en una zona céntrica.
2 En el futuro me gustaría vivir en una casa enorme en el campo con un jardín.
3 Mi piso está en la séptima planta de una torre moderna.
4 Hay un salón, que es bastante grande, una cocina pequeñísima, un cuarto de baño pequeñísimo y un dormitorio.
5 Es muy pequeño. Solamente tiene cuatro habitaciones.
6 Es muy bonito con vistas estupendas a las montañas.
7 Ahora vivo sola en un piso en un bloque.
8 Prefiero vivir en una casa pero para mí un piso es más práctico.
9 Paso la aspiradora y plancho algunas veces pero nunca saco la basura.

b **Para cada frase 1–9, busca en el cuadro la pregunta apropiada.**
Ejemplo **1** ¿Dónde vives?

c **Pon las preguntas y las respuestas en el orden correcto para hacer una conversación.**
Ejemplo **1** ¿Dónde vives? Vivo en Oviedo, en una zona céntrica.

7 ¿Y tú? ¿En qué tipo de casa vives?  

Utiliza el cuadro para preparar una descripción de donde vives.

¿En qué tipo de casa ¿Dónde	vives? te gustaría vivir? prefieres vivir?	Vivo Me gustaría vivir Prefiero vivir	en	un chalé un piso un bloque	una casa (adosada / doble) una finca una construcción (nueva)
¿Dónde está?	Está	lejos / cerca en el campo en la costa en el centro	en una zona céntrica en las afueras a (cinco) minutos andando a (diez) kilómetros		
¿En qué planta está?	Está	en la planta baja / en la (primera / segunda) planta			
¿Cómo es?	Es	claro, ruidoso, bonito, antiguo …			
¿Cuántas habitaciones hay?	Hay	(seis) habitaciones			
¿Qué habitaciones hay?	Hay	una cocina, tres dormitorios …			
¿Qué faenas de casa haces?	Paso la aspiradora, Preparo la comida … *(ver* 14.2*)*				

Querido Miguel Ángel: Madrid, 3 de marzo

¿Qué tal? Como sabes, yo soy de Cataluña y antes vivía con mis padres en una casa en el campo a veinte kilómetros de Barcelona. Prefiero vivir en el campo pero ahora soy estudiante y vivo en Madrid.

Comparto un piso con tres amigos. Nuestro piso está en la tercera planta de un bloque moderno. Está en la zona céntrica, a diez minutos andando del Instituto de Hostelería donde estudiamos.

El piso tiene dos niveles. Hay una entrada y a la derecha una cocina. Luego hay un cuarto de baño y más allá el aseo. A la izquierda de la entrada hay un gran salón-comedor. Al final hay dos dormitorios dobles. Entre el salón y los dormitorios hay un pasillo con una escalera y arriba una terraza con un lavadero. En la terraza voy a cultivar flores.

Yo comparto un dormitorio con Ana, la otra chica. Compartimos también las faenas de casa. Todos hacemos la cama y recogemos el dormitorio. Yo hago la compra y cuido el jardín. También limpio el baño, ¡que es horrible!

Me gusta mucho compartir piso con Ana y Raúl. Ana pasa la aspiradora y plancha y Raúl prepara la comida. Pero Pablo es muy perezoso; solamente friega los platos después de dos días y ¡nunca saca la basura! Nosotros tres estamos hasta la coronilla.

¿Y tú? ¿Cómo es dónde vives? ¿Vives en una casa o en un piso? ¿Compartes un dormitorio? ¿Qué faenas de casa haces tú?

Escríbeme pronto. Un saludo,

Belén

8 Una carta

¿Ha comprendido todo Miguel Ángel?

a Contesta verdad (V) o (M) mentira a las frases siguientes.

1 Belén prefiere vivir en Madrid.
2 Comparte un piso con tres amigos.
3 Va a cultivar flores en el lavadero.
4 Todo el mundo hace la cama.
5 Pablo friega los platos y saca la basura.
6 A Belén le gusta mucho compartir piso.

b Corrige las frases falsas.

9 Las preguntas de Miguel Ángel

Contesta a estas preguntas en nombre de Belén.

1 ¿Cuántas niveles tiene tu piso?
2 ¿Está cerca del instituto?
3 ¿Cuántas habitaciones hay?
4 ¿Pablo y Raúl comparten un dormitorio?
5 ¿Hay un balcón?
6 ¿Quién pasa la aspiradora?

10 Te toca a ti

Escribe una carta a un corresponsal describiendo tu casa. Utiliza la carta de Belén como modelo.

14B Dentro y fuera

You will learn:
- to talk about different rooms in the home
- to describe your bedroom and say what you do there

ANA ¿Dígame?
MADRE ¿Ana? Soy yo, Mamá.
ANA ¡Hola, Mamá!
MADRE ¿Qué tal el piso?

ANA Bueno … es moderno, bastante grande, muy claro …
MADRE ¿Está limpio?
ANA ¿Limpio? Sí, normalmente …
MADRE ¿Está bien amueblado?
ANA Pues … depende.

MADRE ¿El salón es cómodo?
ANA Sí, Mamá. Hay un sofá y dos butacas … pero no es muy bonito.
MADRE ¿Por qué? ¿Cómo es la decoración?
ANA Las puertas están pintadas de verde y las paredes están pintadas de rayas amarillas y rosa.
MADRE ¿Hay televisor y vídeo?
ANA Tenemos un televisor pero un vídeo, no.

MADRE ¿Y el dormitorio? ¿Tienes tu propio dormitorio?
ANA No, Mamá, comparto un dormitorio con Belén.
MADRE ¿Cómo es la decoración?
ANA El techo está pintado de blanco, y las paredes están empapeladas con grandes flores rojas. Las cortinas son azul claro, de lunares. En el suelo hay una alfombra blanca y negra de cuadros.

MADRE ¿Qué muebles hay?
ANA Tenemos un lavabo y un armario empotrado, dos camas y una lámpara.
MADRE ¿Qué haces en el dormitorio? ¿Haces los deberes?
ANA Sí, sí, hago los deberes, escucho la música y leo un poco.

MADRE ¿Qué hay en la cocina?
ANA Bueno, una cocina …
MADRE ¿Eléctrica o de gas?
ANA Eléctrica, hay un frigorífico …
MADRE ¿Hay un congelador?
ANA No, no hay un congelador.
MADRE ¿Tenéis lavaplatos?
ANA No, pero tenemos un fregadero … ¡Y a Pablo!

1 ¿Cómo es el piso? 14.4

Para cada pregunta de la madre, contesta *sí* o *no* según las respuestas de Ana.

Ejemplo **1** sí.

1 ¿El piso es moderno y claro?
2 ¿El salón es bonito?
3 ¿Hay sofá y butacas?
4 ¿Tienes vídeo?
5 ¿Tienes tu propio dormitorio?
6 ¿Tienes televisor en tu dormitorio?
7 ¿Hay cocina de gas?
8 ¿Hay frigorífico?

¿Y en tu casa? ¿Cómo es? Contesta a las mismas preguntas.

2 ¿Qué muebles hay?

Trabaja con tu compañero/a.

Mira la actividad 1.

A: *¿Qué hay en la cocina?*
B: *Hay una cocina eléctrica …*

¿Y en tu casa?

A: *¿Qué hay en tu dormitorio?*
B: *Hay …*

3 ¿Cómo es la decoración?

Escucha las conversaciones 1–6 y apunta el color y el dibujo para cada conversación.

Ejemplo **1** 3, 8, c.

1 blanco
2 negro
3 rojo oscuro
4 azul claro
5 rosa
6 malva
7 naranja
8 amarillo
9 gris
10 verde

a de lunares
b de cuadros
c de rayas
d de flores

4 ¡Estás en tu casa!

Utiliza el cuadro para preparar una descripción de tu casa o tu piso.

Ejemplo Mi piso es bastante grande y muy cómodo …

Cómo es	(tu piso)? (la cocina)? (tu dormitorio)?	Es	bastante muy un poco	(grande) (moderno/a) *(ver adjetivos, act.2, p.57)*
¿Cómo es la decoración?		Las paredes están El techo está		empapelado/a(s) de rayas / cuadros / lunares / flores pintado/a(s) de (blanco)
		En el suelo hay		una moqueta (marrón) *(ver act.3)*
¿Qué muebles hay?		Hay		una litera, una cómoda …
¿Tienes tu propio dormitorio? ¿Compartes tu dormitorio?		Sí / No, comparto con (mi hermano)		

Los muebles

Las diferencias

5 ¿Cómo es tu dormitorio?

a Empareja cada descripción con el dormitorio correspondiente.

a

Comparto mi dormitorio con mi hermana. Tenemos una litera, un armario empotrado y dos cómodas. Las paredes están pintadas de verde claro y tenemos unos pósters de nuestros cantantes preferidos. En el suelo hay una alfombra de rayas multicolores.

b

Tengo mi propio dormitorio. No es muy grande, solamente tengo una cama, una mesilla con una lámpara y una estantería con mi estéreo, mis CDs y algunos libros. También hay un escritorio donde hago los deberes. Las paredes están empapeladas de rayas blancas y azules. La moqueta y las cortinas son de color azul oscuro.

c

Mi dormitorio es muy grande y muy claro. El techo está pintado de amarillo claro y las paredes están pintadas de amarillo vivo. En la cama hay un edredón de cuadros azules y blancos. Hay un lavabo, un armario, un tocador y una mesa con un ordenador. Me gusta mucho estar en mi dormitorio. Leo revistas, navego por Internet, y toco la guitarra.

b Para cada una de las descripciones anteriores **a–c**, apunta las preguntas apropiadas **1–5**.

Ejemplo **a** 1 …

1 ¿Compartes tu dormitorio?
2 ¿Cómo es?
3 ¿Cómo es la decoración?
4 ¿Qué muebles hay?
5 ¿Qué haces en tu dormitorio?

6 ¿Y tú?

Utiliza las descripciones, las preguntas y el cuadro de la página 141 para hacer una descripción de tu dormitorio.

7 Mi hogar

Lee los textos siguientes. Busca en el diccionario las palabras que no conoces.

a Rellena los espacios en blanco con los verbos apropiados.

solemos	vivíamos	vivimos	necesita	lavar	tenemos	gustaría	dio
reparar	viviendo	dormir	llaman	falta	estamos	viviremos	es

1

A nosotros el gobierno nos ...**1**... el terreno para construir casas. Hoy en día unas 2800 familias están ...**2**... aquí. Todavía nos queda mucho trabajo.

Ahora ...**3**... en mejores condiciones que las del lugar donde ...**4**... antes. Ya hemos terminado de construir las casas, y tenemos electricidad, pero todavía nos ...**5**... el agua y no hay.

Dentro de siete años lo tendremos todo y ...**6**... en casas decentes.

Para los jóvenes ya ...**7**... un campo de fútbol y una escuela. Nos ...**8**...: tener drenajes, un hospital, agua potable, una biblioteca y luz pública en las calles.

2

El agua ...**9**... muy importante aquí. Tenemos que ayudar a nuestras madres porque una familia ...**10**... mucha agua cada día: primero para beber, segundo para lavarnos y tercero para los servicios y para ...**11**... la ropa.

Aquí vive mucha gente, pero no ...**12**... en casa sino en tiendas de campaña que se ...**13**... jaimas. En la jaima tenemos fotos y recuerdos y nuestras cositas personales. Hay alfombras y cojines y solemos vivir y ...**14**... en la jaima durante el invierno. En verano ...**15**... vivir en este cuarto porque es más fresquito. Al lado de este cuarto está la cocina.

Durante el día la temperatura suele llegar hasta más de 40 grados. El viento sopla muy fuerte aquí y a veces destruye las jaimas y tenemos que ...**16**...las.

b Empareja cada texto con la fotografía y el título correcto.

A

B

i **Miguel Ángel nos habla de su nuevo barrio en las afueras de la ciudad de Guatemala.**

ii **Kaltum nos habla de su vida en el campamento de refugiados en el desierto del Sáhara.**

8 Unas preguntas

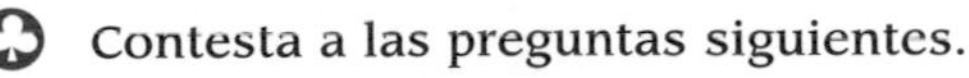

Contesta a las preguntas siguientes.

1. ¿En qué tipo de casa vive Kaltum?
2. ¿Qué tiempo hace en el Sáhara?
3. ¿Qué hace falta todavía en las nuevas casas del barrio de Miguel Ángel?
4. Haz una lista de las cosas que son importantes para Miguel Ángel y Kaltum.

14.6 El dormitorio de Yessica

Acción: lengua

- The imperfect tense is used
  - to say what you used to do in the past
  - to say what you were doing at a particular moment, when something happened
  - to describe a person or place
- To form the imperfect, remove the infinitive ending (**-ar**, **-er**, **-ir**) and add the following endings:

Regular verbs

	hablar	comer	vivir
	(to speak)	*(to eat)*	*(to live)*
(yo)	habl**aba**	com**ía**	viv**ía**
(tú)	habl**abas**	com**ías**	viv**ías**
(él / ella / usted)	habl**aba**	com**ía**	viv**ía**
(nosotros)	habl**ábamos**	com**íamos**	viv**íamos**
(vosotros)	habl**abais**	com**íais**	viv**íais**
(ellos / ellas / ustedes)	habl**aban**	com**ían**	viv**ían**

Irregular verbs

	ir	**ser**	**ver**
	(to go)	*(to be)*	*(to see)*
(yo)	iba	era	veía
(tú)	ibas	eras	veías
(él / ella / usted)	iba	era	veía
(nosotros)	íbamos	éramos	veíamos
(vosotros)	ibais	erais	veíais
(ellos / ellas / ustedes)	iban	eran	veían

- For more information see Grammar 43.

1 **Describe what things used to be like.**

E.g. **1** Antes había mucho **comercio**, ahora no hay tanto.
(There used to be a lot of business, now there's not so much.)

1	comercio	**4**	contaminación
2	agricultura	**5**	turismo
3	desempleo	**6**	ruido

2 **Choose the correct verbs for each sentence from the box below.**

Antes …**1**… en un apartamento, ahora …**2**… en una casa. Antes …**3**… en una tienda, ahora …**4**… en un polideportivo. Antes …**5**… mucho café, ahora no lo …**6**… nunca. Antes no …**7**… muchos amigos, ahora …**8**… todos los días. Antes no me …**9**… mi vida, ahora sí.

bebía bebo gustaba salgo tenía
trabajaba trabajo vivía vivo

3 **Fill the gaps with the correct verbs from the boxes.**

E.g. De noche **está** muerto.

Ahora vivo en un pueblo pequeño. No me gusta. De noche … muerto. Para los jóvenes no … mucha diversión. El centro no … ni pubs ni discotecas, y … muy aburrido.

hay tiene es está

Antes vivía en una ciudad más grande que … un centro comercial enorme y muchas instalaciones deportivas. Lo malo era que … bastante contaminada: … muchas fábricas y … muy ruidosa.

estaba era tenía había

4 **Put the underlined verbs into the imperfect tense.**

E.g. Yo **vivía** en …

Yo vivo en un piso antiguo. Me gusta mucho porque es grande y soleado, y tiene un balcón que da a una plazuela. Desde allí, veo todo lo que pasa. Las paredes están pintadas de blanco y en el suelo hay una moqueta verde. Por todas partes tenemos plantas, y en verano mi madre pone flores en la terraza. Cenamos allí por la tarde. Yo comparto un dormitorio con mi hermana cerca de la entrada, lo que es un poco ruidoso. Mis padres duermen en un dormitorio más tranquilo que está empapelado de flores rosa – ¡yo lo quiero para mí!

5 Choose verbs from the box to fill the gaps in this passage.

Hace veinte años, me ...**1**... vivir en Toledo. No ...**2**... mucho turismo. Había lugares de diversión pero no mucho ruido. ...**3**... en el centro y ...**4**... muy limpio. No había basura, pintada tampoco. ...**5**... de compras todos los días con mi hermana. Toledo ...**6**... muchas tiendas interesantes. Ahora parece que es muy distinto.

había	tenía	gustaba
Iba	era	Vivía

6 Translate these sentences into Spanish, using *desde hace* + the imperfect tense to express 'had been ... for ...'.

1

2

3

4

1 He had been studying for a year when he decided to travel.
2 I had been working in Chile for two years before going to university in Santiago.
3 I had been watching TV for several hours when the phone rang.
4 Raúl's mother had been living in her village for three years when everything started to change.

7 Are these people (**1–8**) talking about what their town is like *now* or what it was like *before* the by-pass was built? Write *ahora* o *antes*.

E.g. **1** *antes.*

1 Había muchos atascos en las calles céntricas.
2 Es más tranquilo y no hay tanto tráfico.
3 Lo malo es que el nuevo centro comercial está en las afueras.
4 La ciudad estaba muy masificada y era muy ruidosa.
5 Era muy sucio con mucha basura por todas partes.
6 De noche, el centro está muerto.
7 En la zona central había mucha pintada.
8 El antiguo centro tenía muchos lugares de diversión.

15-16 ¿Te acuerdas?

1 Los empleos confusos

a Elige el lugar de trabajo apropiado para cada empleo. ¡Cuidado! Algunos lugares corresponden a varios empleos.

Ejemplo **1 b**.

b Para cada empleo, apunta si es masculino o femenino o los dos.

Ejemplo **1** masc.

1 médico
2 dependiente
3 camarera
4 técnico
5 secretario
6 ingeniero
7 dentista
8 recepcionista
9 funcionaria
10 torero
11 profesora
12 mecánico
13 programador
14 enfermero
15 obrero
16 cocinera

a en la calle principal
b en una clínica
c en una corrida de toros
d en un hospital
e en una oficina
f en una fábrica
g en un instituto
h en un restaurante
i en una tienda de comestibles
j en una compañía de informática
k en un garaje
l en un hotel

2 ¿Quién es?

Elige el empleo **1–16** correcto de la actividad 1 para cada persona **a–i**.

Ejemplo **a 8**.

a *Contesto el teléfono y hago reservas.*

b *Trabajo con niños.*

c *Preparo la comida y friego los platos.*

d *Preparo programas de ordenador.*

e *Cuido a las personas enfermas.*

f *Vendo alimentos, paso la aspiradora y quito el polvo.*

g *Traigo las bebidas, pongo las mesas y las recogo.*

h *Escribo cartas.*

i *Reparo coches.*

3 ¿Y tú?

¿Tienes empleo? ¿Dónde trabajas? ¿Qué haces? Elige unas frases de la actividad 2 y un lugar de la actividad 1.

Ejemplo Vendo alimentos en la calle.

4 Trabajo como ...

Para cada dibujo escribe el nombre de la persona correcta.

Ejemplo **a** Lala.

a **b** **c** **d** **e** **f**

Me llamo Enrique. Trabajo como diseñador.

Soy Lala. Trabajo como policía.

Soy Lucía. Trabajo como intérprete.

Me llamo Natalia. Trabajo como mujer de negocios.

Soy Óscar. Trabajo como carpintero.

Me llamo Fernando. Trabajo como electricista.

5 ¿Cuántos euros?

Empareja los precios y las etiquetas correctas.

Ejemplo **a** 75,50 € – setenta y cinco euros cincuenta

a 75,50 €

b 35 €

c 500 €

d 250 €

e 98 €

f 18,75 €

g 25,50 €

h 475 €

noventa y ocho euros
treinta y cinco euros
cuatrocientos setenta y cinco euros
doscientos cincuenta euros
dieciocho euros setenta y cinco
veinticinco euros cincuenta
setenta y cinco euros cincuenta
quinientos euros

6 Los números

Túrnate con tu compañero/a. Lee estos números en voz alta.

2008 236 3200

270 1500 900

157 329 892

6300 10 000 750

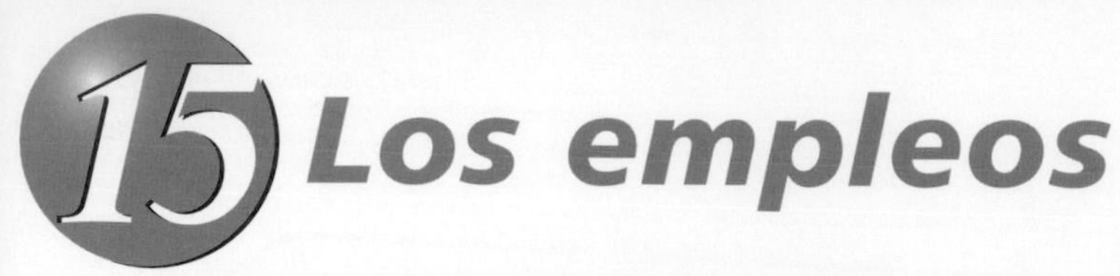

15 Los empleos

15A ¿Tienes empleo?

You will learn:
- to talk about any job you do and what you think of it
- to say what you earn or how much pocket money you get
- to say what hours you work

Pablo, ¿quieres salir con nosotros?
No, no me dan dinero. Tengo empleo ahora.
No tengo dinero. ¿Y tú? ¿Te dan dinero tus padres?
¿Tienes empleo? ¿Qué haces?
Soy camarera.
¿Dónde trabajas?
En un pequeño restaurante en el centro.
¿Cuántas horas trabajas por día?
Trabajo tres horas y media por día.
¿Cuándo empiezas?
No tengo horas fijas, pero esta semana empiezo a las ocho y termino a las once y media.
Y … ¿cuánto ganas a la semana?
Normalmente gano cincuenta y cinco euros.
Y este trabajo, ¿cómo lo encuentras?
Es duro pero es bastante interesante.
¿En qué gastas tu dinero?
Bueno, una parte la gasto en ropa y en salir, y la otra parte la ahorro.
La ahorras. ¿Por qué?
Para pagar el alquiler y los recibos, Pablo. ¿Y tú? ¿Cómo lo vas a pagar?

1 **¿Qué haces?**

a **Empareja las preguntas 1–10 con las respuestas a–j. Haz el diálogo con tu compañero/a.**

Ejemplo **1 j**.

1 ¿Te dan dinero tus padres?	**a** Cincuenta y cinco euros.
2 ¿Tienes empleo?	**b** A las ocho.
3 ¿Qué haces?	**c** En ropa y en salir.
4 ¿Dónde trabajas?	**d** A las once y media.
5 ¿Cuántas horas trabajas por día?	**e** Es duro pero es interesante.
6 ¿Cuándo empiezas?	**f** Tres horas y media.
7 ¿Cuándo terminas?	**g** En un restaurante.
8 ¿Cuánto ganas a la semana?	**h** Sí, tengo empleo.
9 ¿Cómo lo encuentras?	**i** Soy camarera.
10 ¿En qué gastas tu dinero?	**j** No, no me dan dinero.

b **Trabaja con tu compañero/a. Utiliza las preguntas 1–4 de la actividad a y contesta para tu situación.**

2 ¿Quién habla?

Escucha a cuatro jóvenes que hablan de su empleo. Apunta la letra correcta cada vez.

Ejemplo **1 d**.

a
4 horas
por día
12.00–4.00
65 €
a la semana

b
2½ horas
por día
1.00–3.30
7,50 €
al día

c
12 horas
por semana
5.00–7.00
6,75 €
al día

d
3½ horas
por día
8.00–11.30
55 €
a la semana

Apunta el empleo también.

3 Te toca a ti

Trabaja con tu compañero/a. Utiliza las preguntas **5–8** de la actividad 1 y los anuncios **a–d** de la actividad 2.

Letra a ¿Cuántas horas trabajas por día?

Cuatro horas.

¿Cuándo empiezas?

4 ¿Cómo lo encuentras?

Pablo busca un empleo. Escucha, mira su lista y apunta su reacción a cada empleo.

Apunta también el empleo.

Ejemplo **1** rutinario, mal pagado (dependiente).

rutinario
aburrido
mal pagado
cómodo
peligroso
duro
interesante
bien pagado
difícil

5 ¿En qué gastas tu dinero?

a Empareja cada frase **i–vi** con el dibujo apropiado.

Ejemplo **i d**.

a

b

c

d
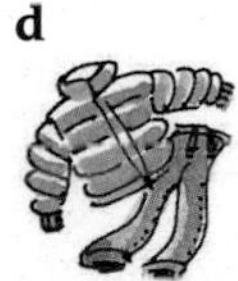
e

f

i Lo gasto en ropa.
ii Lo gasto en salir.
iii Lo ahorro.
iv Lo gasto en CDs.
v Lo gasto en caramelos.
vi Lo gasto en revistas.

b Escucha a las personas **1–6**. Para cada persona elige el dibujo correcto **a–f**.

Ejemplo **1 c**.

6 Encuesta

Utiliza las preguntas **1–10** de la actividad 1 para entrevistar a otras personas de la clase.

OHT 15 ¿Tienes empleo? ¿Dónde trabajas? 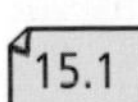  ¿En qué consiste?

7 El empleo de Belén

Belén también tiene empleo ahora. Describe a una amiga cómo es:

¡Tengo una buena noticia! Como sabes, mis padres no me dan dinero. En este momento soy camarera, ¡pero el mes próximo seré recepcionista!

Busca en el cuadro las preguntas que corresponden a las respuestas siguientes.

a Normalmente trabajo doce horas por semana, es decir dos horas por día. (No trabajo el domingo.)

b Gano entre 30 y 40 euros por semana. Depende de los clientes. La semana pasada, por ejemplo, gané más.

c Es bastante duro: hago las camas, limpio los cuartos de baño, paso la aspiradora y quito el polvo.

d Esta semana empiezo a las nueve de la mañana y termino a las once. La semana próxima empezaré a las seis y terminaré a las ocho.

e Trabajo en las habitaciones de un hotel de lujo. El hotel está en el centro de la ciudad, a cinco minutos andando de nuestro piso.

f Pago los gastos del piso, por ejemplo la comida, los recibos y el alquiler. Si me queda dinero lo gasto en ropa y en salir.

8 Mi empleo

Utiliza el cuadro y las respuestas de Belén para preparar una entrevista o un reportaje sobre tu empleo actual o ideal.

¿Tienes empleo?	Sí / No, no tengo empleo	
¿Qué haces? ¿En qué consiste tu trabajo?	Soy (camarero/a) Reparto (periódicos) Ayudo (a mis padres) No hago nada	Cuido (a los niños) Vendo (helados) Lavo (parabrisas)
¿Dónde trabajas?	Trabajo en (un restaurante / una peluquería)	
¿Cuántas horas trabajas por día / semana?	Trabajo (diez) horas por día / a la semana No tengo horas fijas	
¿Cuándo empiezas / terminas?	Empiezo / Termino a las (cinco)	
¿Cuánto ganas (a la semana)?	Gano (30 euros, 20 libras esterlinas)	
¿Cómo lo encuentras?	Lo encuentro Es	aburrido, interesante, duro, difícil, fácil, rutinario, cómodo, bien / mal pagado
¿En qué gastas tu dinero?	Lo gasto en (caramelos, CDs, ropa, salir) Lo ahorro para (las vacaciones)	

Hace cuatro años que estudio fotografía en un taller de fotografía y me gusta mucho. Cuando sea grande me gustaría ser fotógrafa profesional. Algunas de las fotos que hemos tomado en el grupo, las hemos vendido y también hemos publicado un libro.

El dinero que gano de la venta de las fotos lo reparto en tres partes. La primera es para los gastos del instituto: por ejemplo, compro libros para los estudios y puedo también pagar los gastos del uniforme del instituto y los zapatos. La segunda es para los gastos del taller de fotografía y la tercera es para ayudar a mi familia.

Trabajo con un periódico guatemalteco que se llama El Periódico. Trabajo como ayudante ... soy aprendiz fotógrafa.

Cuando llego por la mañana tengo una reunión con nuestro jefe, Don Rolando. Don Rolando me dice qué trabajo hay que realizar ese día. Hoy tengo que ir al zoológico para fotografiar a los animales y a los vendedores ambulantes. Estoy un poco nerviosa porque mi jefe va conmigo.

Me gusta mucho este trabajo porque no es un trabajo rutinario y todos los días son diferentes. Además, aparte de ser un trabajo técnico, tengo la oportunidad de conocer a mucha gente muy interesante.

Al final del día me siento muy contenta pero muy cansada porque mañana es domingo y tengo que hacer muchos deberes, y el lunes tendré que ir al instituto.

9 El empleo de Marisol

Marisol estudia en un taller de fotografía. El fin de semana trabaja para un periódico.

a Lee lo que dice. Busca las palabras que no conoces en el diccionario.

b Contesta verdad (V) o mentira (M) a estas frases. Corrige las frases mentirosas.

1 Con el dinero que gana Marisol compra CDs y caramelos.
2 Trabaja con un periódico que se llama *El Guatemalteco*.
3 Hoy Marisol tiene que ir al parque zoológico.
4 Este trabajo Marisol lo encuentra aburrido y rutinario.
5 Trabaja con el periódico cinco días por semana.
6 El lunes Marisol tendrá que ir al instituto otra vez.

10 Reportaje

Prepara una entrevista con Marisol utilizando las preguntas del cuadro de la página 150.

Ejemplo ¿Qué haces? Estudio fotografía ...

15.2 En el banco   15.3 ¿Cómo es tu trabajo a tiempo parcial?

15B El mundo del trabajo

You will learn:

- to talk about the advantages and disadvantages of having a job
- to say what you look for in a job
- to talk about working abroad

¿Buscas algo?
No sé. Un empleo quizás.

¿Por qué no tienes empleo, Pablo?
Pues, todos los puestos parecen aburridos o mal pagados. Por lo menos, si no tengo un empleo, puedo leer o estudiar más.

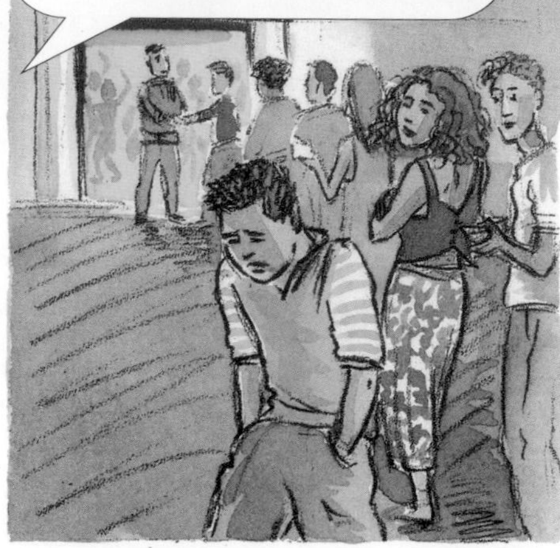

Pero es todo lo que puedes hacer. No puedes salir con nosotros porque no tienes dinero. No tienes nunca dinero. ¿Cómo vas a pagar el alquiler y los recibos más tarde?

¿Sabes, Pablo? Mis padres no me dan dinero. Tengo que trabajar.

Yo lo sé. Mis padres me dan veinte euros al mes. Me gustaría ahorrar para las vacaciones, pero es imposible.

Pablo, te voy a contar algo. Soy camarera en un hotel. No quiero ser camarera en el futuro, pero en este momento gano dinero y es lo importante para mí. Trabajo dos horas por día. Es aburrido pero bien pagado.

Me da la oportunidad de aprender cómo es un trabajo. Y puedo gastar el dinero en salir.

Pablo, tienes que buscar un trabajo a tiempo parcial. No tienes que trabajar cada día, pero hay que entrar en la vida adulta. Tienes que ganar tu dinero tú mismo.

Tienes razón. Voy a trabajar algo. Voy a buscar un empleo. ¿Conoces a alguien que me podría ayudar?
Vamos a buscar un empleo bastante bien pagado que no sea rutinario. Voy a preguntar en el hotel donde trabajo. Todo saldrá bien …

¡Ahora tendrás dinero que gastar!

1 ¿Por qué no tienes empleo, Pablo?

Escucha y lee la conversación entre Pablo y Belén. Luego lee las frases de abajo. ¿Son a favor (F) o en contra (C) del trabajo a tiempo parcial?

Ejemplo **1** C.

1 Los puestos son por lo general aburridos.
2 Puedes leer o estudiar más si no tienes empleo.
3 En este momento gano dinero y es lo importante para mí.
4 No puedes salir si no trabajas porque no tienes dinero.
5 No se puede pagar el alquiler y los recibos sin dinero.
6 No tienes que trabajar cada día.
7 Los puestos son por lo general mal pagados.
8 El trabajo da la oportunidad de aprender cómo es la vida adulta.

2 Mi empleo ideal  

Escucha a Pablo y rellena los espacios en blanco.

Pablo quiere hacer un trabajo …**1**…, uno que le permita usar todos los …**2**… que tiene, donde aprenda cosas. No quiere hacer un trabajo …**3**… . No quiere hacer un trabajo …**4**… tampoco. Sobre todo le gusta salir a la calle y …**5**… con la gente. Quiere un trabajo bien …**6**… también. No le gustaría tener horas …**7**… .

3 Ofrecidos

Lee las ofertas de trabajo y decide qué empleo va a elegir Pablo. También hay que explicar por qué.

a

Tienda de comestibles necesita joven dependiente. Experiencia no es necesaria.

Trabajo disponible por la mañana y / o por las tardes.

Escribir a Javier Muñoz, 33 C/ del Tigre

b

Se buscan camareros/as.

Dominio de inglés importante. Horas fijas de 12:00 a 16:00 o de 20:00 a 23:00. Interesados preséntense a Pedro Picón, Bar la Albufera, plaza de Santa María.

c

¿Eres amable y paciente?
¿Eres responsable y trabajador(a)?
¿Quieres trabajar con niños?

Te ofrecemos diferentes horarios y pagamos por hora.
Llama a Carmen, teléfono 282 01 93 59.

d

ADMINISTRATIVO

Persona joven y dinámica para realizar tareas administrativas y de servicios generales de la empresa SALESALES. Se necesita manejo con soltura, a nivel usuario, de Word, Excel, Powerpoint, Outlook e Internet. Se valora experiencia en puestos similares. Se valorarán conocimientos de inglés

Llama a Marta Martínez: tel. 382 94 58 29.

4 ¿Qué cosas buscas en un empleo?

Escribe un párrafo sobre tu empleo ideal. ¿Cuál de los empleos de la actividad 3 te gustaría hacer? Utiliza las frases del cuadro.

Si las ofertas de trabajo de la actividad 3 no te interesan, busca otro ofrecido en el Internet o en un periódico y explica por qué te interesa.

Quiero No quiero	hacer un trabajo	interesante, bien pagado, variado ... manual, rutinario, aburrido, mal pagado, fácil ...
(No) me gusta (No) me gustaría	salir a la calle hablar con la gente trabajar en una oficina tener horas fijas	

5 La tienda de Pablo

Escucha a Pablo y decide si las frases son verdad (V) o mentira (M). Corrige las frases mentirosas.

Ejemplo **1** M.

1 El trabajo de Pablo es variado.
2 Pablo tiene la oportunidad de charlar con los clientes.
3 Tiene que rellenar los estantes.
4 No trabaja los fines de semana.
5 A veces trabaja en la caja.
6 Cobra mucho dinero.
7 Tiene horarios fijos.
8 Le encanta su trabajo.

6 ¿Será mejor?

Lee lo que dice el jefe de Pablo y haz frases según este modelo:

será mejor / no será mejor / será lo mismo.

Ejemplo **1** Con un aumento de salario, será mejor.

1 Vas a tener un aumento de salario.
2 Ahora, las horas son flexibles.
3 Puedes hablar con los clientes todo el tiempo.
4 Tienes que trabajar el sábado también – hay mucha gente.
5 Vas a cobrar el mismo salario.
6 Vas a pasar menos tiempo rellenando los estantes.

7 ¿Vas a trabajar durante las vacaciones? 

Escucha y lee la conversación. Pon los dibujos en el orden correcto.

Ejemplo **1 c**.

1

BELÉN *¿Qué vas a hacer durante las vacaciones?*
ANA *Creo que voy a trabajar como 'au pair' en Escocia. Mi prima vive allí y conoce a alguien que está buscando a un 'au pair'.*

2

BELÉN *¿En qué consiste el trabajo?*
ANA *Tendré que cuidar a dos niños – una chica de cinco años y una chica de ocho años.*

3

ANA *Tendré que ayudar en casa también, en las tareas domésticas y todo.*
BELÉN *¡Qué broma! ¡No haces nunca tu cama, chica!*

4

ANA *Sí, es verdad. No me gustan las tareas domésticas, pero como mi prima conoce a la familia …*
BELÉN *Y para mejorar tu inglés, es mejor quedarse con una familia en vez de ser camarera y trabajar en un bar o algo.*

5

ANA *Sí, estoy de acuerdo. Me gustaría trabajar en una oficina o en una agencia de viajes, pero mi prima me dice que es muy difícil encontrar un puesto de vacaciones así.*

a

b

c

d

e

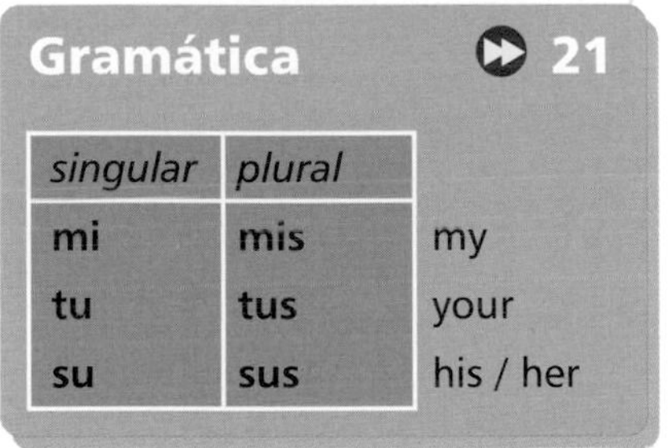

Gramática ⏩ 21

singular	*plural*	
mi	mis	my
tu	tus	your
su	sus	his / her

8 Te toca a ti

Trabaja con tu compañero/a. Utilizando el cuadro siguiente, prepara una conversación sobre los trabajos de temporada.

¿Qué vas a hacer durante las vacaciones?	Creo que voy a trabajar como (au pair) en (Francia)	
¿En qué consiste el trabajo?	Tendré que	cuidar a niños ayudar en casa lavar el pelo traer comida para los clientes
¿Por qué quieres trabajar en (Francia)?	Quiero mejorar mi (francés)	

15.4 ¿Cuál sería tu profesión ideal?

16 Las prácticas de trabajo

16A ¿Dónde hiciste tus prácticas?

You will learn:

- to talk about your work experience

Yessica visita a los amigos en su nuevo piso. Habla con Pablo de sus prácticas de trabajo.

Yessica, ¿dónde hiciste tus prácticas de trabajo? **1**

Trabajé en un taller de confección aquí en Madrid.

¿Cuánto tiempo duraron las prácticas? **2**

Duraron quince días.

3 ¿Cómo ibas a tu lugar de trabajo?

Iba en bicicleta.

4 ¿Cuánto tiempo tardabas en llegar?

Mucho más de lo esperado: tardaba una hora o más.

¿Cómo era tu horario? **5**

Empezaba a las ocho, y terminaba a las seis.

¿Cuándo era la hora de comer? **6**

Era de una y media a dos y media.

7 ¿Qué hacías en los descansos?

Tomaba un café y charlaba con mis compañeros.

8 ¿Qué tenías que llevar?

Tenía que llevar ropa de vestir. ¡Qué incómodo!

Lo siento, Yessica, pero Pablo tiene que hacer prácticas de trabajo en la cocina – ¡ahora!

Vale. ¡Qué jefa más desagradable!

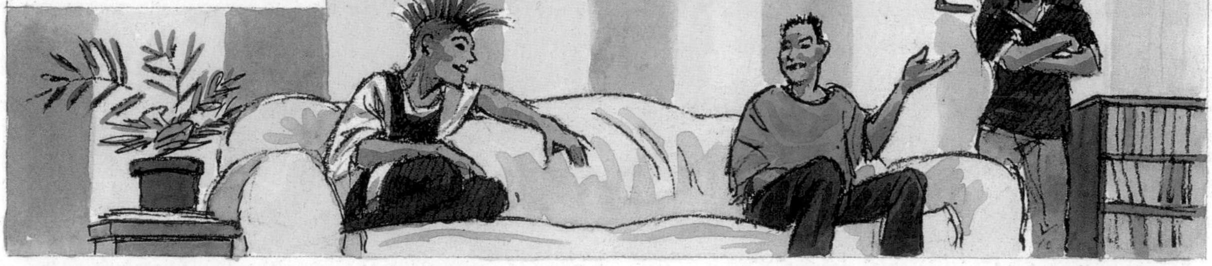

1 Tus prácticas 

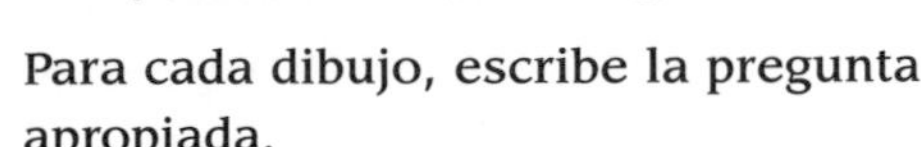

Para cada dibujo, escribe la pregunta apropiada.

Ejemplo **a** ¿Qué hacías en los descansos?

a 

b 8.00-18.00

c 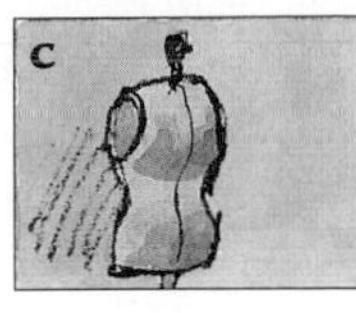

d 15 días

e 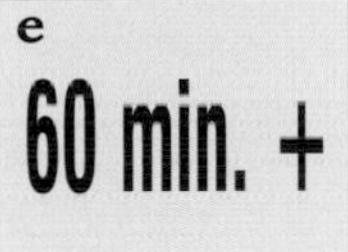

f 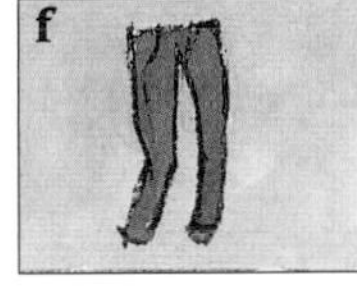

g 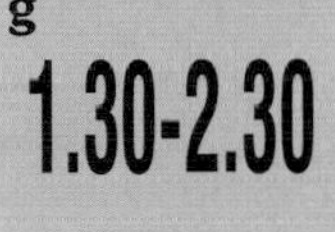

h 

Contesta verdad (V) o mentira (M) a las frases 1–6.

Ejemplo **1** M.

1 Pablo habla de sus prácticas.
2 Yessica empezaba tarde por la mañana.
3 Yessica estaba un poco aburrida en el taller.
4 El viaje al trabajo era corto.
5 Belén está muy contenta.
6 A Yessica no le gustaba la ropa que tenía que llevar.

2 ¿Cómo?

a **Lee la lista de expresiones. Para cada pregunta 1–8 de la página 156 haz una lista de las expresiones que pueden formar parte de la respuesta.**

Ejemplo **1** ¿Dónde hiciste tus prácticas de trabajo? **b** en un laboratorio …

a en metro
b en un laboratorio
c de una a dos
d en una fábrica
e uniforme
f una semana
g en coche
h (tomaba) un té
i en una oficina
j diez días
k (tomaba) un refresco
l ropa de vestir
m tres semanas
n a pic
o ropa de seguridad
p unos veinte minutos
q … a las nueve … a las cinco
r en autobús
s más de media hora
t en una cadena de producción
u … a las siete … a las tres
v (comía) un bocadillo
w de doce a una
x buzo

b **Túrnate con tu compañero/a. *A* elige uno de los verbos. *B* completa la frase con una de las expresiones a–x.**

trabajé	empezaba
duraron	terminaba
iba	tomaba
tardaba	tenía que llevar

Trabajé …

¡en un laboratorio!

3 Los detalles 16.1

Escucha a Irene, José, Maite, Ramón y Pili. Completa la ficha para cada persona.

	Irene	José
Trabajo	*oficina*	
Duración	*1 semana*	
Horario	*8.00–16.30*	
Ropa	*ropa de vestir*	

¿Quién habla en cada frase 1–6?

Ejemplo **1** Ramón.

1 Iba al trabajo con un familiar.
2 No era muy madrugadora.
3 No viajaba muy lejos para ir a mi lugar de trabajo.
4 No terminaba mis prácticas.
5 No me gustaba el trabajo.
6 Fabricaban cerámica.

16.1 Los detalles

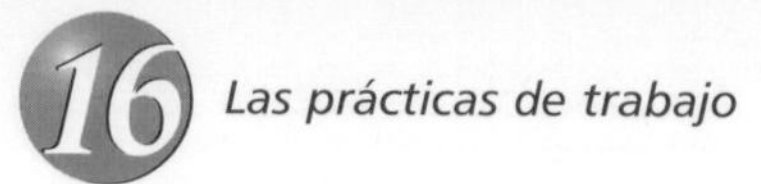

4 La semana de prácticas

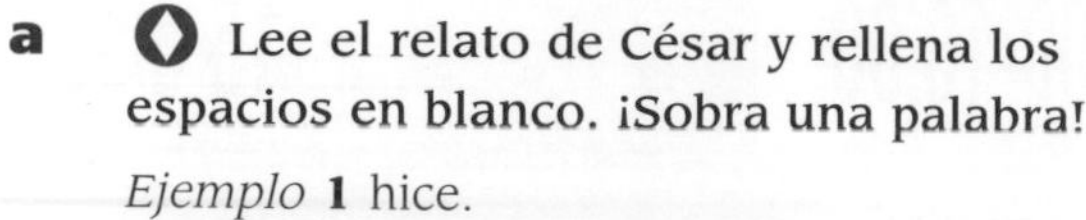

a Lee el relato de César y rellena los espacios en blanco. ¡Sobra una palabra!

Ejemplo **1** hice.

tardaba	Tenía
media	charlaba
tomaba	duraron
hice	oficina
terminaba	iba

Me llamo César. Yo …**1**… mis prácticas de trabajo en una fábrica y …**2**… una semana. Empezaba a las siete y …**3**… (¡qué horror!), pero …**4**… a las tres, con una pausa para comer. La fábrica no está muy lejos de casa, así que …**5**… a pie todos los días. Sólo …**6**… unos diez minutos en llegar. Durante el descanso, …**7**… un refresco con mis compañeros, o salía un rato al aire libre. …**8**… que llevar buzo cuando trabajaba en la cadena de producción. Pero en la …**9**…, llevaba algo más cómodo – vaqueros y un jersey.

b Lee lo que dicen Emilio y Silvia. Utiliza el diccionario sólo si es necesario.

Soy Silvia. ¿Qué tal mis prácticas de trabajo? Bien, en general. Trabajé en la cantina en un hospital. Lo malo es que tardaba mucho en llegar: unos cuarenta minutos en autobús. Empezaba a las tres de la tarde, y terminaba a las diez. Había tres descansos al día cuando charlaba con el personal o tomaba algo de comer. Tenía que llevar uniforme blanco – ¡y un tipo de gorro en la cabeza, que no me gustaba nada!

Me llamo Emilio, y yo hice mis prácticas de trabajo en la oficina de una arquitecta. Iba allí a pie, y tardaba unos veinte minutos en llegar. Empezaba a las ocho y terminaba a las cinco, con dos descansos. Tenía que llevar ropa de vestir en la oficina. Cuando iba con la arquitecta a un solar para ver la construcción de un nuevo edificio, tenía que llevar un casco especial. Me gustaba mucho estar fuera – trabajar dentro todo el día es muy aburrido.

c Contesta a las preguntas **1–8** con el nombre de la persona apropiada: César, Emilio o Silvia.

Ejemplo **1** Silvia.

¿Quién …

1 tenía más descansos?
2 tenía el horario más largo?
3 tardaba más de media hora en llegar?
4 empezaba muy temprano?
5 terminaba muy tarde?
6 trabajaba al aire libre?
7 iba a pie?
8 llevaba ropa sport?

5 ¿Y tus prácticas de trabajo?

a Prepara tus respuestas personales a las preguntas del cuadro. Túrnate con tu compañero/a para preguntar y contestar. Graba la conversación, si quieres.

b Escribe una carta a la revista *¿Qué tal?* Contesta a las preguntas de abajo. Utiliza como modelo las cartas de la actividad 4.

¿Dónde hiciste tus prácticas de trabajo?	Trabajé / Hice mis prácticas en (una oficina, una fábrica …)
¿Cuánto tiempo duraron las prácticas?	Duraron una semana / quince días
¿Cómo ibas a tu lugar de trabajo?	Iba en (tren) y (autobús)
¿Cuánto tiempo tardabas en llegar?	Tardaba unos (veinte) minutos / más de (una hora)
¿Cómo era tu horario?	Empezaba a (las nueve), terminaba a (las cinco)
¿Qué hacías en el / los descanso(s)?	Tomaba (un café), charlaba con mis compañeros
¿Cuándo era la hora de comer?	La hora de comer era de (doce) a (una)
¿Qué tenías que llevar?	(No) llevaba uniforme, buzo, ropa de vestir / sport

16.2 Carta de respuesta   16.3 El trabajo en América Latina

Curriculum Vitae

Apellidos	Fuente Aguilar
Nombre	Yessica
Lugar de nacimiento	Toledo
Fecha de nacimiento	30.1.1988
Nacionalidad	española
Estado civil	soltera
D.N.I. / Pasaporte	43 593 208B
Dirección	Calle de Joaquín María López, 33, 2°B, 28002 Madrid
Teléfono	912 37 14 92
Estudios	BUP, Instituto Santo Tomás, Madrid (pendiente de hacer los exámenes en junio)
Puestos ejercidos	Prácticas de trabajo (una semana), taller de confección Ana Garay, Madrid
	Camarera durante la temporada 2003, Cafetería Nogales, Toledo
	Niñera temporal (fines de semana)
Información complementaria	Ganadora del Premio Moda Joven 2002 para diseñadores jóvenes. Me gusta diseñar y hacer ropa para la mujer joven y moderna.

6 El curriculum vitae 

a Repaso **Imagina que tú eres entrevistador(a). Lee los nueve primeros títulos del curriculum vitae (Apellidos–Teléfono) e inventa una pregunta apropiada para cada respuesta. Utiliza la forma *usted* (ver Unidad 1).**

Ejemplo **1** ¿Cuál es su apellido? / ¿Cómo se apellida usted?

b **Empareja estas preguntas con la primera parte de las respuestas correctas.**

1 ¿Dónde estudia usted?
2 ¿Va a presentarse a algún examen?
3 ¿Dónde hizo sus prácticas de trabajo?
4 ¿Qué otros trabajos ha hecho?
5 ¿Tiene algún empleo en este momento?
6 ¿Qué hace en su tiempo libre?

a Sí. Voy a presentarme a los exámenes de …
b Trabajo de (niñera) …
c Me interesa diseñar ropa …
d Voy al instituto …
e Hice mis prácticas de trabajo …
f He trabajado como (camarera) …

7 Te toca a ti

a **Trabaja con tu compañero/a. *A* es el / la entrevistador(a) y *B* es Yessica. Utiliza el curriculum vitae y las preguntas de la actividad 6a y 6b para preparar una entrevista. Yessica se presenta a un puesto de media jornada en una tienda de moda.**

b **Prepara tu propio curriculum vitae en español.**

16B ¿Qué tenías que hacer?

You will learn:
- to talk about what you had to do for your work experience
- to say what you thought of it

Yessica habla de sus prácticas y ayuda a Pablo en la cocina.

¿Qué tenías que hacer?
Tenía que repartir el correo, coger el teléfono ...

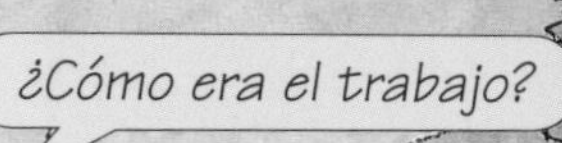

¿Cómo era el trabajo?
Al principio, era repetitivo y no muy variado. Y más aburrido de lo esperado.

Pero al final, era mejor. Me dejaban hacer cosas más interesantes.

¿Te llevabas bien con tus compañeros?
En general, sí. Mi jefa era muy simpática.

¿Qué fue lo peor de tus prácticas?
Archivar y hacer el café.

¿Y lo mejor?
Lo mejor fue trabajar con una diseñadora.

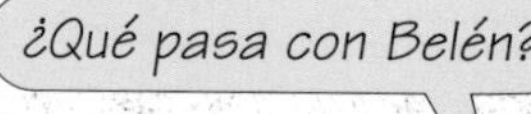

¿Qué pasa con Belén?
Antes, me llevaba bien con ella – ahora, no sé ...

1 Yessica

¿Qué cosas le gustaban o no a Yessica? Lee las frases 1–6 y escribe ☺ o ☹.

Ejemplo **1** ☹.

1 repartir el correo
2 archivar
3 los compañeros
4 hacer el café
5 trabajar con una diseñadora
6 la jefa

Rellena cada blanco en el resumen con la palabra correcta.

Ejemplo **1** ayudaba.

Yessica …**1**… a Pablo en la cocina con los platos. …**2**… de sus prácticas de trabajo y de lo que …**3**… que hacer. Pablo le …**4**… atentamente. Belén no …**5**… muy contenta porque …**6**… un poco celosa de la amistad entre Pablo y Yessica.

estaba	ayudaba
tenía	estaba
Hablaba	escuchaba

OHT 16 Tenía que …

2 ¿Qué tenías que hacer?

a **Lee la lista de actividades, y escribe una lista de las actividades que tú tenías que hacer durante tus prácticas de trabajo.**

Ejemplo Yo tenía que coger el teléfono, …

archivar	hacer pedidos	llevar las cartas a Correos
coger el teléfono	hacer recados	redactar el acta de las reuniones
escribir a máquina	hacer visitas	responder a consultas del público
franquear el correo	ir a reuniones	trabajar en una cadena de producción
repartir el correo	mandar faxes	usar el ordenador
hacer el café / el té	preparar comida	enviar cartas por correo electrónico
hacer experimentos	recibir a clientes	organizar la agenda de mi jefe / jefa

b **Al lado de cada actividad de tu lista (actividad a), escribe si te gustaba o no.**

Ejemplo Tenía que archivar – no me gustaba nada.

me gustaba (bastante / mucho) no estaba mal no me gustaba (mucho / nada)

3 ¿Cómo era el trabajo?

Escucha a los jóvenes 1–5. ¿Cómo era el trabajo? Apunta la(s) letra(s) de sus opiniones.

Ejemplo **1 g, f**.

a era soportable	**e** era interesante
b era repetitivo	**f** era aburrido
c era estresante	**g** era fascinante
d era variado	**h** era fácil

Apunta también lo mejor y lo peor para cada joven: copia y completa el cuadro.

	Era …	Lo mejor	Lo peor
1	g, f	ir a reuniones	archivar

4 ¿Te gustaba?

Túrnate con tres o cuatro compañeros para preguntar y contestar.

A
B
¿Qué tenías que hacer?
Tenía que archivar.
¿Te gustaba?
¡No! Era aburrido.
¿Qué otra cosa tenías que hacer?
Tenía que ir a reuniones – eso era interesante. También tenía que hacer recados.
¿Cómo era el trabajo en general?
Era variado. No estaba mal.

16.4 La solicitud de un puesto de trabajo

16.5 Una carta solicitando un puesto

EVALUACIÓN DE LAS PRÁCTICAS DE TRABAJO

Apellidos: Celaya Pinzón
Nombre: Badrihdi
Lugar de trabajo: Galerías Buen Precio
Dirección: C/ de las Flores, 13, Granada
Teléfono: 281 43 79 56
Duración: 5 días laborales
Tareas: escribir a máquina, franquear el correo, mandar cartas por correo electrónico, y otras tareas de la oficina (pero trabajé mucho solo)

A ¿Cómo era el trabajo?
1 más fácil de lo esperado ✔
2 igual que lo esperado
3 más difícil de lo esperado

B ¿Qué asignaturas académicas eran útiles?
1 matemáticas
2 ciencias
3 tecnología / informática ✔

C ¿Te llevabas bien con tus compañeros?
1 sí, muy bien ✔
2 en general, sí
3 no muy bien

D ¿Te llevabas bien con tu jefe / jefa?
1 sí, muy bien
2 en general, sí
3 no muy bien ✔

E ¿Qué fue lo mejor?
Acompañar al jefe a otros departamentos para ver cómo funcionan. Esto era fascinante.

F ¿Qué fue lo peor?
Ir a reuniones, tomar apuntes y redactar el acta después – era muy aburrido.

5 La evaluación de Badrihdi

a **Lee la evaluación de Badrihdi. Empareja las dos partes de sus comentarios.**

Ejemplo **1 c**.

1 El problema es que tenía que hacer
2 Para mí, el trabajo
3 La informática
4 Me llevaba muy bien con
5 No me llevaba bien con
6 Lo mejor era
7 Lo peor era

a redactar el acta de las reuniones.
b mi jefe – era una persona muy fría.
c muchas tareas solitarias.
d hacer visitas a otros departamentos.
e no era muy difícil.
f mis compañeros: eran simpáticos.
g era útil.

b **Prepara una evaluación de tus prácticas. Utiliza la evaluación de Badrihdi como modelo.**

¿Qué tenías que hacer?	Tenía que / (No) me gustaba (archivar) *(act.2)*
¿Te gustaba (ir a reuniones)?	(No) me gustaba (mucho), No estaba mal
¿Cómo era el trabajo en general?	Era variado, soportable, repetitivo … *(act.3)*
¿Te llevabas bien con (tus compañeros)?	(No) me llevaba (bien) con (mis compañeros / mi jefe/a)
¿Qué fue lo mejor / peor de tus prácticas?	Lo mejor fue (recibir a clientes), lo peor fue (archivar)

16.6 Una postal – mi trabajo veraniego

6 Las prácticas de Pablo

a **Lee la agenda de Pablo y contesta verdad (V) o mentira (M) a las frases 1–7. Corrige las frases mentirosas.**

1 Pablo no se organizó bien al principio.
2 Llegó tarde todos los días.
3 No le gustaba mucho su jefe.
4 El lunes, quería trabajar en el gimnasio.
5 Se divirtió mucho el martes.
6 Los monitores llevaban ropa sport.
7 Pablo era el único estudiante.

Te divertiste en el taller de confección, ¿no? ¿Quieres leer la agenda de mis prácticas en un gimnasio? ¡Cada día fue un desastre!

¿Dónde está Pablo?
En el dormitorio – ¡con Yessica!

LUNES

Me desperté y miré el despertador – ¡las ocho ya! Me puse unos vaqueros y un jersey limpio, y me fui corriendo. Tardé más de media hora en el metro: había huelga de conductores. Cuando llegué al gimnasio, me di cuenta de que todo el mundo (menos los monitores) llevaba ropa de vestir. Me presenté a mi jefe, el señor Valverde, que era muy severo. Tuve que hacer recados y archivar en la oficina – ¡qué aburrido! Juan (otro estudiante) se quedó en el gimnasio con los clientes todo el día – ¡qué suerte!

MARTES

Hoy me levanté a las siete. Me vestí en pantalón formal, una camisa blanca (¡no era muy blanca!) y una corbata. ¡Una corbata – yo! Cogí un taxi porque no quería llegar tarde otra vez. Por la mañana, tuve que coger el teléfono y responder a las consultas del público. Pero me olvidé de traer dinero para comprar comida – bebí un café y nada más. Por la tarde, trabajé en el gimnasio con los clientes. Estaba muerto de hambre. Pero cuando tuve que demostrar cómo hacer un ejercicio en una de las máquinas, ¡me desmayé! Los clientes se echaron a reír. ¡Qué vergüenza!

MIÉRCOLES

Hoy me organicé mejor – ¡menos mal! Trabajamos en el gimnasio otra vez, pero nos aburrimos un poco …

b **Repaso** **Busca los verbos reflexivos en la agenda de Pablo y completa el cuadro correctamente.**

yo	? desperté
tú	? divertiste
él / ella / usted	? quedó
nosotros	? aburrimos
vosotros	**os** levantasteis
ellos / ellas / ustedes	? rieron

c **Con un(a) compañero/a, lee la agenda otra vez y estudia los verbos. Haz una lista de los verbos *pretérito* y otra de los verbos *imperfecto*.**

pretérito	*imperfecto*
me desperté	

d **¿Se utiliza el *pretérito* o el *imperfecto* en cada caso 1–4?**

1 Para describir el carácter de alguien.
2 Para hablar del estado de algo / alguien.
3 Para hablar de los acontecimientos, explicar lo que pasó.
4 Para hablar del color de algo.

e **Prepara un extracto de una agenda imaginaria (o verdadera). Habla de tus prácticas de trabajo: tu mejor día, tu peor día, tu primer día, o escribe una agenda para toda la semana.**

Acción: lengua

using the preterite and imperfect tenses; possessive adjectives

Using the preterite and imperfect tenses

- For a reminder of how to form the preterite and the imperfect, see Grammar 40–43.

Imperfect tense
- Describing people or places (background description)
- Describing what something *was* like at the time
- Describing what *used* to happen
- Describing what *was* happen*ing* (when something else happened)

Mi jefa **era** amable. *My boss* ***was*** *kind.*
El trabajo **era** aburrido. *The work* ***was*** *boring.*
Yo **iba** en tren. *I* ***used to go*** *by train.*
Trabajaba en el bar cuando llegó el jefe. *I* ***was working*** *in the bar when the boss arrived.*

Preterite tense
- Saying what happened at a particular time (which is now over)
- Saying what a particular event or action was like

Trabajé en un café. *I* ***worked*** *in a café.*
Hice mis prácticas. *I* ***did*** *my work experience.*
Lo peor **fue** archivar. *The worst thing* ***was*** *the filing.*

1 **Complete this passage by choosing the correct verb from the box for each gap.**

E.g. **1** Hice.

…**1**… mis prácticas de trabajo en un taller de moda. …**2**… en la oficina con una diseñadora. …**3**… en bici pero había mucho tráfico. …**4**… a las ocho y …**5**… a las seis. …**6**… un poco repetitivo al principio pero lo mejor …**7**… trabajar con una diseñadora.

Era	Empezaba	Hice	fue	Trabajé	Iba	terminaba

2 **Choose the correct form of the verb for each sentence. Then translate the sentences into English.**

E.g. **1** hice.

1. Hace dos semanas, *(hice / hacía)* mis prácticas de trabajo en el taller de un garaje.
2. Todos los días, *(fui / iba)* allí en bicicleta – *(tardé / tardaba)* unos veinte minutos.
3. La primera semana, *(trabajé / trabajaba)* con un mecánico; la segunda, con la jefa.
4. La jefa *(fue / era)* bastante estricta, pero muy justa.
5. Cuando llegó la jefa a las diez, todo el mundo *(trabajó / trabajaba)* ya.
6. Un día, yo *(fui / iba)* con la jefa a visitar una fábrica de coches.
7. Normalmente, el trabajo en la oficina *(fue / era)* un poco aburrido.
8. Pero la visita a la fábrica *(fue / era)* una experiencia inolvidable.

3 **Put these questions into two columns. Then answer each question according to your own work experience, using the appropriate verb from the box.**

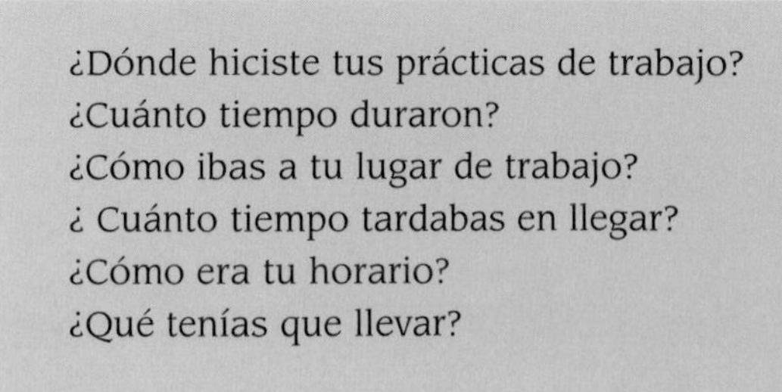

¿Dónde hiciste tus prácticas de trabajo?
¿Cuánto tiempo duraron?
¿Cómo ibas a tu lugar de trabajo?
¿ Cuánto tiempo tardabas en llegar?
¿Cómo era tu horario?
¿Qué tenías que llevar?

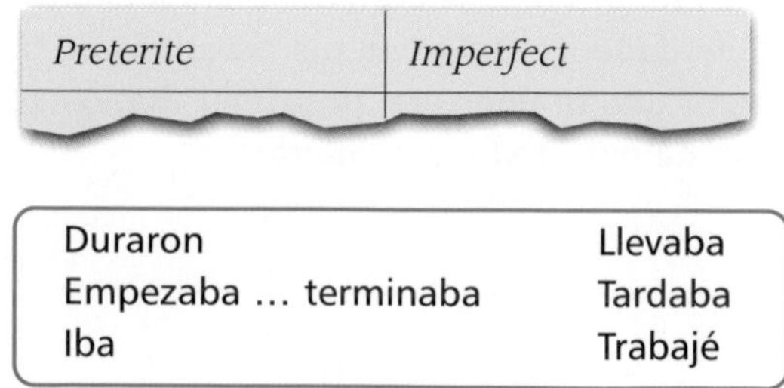

Preterite	*Imperfect*

Duraron	Llevaba
Empezaba … terminaba	Tardaba
Iba	Trabajé

4 Belén had a very relaxing Sunday. Put the reflexive verbs in brackets into the correct preterite form.

Ayer, domingo, (quedarse) en la cama hasta las diez, cuando (levantarse). (ducharse) enseguida y salí con Pablo. Fuimos a la playa. A las tres, Pablo (irse) y yo (lavarse) el pelo. (acostarse) muy temprano a las nueve.

Possessive adjectives

	singular		*plural*		
	mi		mis		*my*
	tu		tus		*your (s. informal)*
	su		sus		*his / her, your (s. formal)*
	(m)	*(f)*	*(m)*	*(f)*	
	nuestro	nuestra	nuestros	nuestras	*our*
	vuestro	vuestra	vuestros	vuestras	*your (pl. informal)*
	su		sus		*their, your (pl. formal)*

- For more information see Grammar 21.

5 Look at the family tree. Describe it as if you were:

a Nuria (use *mi / mis*)
b talking to Pedro (use *tu / tus*)
c talking about Montserrat (use *su / sus*).

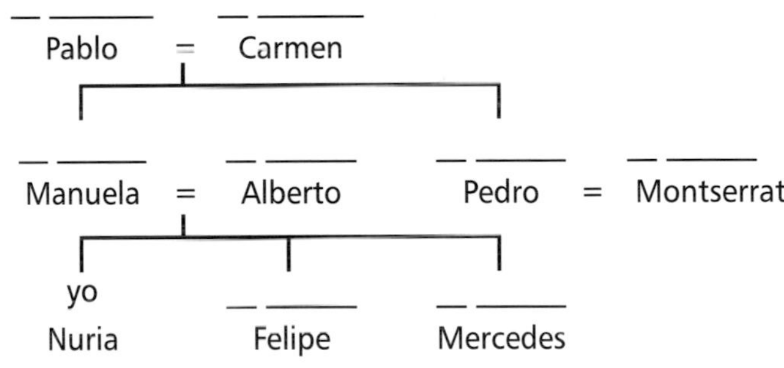

6 Fill the gaps in this passage with the appropriate possessive adjectives.

__Mi__ empresa se llama Salesworld. ______ clientes son muy importantes; ______ actitud es crucial y ______ trabajo es capital. ______ jefe dice todo el tiempo 'Cortesía, cortesía' – y tiene razón. Él piensa también que ______ personal es importante: trabajamos bien juntos. Yo me quedo muy bien con mi jefe porque es súper paciente y amable. Además, ______ hijos van al mismo instituto. ¡Qué raro!

Mi	nuestros	su	Mi	su	Nuestros	su

1 ¡Repaso!

◆ Mira la lista de adjetivos de carácter de la actividad 3, página 37. ¿Cuáles son las cualidades necesarias, en tu opinión, para cada uno de estos puestos? Escribe tres o cuatro para cada persona.

Ejemplo **a** profesor(a): paciente …

a

profesor(a

b

equilibrista

c

enfermero/a

d

mecánico/a

♣ **Completa las frases con un adjetivo apropiado de la lista.**

1 Una persona que trabaja en una fábrica de chocolate no debe ser …
2 Alguien que es presentador(a) en la tele no debe ser …
3 Un(a) instructor(a) de conducción no debe ser …
4 Un(a) paracaidista no debe ser …
5 Un(a) recepcionista no debe ser …
6 Un(a) empleado/a de banco debe ser …

callado/a
honrado/a
goloso/a
cobarde
maleducado/a
agresivo/a

2 Ampliar el vocabulario

Lee la táctica y la lista de adjetivos. ¿Cuáles son las formas negativas? Primero, intenta adivinar. Después, verifica en el diccionario.

Ejemplo útil – useful; inútil – useless.

El trabajo era …
útil, soportable

Las condiciones eran …
sanas, tolerables, agradables

Mi jefe era …
cortés,
considerado,
discreto,
educado,
grato,
ofensivo,
organizado,
sensato

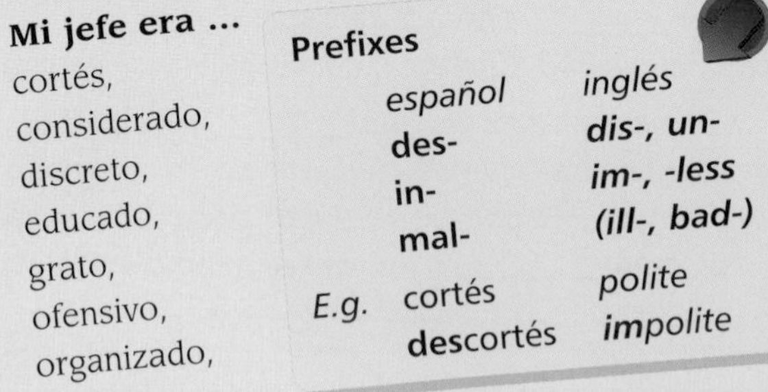

Prefixes

	español	*inglés*
	des-	**dis-, un-**
	in-	**im-, -less**
	mal-	**(ill-, bad-)**
E.g.	cortés	polite
	descortés	**im**polite

3 ¿Qué tal la memoria?

Haz el juego de memoria en un grupo de 4 a 5 compañeros. Cada persona repite las frases de los demás y añade otra. Utiliza la fórmula: *Dejé mi (objeto) en (lugar / transporte).*

Dejé mi monedero en el autobús.

Dejé mi monedero en el autobús y dejé mi bolso en el comedor.

4 Me gustaría ser ...

Lee las cartas y busca un empleo adecuado del cuadro para cada persona.

funcionario/a	cartero/a	actor / actriz
veterinario/a	ingeniero/a	hotelero/a

Soy optimista y alegre. Soy muy paciente, y me gustan mucho los animales. No me gusta mucho trabajar dentro – prefiero estar al aire libre, y viajar un poco. Tere

En el instituto, se me dan muy bien las ciencias y la tecnología. Soy una persona muy curiosa. Me interesa mucho cómo funcionan las cosas. Mari Paz

¿Cómo soy? Mis amigos dicen que soy amable, sincera y cortés. Me gusta mucho relacionarme con la gente. Un día me gustaría viajar al extranjero. Anita

Soy una persona muy bien organizada. Me gusta trabajar con el ordenador, ir a reuniones, planear cosas y escribir informes. Enrique

A mí me encanta el mundo de la imaginación: me gusta escribir relatos e historias, e imaginar cómo es otra persona. En mi tiempo libre, voy mucho al cine y al teatro. Nacho

Yo soy una persona bastante callada, responsable y un poco solitaria. Soy muy madrugadora, y me gusta estar al aire libre. No me importa si llueve mucho o si hace frío – voy de paseo o hago footing todos los días. Olivia

5 He perdido ...

a **¿Qué han perdido? Rellena los espacios en blanco.**

Ejemplo **1** monedero.

He perdido mi …**1**…: contiene todo mi dinero.
No sé dónde están mis …**2**…: ¡no puedo entrar en casa!
¿Qué hora es? Espera … ¡Ay! No sé – he perdido mi …**3**…!
He dejado mi …**4**… en el metro – ¡qué fastidio! porque llueve mucho.
No tengo documento nacional de identidad: es mi …**5**… que he perdido.
¿La …**6**…? ¿No la tienes tú? ¡Pero contiene todas las compras!

b **¿Qué otras cosas te puedes perder cuando estás de vacaciones? ¿Quién tiene la lista más larga después de diez minutos? Utiliza el diccionario, si quieres.**

Después de los exámenes

17A ¿En qué te gustaría trabajar?

You will learn:
- to discuss different types of job
- to discuss the personal qualities needed to do different jobs

Los compañeros hablan del futuro …

Mmm. ¿Te gustaría trabajar en un hotel de lujo, Iñaki?
Sí. Me gustaría ser director de un hotel de cinco estrellas algún día.
HOTEL MARAVILLOSO
MARAVI
Ana, ¿es verdad que tú no vas a trabajar en la hostelería?
Sí, es verdad. Creo que con mis cualidades personales …
En tu opinión, ¿cuáles son?
Creo que soy bastante inteligente y responsable.
HOTEL MARAVILLOSO

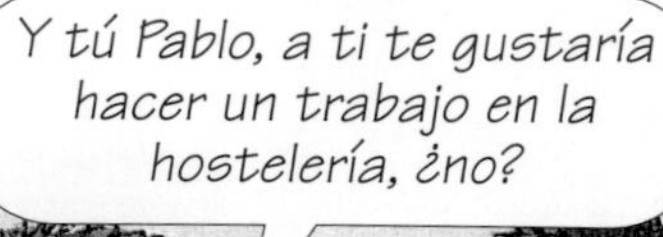

Y tú Pablo, a ti te gustaría hacer un trabajo en la hostelería, ¿no?
En la hostelería sí, claro … pero no me gustaría mucho tratar con el público. No soy muy paciente. Preferiría trabajar solo.

¿Dónde te gustaría trabajar entonces?
Preferiría trabajar en las cocinas, por ejemplo.
¿Quizás preferirías fregar los platos?
¿Los platos? ¡Ay, no!

¿Y tú, Belén? ¿Qué vas a hacer?
No sé. Depende de lo que va a hacer Raúl.
¿Raúl? ¿Qué tiene que ver esto con Raúl?
¡Ah!
¿No te acuerdas? ¿Raúl y Belén … en el restaurante?

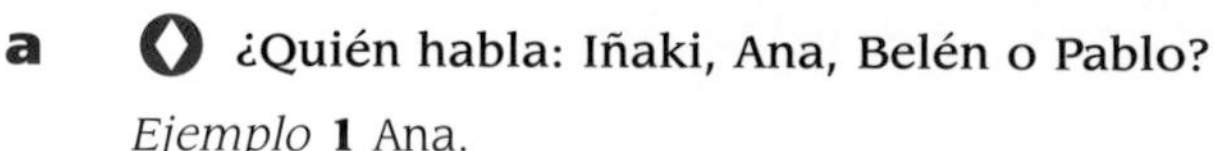

1 ¿En qué te gustaría trabajar?

a **¿Quién habla: Iñaki, Ana, Belén o Pablo?**

Ejemplo **1** Ana.

1 Soy inteligente y responsable.
2 Quiero trabajar en las cocinas de un hotel.
3 Me gustaría tener un trabajo científico.
4 No quiero tratar con el público.
5 Me gustaría ser director de un hotel.
6 No soy paciente.

b **(i) ¿En qué te gustaría trabajar? o**
(ii) ¿Cuáles son tus cualidades personales?
Busca la pregunta apropiada para cada respuesta 1–6.

Ejemplo **1** (ii).

¿Y tú? Apunta si estas respuestas son verdad (V) o mentira (M) para ti.

2 Me gustaría …

Escucha a seis personas que hablan del trabajo. Apunta el trabajo que menciona cada persona.

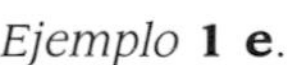

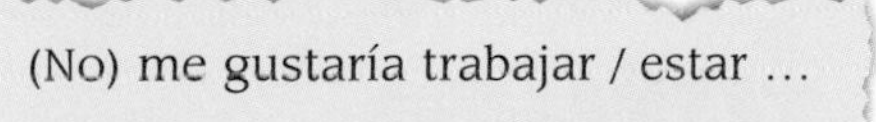

a
en el sector de la industria
b
en los servicios médicos
c
en el sector de la hostelería

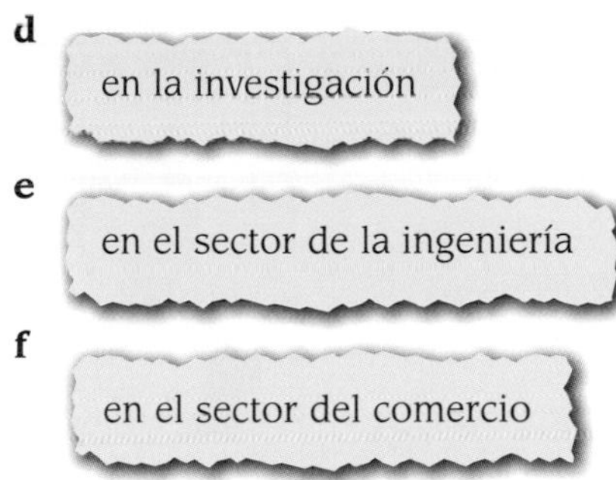

Apunta ✓ si les gustaría y ✗ si no les gustaría.

3 ¿Qué tipo de trabajo?

Haz una encuesta en grupos.

¿En qué te gustaría trabajar? *Me gustaría trabajar en el sector del turismo.*

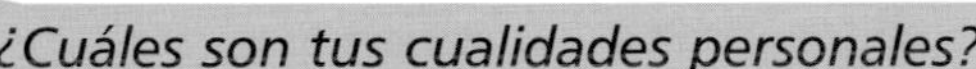

Soy …

4 ¿Qué tipo de trabajo quieres? 

Escucha a Jaime y rellena los espacios en blanco con la palabra apropiada del cuadro.

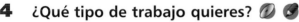

equipo	sencillo	animales
manual	veterinario	paro

Creo que soy amable y …**1**… . No quiero estar en …**2**… . Lo que preferiría hacer es un trabajo …**3**…, pero no me gustaría nada trabajar en …**4**… . Quiero tratar con los …**5**… . Me gustaría ser ayudante de …**6**… .

5 ¿Y tú? 

Utiliza el cuadro para entrevistar a tu compañero/a.

¿En qué te gustaría trabajar? ¿Qué tipo de trabajo te gustaría hacer?		
(No) quiero	tratar	con el público / los niños / los animales
(No) me gustaría	trabajar	en equipo, solo/a, en el sector de … *(act.2)*
Preferiría	tener / hacer	un trabajo académico, científico, manual, físico, artístico
	ser	médico/a, secretario/a … *(act.1, p.146)*
	(no) estar	en paro
¿Cuáles son tus cualidades personales?		
Soy ambicioso/a, alegre … *(act.4, p.27; act.2, p.37)*		

17.1 ¿Qué trabajo? 17.2  Mi trabajo ideal

¡Tienes el mundo a tus pies!
Encuesta sobre el futuro

Roberto

Después de estudiar y antes de trabajar, tomé un año de descanso. Pasé un año maravilloso viajando por el mundo. Visité tres continentes: Europa, África y América. Estaba buscando la aventura. Quería largarme. Tenía el apoyo de mis padres, lo que era muy importante desde el punto de vista financiero.

Viajar te da la oportunidad de descubrir el mundo y la gente que vive en países diferentes. Me encanta desplazarme y creo que mi experiencia me ha permitido adaptarme en mi trabajo actual. Pienso que mi viaje me enseñó la capacidad de obrar por cuenta propia, y la capacidad de arriesgarme también en mi carrera. Era la mejor experiencia para el futuro.

Hay que viajar. Te lo aconsejo, ¡te cambiará la vida! Soy yo quien lo dijo.

Paloma

Después de mis exámenes, mis padres me pusieron mucha presión. 'Hay que encontrar un trabajo en seguida', 'Debes ganarte la vida ahora', y todo eso …

Pero quería descansar un rato. Con una chica que conocí en el metro, nos fuimos a Londres sin alojamiento, sin trabajo. Mis padres se enfadaron.

Con mi amiga, fuimos a un Jobcentre (oficina del Inem) y encontramos un montón de ofertas. Estuve dos meses trabajando como camarera en un restaurante que estaba en el centro de Londres.

Lo que me parece importante es ser independiente antes de entrar en la vida adulta. Hacer una formación profesional en España es una opción quizá, pero vivir en otro país es la única vía para perfeccionar el idioma.

¡No me arrepiento de nada!

6 ¿Trabajar o viajar?

Lee las entrevistas en la revista y decide quién dice cada frase de abajo: Roberto (R) o Paloma (P).

Ejemplo **1** R

1. Organicé mi viaje antes de marcharme.
2. Ahora soy muy adaptable.
3. Tomé un año sabático.
4. Mis padres no estaban muy contentos.
5. Vi muchas cosas en tres continentes.
6. Mi experiencia me enseñó la independencia.
7. Trabajé en el extranjero.
8. Mis padres estaban muy contentos.
9. Mi experiencia me enseñó la posibilidad de arriesgarme.
10. Para mejorar un idioma hay que vivir en otro país.

Gramática

 25

Viajar te da la oportunidad de descubrir el mundo y la gente **que** vive en países diferentes.
Travel gives you the opportunity to discover the world and the people who live in different countries.

Estuve dos meses trabajando como camarera en un restaurante **que** estaba en el centro de Londres.
I spent two months working in a restaurant which was in the centre of London.

Con una chica **que** conocí en el metro, nos fuimos a Londres.
I went off to London with a girl (whom) I met in the metro.

7 Lo que me gustaría hacer

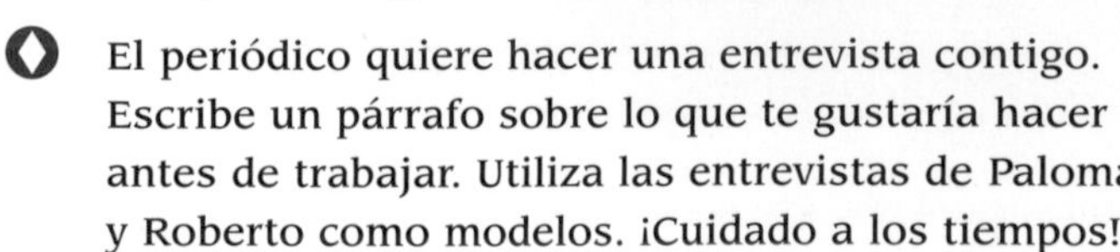

El periódico quiere hacer una entrevista contigo. Escribe un párrafo sobre lo que te gustaría hacer antes de trabajar. Utiliza las entrevistas de Paloma y Roberto como modelos. ¡Cuidado a los tiempos!

You may have to put some of the verbs that Roberto and Paloma use into the infinitive or the future tense. Think carefully about how to do this.

8 El paro en España

a Lee este artículo y pon los títulos de abajo en el orden correcto.

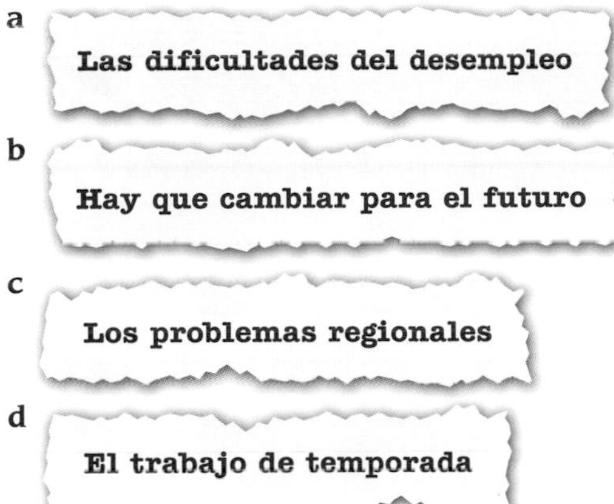

a Las dificultades del desempleo
b Hay que cambiar para el futuro
c Los problemas regionales
d El trabajo de temporada

Un problema que es muy grave en España es el paro. Por lo general afecta más a los jóvenes y les resulta difícil encontrar un trabajo que corresponda a la carrera que han estudiado. El desempleo trae también problemas financieros que son difíciles de aguantar.

Los españoles no tienen costumbre de desplazarse en su país; el que se marcha es la excepción. Eso puede causar problemas regionales en cuanto a la necesidad de cada pueblo. Es evidente que en el sur de España, donde crece la mayor parte de nuestras legumbres, hay necesidad de labor manual, lo cual no es la típica carrera del joven español moderno.

Además, las tasas de paro están muy desequilibradas porque el paro parece ser una cosa temporal. Dado que España es uno de los países más visitados de Europa, por las vacaciones vienen muchos turistas que crean así mucho trabajo en el sector de la hostelería, en bares, en restaurantes y en actividades veraniegas. Muchos jóvenes, estudiantes sobre todo, trabajan todo el verano en ese sector y cuentan con él para pagar sus estudios o libros. Lo que pasa es que bajan las tasas de paro en verano, cuando dichos sectores necesitan personal, pero a partir de septiembre vuelven a subir. Resulta que hay gente que sólo puede encontrar trabajo en ese sector en el verano, porque no hay otra posibilidad, y que sigue buscando un trabajo específico y cobrando el paro durante el resto del año.

Está claro que hay que buscar una solución, y una que está en marcha es la integración con Europa. Hay necesidad de conocer otro idioma, sobre todo el inglés: es el idioma más importante si uno quiere trabajar en el mundo de los negocios. Muchas empresas obligan a sus empleados a aprender inglés: organizan clases para que sus empleados puedan mejorar sus relaciones con clientes extranjeros, lo que contribuye a la modernización de España. Los empleados que aprenden otro idioma y pueden llevar reuniones hablando otra lengua tienen mejor oportunidad de subir a otro puesto y de asumir más responsabilidad.

b Busca las frases siguientes en el artículo.

1. A problem that is very serious in Spain is unemployment.
2. In general, it affects young people more.
3. Unemployment brings financial problems.
4. In the south of Spain, there's a need for manual labour.
5. Many young people work all summer.
6. The result is that there are people who can only find work in this sector in summer.
7. It's clear that a solution must be found.
8. Employees who learn another language have a better chance of promotion.

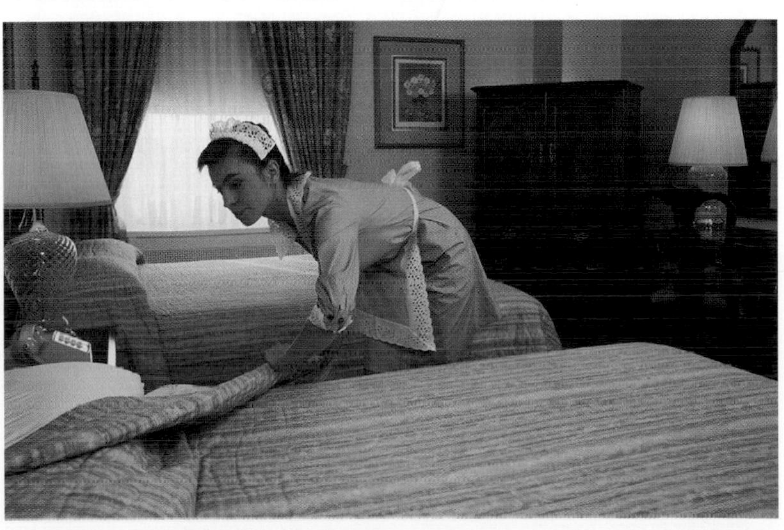

9 El desempleo hoy en día

Escribe una carta a un periódico utilizando las frases de la actividad 8. Describe

- el problema del desempleo
- las dificultades de los jóvenes
- los problemas regionales.

17B ¿Qué vas a hacer?

You will learn:
- to talk about your choices for future study and work
- to give reasons for your choices

Cada semana la abuela de Yessica la llama por teléfono.

Primera semana …

YESSICA *¿Dígame?*
ABUELA *¿Yessica? Soy yo, Abuela. ¿Qué tal?*
YESSICA *Bien, gracias. ¿Y tú?*
ABUELA *Bien. ¿Qué vas a hacer el año que viene?*
YESSICA *Voy a seguir estudiando. Voy a ir a otro instituto y hacer COU.*
ABUELA *Ah sí, un Curso de Orientación Universitaria.*
YESSICA *Sí. Me gusta estudiar.*
ABUELA *¡Ah! ¿Quieres ir a la universidad?*
YESSICA *Sí. Quiero licenciarme.*
ABUELA *¡Qué bien!*
YESSICA *Preferiría estudiar más y buscar un buen empleo.*

Segunda semana …

YESSICA *¿Dígame?*
ABUELA *¿Yessica? Soy yo, Abuela. ¿Cómo estás? ¿Qué tal el instituto? ¿Bien?*
YESSICA *¡Ni hablar! No quiero seguir estudiando. Voy a dejar el instituto.*
ABUELA *¿Ah sí? Entonces, ¿qué quieres hacer en el futuro?*
YESSICA *Preferiría hacer un cursillo de diseño que hacer COU.*
ABUELA *¡Ah! ¿No quieres ir a la universidad?*
YESSICA *¿A la universidad? ¡No! ¡Qué idea! Voy a buscar empleo.*
ABUELA *¿Por qué no quieres ir a la universidad?*
YESSICA *Porque no quiero estudiar más y quiero ganar mucho dinero pronto.*

1 ¿Qué vas a hacer?

Yessica cambia de opinión.

Para cada frase apunta si es de la primera semana (PS) o de la segunda semana (SS).

Ejemplo **1** PS.

1 Voy a seguir estudiando.
2 Voy a dejar el instituto.
3 Quiero ir a la universidad.
4 Voy a hacer un cursillo de diseño.
5 Preferiría buscar un buen empleo.
6 Me gusta estudiar.

Para cada frase 1–6 busca la frase opuesta de la otra semana.

Ejemplo **1** No quiero seguir estudiando.

2 Voy a ...

a **Empareja cada proyecto a–h con los dibujos 1–8.**

Ejemplo **1 e**.

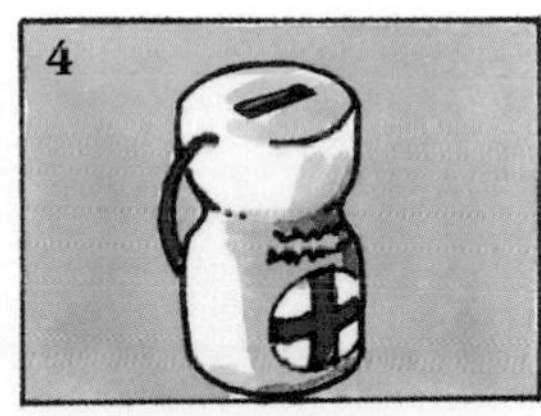

Voy a ...

- **a** seguir estudiando
- **b** hacer un cursillo práctico
- **c** buscar un empleo
- **d** tomar un año de descanso para viajar
- **e** ir a otro instituto
- **f** salir del instituto
- **g** solicitar un préstamo
- **h** trabajar en el sector voluntario

b **Escucha a los seis jóvenes. ¿Qué proyecto(s) a–h va a hacer cada persona en el futuro?**

Ejemplo **1 c**.

3 ¿Qué quieren hacer?  

Escucha a este grupo. Rellena los espacios en blanco con el verbo apropiado del cuadro.

Marisa ...**1**... a ir a otro instituto y seguir estudiando.

Rodri, ¿ ...**2**... a solicitar un préstamo e ir a la universidad?

Jordi y Nina ...**3**... a hacer un curso práctico.

Yo ...**4**... a dejar el instituto y buscar empleo.

¿Nosotros? ...**5**... a trabajar en el sector voluntario.

Marta y Juan Antonio, ¿ ...**6**... a tomar un año de descanso?

van	voy
Vamos	vais
vas	va

4 ¿Y tú? ¿Qué vas a hacer en el futuro?

a **Trabaja en un grupo. Apunta los detalles.**

¿Qué vas a hacer?

Voy a hacer un cursillo práctico. ¿Y tú?

b **Haz preguntas sobre los otros miembros del grupo.**

¿Qué va a hacer Donna?

Va a seguir estudiando.

17.3 El futuro

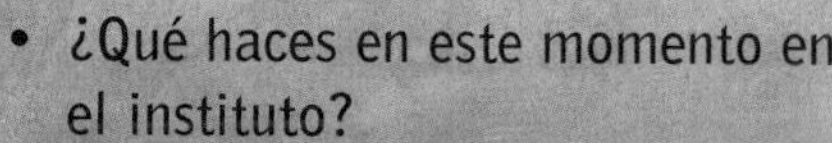

- ¿Qué haces en este momento en el instituto?
- ¿Qué vas a hacer el año que viene?
- ¿Qué quieres estudiar?
- ¿Qué vas a hacer en el futuro?
- ¿No vas a ir a la universidad?
- ¿Por qué?

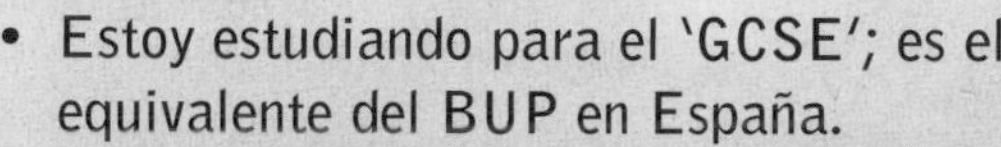

- Estoy estudiando para el 'GCSE'; es el equivalente del BUP en España.
- Bueno, no quiero hacer un 'GNVQ' que es como el FP1. Voy a seguir estudiando aquí.
- Quiero hacer los 'A levels', el equivalente británico del COU. Voy a estudiar tres asignaturas: física, geografía y francés.
- No, no quiero ir a la universidad.
- Porque no quiero solicitar un préstamo. Preferiría buscar empleo y luego ir a la universidad más tarde.

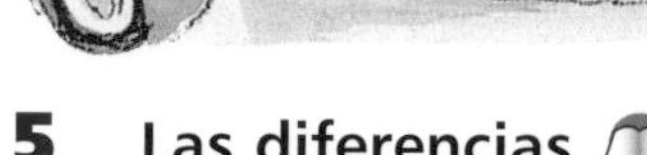

5 Las diferencias

Luz vive con su madre en Gran Bretaña. Le explica a Yessica el sistema de enseñanza inglés.

a Empareja cada abreviación con la descripción apropiada.

Ejemplo el GCSE: **3**.

el GCSE	**1** Es un curso de dos años, equivalente al COU.
los A levels	**2** Son unos cursillos de formación profesional, equivalente al FP1.
los GNVQ	**3** Es un curso de dos años, equivalente al BUP.

b ¿Qué va a hacer Luz? contesta verdad (V) o mentira (M). Corrige las frases mentirosas.

Ejemplo **1** M.

1 El año que viene voy a ir a otro instituto.
2 No voy a hacer un 'GNVQ'.
3 Voy a hacer los 'A levels'; son el equivalente británico del COU español.
4 Voy a estudiar dos asignaturas.
5 No quiero ir a la universidad porque no quiero solicitar un préstamo.
6 Quiero buscar trabajo porque no me gusta estudiar.

6 Te toca a ti

Utiliza el cuadro para preparar una entrevista con tu compañero/a.

¿Qué vas a hacer / estudiar el año que viene? ¿Qué quieres hacer en el futuro? ¿Por qué?	
(No) voy a	seguir estudiando, dejar el instituto, ir a otro instituto (para alumnos de COU)
(No) quiero	hacer el equivalente británico de COU, los 'A levels': voy a estudiar (tres) asignaturas
Preferiría	hacer un / dos cursillo(s) de formación profesional de 'GNVQ': en (hostelería)
	tomar un año de descanso para viajar / trabajar en el sector voluntario
	solicitar un préstamo
	buscar un empleo

17.4 ¿Qué estás haciendo?   17.5 ¿Cuáles son tus proyectos?

7 ¿Qué quieres hacer en el futuro?

Escucha seis conversaciones. Copia el cuadro y apunta los detalles.

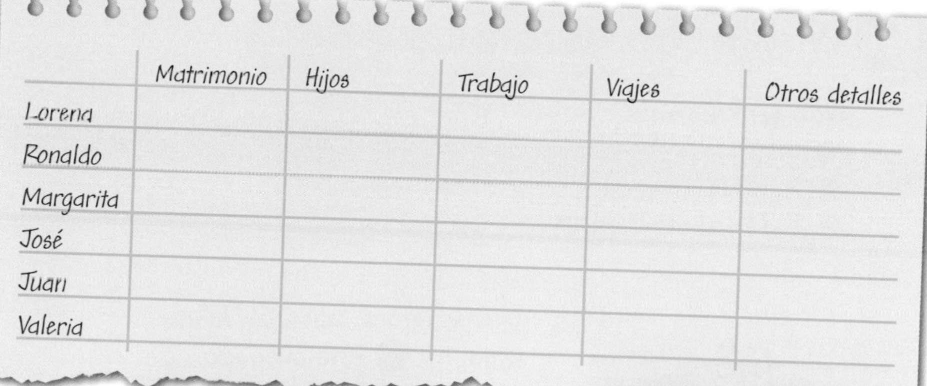

	Matrimonio	Hijos	Trabajo	Viajes	Otros detalles
Lorena					
Ronaldo					
Margarita					
José					
Juan					
Valeria					

Lorena

Ronaldo

Margarita

José

Juan

Valeria

8 ¡He ganado en la lotería! 

Has ganado en la lotería. Escribe un artículo sobre tus intenciones para el futuro. Contesta a las preguntas siguientes utilizando el cuadro y un diccionario, si es necesario.

- ¿Vas a trabajar?
- ¿Vas a ir de vacaciones?
- ¿Vas a casarte?
- ¿Vas a tener hijos?
- ¿Dónde vas a vivir?
- ¿Qué comprarás?

Me casaré con …	
Tendré una casa …	
Iré de vacaciones …	
Trabajaré en el extranjero …	
Visitaré …	
Compraré …	
(No) quiero	viajar … casarme …
Me apetecería Me gustaría	hacer algo útil … vivir en …

18 ¡Qué desastre!

18A Mi coche está averiado

You will learn:
- to report a breakdown, giving simple details
- to ask to have your car checked / repaired
- to report an accident

Buenas tardes. Taller San Juan.
Oiga. Mi **1** *está averiado.*
¿Qué le pasa?
El motor está roto. Está muy caliente. No arranca. Y los **2** *no funcionan.*
¿Y **3** está usted?
Estoy en la autovía … no, la autopista A68, dirección Bilbao, entre los enlaces dos y tres.
¿Qué marca de coche tiene?
Tengo un Seat Ibiza **4**.
¿Cómo se llama usted?
Soy el señor Gutiérrez Alanis.
Muy bien, señor. Llegaremos dentro de **5** hora.

Buenas tardes. Garaje …
Oiga, ¿me puede ayudar? **6** *un pinchazo.*
¿Dónde está usted?
7 *en la carretera C6322. Acabo de pasar por Beasain.*
Esa carretera está muy mal.
Sí. Los **8** *están estropeados.*
¿Qué marca de coche tiene?
Un Peugeot 205 azul.
¿Cómo se **9** usted?
La señora Arjona Melo. Mire, tengo un bebé en el coche. ¿Cuánto tiempo va a tardar?
Llegaremos dentro de **10** minutos, señora.
No se preocupe usted …

1 Mi coche está averiado  

Escucha y lee las conversaciones. Rellena los espacios en blanco correctamente.

Ejemplo **1** coche.

neumáticos	Tengo	Estoy	coche	veinte
rojo	faros	media	dónde	llama

2 El coche

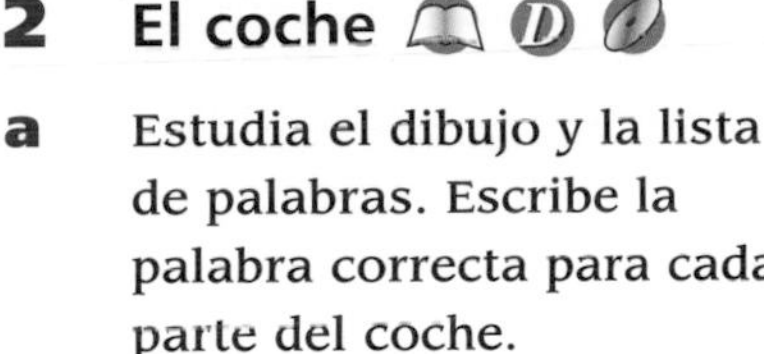

a Estudia el dibujo y la lista de palabras. Escribe la palabra correcta para cada parte del coche.

Ejemplo el agua – 9.

b Escucha las conversaciones **a–f**, y completa las frases con la palabra correcta de la actividad **a**.

Ejemplo **a** el motor.

a ¿Puede mirar ..., por favor?
b No sé lo que pasa. ¿Puede comprobar ...?
c ¡Qué desastre! ¿Puede reparar ...?
d ¡Oiga! ¿Puede cambiar ...?
e ¿Puede poner agua en ...? Gracias.
f ¡Señor! ¿Puede limpiar ...?

Apunta también cómo te parece el humor de cada cliente/a: enfadado/a (E) o cortés (C)?

Ejemplo **a** el motor, C.

3 En el garaje

Túrnate con tu compañero/a para inventar cuatro diálogos en el garaje. Utiliza el cuadro siguiente.

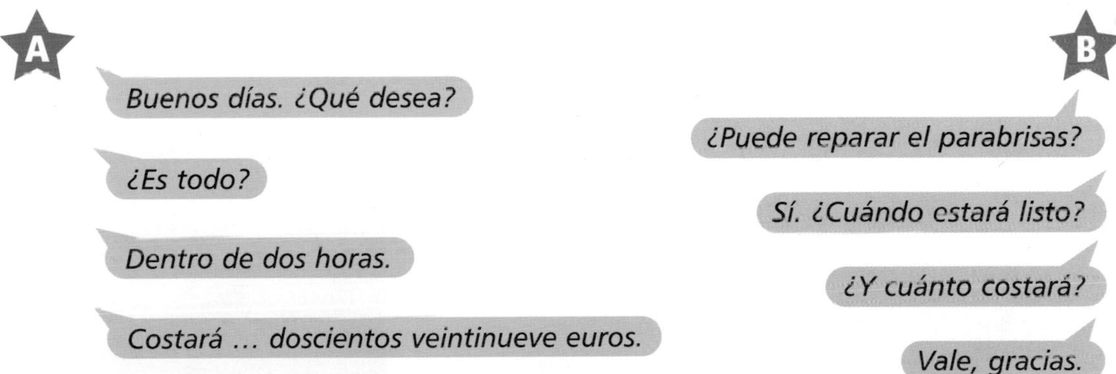

¿Puede	mirar, comprobar, cambiar	el agua, el aceite, los frenos, el motor, los neumáticos?
	reparar, limpiar	el parabrisas, el limpiaparabrisas, los faros?
	poner agua / aire en	el radiador, la batería, los neumáticos?
¿Cuándo estará(n) listo(s)?		
¿Cuánto costará(n)?		

18.1 En camino

4 ¿Qué le pasa?

Mira la página 176. Utilizando estos informes, inventa otras dos conversaciones. Utiliza las de la actividad 1 como modelo, y el cuadro de abajo.

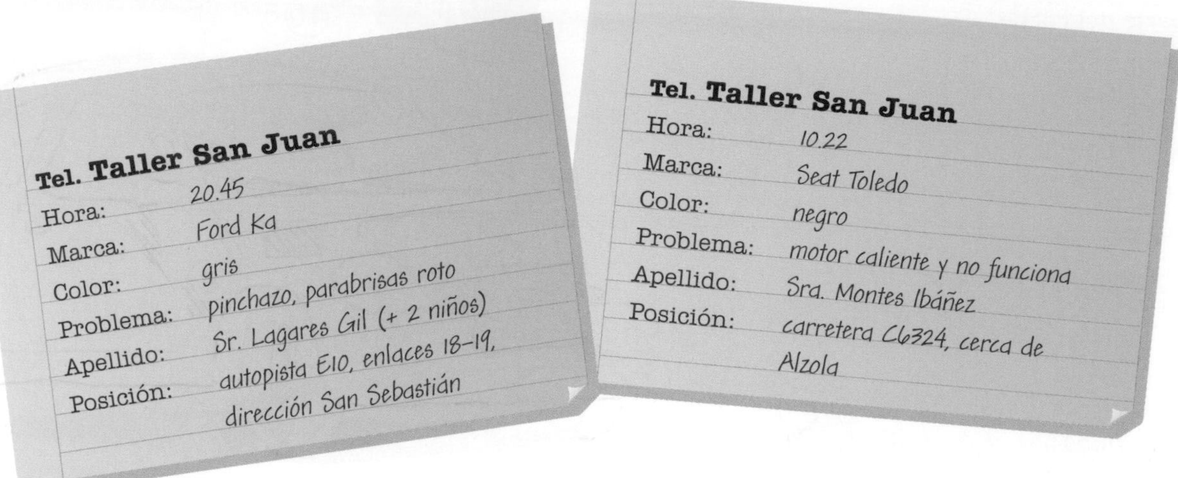

Tel. Taller San Juan
Hora: 20.45
Marca: Ford Ka
Color: gris
Problema: pinchazo, parabrisas roto
Apellido: Sr. Lagares Gil (+ 2 niños)
Posición: autopista E10, enlaces 18–19, dirección San Sebastián

Tel. Taller San Juan
Hora: 10.22
Marca: Seat Toledo
Color: negro
Problema: motor caliente y no funciona
Apellido: Sra. Montes Ibáñez
Posición: carretera C6324, cerca de Alzola

Qué le pasa?	Mi coche	está averiado
	El motor	no arranca, no funciona, está roto / estropeado / caliente
	El parabrisas	está roto / estropeado
	Tengo	un pinchazo
	Los faros, Los neumáticos, Los frenos	no funcionan, están rotos / estropeados / calientes
¿Qué marca de coche tiene?	Tengo	un (Seat, Ford) (rojo, azul)
¿Dónde está usted?	Estoy	en la carretera / la autovía / la autopista (A13) entre (los enlaces) … y …
Llegaremos dentro de (una) hora		

5 ¡Prepárate!

Empareja cada expresión **1–9** con la definición apropiada **a–i**.

Ejemplo **1 e**.

1 girar (a la izquierda)
2 chocar (con)
3 atropellar (a)
4 ceder el paso (a)
5 acelerar
6 saltarse un semáforo
7 adelantar (a)
8 acercarse (a)
9 disminuir la velocidad

a ir más rápido
b dejar pasar a alguien
c pasar otro vehículo en la carretera
d llegar a / cerca de
e torcer (a mano izquierda)
f ir más despacio
g darse un golpe violento
h pasar un semáforo cuando está en rojo
i hacer caer a alguien al suelo

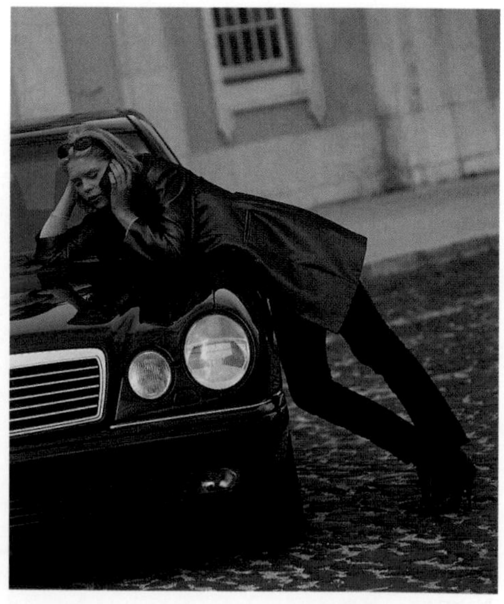

18.2 ¿En qué puedo ayudarle?

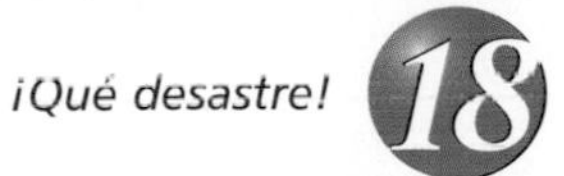

6 Los testigos

a Lee los comentarios (**1–4**) de los testigos (**A–D**) del accidente y estudia el mapa. Para cada comentario **1–4**, escribe la letra correcta del testigo.

1

El coche estaba saliendo de la calle secundaria (la calle Caracolí). Estaba girando a la izquierda, cuando el conductor del coche vio la moto. Frenó, pero chocó con la moto.

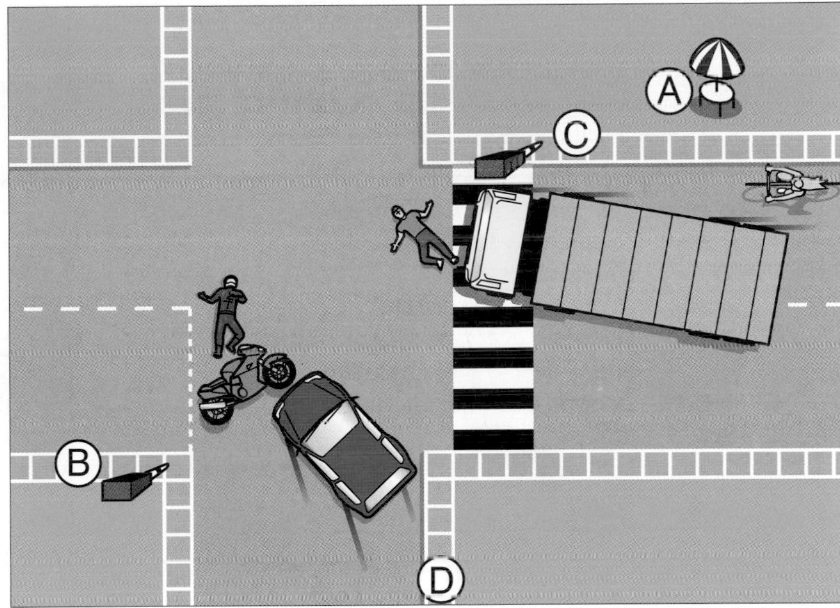

2

El conductor del camión no iba rápido cuando llegó a los semáforos, pero no estaba prestando atención a la carretera – estaba mirando el choque entre el coche y la moto. El camión no cedió el paso y atropelló a un señor que estaba cruzando la calle por el paso de peatones.

3

La luz de los semáforos estaba en rojo, pero el joven de la moto aceleró y se saltó el semáforo. Oí el chirriar de frenos y el ruido del choque. No vi bien el coche, ni lo que pasó después.

4

Yo estaba comiendo en la terraza del restaurante, un poco antes de la esquina. Vi un camión que iba rápido: adelantaba a una señora en una bicicleta. Cuando se acercó a los semáforos, disminuyó la velocidad, pero no vi lo que pasó después.

b Copia y completa el cuadro de los verbos.

Gramática 44–45

yo	est- ?	girando	(-ar)
tú	estabas		
él / ella / usted	est- ?	comiendo	(-er)
nosotros	est- ?		
vosotros	estabais	saliendo	(-ir)
ellos / ellas / ustedes	est- ?		

c ¿Verdad (V) o mentira (M)? El imperfecto continuo se usa para describir …

1 una acción completada.
2 el color o el carácter.
3 lo que pasaba en el momento en que pasó algo.

18.3 El accidente

18B He perdido ...

You will learn:
- to describe an item you have lost
- to say where it was lost and give other details

Consuelo e Iñaki están en el área de servicio de la autopista. Esperan al mecánico del RACE (Real Automóvil Club de España) para reparar el coche.

CONSUELO *¿Me puede ayudar? He perdido una bolsa.*
GUARDIA *¿Cuándo la perdió usted?*
CONSUELO *Hace una hora.*
GUARDIA *¿Dónde la dejó usted?*
CONSUELO *No lo sé, exactamente ... En la gasolinera, o en la cafetería ...*
GUARDIA *Señora, ¿es aquélla su bolsa?*
CONSUELO *¡Sí!*
GUARDIA *Gari, ¡no es una bomba! Tengo la dueña aquí.*
IÑAKI *¡Una bomba!*
GUARDIA *Hoy en día, ¡nunca se sabe, señor!*

1 He perdido ...

Rellena los espacios en blanco con la palabra correcta del cuadro.

Ejemplo **1** desastre.

¡Qué ...**1**...! ¡He perdido mi ...**2**...! Iñaki no está muy contento. La ...**3**... en la gasolinera ...**4**... una hora. ¡Los guardias piensan que es una ...**5**...! ¡Fíjate!

bomba
bolsa
desastre
dejé
hace

2 ¿Qué es y qué contiene?

Lee la lista de los artículos en la oficina de objetos perdidos. ¿Se guardan en qué sección?

Ejemplo **1** (el paraguas) B.

SECCIONES
- A documentación personal / para viajar
- B pequeños artículos personales
- C prendas (ropa)
- D artículos de valor
- E equipaje / bolsas

LISTA DE LOS ARTÍCULOS MÁS PEDIDOS

1. el paraguas
2. el monedero
3. el bolso / la bolsa de la compra
4. la máquina fotográfica
5. el reloj
6. el impermeable / el abrigo
7. el pasaporte
8. el sombrero
9. las gafas / el estuche de las gafas
10. la mochila / la maleta
11. el documento nacional de identidad
12. las llaves
13. los billetes de avión / de tren

¿Qué otras cosas puede contener una bolsa? Haz una lista. Utiliza el diccionario, si es necesario.

Ejemplo una agenda ...

¿Qué ha perdido (usted)?	He perdido	el monedero, el reloj ...
¿Cuándo lo / la / los / las perdió?	Lo / La / Los / Las perdí	esta mañana, anoche, hace (una, dos) hora(s)
¿Dónde lo / la / los / las dejó?	Lo / La / Los / Las dejé	en el autobús, en la habitación ...

3 Más detalles

a Mira los artículos **A–E** y lee las frases **1–6**. Para cada artículo busca una frase apropiada. Sobra una.

Ejemplo **a 4**.

1 Es de lana.
2 Es de oro.
3 Es de plástico.
4 Es de algodón.
5 Es de cuero negro.
6 Son de metal, color plata.

a 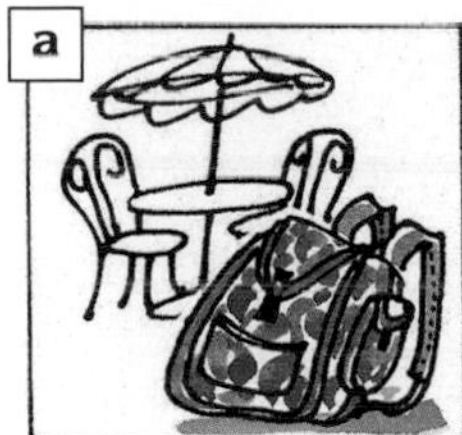

b 

c 

d 

e 

b Escucha los fragmentos de las conversaciones **1–6**. Para cada fragmento, busca la pregunta apropiada (**a–f**) en el cuadro al pie de la página.

Ejemplo **1 b**.

Apunta también de qué artículo **A–E** se trata en cada fragmento.

Ejemplo **1 b, A**.

4 Túrnate con tu compañero/a

A es el / la funcionario/a, ***B*** es viajero/a. Utiliza los dibujos **A–E** de la actividad 3 para inventar conversaciones. Añade más preguntas utilizando el cuadro de abajo.

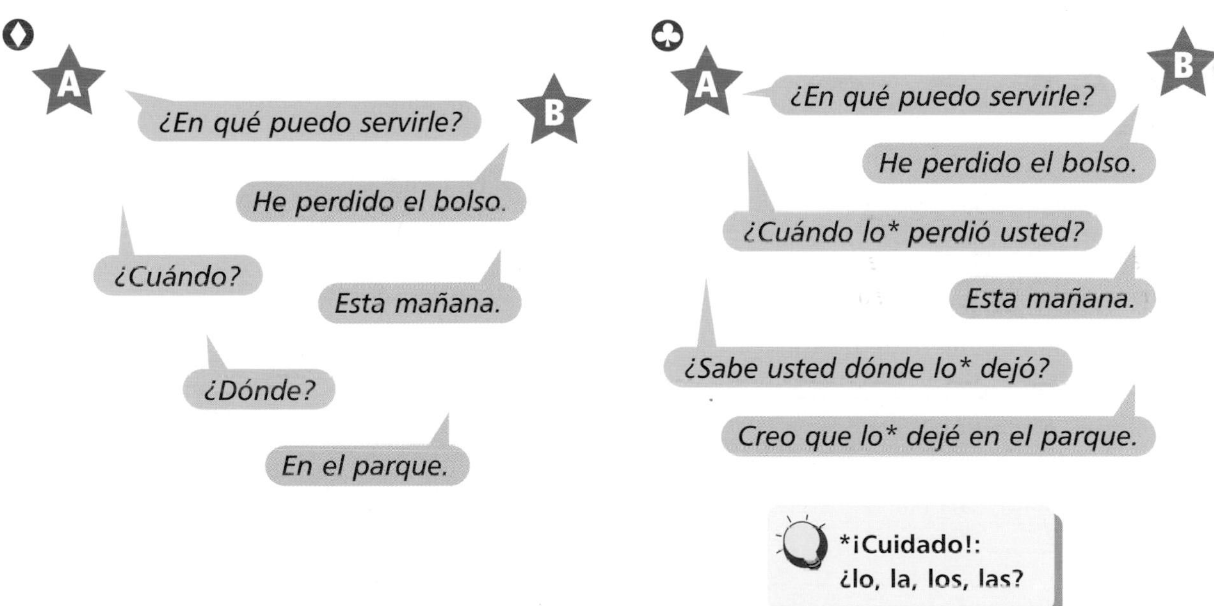

*¡Cuidado!:
¿lo, la, los, las?

a	¿De qué color es?	Es	azul, verde, marrón, negro …
b	¿De qué (material) es?		de oro, de plata, de algodón, de cuero, de lana
c	¿Qué marca es?		un(a) (Kodak)
d	¿Qué contiene?	Contiene	mis llaves, mi billetero, mi billete de avión …
e	¿Cuánto vale?	Vale	unos (veinte) euros
f	¿Lleva su nombre?	(No) lleva	mi nombre, mi dirección

5 Muy señor mío ...

Iñaki ha perdido algo. Escribe al Teatro Monumental, donde lo ha perdido durante un concierto. Lee la carta y descifra las palabras subrayadas.

Madrid, 23 de marzo

El gerente
La agencia de billetes
El Teatro Monumental
Paseo del Dos de Mayo
Zaragoza

Muy **1** roñes mío,

Hace dos días, fui al **2** octcneiro de José Menesé en el Teatro Monumental.

La organización del concierto me preocupó muchísimo. Primeramente, los billetes eran muy **3** oscar, y para entrar en el teatro, no había ningún sistema. Había tantas personas dentro del **4** oetart que era muy peligroso. Tenía miedo por mis compañeras. Además, perdí mi **5** rjleo allí y como no había una oficina de objetos perdidos, no pude ni recuperarlo ni quejarme.

Es un reloj de **6** roo y la marca es Esprit. Tiene una correa de cuero marrón. Es un reloj caro – vale unos 125 euros. Si alguien lo ha encontrado, ¿me lo puede enviar contra reembolso?

7 sacragi.

Le saluda atentamente,

Iñaki Aróstegui

Iñaki Aróstegui

6 Una carta

Escribe otra carta utilizando la carta de Iñaki como modelo.

- Fuiste a un concierto mal organizado
  - ¿cuándo?
  - ¿dónde?
- Perdiste tu monedero
  - ¿de qué color es?
  - ¿de qué material es?

7 Los anuncios

a  Lee los anuncios y contesta a las preguntas **1–7** con el número de teléfono y el artículo.

Ejemplo **1** 395 21 68 35 – monedero.

¿Quién(es) ha(n) perdido ...

1 un artículo pequeño personal?
2 documentación?
3 un animal?
4 un artículo de equipaje?
5 un artículo de mucho valor?
6 una prenda?
7 algo en el parque?

PÉRDIDAS

Desaparecido lunes, el 28 de marzo, pastor alemán, atiende por Caspar. Collar rojo.
Tel. 412 56 09 22.

Desaparecido de los vestuarios de la piscina el domingo: monedero de algodón indio rojo y azul.
Tel. 395 21 68 35.

Sábado tarde: chándal deportivo azul claro. Zona central. Lleva nombre 'Ana'.
Tel. 329 44 16 25.

¡Urgente! Pasaporte coreano, a nombre de Woo Suk Chung.
Tel. 417 60 92 90.

Perdida el viernes pasado en el centro comercial o en el aparcamiento (planta 2ª), máquina fotográfica Canon, valor 220 euros. Funda marrón. Se gratificará.
Tel. 482 80 25 33.

Reloj de oro y plata, correa negra. Perdido en el jardín público, miércoles pasado. Recompensa – valor sentimental.
Tel. 362 19 55 60.

Perdida: maleta pequeña de cuero de imitación verde, marca Samson, en la estación de tren: andén dos o en la sala de espera. Lunes.
Tel. 309 54 81 72.

b  Inventa tu propio anuncio: ¡puede ser surrealista, si quieres!

¡Perdido! Desaparecido en el parque: frigorífico blanco. Atiende por Indesit ...

CONSUELO *¡Socorro! ¡Me han robado!*
GUARDIA 1 *¿Qué le pasa, señora?*
CONSUELO *¡Dos chicos en una moto me han robado el bolso! Y han roto mis gafas de sol …*
GUARDIA 2 *… y posiblemente el brazo.*
IÑAKI *¡Llame una ambulancia!*
GUARDIA 2 *Sí, ya voy.*
GUARDIA 1 *¿Qué pasó exactamente?*
CONSUELO *Mi pareja me había comprado un anillo en esa joyería, y yo estaba metiéndolo en el bolso …*
GUARDIA 1 *Usted había salido de la tienda.*
CONSUELO *Sí. Yo había salido. Pero Iñaki estaba dentro todavía. Había escrito el cheque y estaba charlando con el dependiente …*
IÑAKI *Los chicos estaban en la tienda cuando Consuelo estaba mirando los anillos.*
CONSUELO *Uno de los chicos había abierto la puerta cuando entrábamos en la tienda.*
GUARDIA 1 *¿Cómo eran los chicos? ¿Les habían visto ustedes claramente?*
IÑAKI *No les habíamos hecho mucho caso en la tienda.*
CONSUELO *Uno era alto y rubio, con el pelo largo …*
IÑAKI *Como yo tengo mala vista, no les vi bien.*
GUARDIA 1 *Bueno, tienen que poner ustedes una denuncia. Pero primero, vayamos al hospital. Aquí viene la ambulancia. Cuidado, señora …*

8 El robo

a **Lee y escucha la conversación en la calle. Luego lee el informe del periódico sobre el robo. Hay siete hechos incorrectos en el informe – ¿cuáles son? Copia el informe y corrige los errores.**

Ejemplo Según informaron ayer fuentes oficiales, **dos** chicos …

Según informaron ayer fuentes policiales, tres chicos en un coche sustrajeron por medio de un tirón el bolso de una señora en la Calle Mayor ocasionándole una fractura de la pierna derecha. Minutos antes el hijo de la señora le había comprado una pulsera en la misma tienda de recuerdos donde los chicos habían acechado posibles víctimas. Aunque los señores han puesto una denuncia oficial es poco probable que se recupere la pulsera, dado que de los muchos robos de este tipo este año en nuestra ciudad, no se ha devuelto ningún bolso a su dueña legítima.

b **Completa el cuadro de los verbos. Todos están en la conversación.**

c **¿Cuáles son los participios del pasado de estos verbos irregulares? Todos están en la conversación o en el informe.**

Ejemplo abrir – abierto.

abrir	decir	(de)volver	escribir
hacer	poner	romper	ver

Gramática 47

yo	?	comprado	(-ar)
tú	habías		
él / ella / usted	?	comido	(-er)
nosotros	?		
vosotros	habíais	salido	(-ir)
ellos / ellas / ustedes	?		

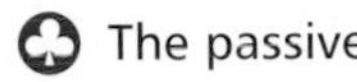 18.4 The passive 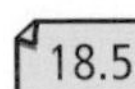 18.5 Los sucesos

Acción: lengua

the perfect and pluperfect tenses

The perfect tense

- The perfect tense is used to say what you *have done*.
- To form it, use the appropriate part of the present tense of *haber* with the past participle.

(yo)	he	habl**ado**	*I have talked*
(tú)	has		
(él / ella / usted)	ha	perd**ido**	*he / she / it has lost*
(nosotros)	hemos		
(vosotros)	habéis	viv**ido**	*you have lived*
(ellos / ellas / ustedes)	han		

- For irregular past participles see Grammar ▶ 46.

1 **Unjumble these questions.**

E.g. ¿Has visto la nueva película?

1 ¿ la película has nueva visto ?
2 ¿ caracoles comido los has ?
3 ¿ Madrid has visitado ?
4 ¿ con has madre hablado tu ?
5 ¿ cambiado tu pueblo ha en mucho ?
6 ¿ Juanita escrito recientemente has a ?
7 ¿ tren llegado el no aún ha ?
8 ¿ las encontrado has llaves ?
9 ¿ qué mentido me has por ?
10 ¿ he dónde mi dejado monedero ?

2 **Fill each gap with the appropriate past participle from the box.**

sido	roto	visto	comido	volcado	hecho	salido	abierto

¿Has ...**1**... a Toni?

¿Por qué? ¿Qué ha ...**2**...?

Ha ...**3**... mi desayuno ...

Ha ...**4**... un vaso ...

Ha ...**5**... el correo ...

¡Y ha ...**6**... el papelero!

Creo que ha ...**7**... al jardín.

¡Qué travieso has ...**8**..., Toni!

The pluperfect tense

- The perfect tense is used to say what you *had done*.
- To form it, use the appropriate part of the imperfect tense of *haber* with the past participle.

(yo)	había	habl**ado**	*I had talked*
(tú)	habías		
(él / ella / usted)	había	perd**ido**	*he / she / it had lost*
(nosotros)	habíamos		
(vosotros)	habíais	viv**ido**	*you had lived*
(ellos / ellas / ustedes)	habían		

- For more examples see Grammar 47.

3 **Put the conversation into the correct order, then find the examples of the pluperfect tense and translate them into English.**

GUARDIA
¿Les habían visto ustedes claramente?
CONSUELO
Sí. Yo había salido. Pero Iñaki estaba dentro todavía. Había escrito el cheque y estaba charlando con el dependiente ... Uno de los chicos había abierto la puerta cuando entrábamos en la tienda.
GUARDIA
Usted había salido de la tienda.
IÑAKI
No les habíamos hecho mucho caso en la tienda.

4 **Iñigo and Carla's parents are very unhappy. Read their note: put the verbs in *italics* into the perfect tense and the underlined verbs into the pluperfect tense.**

E.g. Papá y yo **hemos vuelto** a casa ...

¡Iñigo y Carla!

Papá y yo *(volver)* a casa al mediodía, ¡y estamos disgustados! Vosotros dos estaban dormidos en la cama. Nunca *(ver)* yo la casa así – ¡es una pocilga! Vosotros (<u>prometer</u>) hacer una fiesta tranquila anoche y dejar la casa bien. Parece que vuestros amigos *(romper)* casi todos los vasos. Alguien *(escribir)* algo vulgar en la pared del cuarto de baño: ¡límpiala en seguida! No sé quién *(abrir)* la jaula de los conejos de india – *(comer)* tres cojines en el salón. Carla, ¿qué *(hacer)* tú con las cortinas de tu cuarto? No las veo – ¡búscamelas! Tu papá y yo (<u>limpiar</u>) la casa anteayer, antes de irnos, y no queremos hacerlo otra vez esta tarde. Papá *(ir)* a la oficina y yo a ver a la abuela: hay que limpiar y recoger todo antes de las ocho. Es la última vez que os dejamos solos en casa: ¡nunca más! ¡Qué chasco nos *(dar)*, Iñigo y Carla!

19-20 ¿Te acuerdas?

1 Los enanitos y el médico

Cada persona tiene dos problemas. Utiliza los cuadros para completar las quejas.

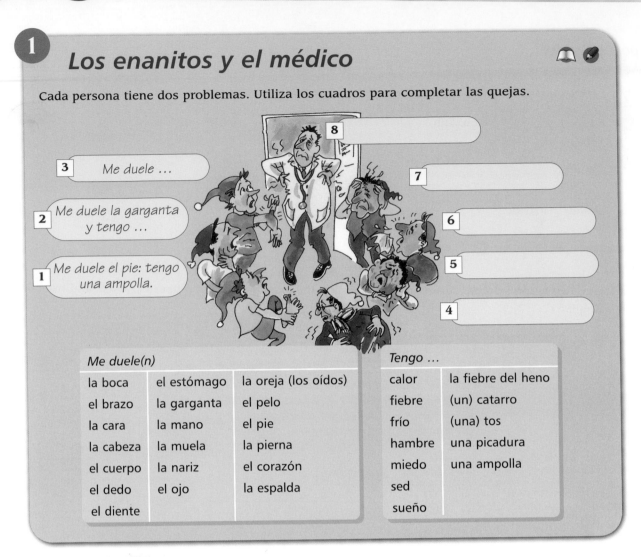

1 Me duele el pie: tengo una ampolla.

2 Me duele la garganta y tengo …

3 Me duele …

4

5

6

7

8

Me duele(n)		
la boca	el estómago	la oreja (los oídos)
el brazo	la garganta	el pelo
la cara	la mano	el pie
la cabeza	la muela	la pierna
el cuerpo	la nariz	el corazón
el dedo	el ojo	la espalda
el diente		

Tengo …	
calor	la fiebre del heno
fiebre	(un) catarro
frío	(una) tos
hambre	una picadura
miedo	una ampolla
sed	
sueño	

2 ¿Qué haces?

a Empareja las frases opuestas.

Ejemplo **1 d**.

b ¿Quién habla? ¿Susana Sana o Manolo Malsano?

Ejemplo Susana Sana: **2**, …

1 Soy adicto/a a la cafeína.
2 No fumo nunca.
3 Duermo bien.
4 Como bien.
5 No me relajo nunca.
6 Me acuesto temprano.
7 Bebo mucho alcohol.
8 No estoy estresado/a.
9 Hago ejercicio.

a Fumo de vez en cuando.
b Me relajo bastante.
c No hago nunca ejercicio.
d No soy adicto/a a nada.
e Me afecta el estrés.
f Duermo mal.
g Me acuesto tarde.
h Como mal.
i No bebo nunca alcohol.

3 ¿Cuánto?

Rellena los espacios en blanco con *más* (+), *menos* (–) o *tanto* (~) *como* (^).

Ejemplo **1** Normalmente me acuesto **más** temprano que mi hermano.

1. Normalmente me acuesto (+) temprano que mi hermano.
2. Ahora no me afecta (~) el estrés físico (^) antes.
3. En verano hago (+) ejercicio que en invierno.
4. Bebo (–) té y (+) café.
5. No fumo (~) (^) mis amigos.
6. Soy (–) adicto al chocolate ahora.

4 ¿Qué tamaño quiere?

¿Qué tamaño le hace falta a la señora? ¿Pequeño, mediano o grande?

¿Qué tamaño quiere, señora?
Eh … bastante grande.
¿Quiere el tamaño más grande entonces?
No, menos grande.
¿Quiere el tamaño más pequeño?
No, más grande.
¡Ah! Entonces le hace falta el tamaño …!

5 Los imperativos

Empareja los imperativos 1–13 con los símbolos correctos a–m.

Ejemplo **1** **l**.

1. ¡Diga!
2. ¡Pulse!
3. ¡Siga!
4. ¡Tuerza!
5. ¡Baje!
6. ¡Suba!
7. ¡Cruce!
8. ¡Marque!
9. ¡Introduzca!
10. ¡Descuelgue!
11. ¡Escriba!
12. ¡Escuche!
13. ¡Lea!

a 

b 

c 

d 

e 

f 

g 

h 

i 

j 

k 

l 

m

Busca en el cuadro los infinitivos de estos verbos.

Ejemplo **1** ¡Diga! – decir.

bajar cruzar decir
descolgar escribir escuchar
introducir leer marcar
pulsar seguir subir torcer

19 ¡Socorro!

19A ¿Qué te pasa?

You will learn:
- to say that you feel ill
- to describe your symptoms to the doctor
- to ask for medicine at the chemist's

En la farmacia ...

RAÚL *¡Ana! ¿Cómo estás?*
ANA *No sé, no me encuentro bien.*
RAÚL *¿Qué te pasa?*
ANA *Me duele la cabeza y la garganta y también me duelen las muelas.*
RAÚL *¿Ah sí? A mí me duele el estómago y la espalda.*
ANA *Tengo tos y siempre tengo mucho sueño.*
RAÚL *Yo siempre tengo hambre.*
ANA *Y ESTOY RESFRIADA.*

RAÚL *¿Qué? ¿Estás resfriada? ¿Eres alérgica al cursillo? Necesitas aspirinas. Te recomiendo este paquete.*
ANA *No, Raúl, no necesito aspirinas, necesito a mi novio.*
RAÚL *¿Tu novio? ¿Tienes novio?*
ANA *Sí, tengo un novio en Barcelona. Y quiero ver a mi novio ahora.*

Más tarde ...

ANA *Adiós, Raúl. Mi novio viene a buscarme.*
RAÚL *Bueno, adiós, Ana.*

DEPENDIENTA *¿Qué le pasa, señor?*
RAÚL *¿Tiene algo para el dolor de corazón?*
DEPENDIENTA *Le recomiendo un tubo de crema antiséptica. Necesita también una botella de jarabe. ¿Qué tamaño quiere?*
RAÚL *Grande. ¿Cuánto le debo?*
DEPENDIENTA *Son siete euros cincuenta.*

RAÚL *¡Gracias por nada, Ana!*

1 ¿Qué te pasa?

a ¿Quién habla? ¿Ana, Raúl o la dependienta?

Ejemplo **1** Dependienta.

1 ¿Qué le pasa?
2 Le recomiendo un tubo de crema.
3 ¿Qué te pasa?
4 Necesitas aspirinas.
5 ¿Tiene algo para el dolor de corazón?
6 Necesita una botella de jarabe.
7 Me duele el estómago.
8 Tengo tos.

b Para cada frase 1–6 apunta si es formal (F) o informal (I).

Ejemplo **1** F.

Escribe la otra forma de las frases 1–6.

Ejemplo **1** ¿Qué te pasa?

2 Me duele ...  

Mira la actividad 1 en la página 186. Trabaja con tu compañero/a.

A
Me duele la cabeza.

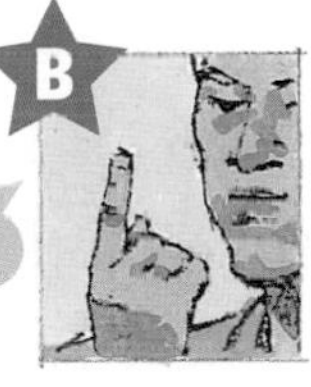
B
Me duele el dedo.

3 Le recomiendo ... 

Escucha seis conversaciones en la farmacia.

¿Qué remedio se le recomienda a cada persona?

Ejemplo **1 g** paracetamol.

a loción	**c** tiritas	**e** jarabe	**g** paracetamol	**i** crema antiséptica
b aspirinas	**d** pastillas	**f** vendas	**h** crema solar	**j** compresas higiénicas

Apunta también si es un tubo, una botella, una caja o un paquete.

4 Juego de memoria 

Trabaja con tu compañero/a. Cierra el libro.

A
Un paquete de tiritas.

B
Un paquete de tiritas y una caja de aspirinas.

5 ¿Cómo estás?   

a Busca en el diccionario los adjetivos del cuadro que no conoces.

b Escucha el poema y rellena los espacios en blanco.
¡Cuidado! Algunos adjetivos se utilizan más de una vez.

muerto	mareado
mejor	resfriado
constipado	bien
cansado	peor
mal	fatal
herido	enfermo

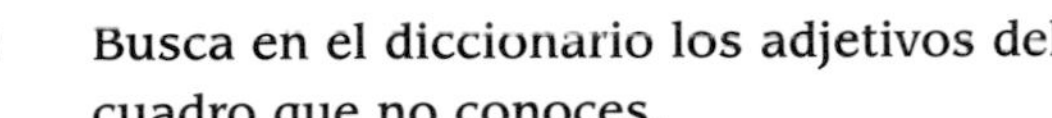

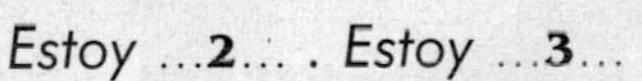

*¿Qué te pasa? ¿Estás ...***1***...?*
*Estoy ...***2***... . Estoy ...***3***... .*
*¿Qué te pasa? ¿Estás ...***4***...?*
*Estoy un poco ...***5***... .*
¿Qué te pasa?
*Estoy ...***6***..., muy cansado y ...***7***... .*
*¿Qué te pasa? ¿Estás ...***8***...?*
*Sí, muy mal, estoy ...***9***... .*
*¿No estás ...***10***...? ¿Estás ...***11***...?*
*...***12***... no. ¡Ay, no! ¡Está ...***13***...!*

OHT 19 En la farmacia

6 Diálogo

Sustituye a los dibujos en la conversación.

Ejemplo **1** la garganta.

7 Otro diálogo

Prepara una conversación basada en los dibujos siguientes. Utiliza la conversación anterior como modelo, y el cuadro de abajo.

Ejemplo Buenos días, señor …

Buenos días, señora.
Buenos días, señor. ¿Qué le pasa?
No me siento bien. Me duele …1…,
tengo mucho …2… y estoy
…3… . Me duele …4… .
Le recomiendo …5… y …6… .
¿Qué …7… quiere?
…8… por favor. ¿Cuánto le debo?
Son …9… .
Gracias, adiós.
Adiós.

8 ¿Y tú?

Utiliza el cuadro para preparar otros diálogos.

¿Qué te / le pasa?			
No me siento bien, No me encuentro bien			
Me / Te / Le duele(n)	la garganta, los dientes … *(ver act.1, p.186)*		
Tengo / Tienes / Tiene	catarro, tos … *(ver act.1, p.186)*		
Estoy / Estás / Está	resfriado/a, constipado/a, herido/a, mareado/a …		
Te / Le recomiendo	un tubo	de	crema (antiséptica / solar)
Necesita(s)	una caja		aspirinas *(ver act.3, p.189)*
¿Qué tamaño quiere(s)?		Grande, Pequeño, Mediano	
¿Cuánto es?, ¿Cuánto le debo?		Son (3) euros (75)	

19.1 Necesita …   19.2 Una cita con el dentista

Iñaki acompaña a Consuelo a casa.

YESSICA ¡Mamá! ¿Qué te ha pasado?
IÑAKI Le han robado en la calle. Se le ha roto el brazo.
YESSICA ¡Ay, no!
CONSUELO Fuimos al hospital. ¡Fue horrible!
IÑAKI Había mucha gente.

CHICA ¿Te has torcido algo?
CHICO Sí, me he torcido el tobillo.
JOVEN 1 Me he roto la pierna.
JOVEN 2 Me he caído del caballo.
NIÑO Me he quemado la mano.
MADRE DE LA NIÑA Se ha hecho daño en la cabeza.
PRIMER VIEJO Un perro me ha mordido.
VIEJA ¡Ah! A mí, una serpiente me ha mordido.
SEGUNDO VIEJO Y a mí, una avispa me ha picado.

CONSUELO Y tú, Yessica, ¿qué te pasa?
YESSICA No es nada, Mamá. Estoy con una gripe …
IÑAKI ¿Puede darme cita con el doctor? Es urgente.

9 La visita al hospital

a ¿Verdad (V) o mentira (M)?

Ejemplo **1** V.

1 
Me he roto el brazo.

2 
Me he torcido el tobillo.

3 Me he caído del caballo.

4 
Me he quemado la mano.

5 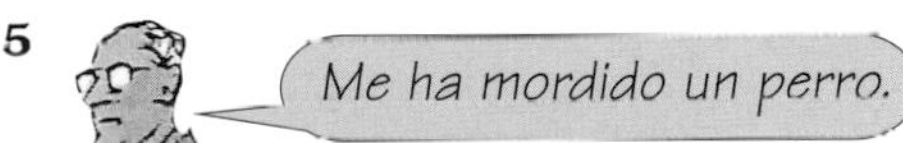
Me ha mordido un perro.

6 
Me ha picado una avispa.

b Corrige las frases mentirosas.

10 ¿Qué le ha pasado?

Utilizando el cuadro, completa las explicaciones del enfermero al médico.

Ejemplo **1** el brazo.

1 La señora se ha roto …
2 El chico se ha torcido …
3 El primer joven …
4 El niño …
5 A la vieja …
6 Al segundo viejo …

me te le / se	he has ha	roto quemado cortado torcido hecho daño en caído en	(el brazo) (la mano) (la pierna) (el tobillo)

me te le	ha	mordido	una serpiente un perro
		picado	un insecto una avispa una abeja

19.3 ¿Qué le había pasado …?

19B ¿Estás en forma?

You will learn:
- to talk about how to keep healthy
- to talk about the effects of drugs, alcohol, smoking, fitness and diet

Todo no va bien para Raúl ...

PABLO ¡Hola, Raúl! ... ¿Duermes todavía? Con ocho horas cada noche es suficiente.
RAÚL No duermo ocho horas. Es que me acuesto muy tarde.
PABLO Hay que acostarse más temprano.

RAÚL No me relajo bien. Estoy muy estresado.
PABLO Para no estar estresado, hay que intentar relajarse más. ¡Uf! ¿Todavía fumas?
RAÚL Sí ... fumo mucho.
PABLO No se debe fumar.
RAÚL ¿Por qué?

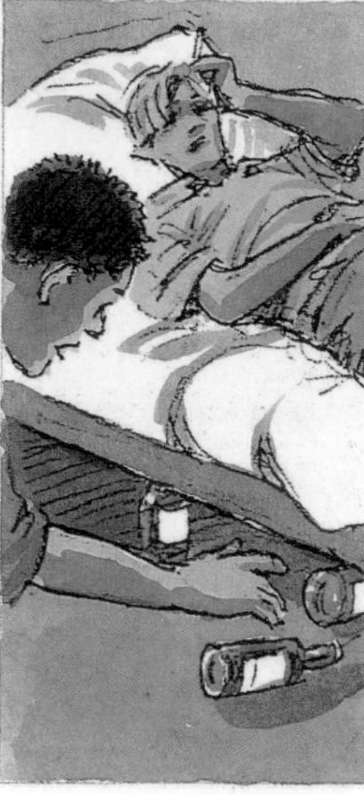

PABLO Porque es tonto. Pero ... ¡hombre! ¡Cuántas botellas!
RAÚL Ya lo sé ... bebo un poco.
PABLO Pero no hay que beber tanto. Es muy malo para la salud.

PABLO ¿Qué comes?
RAÚL Hamburguesas, y chocolate de postre.
PABLO ¡No es sano! Hay que comer bien y evitar las grasas y los dulces.

PABLO Y ¡no hay que tomar drogas!
RAÚL Son aspirinas. No tomo drogas. Es peligroso.

PABLO ¿Cuánto ejercicio haces?
RAÚL Nunca hago ejercicio. Es aburrido.
PABLO Para llevar una vida sana, hay que hacer media hora de ejercicio al día.
RAÚL Y ¿qué haces tú para estar en forma?
PABLO Nada.

PABLO ¡Vamos!
RAÚL ¿Adónde?
PABLO Al polideportivo.
RAÚL ¡Ay!

1 ¿Estás en forma?

¿Qué dice Raúl? Apunta si es verdad (V) o mentira (M) para él.

Ejemplo **1** M.

1 Como bien.
2 Hago ejercicio.
3 No me relajo.
4 Me acuesto temprano.
5 No duermo ocho horas.
6 No fumo.
7 No tomo drogas.
8 No bebo alcohol.

Cambia las frases mentirosas para hacer una lista correcta para Raúl.

2 ¿Qué haces para estar en forma?

Trabaja con tu compañero/a.
Utiliza las frases de la actividad 1.

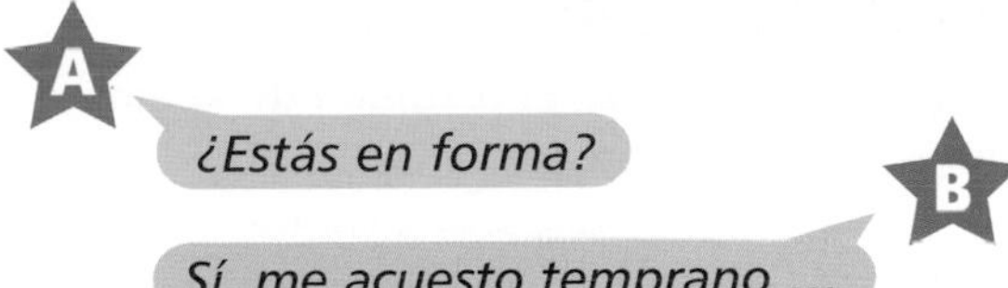

A
¿Estás en forma?
B
Sí, me acuesto temprano …

3 Para llevar una vida sana

Mira la página 192.

a Según Pablo, ¿qué hay que hacer para llevar una vida sana? Haz una lista.

Ejemplo

hay que …	no hay que …
dormir 8 horas	beber alcohol

b ¿Y tú? ¿Qué opinas? Haz tu lista personal.

c ¿Para llevar una vida sana? Pon las frases de la lista en orden de importancia.

beber alcohol
dormir ocho horas
comer bien
fumar
hacer ejercicio
tomar drogas
relajarse
estar estresado/a
acostarse temprano

4 ¿Por qué?

Escucha las razones de los seis jóvenes. Apunta de uno a tres adjetivos de la lista cada vez.

Ejemplo **1** aburrido.

aburrido	tonto
sano	divertido
caro	apasionante
fenomenal	peligroso
enrollado	ilegal

5 Porque …

Trabaja con tu compañero/a.
Utiliza las listas de las actividades 3 y 4.

A: *¿Quieres fumar?*
B: *No.*
A: *¿Por qué?*
B: *Porque es caro y peligroso.*

6 Voy a llevar una vida sana

Utiliza el cuadro para escribir un párrafo sobre la vida sana que vas a llevar en el futuro.

Para estar en forma	(no) voy a dormir (bien / mal), hacer ejercicio … *(ver act.3)*	
porque es	tonto, aburrido, caro, apasionante, fenomenal, sano, divertido, peligroso, ilegal, enrollado	
Para llevar una vida sana	(no) hay que hace falta (no) se debe	beber (menos), relajarse (más), comer (bien), acostarse (temprano), dormir (bien), hacer (más) ejercicio
(No) voy a	fumar (tanto), estar estresado/a, tomar drogas	
así que	estaré en forma no seré adicto/a a nada no me afectará el estrés me relajaré más	

7 Estoy en forma

Lee el artículo y completa el resumen de abajo, utilizando las palabras del cuadro. ¡Cuidado: sobran palabras!

¿Estás en forma, Benito?

Sí, creo que llevo una vida muy sana – es algo muy importante para mí.

Nunca como comida basura: como mucha fruta y poca grasa. No tomo drogas. Siempre me acuesto antes de las once y duermo ocho horas cada noche.

El deporte, el ejercicio es muy importante en mi vida, por supuesto. Es mi trabajo, es lógico. Hago ejercicio todos los días para relajarme. Pienso que tengo mucha suerte: me encuentro bien haciendo media hora de pesas. Soy feliz haciendo quince minutos de estiramientos. Me gusta correr también. Ahora corro mucho más rápidamente que antes.

Aparte de eso, para estar en forma respiro correctamente, más despacio. Tomo hierro. Pero hay que decir una cosa: tengo un vicio, bebo alguna bebida alcohólica de vez en cuando …

dormir	ejercicio	gustan	nunca
poca	sana	siempre	mucha
sano	treinta	correctamente	
gusta	duerme	alcohólica	

Benito lleva una vida muy …**1**… . No come …**2**… comida malsana: come mucha fruta y …**3**… grasa. No toma drogas. Siempre se acuesta antes de las once y …**4**… ocho horas cada noche.

El …**5**… tiene un papel muy importante en su vida. Se encuentra bien haciendo …**6**… minutos de pesas. Es feliz haciendo quince minutos de estiramientos. Le …**7**… correr. Ahora puede correr mucho más rápidamente que antes. Trata de respirar …**8**…, más despacio. Toma hierro. Pero tiene un vicio: bebe alguna bebida …**9**… de vez en cuando …

Gramática

15–18, 59

más despacio = *more slowly*

más rápidamente = *more quickly*

Irregulares

		comparative		*superlative*	
bien	*(well)*	mejor	*(better)*	lo mejor	*(the best)*
mal	*(badly)*	peor	*(worse)*	lo peor	*(the worst)*
mucho	*(much)*	más	*(more)*	lo más	*(the most)*
poco	*(little)*	menos	*(less)*	lo menos	*(the least)*

8 El estado de mi salud

¿Estás en forma? ¿Por qué? Si no, ¿qué puedes hacer para mejorar tu salud? Escribe un párrafo, utilizando la entrevista con Benito como modelo.

9 Puedes dejar de fumar

Lee la carta de Juan Antonio y haz dos listas sobre su situación antes y ahora.

Antes	Ahora

Querido Doctor Andrés:

Le escribo porque tengo unos consejos para los jóvenes que quieren dejar de fumar.

Si alguna vez has tratado de dejar de fumar, ya sabes lo difícil que esto puede ser. Es difícil porque la nicotina es una droga muy adictiva. Yo lo intenté dos o tres veces antes de lograrlo. Creo que dejar de fumar requiere de mucho trabajo y esfuerzo.

Antes, cuando estaba nervioso, fumaba. Ahora me gusta correr – me relaja muchísimo. Cuando fumaba, toda la gente de mi pandilla fumaba y no quería ser diferente. Estaba un poco gordito y cuando fumaba, no tenía hambre entonces …

No hacía mucho ejercicio, y creo que estaba muy estresado. Ahora hago deporte todos los días y no estoy gordo. Me encanta relajarme haciendo yoga. Creo que ahora duermo más profundamente también. Estoy menos estresado por lo general.

Hay muy buenas razones para dejar de fumar. Vivirás más años y vivirás mejor. Al dejar de fumar se reducirá la posibilidad de que sufras un cáncer. Las personas que viven contigo, sobre todo los niños, serán más sanos. Y, lo más importante, tendrás dinero para gastar en otras cosas y no en cigarrillos.

Puedes dejar de fumar – ¡yo lo hice!

Juan Antonio

Gramática

45

Pretérito		*Imperfecto*	
¡Yo lo hice!	*I did it!*	Cuando estaba nervioso, fumaba. Estaba un poco gordito.	*When I was nervous, I used to smoke.* *I was a bit plump.*

10 Bárbara

Pablo y Belén están hablando de una amiga Bárbara. Escucha la conversación y rellena los espacios en blanco en el resumen de abajo.

Bárbara tomaba éxtasis con …**1**…, pero su prima se murió de una sobredosis y por eso Bárbara no …**2**… más pastillas. Tomaba drogas para …**3**… y escaparse del estrés de la vida. …**4**… que todo el mundo lo hacía. Para ella, el éxtasis reducía las …**5**… .

A Bárbara le encantaba ir a la discoteca y …**6**… toda la noche, pero no podía dormir y no le …**7**… sus estudios tampoco. Fuera de la discoteca, sufría de alucinaciones, de paranoia y de …**8**… .

Ahora se siente mucho más relajada y es feliz. Todavía le gusta bailar, pero sin …**9**… es mejor.

11 Ahora vivo mejor

Eres Bárbara y escribes una carta a una revista. Utilizando la carta de la actividad 9 como modelo, describe

- **tu estilo de vida antes:**
  - cómo vivías
  - adónde ibas
- **tu estilo de vida ahora:**
  - si haces ejercicio
  - qué comes
  - cómo eres

19.4 Según el médico

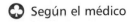

20 Los estilos de vida

20A Los anuncios

You will learn:
- to talk about advertising
- to discuss equal opportunities

Yessica trabaja en una agencia de anuncios …

a

JEFE A ver … los anuncios de los finalistas.
YESSICA Bueno, éste es el anuncio que me gusta menos.
JEFE ¿Para qué es?
YESSICA Es para una agencia de empleo.
JEFE ¿De qué se trata?
YESSICA Trata de un jefe, una chica tonta y una historia de amor.
JEFE ¿Cómo es?
YESSICA Es muy sexista.
JEFE ¿Dónde se ve?
YESSICA Se ve en los periódicos.

b

JEFE Ah, ¿y qué más hay?
YESSICA Un anuncio para una bebida para viejos. Se ve en la televisión. Creo que es discriminatorio en cuanto a la edad.

c

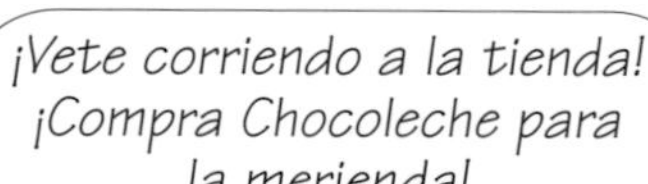

¡Vete corriendo a la tienda! ¡Compra Chocoleche para la merienda!

JEFE ¿Y éste? ¿Para qué tipo de producto es?
YESSICA Es para otra bebida.
JEFE ¿Cómo es?
YESSICA Es divertido … Pero es racista.

d

¡Bebe alcohol! ¡Compra drogas! Das pena.
¡Bebe agua! ¡Vive sano! ¡Sé enrollado!

YESSICA Hay otro anuncio en contra de las drogas y el alcohol. Trata de una lucha entre el bien y el mal.
JEFE Mm, es ingenioso, cuenta una historia … me gusta mucho. ¿Dónde lo ponen?
YESSICA En ningún sitio todavía. ¡Lo he escrito yo!

1 Los anuncios

Empareja cada eslogan **1–10** con el anuncio correcto **a–d** de la página 196.

Ejemplo **1 b**.

1 ¡Compre Joventónica!
2 ¡Vete corriendo!
3 ¡Viva feliz, señorita!
4 ¡Vive sano!
5 ¡Sea secretaria!
6 ¡Vaya a la discoteca!
7 ¡Bebe alcohol!
8 ¡Beba nuestra tónica!
9 ¡Sé enrollado!
10 ¡Compra Chocoleche!

Para cada frase apunta si es informal (I) o formal (F).

Ejemplo **1** F

2 Los imperativos

Completa el cuadro de los imperativos.

	ser	*ir*	*comprar*	*beber*	*vivir*
tú *(informal)*	¡sé!	¡ve!	¡compra!	¡...**3**...!	¡...**4**...!
usted *(formal)*	¡sea!	¡...**1**...!	¡...**2**...!	¡beba!	¡viva!

3 ¿Cómo es?

a Busca en el diccionario los adjetivos de la lista que no conoces.

b Escucha a Yessica que habla con el jefe de la agencia. Apunta el adjetivo o la frase correcta cada vez.

Ejemplo **1** divertido.

c Mira la lista de adjetivos. Para cada uno apunta si es favorable (✓), desfavorable (✗) o ninguno de los dos (~).

deprimente
ingenioso
divertido
extraño
discriminatorio
cuenta una historia
sexista
racista
machista
enrollado
original

4 ¿Qué producto?

Trabaja con tu compañero/a. *B* piensa en un anuncio; *A* tiene que adivinarlo.

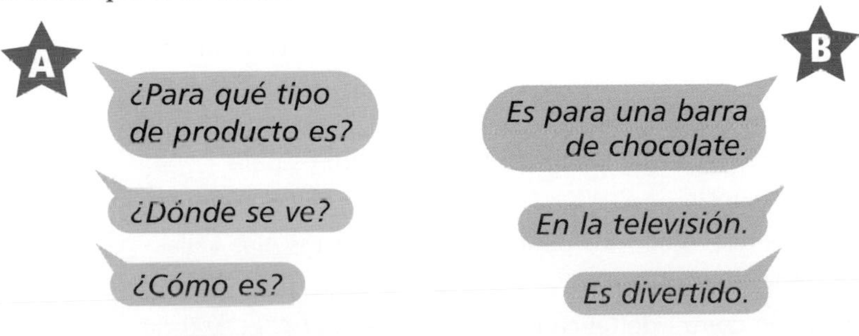
A
¿Para qué tipo de producto es?
B
Es para una barra de chocolate.
¿Dónde se ve?
En la televisión.
¿Cómo es?
Es divertido.

un queso
ropa de moda
un desodorante
un coche
un refresco
una barra de chocolate
una tarjeta de crédito
una medicina
un detergente

en una revista
en los periódicos
en la televisión
en una valla publicitaria

(ver la página 106)

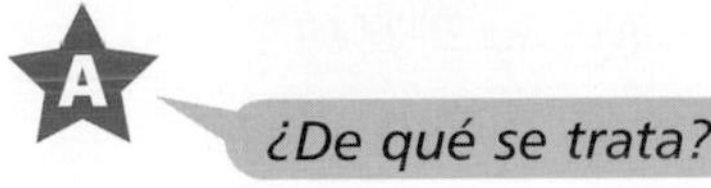
A
¿De qué se trata?

Trata de un viaje.
B

20.1 Situaciones

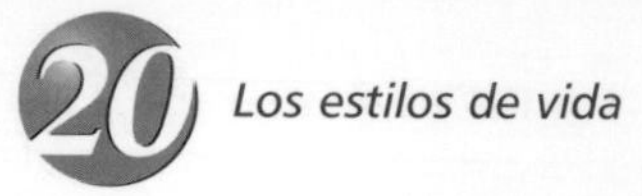

1 Hay un anuncio que se ve mucho en la televisión. Es para el café Corazón. Trata de una amistad y cuenta una historia. Es muy ingenioso, pero no me gusta el café instantáneo y no lo compro.

2 Este anuncio es para un refresco. Trata de vampiros. Es bastante extraño y muy enrollado. Se ve en las vallas publicitarias. Me gusta muchísimo este anuncio porque es original. ¡Me gusta mucho el refresco también!

3 Otro anuncio que no me gusta es para la Solita. Es para un pequeño coche. Se ve en las revistas y en la televisión. Trata de un secuestro. No me gusta porque es machista y aburrido.

4 Me gusta bastante el anuncio para Superenrollado. Trata de una misión científica. Es muy apasionante. Es un anuncio para un desodorante. Me gusta el anuncio ¡pero no utilizo el desodorante!

5 Los anuncios que me gustan y no me gustan

Lee las opiniones de Pablo. Empareja las opiniones 1–4 con cada fotografía a–d.

Ejemplo **1 d**.

6 ¿Qué anuncio?

¿Qué contesta Pablo a las preguntas de Yessica?

Ejemplo **1** Trata de un secuestro.

1. ¿De qué trata el anuncio para la Solita?
2. ¿Por qué no te gusta?
3. ¿Dónde se ve el anuncio para el café?
4. ¿Cómo es este anuncio?
5. ¿Qué tipo de producto es Superenrollado?
6. ¿Por qué te gusta el anuncio?

7 Te toca a ti

Utiliza el cuadro y las opiniones de Pablo. Escribe un párrafo o una entrevista sobre el anuncio que te gusta más o menos.

¿Qué anuncio te gusta (más / menos)?	Un / Otro anuncio que (no) me gusta (mucho) es para (el Blancomejor)
¿Dónde se ve?	Se ve en la televisión / los periódicos / las revistas / las vallas publicitarias
¿Para qué (tipo de producto) es?	Es para / en contra de (el café, el beber) *(ver act.4, p.197)*
¿De qué se trata?	Trata de (dos niños) … *(ver p.106)*
¿Cómo es? / ¿Por qué (no) te gusta?	(No) me gusta porque es (divertido, racista) *(ver act.3, p.197)*

8 El informe de Yessica

El jefe le ha pedido a Yessica que escriba sus opiniones sobre la publicidad.

a Busca en el diccionario las palabras y expresiones con asteriscos. ¿Qué tipo de palabras son?

b Rellena los espacios en blanco en el informe, utilizando las palabras del cuadro.

Normalmente me gustan los anuncios divertidos, pero no me ...**1**... mucho el anuncio para el Chocoleche porque es ...**2**... racista y ser racista es chungo.*

En este momento se ven muchos ...**3**... sexistas también, por ejemplo para los empleos ...**4**... donde el jefe es un hombre.

Es muy importante hacer anuncios en ...**5**... del consumo del alcohol y de las drogas porque hacen daño. Pero para los jóvenes es importante que el anuncio sea enrollado* y no ...**6**... .

Muchos anuncios son fraudulentos porque dicen cosas que no son ...**7**... . Por ejemplo, que es muy chachi* comprar cierta ...**8**... de coche y que la persona que la compra siempre será feliz y afortunada.

Yo prefiero los anuncios que se ven en los periódicos o las ...**9**... porque en cuanto a los que se ven en la televisión, los anuncios interrumpen los ...**10**... . ¡Qué rollo*!

El anuncio que prefiero en este ...**11**... es para un café ...**12**... . ¡Qué chulada*! Cuenta una ...**13**...; los personajes son simpáticos, las situaciones son ...**14**... y la música es muy original. Pero hay que decir que no me gusta el café instantáneo y no lo ...**15**... nunca.

verdaderas historia compro divertidas programas
poco enrollados gusta marca aburrido instantáneo
contra bastante anuncios revistas momento

9 ¿Lo ha leído?

¿Ha leído el jefe el informe de Yessica?

a Apunta si cada frase es verdad (V) o mentira (M).

1 A Yessica le gustan los anuncios divertidos.
2 Opina que ser racista es muy chachi.
3 Dice que no se ven muchos anuncios sexistas en este momento.
4 Cree que un anuncio es fraudulento si dice cosas falsas.
5 Prefiere los anuncios que se ven en la televisión.
6 A Yessica le gusta mucho el café instantáneo.

b Corrige las frases mentirosas.

10 En mi opinión

¿Y a ti? ¿Qué anuncios te gustan más y menos? ¿Por qué?

20B ¿Vas a la moda?

You will learn:
- to talk about the pros and cons of fashion

Yessica ha ganado un premio para su anuncio. En la agencia se hace una fiesta y Yessica ha invitado a todo el mundo.

Hola, Yessica. ¡Estás a la última!
Sí, para mí es muy importante ir a la moda, pero ... Mamá, ¿no estás un poco anticuada?
Señorita, ¡no beba naranjada! ¿Un poco de champán, quizás?
Gracias, ahora no bebo bebidas alcohólicas.

Hola, Belén ... ¿Te gusta llevar ropa sport, verdad? ¿No crees que sea importante llevar ropa que está a la moda?
Me da igual estar a la última. Prefiero llevar ropa cómoda.

¿Ha visto el nuevo anuncio de Yessica? Mire ...
No viva en el pasado
No compre un coche anticuado
¡No sea hortera!
No salga a la carretera
sin antes visitarnos
... Coches Chachi

Mmm, ¡muy enrollado!

¿Dónde está Raúl?
Aquí viene ... Hmm. Está fuera de onda ... ¡lleva ropa muy informal!
¿Es ese el look punki?
Raúl, ¿no quieres un nuevo look ... ropa elegante, ropa moderna?

Yessica, ¡no bebas tanto!
¡Mamá!
¡Ven aquí! Quiero hablar contigo.
¿Qué pasa?

¿Sabes que al terminar el curso me voy a Bilbao?
Yessica, ¡no seas egoísta! Quiero vivir con Iñaki. Vamos a comprarnos un piso.
¡No te compres un piso! ¡No vivas con Iñaki! ... ¿Y la boda? Yo quiero ir a una boda.

¡Mamá! ¡No te vayas a Bilbao!
¡Yessica! ¿Estás anticuada o qué?

1 La fiesta

Busca dos imperativos **1–10** para cada símbolo **a–e**.

Ejemplo **a 4, 10**.

a b c d e

1 ¡No viva en el pasado!
2 ¡No compre ropa anticuada!
3 ¡No compres un piso!
4 ¡No beba naranjada!
5 ¡No te vayas a Bilbao!
6 ¡No vivas con Iñaki!
7 ¡No salga a la carretera!
8 ¡No seas anticuada!
9 ¡No sea hortera!
10 ¡No bebas tanto!

Apunta si es formal (F) o informal (I).

Ejemplo **1** F.

2 ¡No ...!

Completa el cuadro de los imperativos negativos.

	ser	*ir*	*comprar*	*beber*	*vivir*
tú *(informal)*	¡no seas!	¡no te vayas!	¡no compres!	¡...**3**...!	¡...**4**...!
usted *(formal)*	¡no sea!	¡...**1**...!	¡...**2**...!	¡no beba!	¡no viva!

3 ¿Qué tipo de ropa prefieres llevar? 

Escucha los fragmentos de las conversaciones y apunta el tipo de ropa que prefiere llevar cada persona **1–6**.

Ejemplo **1** informal y moderna.

elegante
informal
hortera
cara
cómoda
como los demás
moderna
tipo sport
barata
de marca
original
punki

4 Encuesta

Trabaja en un grupo. Haz una encuesta.

¿Qué tipo de ropa prefieres llevar?

Prefiero llevar ropa original y punki.

5 ¿Cómo estás?

Empareja cada expresión **1–4** con la definición apropiada **a–d**.

1 Estoy anticuado/a.
2 Estoy a la moda.
3 Estoy a la última.
4 Estoy fuera de onda.
a No me interesa nada la ropa.
b Para mí es muy, muy importante ir a la moda.
c Para mí es bastante importante llevar ropa que está a la moda.
d No me parece importante estar a la moda.

OHT 20 ¿Qué tipo de ropa te gusta llevar? 20.2 ¿Eres ecologista o no?

6 ¿Estás a la moda?

a Lee las opiniones **1–14**. ¿Quién habla cada vez: Belén o Yessica?

Ejemplo **1** Yessica.

¿Crees que es importante estar a la moda, no?
Sí, creo que es muy importante no ser hortera.
No, no me interesa. Me da igual estar fuera de onda.

b Escucha la conversación. ¿Tienes razón?

1. *Compro mucha ropa moderna.*
2. *Siempre estoy a la última.*
3. *Prefiero llevar ropa informal.*
4. *Me gusta mucho la ropa punki porque es original.*
5. *Me da igual estar fuera de onda.*
6. *Me gusta llevar ropa tipo sport porque es cómoda.*
7. *No quiero parecer una amargada.*
8. *No soy muy enrollada.*
9. *Me da igual comprar ropa barata.*
10. *No llevo nunca ropa anticuada.*
11. *Me chifla comprar ropa de marca.*
12. *No me gusta comprar ropa cara.*
13. *No aguanto llevar ropa de marca.*
14. *Creo que es muy importante no ser hortera.*

7 Mi opinión

a Utiliza las opiniones de Yessica o de Belén y el cuadro siguiente para escribir una entrevista o un párrafo sobre la importancia de la moda.

Para mí no es importante estar a la moda ...

b Has ganado en la lotería. Haz una lista de la ropa que has comprado el año pasado. ¿Qué tipo de ropa te gusta llevar ahora?

¿Para ti / Crees que es importante estar a la moda?					
(Sí), (No),	para mí no creo que	es importante	estar	anticuado/a a la moda	a la última fuera de onda
Me da igual					
¿Qué tipo de ropa (no) te gusta llevar?					
(No) me gusta Prefiero Me da igual	llevar ropa	elegante moderna tipo sport informal	hortera barata cara punki	de marca original como los demás	

Los amigos están en el piso …
¿Qué hay, Raúl?
Estoy triste.
¿Quieres que ponga la televisión?
No, ¡no pongas la televisión! ¡No me hables!
¿Por qué?
Raúl quiere que Ana esté aquí.
Pero Ana está en Barcelona, con su novio.
Quiere que deje a su novio y que se quede con él.
¡Jiji! Raúl, ¿por qué no le dices a Ana que venga inmediatamente?
No te rías de Raúl, Pablo.
¿Por qué no le impides a Ana que se vaya a Barcelona?
¡No seas mala, Belén!
Raúl, ¿por qué no le escribes una carta a Ana?
Porque ella me tiene prohibido que le escriba o que le llame por teléfono.
Ah, ya veo por qué estás triste.
Sí … ¡Buaaah!
Raúl, siento que estés triste, pero no seas tonto.
Te aconsejo que tomes una aspirina.
Raúl, soy tu amiga y te prohibo que te pongas triste. Cuando termine el curso, mi madre irá a Bilbao con Iñaki.
Cuando se vaya de Madrid, quiere que yo busque una habitación para mí sola.
¿Ah sí?
¿Ah sí?
¿Quieres que le pida que me deje compartir piso con vosotros?
Ah, no sé … dile a tu madre que hable con Pablo y Belén.
Pablo y Belén no pueden impedir que yo viva aquí. Raúl, tú necesitas que yo esté contigo …
¿Ah sí?

8 ¡Pobre Raúl!

a **Haz una lista de todos los verbos en la conversación. Para cada verbo, apunta si es indicativo (I) o subjuntivo (S).**

Ejemplo Hay – I.

b **Busca en la conversación todas las expresiones que necesitan el subjuntivo.**

Ejemplo querer que …

20.3 The subjunctive (1)   20.4 The subjunctive (2)

Acción: lengua

positive and negative commands

Positive commands Repaso

- To form the *tú*, *usted* and *ustedes* commands, remove the **-o** of the *yo* form of the present tense before adding the endings. For the *vosotros* command, remove the **-ar**, **-er**, **-ir** of the infinitive before adding the endings.

			tú	*usted*	*ustedes*
-ar	(hablar)	> hablo	habl**a**	habl**e**	habl**en**
-er	(comer)	> como	com**e**	com**a**	com**an**
-ir	(escribir)	> escribo	escrib**e**	escrib**a**	escrib**an**

	vosotros	
(hablar)	habl**ad**	*speak!*
(comer)	com**ed**	*eat!*
(escribir)	escrib**id**	*write!*

- For irregular forms see Grammar 51.

1 Put this article back together to find the five keys to giving up smoking.

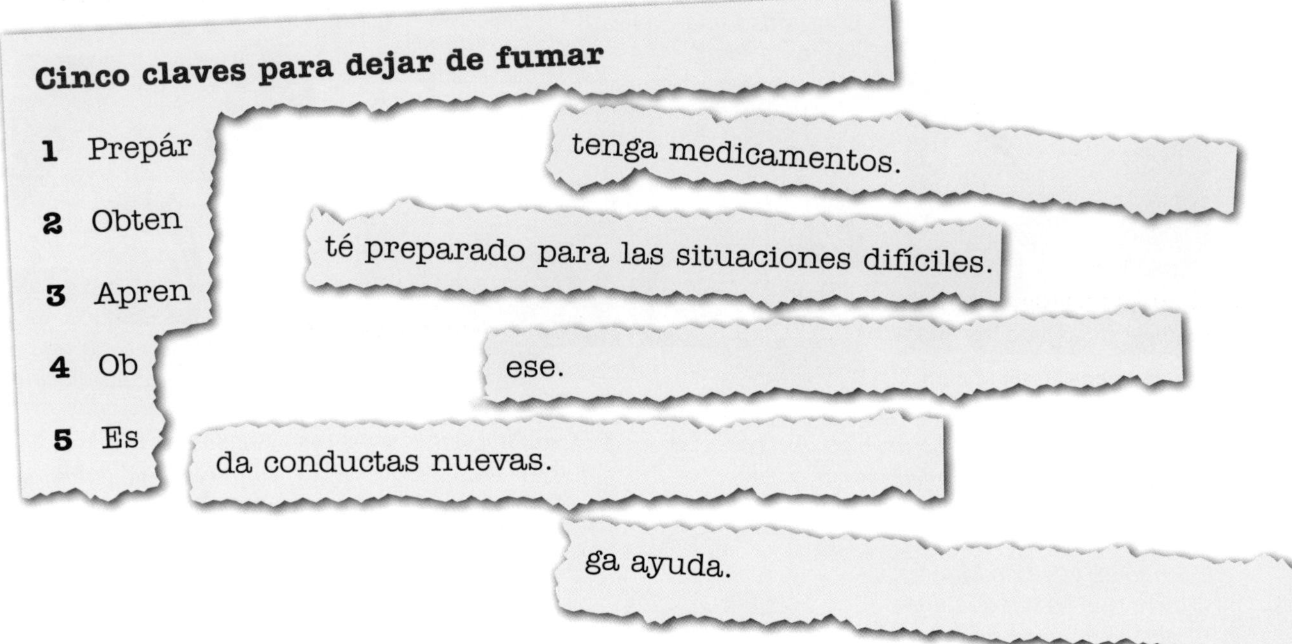
Cinco claves para dejar de fumar

1 Prepár
2 Obten
3 Apren
4 Ob
5 Es

tenga medicamentos.
té preparado para las situaciones difíciles.
ese.
da conductas nuevas.
ga ayuda.

2 Put the article in activity 1 back together and translate it into English.

Negative commands

- To form the negative commands, remove the **-o** of the *yo* form of the present tense before adding the endings.

Infinitivo	*Presente (yo)*	*tú*	*usted*	*vosotros*	*ustedes*	
(-ar) (pasar)	> pas**o**	no pas**es**	no pas**e**	no pas**éis**	no pas**en**	*don't pass!*
(-er) (comer)	> com**o**	no com**as**	no com**a**	no com**áis**	no com**an**	*don't eat!*
(-ir) (subir)	> sub**o**	no sub**as**	no sub**a**	no sub**áis**	no sub**an**	*don't go up!*

Irregulares		
ir *(to go)*	> no **vaya(s)**	*don't go!*
ser *(to be)*	> no **sea(s)**	*don't be!*
estar *(to be)*	> no **esté(s)**	*don't be!*

- For more examples see Grammar 52.

3 Pair up the two halves of each sentence. (Look at the picture story on page 200.)

1 ¡No bebas
2 ¡No llevas
3 ¡No estés
4 ¡No te vayas
5 ¡No compres
6 ¡No seas

a un piso allí, Mamá!
b egoísta, Yessica!
c fuera de onda, Raúl!
d a Bilbao, Mamá!
e ropa tan anticuada, Raúl!
f naranjada, Belén!

4 Write out the following sentences, putting the verbs in *italics* into the negative *usted* command form.

E.g. **1** No compre …

¿Es usted padre o madre? Para ser económico/a y ecológico/a …

1 No *(comprar)* ropa de marca: cuesta demasiado. Es un mal ejemplo para los niños.
2 No *(llevar)* telas sintéticas: hay que gastar mucha energía en fabricarlas.
3 No *(salir)* en coche cada día: es más ecológico ir en autobús.
4 No *(ir)* de vacaciones al extranjero: los aviones utilizan mucho carburante.
5 No se *(poner)* ropa cara: mucha gente no se lo puede permitir.
6 No *(hacer)* caso de los anuncios publicitarios: gastar más de lo necesario es tonto.

5a Match up the sentence halves to find the school's code of conduct.

E.g. No habléis.

5b You are opening the school to parents for a day. Rewrite the code of conduct in the *ustedes* form.

E.g. No hablen.

No habl	éis vaqueros.
No com	éis.
No llev	áis con un bolígrafo.
No olvid	áis chicle en clase.
No beb	éis el estuche.
No escrib	áis en clase.

6 Change each sentence so that it means the opposite, and write *Los diez mandamientos de un ser desinteresado* (using the *tú* form).

E.g. **1** No pienses solamente en ti mismo/a.

Los diez mandamientos de un ser egoísta

1 Piensa solamente en ti mismo/a.
2 No tengas en cuenta a los demás.
3 Vive sólo para satisfacer tus deseos.
4 No compartas tus cosas.
5 Cuenta chismes.
6 Haz alarde de tus notas académicas.
7 No ayudes a tu compañero/a de clase.
8 Atormenta a los niños menores.
9 Di tacos: ofende a la gente mayor.
10 ¡Sé egoísta!

Gramática

Nouns and articles

1 Nouns

A noun is a thing, person or place. A *car*, a *mother*, a *house* and *kindness* are nouns. In Spanish all nouns, whether things, people or places, are either masculine *(m)* or feminine *(f)*. Nouns can be singular (one) or plural (more than one). *A car* is singular *(s)*; *cars* are plural *(pl)*.

2 How to say 'a' and 'some' (indefinite articles)

There are two words for *a* in the singular: **un** *(m)(s)* and **una** *(f)(s)*. The plural forms mean *some*: **unos** *(m)(pl)* and **unas** *(f)(pl)*:

	(m)	*(f)*
(s)	**un**	**una**
(pl)	**unos**	**unas**

Examples:

un coche – ***a*** *car;* **una** casa – ***a*** *house*
unos coches – ***some*** *cars;* **unas** casas – ***some*** *houses*

3 How to say 'the' (definite articles)

There are two words for *the* in the singular: **el** *(m)(s)* and **la** *(f)(s)*. There are also two words for *the* in the plural: **los** *(m)(pl)* and **las** *(f)(pl):*

	(m)	*(f)*
(s)	**el**	**la**
(pl)	**los**	**las**

Examples:

el hermano – ***the*** *brother* **la** hermana – ***the*** *sister*
los hermanos – ***the*** *brothers* **las** hermanas – ***the*** *sisters*

4 Gender of nouns

In general, nouns which end in **-o** are masculine *(m)* (e.g. **el hermano**) and those ending in **-a** are feminine *(f)* (e.g. **la hermana**). But there are some common exceptions:

masculine nouns ending in **-a**		*feminine nouns ending in* **-o**	
el día	*the day*	la mano	*the hand*
el clima	*the climate*	la foto	*the photo*
el mapa	*the map*	la moto	*the motorbike*
el planeta	*the planet*		
el pijama	*the pyjamas*		
el problema	*the problem*		
el programa	*the programme*		
el sistema	*the system*		
el telegrama	*the telegram*		
el tema	*the theme, topic*		

The masculine articles **un** and **el** are used when they come directly before singular feminine nouns which begin with **a** or **ha** and have the stress on the first syllable. This is for the sake of the sound: the noun remains feminine.

un agua mineral fría *(f)* — *a cold mineral water*
hay **una** araña allí *(f)* — *there's a spider over there*

5 Making nouns plural

In English we usually add *-s (pens)* or *-es (boxes)*. The same happens in Spanish.

Words ending in a vowel (a, e, i, o, u): add **-s**
Words ending in a consonant: add **-es**
Words borrowed from English: add **-s** or **-es**

(s)	*(pl)*
carpeta	carpeta**s**
rotulador	rotulador**es**
club	club**s** / club**es**

Note also the following points about plural nouns:

1 An accent on a final vowel in the singular form disappears in the plural: e.g. jard**í**n > jard**i**nes.

2 A final letter **z** in the singular becomes **c** in the plural: e.g. lápi**z** > lápi**c**es.

3 A 'compound' noun (a noun made up of two or more words) has its plural ending on the first word: e.g. recambio de pluma > recambio**s** de pluma: *pen cartridge* > *pen cartridge**s***

4 Add **-es** to a word ending in **í**: un rub**í** > rub**íes**

6 Using definite and indefinite articles

In general, use indefinite and definite articles in Spanish where we use them in English:

¿Tienes **un** boli?	*Have you got a biro?*	¿Dónde están **los** libros?	*Where are **the** books?*

The definite article **el** followed by a verb in the infinitive can be used as a noun:

El beber mucho es malo para la salud. _ *Drinking a lot is bad for your health.*

Use the definite article with languages, except after the verb **hablar** *(to speak)* and, increasingly, **aprender** *(to learn)*:

El español es fácil.	_ *Spanish is easy.*	Hablo francés.	*I speak French.*

Use the definite article (**el** / **la** etc.) before titles (Mr, Dr, etc.) when talking *about* people, but do not use them if you are talking *to* a person:

El Señor Díaz es amable.	_ *Mr Díaz is kind.*	¡Buenos días, Señor Díaz!	*Hello, Mr Díaz!*

Use the definite article after **todo/a/os/as** *(all, every)*:

todo **el** tiempo	*all **the** time*	todos **los** días	*every day*

Do not use the definite article before the numbers of kings, queens, etc.:

la Reina Isabel _ segunda	*Queen Elizabeth **the** second*

Do not use the indefinite article (**un** / **una**) before jobs and nationalities on their own:

Es _ médica.	*She's **a** doctor.*	Es _ español.	*He's **a** Spaniard / He's Spanish.*

But you do use the article if the noun for the job or nationality has an adjective with it:

Es **una** médica excelente.	*She's **an** excellent doctor.*

Do not use the indefinite article with **otro/a/os/as** *(another)*, but you can use the definite article:

¿Tienes _ **otro** boli?	*Have you got **another** biro?*	**el otro** día	***the other** day*

You do not normally use the indefinite article after the verb **tener** *(to have)* in the negative. However, if you want to emphasise or contradict the meaning, then it *can* be used:

No tengo _ hermanos. — *I haven't got (any) brothers.*
No tengo **un** hermano, ¡sino cuatro! — *I haven't got one brother, but four!*

Prepositions

7 Common prepositions

These are the most commonly used prepositions and prepositional phrases:

a	*to, at*	**delante de**	*in front of*	**fuera de**	*outside*
al final de	*at the end of*	**dentro de**	*inside*	**hacia**	*towards*
al lado de	*beside, next to*	**desde**	*from*	**hasta**	*until, as far as*
alrededor de	*around*	**detrás de**	*behind*	**lejos de**	*far from*
cerca de	*near*	**en**	*in, on*	**para**	*for*
con	*with*	**encima de**	*on top of*	**por**	*by, for*
de	*of, from*	**enfrente de**	*opposite*	**sin**	*without*
debajo de	*below, under*	**entre**	*between*	**sobre**	*on, about*

¿Dónde está la cafetería? **Al final de** la calle. — *Where's the café? **At the end of** the street.*
Hace mucho frío **dentro de** la casa. — *It is very cold **inside** the house.*
El castillo no está **lejos de** mi casa. — *The castle is not **far from** my house.*

8 *Del* and *al*

De when followed by **el** becomes **del**. **A** when followed by **el** becomes **al**.

¿Está en **el** centro?	*Is it in **the** centre?*	Lejos **del** centro	*Far away **from the** centre*
¿Te gusta **el** cine?	*Do you like **the** cinema?*	Sí, voy mucho **al** cine.	*Yes, I go **to the** cinema a lot.*

9 *Por* and *para*

Use **para** in the following situations:

intention	El café es **para** él.	*The coffee is **for** him.*
destination	Salimos **para** el centro.	*We set out **for** the centre.*
purpose	Estudia **para** abogado.	*She's studying **to be** a lawyer.*
'given that'	Es comprensivo **para** un revisor.	*He's understanding, **for** a ticket-collector.*
'in order to'	Voy al instituto **para** aprender.	*I go to school **in order to** learn.*
specific future date / time	Lo necesito **para** pasado mañana.	*I need it **for** the day after tomorrow.*

Use **por** in the following situations:

'through / along'	Siga todo recto **por** la avenida.	*Carry straight on **along** the avenue.*
reason: 'for / because of'	La respeto **por** su inteligencia.	*I respect her **for** her intelligence.*
'to get'	Voy al supermercado **por** azúcar.	*I'm going to the supermarket **for** sugar.*
'by'	Fue escrito **por** mi mejor amigo.	*It was written **by** my best friend.*
'by (means of)'	Te lo mando **por** correo electrónico.	*I'll send it to you **by** e-mail.*
'in exchange for'	¡Seis euros **por** un refresco!	*Six euros **for** a cool drink!*
'per / a'	Cobran £2 **por** kilo.	*They charge £2 **per** kilo.*
indefinite time / place	Trabajó allí **por** muchos años.	*He worked there **for** many years.*

Both **por** and **para** can be used to express longer periods of future time:

Voy a Australia **para** un mes / **por** tres semanas. — *I'm going to Australia **for** a month / **for** three weeks.*

10 The personal *a*

There is no equivalent in English to the personal **a**. In Spanish it comes before a direct object, if the direct object is a particular person or persons. Pets are often 'personalised'.

¿Conoces **a** Curro? ¡Pues, vi **a** Curro con Emilia! — *Do you know _ Curro? Well, I saw _ Curro with Emilia!*

Tengo que sacar **al** perro. — *I have to take the dog out.*

Conjunctions

11 *Y* and *o*

When **y** *(and)* is followed by a word beginning with **i** or **hi** (but not **hie**), it changes to **e**:

una ciudad nueva **e** interesante — un pueblo antiguo **e** histórico

When **o** *(or)* is followed by a word beginning with **o** or **ho**, it changes to **u**:

siete **u** ocho chicos perezosos — ¿Hay un hostal **u** hotel por aquí?

12 *Pero* and *sino*

The usual word for *but* is **pero**:

Yo soy español, **pero** mi madre es inglesa. — *I'm Spanish, **but** my mother is English.*

Voy mañana, **pero** Ana va hoy. — *I'm going tomorrow, **but** Ana is going today.*

Use **sino** to mean *but* after a negative and when it suggests a contradiction:

No es antiguo **sino** nuevo. — *It's not old **but** new.*

No tiene uno, **sino** dos. — *He hasn't got one, **but** two.*

Adjectives

13 Forming adjectives

An adjective describes a noun: *new*, *big* and *industrial* are all adjectives. Dictionaries usually list adjectives in their masculine singular *(m)(s)* form: e.g. '**old** *adj.* viejo'.

The *endings* on adjectives change, depending on whether the noun they describe is masculine or feminine, singular or plural. This is called *agreeing*. The following table shows the patterns of endings for adjectives.

(m)(s)	*(f)(s)*	*(m)(pl)*	*(f)(pl)*	*Examples:*
-o	-a	-os	-as	blanc**o**, blanc**a**, blanc**os**, blanc**as**
-a	*no change*	+ s	+ s	optimist**a**, optimist**a**, optimist**as**, optimist**as**
consonant (e.g. l, s)	*no change*	+ es	+ es	azul, azul, azul**es**, azul**es**
-án	-ana	-anes	-anas	catalán, catalan**a**, catalan**es**, catalan**as**
-ón	-ona	-ones	-onas	glotón, gloton**a**, gloton**es**, gloton**as**
-ol	-ola	-oles	-olas	español, español**a**, español**es**, español**as**
-és*	-esa	-eses	-esas	inglés, ingles**a**, ingles**es**, ingles**as**
-or**	-ora	-ores	-oras	hablador, hablador**a**, hablador**es**, hablador**as**

* **Cortés** follows the pattern of **azul**: it does not add **-a** in the feminine singular and adds **-es** in the feminine plural.

** Comparatives ending in **-or** also follow the pattern of **azul**.

Adjectives of colour ending in **-a** (e.g. **lila**, **rosa**, **naranja**) are invariable – their endings do not change:

(s) un jersey **naranja**, una falda **rosa** — *(pl)* dos jerseys **naranja**, tres faldas **rosa**

Adjectives of colour followed by **claro**, **oscuro**, **marino**, **vivo**, etc. are also invariable:
(s) un jersey **azul claro**, una falda **azul claro** *(pl)* jerseys **azul claro**, faldas **azul claro**

Cada, meaning *each / every*, is invariable as well:
(m) **Cada** chico tiene dos horas de gimnasia. *(f)* ¿**Cada** chica tiene dos horas también?

Marrón *(brown)* is the same in the masculine and feminine singular, and becomes **marrones** in the plural:
(s) un zapato **marrón**, una chaqueta **marrón** *(pl)* zapatos **marrones**, chaquetas **marrones**

14 Using adjectives

Adjectives must still 'agree' with the noun they describe, even if the two words are not next to each other in the sentence:
La **chica** es, en mi opinión, **perezosa**. Mis **hermanas** son **mayores** que yo.

The following adjectives lose their final **-o** before a masculine singular noun:

bueno	> buen	¿Pablo es bueno? Sí, es un **buen** chico.
malo	> mal	¡Qué malo! Sí, es un **mal** día para nosotros.
primero	> primer	¿Quién va primero? Yo soy el **primer** chico.
tercero	> tercer	¿El tercero, quién es? El **tercer** candidato es Marcos.
ninguno	> ningún	¿Ninguno de los hermanos está? No, no veo a **ningún** chico.
alguno	> algún	¿**Algún** chico puede venir? Sí, alguno de la otra clase.

Grande loses its final **-de** before either a masculine or a feminine singular noun:
Sevilla tiene una **gran** catedral.

The *position* of adjectives is different in Spanish; they usually *follow* the noun. In English, they come before it.

vaqueros **azules**	***blue** jeans*
un chico **gracioso**	*a **witty** boy*
una chica **inteligente**	*an **intelligent** girl*
notas **malas**	***bad** marks*

Some adjectives change meaning, depending on whether they come before or after the noun:

	before the noun	*after the noun*	*Examples:*
antiguo	*former*	*old, ancient*	un **antiguo** profe, una ciudad **antigua**
gran / grande	*great*	*big*	un **gran** problema, una casa **grande**
medio	*half*	*average*	**media** hora, la temperatura **media**
nuevo	*new, another*	*(brand) new*	un **nuevo** desastre, un coche **nuevo**
pobre	*poor (wretched)*	*poor (no money)*	¡el **pobre** chico!, la gente **pobre**
varios	*several*	*assorted, various*	**varios** estudiantes, discos **varios**

Use **lo** before an adjective to mean *the … thing*:
Lo importante (es que ...). ***The important thing** (is that ...).* Eso es **lo bueno**. *That's **the good thing**.*

Comparatives

15 More / Less than ...

When *comparing* nouns *(more ..., less ...)* use the following:

más ... que ...	*more ... than ...*	Hay **más** chicas **que** chicos en mi clase.
menos ... que ...	*less ... than ...*	Hay **menos** basura en el pueblo **que** en la ciudad.

You can also use **más** / **menos ... que ...** with adjectives. Remember to make the adjective agree with the noun it describes:

Mi amiga es **más alta que** yo.	*My friend is **taller than** me.*
¿Los chicos son **más inteligentes**? ¡Qué va!	*Are boys **more intelligent**? No way!*

16 Special comparative forms

Special comparative forms are: **mejor** *(better)*, **peor** *(worse)*, **mayor** *(older, greater)*, **menor** *(younger, lesser)*. These adjectives do not change in the feminine singular and add **-es** in both masculine and feminine plural (see section 13).

Este pan es bueno – pero el pan integral es **mejor**.	*This bread is good – but wholewheat bread is **better**.*
Ese chico es malo – y su hermana es **peor**.	*That boy is bad – and his sister is **worse**.*
Mi hermana es **mayor** que yo.	*My sister is **older** than me.*
Mis hermanos son **menores** que yo.	*My brothers are **younger** than me.*
Londres es de **mayor** importancia que Brighton.	*London is of **greater** importance than Brighton.*
¿Cuál es el **menor** de dos males?	*Which is the **lesser** of two evils?*

Note that in English we sometimes use *big* and *little* when we mean *older* and *younger*: Spanish uses **mayor** / **menor**.
Mi hermano **mayor** se llama Enrique. — *My **big** brother (My **older** brother) is called Enrique.*
Mi hermana **menor** se llama Irene. — *My **little** sister (My **younger** sister) is called Irene.*

17 As ... as ...

To say *as ... as ...*, use **tan** with adjectives and **tanto** with nouns:

tan ... como ...	*as (adjective) as ...*
tanto ... como ...	*as much (noun) as ...*

Yo no soy **tan** estúpido **como** tú.
No hay **tanto** ruido aquí **como** en la capital.

Tanto is itself an adjective (**tanto/a/os/as**) and so must agree with the noun it describes:
No hay **tanta** gente aquí hoy **como** ayer. — No hay **tantos** papeles en el suelo **como** antes.

Superlatives

18 The superlative

The *superlative* in English ends in *-est (happiest, easiest)*, or we use *most* / *least* before the adjective (e.g. *most difficult)*. In Spanish, use **el** / **la** / **los** / **las** before the comparative **más** / **menos**:

el castillo **más** grande — ***the** biggest castle*
los ruidos **más** horribles — ***the most** awful noises*
la ciudad **menos** bonita — ***the least** pretty town*
las uvas **más** dulces — ***the** sweet**est** grapes*

Spanish uses **de** after the superlative where English uses *in*:
Esta ciudad es la más bonita **de** la región. — *This town is the prettiest **in** the area.*

The special comparative forms (section 16 above) are also used in the superlative:
Estos deberes son **los peores** de la clase. — *This homework is **the worst** in the class.*

Use **lo mejor** and **lo peor** to mean *the best (thing), the worst (thing)*:
Lo mejor es que hay una sauna y un jacuzzi. — ¡**Lo peor** es que no funcionan!

19 Very / A lot

Very is expressed by **muy** and *very much* / *a lot* by **mucho**:
Estoy **muy** cansado. — *I'm **very** tired.*
Me gusta **mucho** la carne. — *I like meat **very much** / **a lot**.*

If you want an even stronger expression *(a great deal, enormously)* use **muchísimo**. (You cannot use **muy** with **mucho**.)
Me gusta **muchísimo** esta paella. — *I like this paella **a great deal** / **enormously**.*

Muchísimo can also be used as an adjective – make sure its ending agrees with the noun it describes (see section 13 above):

(m)(s)	Él tiene **muchísimo** dinero.	*(m)(pl)*	Hay **muchísimos** extranjeros en Londres.
(f)(s)	Hay **muchísima** gente en la playa.	*(f)(pl)*	El libro tiene **muchísimas** páginas.

Add -**ísimo/a/os/as** to an adjective to intensify its meaning. In English, we would say *very* or *extremely*:
¿La chica es **popular**? Es **popularísima**. — *Is the girl **popular**? She's **very popular**!*
¿Es **difícil**? Es **dificilísimo**. — *Is it **difficult**? It's **extremely difficult**.*

Adjectives ending in a vowel lose it before **-ísimo**:
guapo > (guap) > guap**ísimo** — Es un chico guap**ísimo** – y simpático también.

In adjectives which end in **-ico**, the letter **c** is replaced by **qu**:
ri**c**o > un hombre ri**qu**ísimo — simpáti**c**o > una chica simpati**qu**ísima

Indicating possession

20 Using *de*

In English, we use *-'s* to indicate possession: e.g. *John's brother, Katy's tracksuit*. In Spanish, use **de**; note that you have to say the equivalent of *the brother of John, the tracksuit of Katy*:
el hermano **de** John, el chándal **de** Katy — *John**'s** brother, Katy**'s** tracksuit*

Possessive adjectives and pronouns

21 My, your, etc. (possessive adjectives)

My, your, his, etc. are possessive adjectives. They are used with nouns. In Spanish, the possessive adjectives are as follows:

	(m)(s)	*(f)(s)*	*(m)(pl)*	*(f)(pl)*
my	**mi**	**mi**	**mis**	**mis**
your (sing. informal)	**tu**	**tu**	**tus**	**tus**
his, her, your (sing. formal)	**su**	**su**	**sus**	**sus**
our	**nuestro**	**nuestra**	**nuestros**	**nuestras**
your (pl. informal)	**vuestro**	**vuestra**	**vuestros**	**vuestras**
their, your (pl. formal)	**su**	**su**	**sus**	**sus**

Since they are adjectives, they agree with the noun they describe (see sections 13–14):

¿Tienes **mi** cuaderno? *(m)(s)* — *Have you got **my** exercise book?*
Nuestra madrastra no vive con nosotros. *(f)(s)* — ***Our** stepmother doesn't live with us.*
¿Cómo se llaman **tus** hermanos? *(m)(pl)* — *What are **your** brothers called?*
Vuestras tías son muy simpáticas. *(f)(pl)* — ***Your** aunts are very nice.*

Where it is not clear whether **su** means *his, her, your* or *their*, use the definite article (**el** / **la** / **los** / **las**) followed by **de** and the appropriate pronoun (section 34):

Ángela busca su sombrero – **el** sombrero **de ella**. — *Angela's looking for **her** hat.*
¿La mochila? Es **la** mochila **de él** – es de Paco. — *The rucksack? It's **his** rucksack – it's Paco's.*

22 Mine, yours, etc. (possessive pronouns)

A pronoun replaces a noun: possessive pronouns in English are *mine, yours, his, hers*, etc. In Spanish, they are as follows:

	(m)(s)	*(f)(s)*	*(m)(pl)*	*(f)(pl)*
mine	**el mío**	**la mía**	**los míos**	**las mías**
yours (sing. informal)	**el tuyo**	**la tuya**	**los tuyos**	**las tuyas**
his, hers, yours (sing. formal)	**el suyo**	**la suya**	**los suyos**	**las suyas**
ours	**el nuestro**	**la nuestra**	**los nuestros**	**las nuestras**
yours (pl. informal)	**el vuestro**	**la vuestra**	**los vuestros**	**las vuestras**
theirs, yours (pl. formal)	**el suyo**	**la suya**	**los suyos**	**las suyas**

Possessive pronouns also agree with the noun they replace:

Yo tengo mi bolso – no **el tuyo**. *(m)(s)* — *I've got my bag – not **yours**.*
Aquí tienes tu carpeta – ¿dónde está **la mía**? *(f)(s)* — *Here's your folder – where's **mine**?*
¿Los billetes? No he visto **los vuestros**. *(m)(pl)* — *The tickets? I haven't seen **yours**.*
¿Las entradas al cine? Sí, he perdido **las nuestras**. *(f)(pl)* — *The cinema tickets? Yes, I've lost **ours**.*

After the verb **ser** *(to be)*, the definite article (**el** / **la** / **los** / **las**) is omitted:

¿De quiénes son los guantes? Son _ **nuestros**. *(m)(pl)* — *Whose are the gloves? They're **ours**.*
¿Las gafas son de Marta? Sí, son _ **suyas**. *(f)(pl)* — *The glasses are Marta's? Yes, they're **hers**.*

Demonstrative adjectives and pronouns

23 This, that, etc. (demonstrative adjectives)

Demonstrative adjectives are followed by a noun: e.g. *this house, those curtains.* In English, they are *this* / *these* and *that* / *those*. In Spanish they are as follows:

	(m)(s)	*(f)(s)*
this	**este**	**esta**
that	**ese**	**esta**
that … over there	**aquel**	**aquella**

	(m)(pl)	*(f)(pl)*
these	**estos**	**estas**
those	**esos**	**esas**
those … over there	**aquellos**	**aquellas**

Since they are adjectives, they agree with the noun they describe (see sections 13–14):

¡No aguanto **este** queso! *(m)(s)* — *I can't stand **this** cheese.*
¿Ves **aquella** chica? ¡Qué guapa es! *(f)(s)* — *Do you see **that** girl **over there**? How pretty she is!*
Esos porrones son muy caros. *(m)(pl)* — ***Those** wine jugs are very expensive.*
No me gustan **estas** peras. *(f)(pl)* — *I don't like **these** pears.*

24 This one, that one, etc. (demonstrative pronouns)

Demonstrative pronouns in English are *this one / these ones, that one / those ones.* They replace a noun: e.g. *I don't like that jumper, I prefer **this one**.* In Spanish, the pronouns take the same form as the demonstrative adjectives (section 23 above), except that they have an accent: e.g. **éste**, **ésa**, **aquél**.

Ese plato no me gusta – prefiero **éste**. *(m)(s)*	*I don't like that plate – I prefer **this one**.*
Ésa es la mejor de las bolsas. *(f)(s)*	***That one** is the best of the bags.*
¿Jarros? **Aquéllos** son baratos. *(m)(pl)*	*Jugs? **Those (ones) over there** are cheap.*
No quiero **ésas**: odio las camisetas blancas. *(f)(pl)*	*I don't want **those (ones)**: I hate white T-shirts.*

Use **esto** *(this)* and **eso** / **aquello** *(that)* to describe a general thing or idea:

¿Qué es **esto**?	*What's **this**?*
¿Qué opinas de todo **eso**?	*What do you think about all **that**?*

Relative pronouns

25 *Que ...*

Que means *which*, *who* or *that*, and refers to something or someone that has already been mentioned in the sentence:

El chico **que** acaba de entrar es mi novio.	*The boy **who** has just come in is my boyfriend.*
La postal **que** escribo es para Nuria.	*The postcard **which** / **that** I'm writing is for Nuria.*

26 *Lo que ...*

Lo que means *what* or *the thing that* when referring to something general:

¡**Lo que** quiero es un poco de paz!	***What** / **The thing that** I want is a bit of peace!*

27 *Cuyo ...*

Cuyo/a/os/as is the equivalent of *whose* in English. Since it is an adjective, it must agree with the noun which comes after it (see section 14):

La joven, **cuyo** padre es inglés ...	*The girl, **whose** father is English ...*
El señor, **cuyas** hijas son tan dotadas ...	*The gentleman, **whose** daughters are so gifted ...*

Object pronouns

28 Direct object pronouns

Direct object pronouns in English are words like *it, them*, etc.:
*Where is your exercise book? I've lost **it**. And your felt pens? I can't find **them** either.*
*What's the matter? Did he hit **you**? Just wait till I find **him**!*

In Spanish, they are as follows. Note that object pronouns usually come before the verb, unlike in English:

me	**me**	
you (tú)	**te**	
him / it (m)	**le, lo**	
her / it (f)	**la**	
you (usted)	**le** *(m)*,	**la** *(f)*
us	**nos**	
you (vosotros)	**os**	
them (m)	**les, los**	
them (f)	**las**	
you (ustedes)	**les** *(m)*,	**las** *(f)*

Examples:
¿Quién **te** pegó? ¿Juan? Sí, ¡Juan **me** pegó!
*Who hit **you**? Juan? Yes, Juan hit **me**!*

¿El coche? No **lo** vi. ¿Marcos? **Le** mató. ¿Y Rosa? **La** hizo daño.
*The car? I didn't see **it**. Marcos? It killed **him**. And Rosa? It injured **her**.*

¡Rafa, la profesora **nos** mira! ¡Rafa y Ana, **os** voy a castigar!
*Rafa, the teacher's watching **us**! Rafa and Ana, I'm going to punish **you**!*

La falda es bonita. Me **la** llevo.	*The skirt is pretty, I'll take **it**.*
¿Quién **le** lleva a la estación, señor?	*Who is taking **you** to the station, sir?*
Señoras, ¿**las** acompaño?	*Ladies, shall I accompany **you**?*
Las sandalias no me quedan bien. No **las** compro.	*The sandals don't fit. I'm not buying **them**.*

It is common to use **le(s)** when referring to male people and **lo(s)** when referring to masculine objects. The feminine **la** is generally used for both people and objects.

¿Miguel? No **le** vi. — *Miguel? I didn't see* ***him****.*
No tengo tu boli. **Lo** dejé en la mesa. — *I haven't got your biro. I left* ***it*** *on the table.*
¿La toalla? **La** metí en la maleta. — *The towel? I put* ***it*** *in the suitcase.*

29 Indirect object pronouns

In English, indirect object pronouns usually have the word *to* (or sometimes *for* or *from*) in front of them: e.g. *to me, to you, to him, to her*. But *to, for, from* can be left out:
The homework? Yes, he gave ***me*** *it (= gave it* ***to me****) yesterday.*
Is this Michael's bag? Yes, please give ***him*** *the Spanish book (= give the book* ***to him****) which is inside.*
He's got my bag! He stole it ***from me****!*

In Spanish, the indirect object pronouns are as follows:

to me	**me**
to you (tú)	**te**
to him	**le**
to her	**le**
to you (usted)	**le**
to us	**nos**
to you (vosotros)	**os**
to them (m)	**les**
to them (f)	**les**
to you (ustedes)	**les**

Examples:
Maite ¿**me** pasas el boli? — *Maite, can you pass* ***me*** *the biro?*
¿**Te** doy el rojo? — *Shall I give* ***you*** *the red one?*
¿Reyes? **Le** escribe todos los días. — *Reyes? She writes* ***to him*** *every day.*
Curro no **le** telefonea nunca. — *Curro never telephones* ***her****.*
¿Qué **le** puedo ofrecer? — *What can I offer* ***you****?*
No **nos** hablan – ¡qué estúpidos! — *They're not talking* ***to us*** *– how silly!*
Os doy el dinero el sábado. — *I'll give* ***you*** *the money on Saturday.*
¿A los chicos? ¡No **les** digas nada! — *The boys? Don't tell* ***them*** *anything!*
El padre de las chicas **les** lee un cuento. — *The girls' father is reading* ***them*** *a story.*
Les mando los informes mañana. — *I'll send* ***you*** *the information tomorrow.*

Note that in Spanish, even when a person's name is mentioned, the corresponding object pronoun also appears in the sentence:
¿A María o a Luis? **Le** di el recado **a Luis**. — *To María or Luis? I gave the message* ***to Luis****.*

Where it is not clear to whom the indirect object pronoun refers, add **a** + name, or **a** + disjunctive pronoun (see section 34):
Le llevo en coche **a Lorenzo**. — *I'm taking* ***Lorenzo*** *by car.*
Felix e Inma estaban allí: **le** hablé **a él**, pero no **a ella**. — *Felix and Inma were there: I spoke* ***to him****, but not* ***to her****.*

30 Position of direct and indirect object pronouns

Object pronouns normally come before the verb in the sentence, but they follow the **no** if there is one:
Le mandé una postal – **no le** mandé una carta larga. — *I sent* ***her*** *a postcard – I did****n't*** *send* ***her*** *a long letter.*

In the perfect or pluperfect tense, where there are two parts to the verb (part of **haber** and the past participle – see sections 46–47), the object pronouns come before the part of **haber**:
¿Las aceitunas? No **las** he probado nunca. — *Olives? I've never tried* ***them****.*

With positive commands, the object pronoun is added to the end of the command form:
¡Da**me** el dinero ahora mismo! — *Give* ***me*** *the money right now!*

Where the command form by itself has more than one syllable, it will need an accent to keep the stress pattern:
Come la sopa – ¡**có**me**la** toda! — *Eat the soup – eat* ***it*** *all up!*

The same is true when using the gerund **-ando/-iendo** (section 39). When an object pronoun is added to the end of the gerund, it needs an accent to keep the stress pattern:
¿La tarta? Le vi a Juan en el jardín, comi**é**ndo**la**. — *The tart? I saw Juan in the garden, eating* ***it****.*

When using the continuous tenses (part of **estar** + gerund, section 44), the object pronoun can either come before the part of **estar** or be added to the end of the gerund:
La está comiendo Juan / Juan está comi**é**ndo**la**. — *Juan is eating* ***it****.*

When there is an infinitive in the sentence, the object pronoun can either come before the auxiliary verb or be added to the end of the infinitive:
¿**Me** vas a llamar? / ¿Vas a llamar**me**? — *Are you going to call* ***me****?*

31 Using direct and indirect object pronouns together

Where two pronouns are used together, the indirect object pronoun comes first in Spanish:
Mi amiga **me lo** explicó todo. — *My friend explained* ***it*** *all to* ***me****.*
¿Los cuadernos? El profe **nos los** dió. — *The exercise books? The teacher gave* ***them*** *to* ***us****.*

To avoid two pronouns beginning with the letter **l** coming together (e.g. **le** + **lo**, **les** + **la**), the indirect object pronoun changes to **se**:
¿Dani quiere el disco compacto? **Se lo** doy mañana. (le lo) — *Dani wants the CD? I'll give* ***it to him*** *tomorrow.*
¿Las entradas? **Se las** daré **a ella** esta tarde. (le las) — *The tickets? I'll give* ***them to her*** *this afternoon.*

Pairs of indirect and direct object pronouns may be added to the end of command forms, gerunds and infinitives in the same way as single pronouns (section 30). When two pronouns are added to an infinitive, an accent is needed to keep the stress pattern:
¿Puede cambiár**melo**? *Can you change **it for me**?*

Interrogatives

32 Question words

Question words in Spanish always have an accent:

¿qué?	*what?*	**¿cuánto/a?**	*how much?*
¿cuándo?	*when?*	**¿cuántos/as?**	*how many?*
¿dónde?	*where?*	**¿cuál(es)?**	*which?*
¿adónde?	*where ... to?*	**¿quién(es)?**	*who?*
¿cómo?	*how? what ... like?*	**¿a quién(es)?**	*to whom?*
¿por qué?	*why?*	**¿de quién(es)?**	*whose?*

¿**Adónde** vas esta tarde? *__Where__ are you going __to__ tonight?*
¿**Cuánto** es? ¿**Cuánto** le debo? *__How much__ is it? __How much__ do I owe you?*
¿**Cómo** es tu hermano? ¿Es alto? *__What__ is your brother __like__? Is he tall?*

Quién / **Quiénes** and **cuál** / **cuáles** are used in both singular and plural:
¿**Con quién** hablo? *__To whom__ am I speaking? (one person)*
¿**Quiénes** quieren ir a la piscina? *__Who__ wants to go to the pool? (more than one)*
¿**Cuál** de los programas te gusta más? *__Which (one)__ of the programmes do you like best?*
¿**Cuáles** son tus películas favoritas? *__Which__ are your favourite films?*

Cuánto is an adjective and so has to agree with the noun to which it refers. It has four possible forms: **cuánto**, **cuánta**, **cuántos**, **cuántas**.
¿**Cuánta pintada** hay en la pared? *__How much graffiti__ is there on the wall?*
¿**Cuántos alumnos** hay en tu instituto? *__How many pupils__ are there in your school?*

Verbs

33 Infinitives

A verb conveys an action: *to open, to have, to go out* are all verbs in their 'infinitive' form. Spanish has three types of infinitive: verbs ending in **-ar** (e.g. **hablar**, *to speak*), **-er** (e.g. **comer**, *to eat*) and **-ir** (e.g. **vivir**, *to live*).

34 I, you, etc. (subject pronouns)

English adds *I, you, we*, etc. to a verb to show who is doing the action: ***I** learn a lot; **you** learn fast!; **we** learn French.* Note that Spanish has four words for *you*: **tú**, **usted**, **vosotros/as**, **ustedes**.

yo	*I*	
tú	*you*	*(familiar, singular – a person you know well, a familiar relationship)*
él	*he*	
ella	*she*	
usted	*you*	*(formal, singular – a person you don't know, a formal relationship)*
nosotros/as	*we*	
vosotros/as	*you*	*(familiar, plural – people you know well, a familiar relationship)*
ellos	*they*	*(male)*
ellas	*they*	*(female)*
ustedes	*you*	*(formal, plural – people you don't know, a formal relationship)*

Subject pronouns are often left out in Spanish:
Vivo en Burton. ***I live** in Burton.*
¿**Hablas** español? ***Do you speak** Spanish?*

They are only used for emphasis or to make something clear:
¿Vives en York? Pues, **yo** vivo en Hull. *Do you live in York? Well, **I** live in Hull.*
¿Los gemelos? **Ella** no trabaja – pero **él**, sí. *The twins? **She** doesn't work, but **he** does.*

Use **nosotras** / **vosotras** for an exclusively female group (girls / women only). Use **nosotros / vosotros** for an exclusively male group (boys / men only) or where there is a mixture of male and female:
Ana y María, ¿salís? Sí, **nosotras** vamos al bar. *Ana and María, are you going out? Yes, **we're** going to the bar.*

¿Y **vosotros**, Juan y Pedro? — *What about **you**, Juan and Pedro?*
¿Qué queréis hacer **vosotros**, Nuria y Miguel? — *What do **you** want to do, Nuria and Miguel?*

Disjunctive pronouns are pronouns that can stand by themselves. They are most often used after prepositions. They have the same form as the subject pronouns above, except that **yo** becomes **mí** and **tú** becomes **ti**:

Para **mí**, un café; y ¿para **ti**? — *A coffee for **me**; and for **you**?*
A **él** no le interesa el fútbol. — *He isn't interested in football. (Football has no interest for **him**.)*

When combined with **con**, **mí** and **ti** change to **conmigo** and **contigo**:

¿Quieres ir **conmigo**? — *Do you want to go **with me**?*

35 The present tense: regular verbs

The present tense is used

– to say what we usually do — *I **eat** sandwiches at lunchtime. (What **do you eat**?)*
– to say what we are doing right now — *I **am eating** in the canteen. (Where **are you eating** today?)*
– to emphasise what we do — *I **do eat** fish, but not meat. (**Do you eat** fish?)*

The endings on English verbs change: *I eat a packed lunch, he eat**s** school dinners, Alison eat**s** at home.* The endings on Spanish verbs also change. The present tense endings are:

	habl**ar** *(to speak)*	com**er** *(to eat)*	viv**ir** *(to live)*
(yo)	habl**o**	com**o**	viv**o**
(tú)	habl**as**	com**es**	viv**es**
(él / ella / usted)	habl**a**	com**e**	viv**e**
(nosotros)	habl**amos**	com**emos**	viv**imos**
(vosotros)	habl**áis**	com**éis**	viv**ís**
(ellos / ellas / ustedes)	habl**an**	com**en**	viv**en**

Examples:

Hablo inglés. — ***I speak** English.*
¿Qué **comes**? — *What **do you eat**?*
Juan **vive** en Madrid. — *Juan **lives** in Madrid.*
Ana no **come** carne. — *Ana **doesn't eat** meat.*
¿**Habla** usted griego? — *Do you **speak** Greek?*
Vivimos en Londres. — *We **live** in London.*
Coméis pescado, ¿no? — *You **eat** fish, don't you?*
Hablan francés. — *They **speak** French.*
Viven cerca. — *They **live** nearby.*
¿**Comen** ustedes todo? — *Do you **eat** everything?*

36 The present tense: irregular verbs

The following verbs are irregular in the first person (**yo**) form, but otherwise have regular endings:

dar*	*to give*	(yo) **Doy** regalos en Navidad.	***I give** presents at Christmas.*
conducir	*to drive, lead*	(yo) **Conduzco** un Nissan.	***I drive** a Nissan.*
conocer	*to know (a person)*	(yo) **Conozco** a Inigo.	***I know** Iñigo.*
hacer	*to do, to make*	(yo) **Hago** muchos errores.	***I make** lots of mistakes.*
poner	*to put, set, lay*	(yo) **Pongo** la mesa.	***I set** the table.*
saber	*to know (facts)*	(yo) **Sé** mucho de eso.	***I know** a lot about that.*
salir	*to go out*	(yo) **Salgo** al cine.	***I'm going out** to the cinema.*
traer	*to bring*	(yo) **Traigo** malas noticias.	***I bring** bad news.*
ver	*to see, watch*	(yo) **Veo** mucho la tele.	***I watch** a lot of TV.*

* The **vosotros** form of **dar** is **dais**: it does not have an accent.

The following common verbs are irregular:

	ir *(to go)*	**ser*** *(to be)*	**estar*** *(to be)*
(yo)	**voy**	**soy**	**estoy**
(tú)	**vas**	**eres**	**estás**
(él / ella / usted)	**va**	**es**	**está**
(nosotros)	**vamos**	**somos**	**estamos**
(vosotros)	**vais**	**sois**	**estáis**
(ellos / ellas / ustedes)	**van**	**son**	**están**

Examples:

Voy mucho al cine. — ***I go** to the cinema a lot.*
Eres deportista, ¿verdad? — ***You're** sporty, aren't you?*
Sí, Juan **está** aquí. — *Yes, Juan **is** here.*
Mi amigo **va** a España. — *My friend **is going** to Spain.*
Mi hermana **es** alta. — *My sister **is** tall.*
Vamos al parque. — ***We are going** to the park.*
¿**Sois** hermanos? — ***Are you** brothers?*
Los chicos **están** en casa. — *The lads **are** at home.*
Son primos. — ***They are** cousins.*
Las niñas **van** a la cama. — *The girls **are going** to bed.*

* See section 60 on when to use **ser** and **estar**.

37 The present tense: stem-changing verbs

Some verbs also have changes in their stem (the part that is left when the **-ar**/**-er**/**-ir** ending is removed). The present tense patterns are:

	o/u > ue p**o**der *(to be able to)*	**e > ie** pref**e**rir *(to prefer)*	**e > i** p**e**dir *(to ask for / order)*
(yo)	p**ue**do	pref**ie**ro	p**i**do
(tú)	p**ue**des	pref**ie**res	p**i**des
(él / ella / usted)	p**ue**de	pref**ie**re	p**i**de
(nosotros)	podemos	preferimos	pedimos
(vosotros)	podéis	preferís	pedís
(ellos / ellas / ustedes)	p**ue**den	pref**ie**ren	p**i**den

Examples:

No **puedo** jugar.	***I'm*** *not* ***able*** *to play.*
¿Qué **prefieres**?	*What* ***do you prefer****?*
Él **pide** ayuda.	*He* ***is asking*** *for help.*
Ana **puede** venir.	*Ana* ***can / is able*** *to come.*
¿**Podemos** ir?	***Can we*** *go?*
Preferís té, ¿no?	***You prefer*** *tea, don't you?*
Prefieren ir a pie.	***They prefer*** *to walk.*
¿Qué **piden** ustedes?	*What* ***are you ordering****?*

o/u > ue	almorzar	*to have lunch*	doler	*to hurt*	morir	*to die*
	aprobar	*to pass (exam)*	dormir	*to sleep*	soler	*to be used to*
	contar	*to tell*	encontrar	*to find*	torcer	*to turn, twist*
	costar	*to cost*	jugar	*to play*	volver	*to return*
e > ie	cerrar	*to close, shut*	helar	*to freeze*	querer	*to want to, love*
	comenzar (a)	*to begin (to)*	merendar	*to have a snack*	recomendar	*to recommend*
	empezar (a)	*to start (to)*	nevar	*to snow*	sentir	*to feel, be sorry*
	entender	*to understand*	pensar	*to think*	tener*	*to have*
	fregar	*to wash up*	perder	*to lose*	venir*	*to come*
e > i	competir	*to compete*	elegir	*to select*	servir	*to serve*
	conseguir	*to achieve*	repetir	*to repeat*	vestir	*to dress*
	corregir	*to correct*	seguir	*to follow*		

* (yo) **tengo**, (yo) **vengo**

38 The present tense: reflexive verbs

The infinitive form of reflexive verbs, given in the dictionary, ends in **-se** (e.g. **levantarse** – *to get up*). They tend to indicate an action done to oneself (e.g. *to get up* = *to get oneself up*).

	levantar**se** *(to get up)*	
(yo)	**me**	levanto
(tú)	**te**	levantas
(él / ella / usted)	**se**	levanta
(nosotros)	**nos**	levantamos
(vosotros)	**os**	levantáis
(ellos / ellas / ustedes)	**se**	levantan

Examples:

Me levanto temprano.	***I get up*** *early.*
¿A qué hora **te levantas**?	*What time* ***do you get up****?*
Antonio siempre **se levanta** tarde.	*Antonio always* ***gets up*** *late.*
Mi hermana **se levanta** a las ocho.	*My sister* ***gets up*** *at eight.*
¿Cuándo **se levanta** usted?	*When* ***do you get up****?*
¡**Nos levantamos** ahora, Mamá!	***We're getting up*** *now, Mum!*
¿No **os levantáis** hoy?	***Aren't you getting up*** *today?*
Mis padres **se levantan** a las seis.	*My parents* ***get up*** *at six.*
Mis hermanas **se levantan** a la una.	*My sisters* ***get up*** *at one.*
Ustedes **se levantan** muy temprano.	***You get up*** *very early.*

This is a list of common reflexive verbs. Stem changes are indicated in brackets:

aburrirse	*to be bored*	dormirse (ue)	*to go to sleep*	llamarse	*to be called*
acostarse (ue)	*to go to bed*	ducharse	*to have a shower*	pararse	*to stop*
afeitarse	*to shave*	examinarse	*to take an exam*	peinarse	*to brush one's hair*
alojarse	*to stay*	hacerse	*to become*	ponerse	*to put on, to begin to*
arreglarse	*to tidy oneself up*	informarse	*to get information*	portarse bien / mal	*to behave well / badly*
atreverse a	*to dare to*	irse	*to go off, go away*	presentarse a	*to sit (an exam)*
bañarse	*to have a bath, to bathe*	lavarse	*to get washed*	quedarse	*to stay*
callarse	*to be quiet*	lavarse el pelo	*to wash one's hair*	sentarse (ie)	*to sit down*
despertarse (ie)	*to wake up*	lavarse los dientes	*to brush one's teeth*	sentirse (ie)	*to feel, be sorry*
divertirse (ie)	*to enjoy oneself*	levantarse	*to get up, stand up*	vestirse (i)	*to get dressed*

39 The gerund

The gerund in English ends in *-ing* and is often used with *while* or *by*:
Watching *TV, you learn a lot of things.*
While visiting *Spain, they made many new friends.*
By learning *ten new words a day, you will increase your vocabulary.*

The gerund in Spanish is formed as follows:

-ar verbs	remove **-ar**	> add **-ando**
-er verbs	remove **-er**	> add **-iendo**
-ir verbs	remove **-ir**	> add **-iendo**

Examples:
visit**ar** > visit**ando**
ver > **viendo**
sal**ir** > sal**iendo**

Visitando Irlanda, conocí a mucha gente. *While **visiting** Ireland, I got to know lots of people.*
Saliendo con Miguel te divertirás. *You'll have fun **going out** with Miguel.*

The following verbs have slightly irregular gerunds:

to fall	caer	> ca**y**endo	*(falling)*
to believe	creer	> cre**y**endo	*(believing)*
to read	leer	> le**y**endo	*(reading)*
to hear	oír	> **o**yendo	*(hearing)*

The gerunds of verbs ending in **-uir** also have a **y** instead of an **i**:

to build	constr**uir**	> constru**y**endo	*(building)*
to destroy	destr**uir**	> destru**y**endo	*(destroying)*

Poder and stem-changing verbs ending in **-ir** also have a stem change in the gerund, **o** > **u** and **e** > **i**:

to sleep	dormir	> d**u**rmiendo	*(sleeping)*
to ask for	pedir	> p**i**diendo	*(asking for)*
to be able to	poder	> p**u**diendo	*(being able to)*

40 The preterite tense: regular verbs

The preterite tense indicates a completed action, what we did in the past:
*I **went** to Spain.* *(Where **did you go**?)* *I **bought** lots of postcards and souvenirs.* *(What **did you buy**?)*

To form the preterite tense, remove the **-ar**/**-er**/**-ir** to leave the stem, then add the following endings:

	habl**ar** *(to speak)*	com**er** *(to eat)*	viv**ir** *(to live)*
(yo)	habl**é**	com**í**	viv**í**
(tú)	habl**aste**	com**iste**	viv**iste**
(él / ella / usted)	habl**ó**	com**ió**	viv**ió**
(nosotros)	habl**amos**	com**imos**	viv**imos**
(vosotros)	habl**asteis**	com**isteis**	viv**isteis**
(ellos / ellas / ustedes)	habl**aron**	com**ieron**	viv**ieron**

Examples:

Hablé mucho español. ***I spoke*** *a lot of Spanish.*
Comiste paella, ¿verdad? ***You ate*** *paella, didn't you?*
Él no **vivió** nunca en Jaén. ***He*** *never* ***lived*** *in Jaén.*
Celia **habló** mucho. *Celia* ***talked*** *a lot.*
¿Qué **comió** usted? *What* ***did you eat****?*
Vivimos allí durante un año. ***We lived*** *there for a year.*
¿**Hablasteis** con el profe? ***Did you talk*** *to the teacher?*
Comieron muchos helados. ***They ate*** *lots of ice-creams.*
Vivieron muchos años. ***They lived*** *for many years.*
¿**Hablaron** ustedes inglés? ***Did you speak*** *English?*

41 Preterite tense: irregular verbs

The following verbs are irregular. Note that they do not have accents in the preterite. Note also that **ir** *(to go)* and **ser** *(to be)* have the same form in the preterite.

	ir *(to go)*	**ser** *(to be)*	**dar** *(to give)*	**ver** *(to see)*	**hacer** *(to do, make)*
(yo)	**fui**	**fui**	**di**	**vi**	**hice**
(tú)	**fuiste**	**fuiste**	**diste**	**viste**	**hiciste**
(él / ella / usted)	**fue**	**fue**	**dio**	**vio**	**hizo**
(nosotros)	**fuimos**	**fuimos**	**dimos**	**vimos**	**hicimos**
(vosotros)	**fuisteis**	**fuisteis**	**disteis**	**visteis**	**hicisteis**
(ellos /ellas / ustedes)	**fueron**	**fueron**	**dieron**	**vieron**	**hicieron**

Le **di** un regalo.	***I gave*** *him a present.*	Mi padre **hizo** windsurf.	*My father **windsurfed**.*
¿Qué **viste**?	*What **did you see**?*	**Fuimos** a la bolera.	*We **went** to the bowling alley.*

The following verbs have a spelling change in the **él / ella / usted** and **ellos / ellas / ustedes** forms: the **i** becomes a **y**:

caer	*to fall*	leer	*to read*	*also verbs ending in* **-uir**
creer	*to believe, think*	oír	*to hear*	e.g. construir *(to build)*

Juan **leyó** una revista.	*Juan **read** a magazine.*	Sus padres le **creyeron**.	*His parents **believed** him.*
Celia no **oyó** nada.	*Celia **did** not **hear** a thing.*	**Construyeron** una torre.	*They **built** a tower.*

There are spelling changes in the **yo** form in verbs with a **g** or **c** or **z** before the infinitive ending: **g** becomes **gu**, **c** becomes **qu** and **z** becomes **c**. This affects the following common verbs:

llegar	*to arrive*	buscar	*to look for*	cruzar	*to cross*
pagar	*to pay*	practicar	*to practise*	comenzar	*to begin, start*
jugar	*to play*	sacar	*to take (out)*	empezar	*to begin, start*

Voy a lle**g**ar temprano – lle**gu**é tarde ayer.	*I'm going to arrive early – I arrived late yesterday.*
¿Quieres sa**c**ar fotos? No, sa**qu**é fotos ayer.	*Do you want to take photos? No, I took photos yesterday.*
¿Hay que cru**z**ar el puente?	*Do you have to cross the bridge?*
No, lo cru**c**é ayer, pero no hay salida a la plaza.	*No, I crossed it yesterday, but there's no way out to the square.*

Stem-changing verbs (section 37) which end in **-ir** have the following changes to their stems in the **él / ella / usted** and **ellos / ellas / ustedes** forms:

	e > i *(present tense* e > ie*)*	**e > i** *(present tense* e > i*)*	**o > u** *(present tense* o > ue*)*
	preferir *(to prefer)*	**pedir** *(to ask for, order)*	**dormir** *(to sleep)*
(yo)	preferí	pedí	dormí
(tú)	preferiste	pediste	dormiste
(él / ella / usted)	pref**i**rió	p**i**dió	d**u**rmió
(nosotros)	preferimos	pedimos	dormimos
(vosotros)	preferisteis	pedisteis	dormisteis
(ellos / ellas / ustedes)	pref**i**rieron	p**i**dieron	d**u**rmieron

Irene **prefirió** quedarse en casa.	*Irene **preferred** to stay at home.*
¿Qué **pidió** usted? La paella, ¿no?	*What **did you order**? The paella, wasn't it?*
Los jóvenes **durmieron** bien después del viaje.	*The young people **slept** well after their journey.*

42 The 'pretérito grave'

This group of verbs shares the same pattern of endings, but there is a change in their stem in the preterite tense:

meaning	*infinitive*	*preterite stem*		*endings*
to walk	andar	**anduv-**	(yo)	**-e**
to drive, lead	conducir	**conduj-**	(tú)	**-iste**
to fit (into)	caber	**cup-**		
to say, tell	decir	**dij-**	(él / ella / usted)	**-o**
to be	estar	**estuv-**		
to have	haber	**hub-**		
to be able to	poder	**pud-**	(nosotros)	**-imos**
to put, set, lay	poner	**pus-**	(vosotros)	**-isteis**
to want / wish to	querer	**quis-**		
to know	saber	**sup-**	(ellos / ellas / ustedes)	**-ieron**
to have	tener	**tuv-**		
to bring	traer	**traj-**		
to come	venir	**vin-**		

Examples:

Anduve mucho.
¿**Condujiste** un Seat?
No **cupo** todo en la maleta.
Pedro no me **dijo** nada.
No sé dónde **estuvo** Marta.
No **hubo** nada de interés.
No **pudimos** venir.
Chicos, ¿cuándo **pusisteis** la mesa?
Ana y Gabi **quisieron** salir juntos.
Sus padres no lo **supieron**.
Tuvieron que llamar a la policía.

The following compound verbs follow the same pattern as their 'parent' verb:

'parent' verb	*compound verbs*
poner	**imponer** *(to impose)*; **proponer** *(to propose)*; **suponer** *(to suppose)* etc.
tener	**detener** *(to detain)*; **mantener** *(to maintain)*; **obtener** *(to obtain)*; **sostener** *(to sustain)* etc.
traer	**atraer** *(to attract)*; **distraer** *(to distract)* etc.

Propusieron construir un hipermercado. — ***They proposed** building a hypermarket.*
Obtuve los detalles necesarios. — ***I obtained** the necessary details.*
Me **distrajo** mucho mi amigo. — *My friend **distracted** me a lot.*

43 The imperfect tense

The imperfect tense is used to say
- what we used to do in the past — ***I used to go** to the seaside.*
- what we were doing — ***I was watching** TV.*
- what a person or place was like (background information) — *Grazalema **was** a small village in the mountains.*
- what something was like at the time — *The work **was** repetitive.*

The imperfect tense is formed as follows: remove the **-ar**/**-er**/**-ir** from the infinitive and add the following endings. Note that **-er** and **-ir** verbs have the same endings:

	regular verbs		
	habl**ar** *(to speak)*	com**er** *(to eat)*	viv**ir** *(to live)*
(yo)	habl**aba**	com**ía**	viv**ía**
(tú)	habl**abas**	com**ías**	viv**ías**
(él / ella / usted)	habl**aba**	com**ía**	viv**ía**
(nosotros)	habl**ábamos**	com**íamos**	viv**íamos**
(vosotros)	habl**abais**	com**íais**	viv**íais**
(ellos / ellas / ustedes)	habl**aban**	com**ían**	viv**ían**

irregular verbs		
ir *(to go)*	**ser** *(to be)*	**ver** *(to see)*
iba	era	veía
ibas	eras	veías
iba	era	veía
íbamos	éramos	veíamos
ibais	erais	veíais
iban	eran	veían

Yo **comía** mucha carne cuando era joven. — ***I used to eat** a lot of meat when I **was** young.*
¿Qué **hacías**? **Arreglaba** mi habitación. — *What **were you doing**? **I was tidying** my room.*
Veíamos mucho la tele, pero ahora no. — ***We used to watch** a lot of television, but not now.*
Durante muchos años, **iba** al instituto en bici. — *For many years, **I used to go** to school by bike.*

44 The continuous tenses

In order to describe what is, or was, going on at a particular time, you can use a continuous tense. The *present continuous* indicates what *is happening* now, and the *imperfect continuous* indicates what *was happening*.
present continuous: ***I am preparing** a meal (right now); **he is doing** his homework (at this moment).*
imperfect continuous: ***I was preparing** a meal when the phone rang; **he was doing** his homework when I called him.*

Both the *present and imperfect continuous* are formed with a part of **estar** and the gerund (see section 39). Use the present tense of **estar** for the present continuous and the imperfect of **estar** for the imperfect continuous:
¡Déjame en paz – **estoy trabajando** en mi habitación! — *Leave me in peace – **I'm working** in my room!*
Omar **estaba comiendo** cuando llegué. — *Omar **was eating** when I arrived.*

45 Using the preterite and the imperfect / continuous together

The following table outlines when to use the preterite and imperfect tenses:

preterite	*single completed action in the past (taking place at or within a specified time) what a particular event or action was like*
imperfect	*repeated actions, descriptions (specific moment / period of time not mentioned) what something (that lasted for a while) was like*
imperfect continuous	*what was going on (when something else happened)*

El martes pasado, **compré** un disco compacto. — *Last Tuesday, **I bought** a CD.* — *(preterite)*
Hace años, **compraba** casetes. — *Years ago, **I used to buy** cassettes.* — *(imperfect)*
El trabajo **era** aburrido. — *The work **was** boring.* — *(imperfect)*
Pero, mirando hacia atrás, la experiencia **fue** útil. — *But, looking back, the experience **was** useful.* — *(preterite)*
Lo **estaba comprando** cuando llegó Juan. — ***I was buying** it when Juan arrived.* — *(imperfect contin.)*

46 The perfect tense

Use the perfect tense to say what you *have done*: ***I have spoken*** *a lot of Spanish today;* ***Have you eaten*** *'churros' before?* The perfect tense is formed with the present tense of **haber** *(to have)* plus the *past participle.*

	haber	*past participle*
(yo)	**he**	
(tú)	**has**	habl**ado**
(él / ella / usted)	**ha**	
(nosotros)	**hemos**	com**ido**
(vosotros)	**habéis**	
(ellos / ellas / ustedes)	**han**	viv**ido**

Examples:

He hablado un poco de español hoy.
I've spoken *a little Spanish today.*
Magdalena no **ha comido** mucho – no sé lo que le pasa.
Magdalena ***has*** *not* ***eaten*** *much – I don't know what's wrong.*
Los Contreras no **han vivido** aquí desde marzo.
The Contreras family ***have*** *not* ***lived*** *here since March.*

The past participle is formed as follows:

(to speak)	habl**ar**	> habl**ado**	*(spoken)*
(to eat)	com**er**	> com**ido**	*(eaten)*
(to live)	viv**ir**	> viv**ido**	*(lived)*

The following common verbs have irregular past participles:

abrir	*to open*	**abierto**	*opened*
cubrir	*to cover*	**cubierto**	*covered*
decir	*to say, tell*	**dicho**	*said, told*
describir	*to describe*	**descrito**	*described*
escribir	*to write*	**escrito**	*written*
freír	*to fry*	**frito**	*fried*
hacer	*to do, make*	**hecho**	*done, made*
morir	*to die*	**muerto**	*died*
poner	*to put, set*	**puesto**	*put, set*
romper	*to break*	**roto**	*broken*
ver	*to see*	**visto**	*seen*
volver	*to return*	**vuelto**	*returned*

He abierto la carta, pero no me dice nada.
¿**Has visto** la nueva película?
¡Ay no – **hemos roto** la ventana!

I've opened *the letter, but it doesn't tell me anything.*
Have you seen *the new film?*
Oh no – ***we've broken*** *the window!*

47 The pluperfect tense

The pluperfect tense is used to talk about what *had happened* (one stage further back in time than the perfect tense). It is formed using the *imperfect tense* of the verb **haber** and the *past participle* (as in the perfect tense, section 46):

	haber	*past participle*
(yo)	hab**ía**	
(tú)	hab**ías**	hablado
(él / ella / usted)	hab**ía**	
(nosotros)	hab**íamos**	comido
(vosotros)	hab**íais**	
(ellos / ellas / ustedes)	hab**ían**	vivido

Examples:

¿**Habías hablado** primero a tu profesor?
Had you talked *to your teacher first?*
Si se acuerda, **había comido** mariscos al mediodía.
If you remember, ***you had eaten*** *seafood at lunch.*
Habían vivido dos años allí cuando él se murió.
They had lived *there for two years when he died.*

48 The immediate future

Use this tense to talk about the near future *(going to …)*. It is formed with a part of **ir** *(to go)*, followed by **a** and the infinitive. (See section 36 for the present tense of **ir**.)

¿Qué **vas a** hacer mañana?
Voy a ir a la piscina.
¿**Vamos a** jugar al tenis o no?

What ***are you going to*** *do tomorrow?*
I am going to *go to the swimming pool.*
Are we going to *play tennis or not?*

49 The future tense

The future tense is used to say what *will happen*. It is formed by adding the following endings to the infinitive.

regular future tense endings			
	habl**ar** *(to speak)*	com**er** *(to eat)*	viv**ir** *(to live)*
(yo)	hablar**é**	comer**é**	vivir**é**
(tú)	hablar**ás**	comer**ás**	vivir**ás**
(él / ella / usted)	hablar**á**	comer**á**	vivir**á**
(nosotros)	hablar**emos**	comer**emos**	vivir**emos**
(vosotros)	hablar**éis**	comer**éis**	vivir**éis**
(ellos / ellas / ustedes)	hablar**án**	comer**án**	vivir**án**

Hablaré contigo mañana.
I will speak *to you tomorrow.*
Inma no **comerá** la carne.
*Inma **will** not **eat** the meat.*
Un día, **viviremos** en México.
*One day, **we will live** in Mexico.*

Some verbs have irregular future stems, to which the normal future endings are added.

*irregular future (**yo** form)*		
to fit (into)	caber	**cabré**
to say, tell	decir	**diré**
to have	haber	**habré**
to do, make	hacer	**haré**
to be able to	poder	**podré**
to put, set, lay	poner	**pondré**
to want / wish to	querer	**querré**
to know	saber	**sabré**
to go out	salir	**saldré**
to have	tener	**tendré**
to be worth	valer	**valdré**
to come	venir	**vendré**

50 The conditional tense

The conditional tense indicates what *would happen* if … . It is formed by adding the following endings to the infinitive of regular verbs, or to the future stem of irregular verbs (see section 49).

regular conditional tense endings			
	habl**ar** *(to speak)*	com**er** *(to eat)*	viv**ir** *(to live)*
(yo)	hablar**ía**	comer**ía**	vivir**ía**
(tú)	hablar**ías**	comer**ías**	vivir**ías**
(él / ella / usted)	hablar**ía**	comer**ía**	vivir**ía**
(nosotros)	hablar**íamos**	comer**íamos**	vivir**íamos**
(vosotros)	hablar**íais**	comer**íais**	vivir**íais**
(ellos / ellas / ustedes)	hablar**ían**	comer**ían**	vivir**ían**

*irregular conditional (**yo** form)*		
to fit (into)	caber	**cabría**
to say, tell	decir	**diría**
to have	haber	**habría**
to do, make	hacer	**haría**
to be able to	poder	**podría**
to put, set, lay	poner	**pondría**
to want / wish to	querer	**querría**
to know	saber	**sabría**
to go out	salir	**saldría**
to have	tener	**tendría**
to be worth	valer	**valdría**
to come	venir	**vendría**

Trabajaría mejor solo que con sus amigos.
Mi ciudad **estaría** mejor con más tiendas.
Con una circunvalación, **habría** menos tráfico.

He would work *better alone than with his friends.*
*My town **would be** better with more shops.*
*With a by-pass, **there would be** less traffic.*

51 Positive commands

A positive command is an instruction or an order to do something. *Put your books away!*, *Tidy up!* and *Learn your vocabulary!* are all positive commands. Remember that there are four ways of saying 'you' in Spanish (see section 34), so there are four command forms.

For the **tú**, **usted** and **ustedes** command forms, remove the **-o** of the **yo** form of the present tense before adding the endings. For the **vosotros** form, remove the **-ar**/**-er**/**-ir** of the infinitive before adding the endings:

				tú	*usted*	*ustedes*
-ar	(hablar)	>	habl**o**	habl**a**	habl**e**	habl**en**
-er	(comer)	>	com**o**	com**e**	com**a**	com**an**
-ir	(escribir)	>	escrib**o**	escrib**e**	escrib**a**	escrib**an**

	vosotros	
(hablar)	habl**ad**	*speak!*
(comer)	com**ed**	*eat!*
(escribir)	escrib**id**	*write!*

Marta, **habla** más despacio. ¡No entiendo nada! — *Marta, **speak** more slowly. I can't understand a word!*
David y Pablo – ¡**comed** las verduras! — *David and Pablo – **eat** the vegetables!*
Escriba su nombre y apellido aquí, señor. — ***Write** your first name and surname here, sir.*
Sr y Sra Gómez, **pasen** por aquí. — *Mr and Mrs Gómez, **come** this way.*

The rules above also apply to verbs which are irregular in the **yo** form of the present tense (section 36) and to stem-changing verbs (section 37):

salir: No **salgo** los martes. Me da igual – ¡**salga** hoy! — *I don't go out on Tuesdays. I don't care – **go out** today!*
jugar (ue): **Juego** al fútbol. ¿Sí? ¡**Juega** para nosotros, entonces! — *I play football. Do you? **Play** for us, then!*

The following verbs have their irregular parts highlighted in bold:

		tú	*vosotros*	*usted*	*ustedes*
to say, tell	decir	**di**	decid	diga	digan
to do, make	hacer	**haz**	haced	haga	hagan
to go	ir	**ve**	id	**vaya**	**vayan**
to put, set	poner	**pon**	poned	ponga	pongan
to go out	salir	**sal**	salid	salga	salgan
to be	estar	**está**	estad	**esté**	**estén**
to be	ser	**sé**	sed	**sea**	**sean**
to have	tener	**ten**	tened	tenga	tengan
to come	venir	**ven**	venid	venga	vengan

¿Qué pasa con Ramón? ¡**Di**, Andrés! — *What's the matter with Ramón? **Tell** us, Andrés!*
¡**Haz** tu cama en seguida, Tere! — ***Make** your bed this instant, Tere!*
Verónica, ¡**ve** a ver al director – ahora! — *Verónica, **go** and see the head teacher – now!*

52 Negative commands

A negative command is an instruction or an order *not* to do something: *Don't shout!*, *Don't forget your book!* and *Don't run!* are all negative commands. Remember that there are four ways of saying 'you' in Spanish (section 34), so there are four command forms. Remove the **-o** of the **yo** form of the present tense and add the following endings:

		tú	*vosotros*	*usted*	*ustedes*	
-ar	(hablar)	no habl**es**	no habl**éis**	no habl**e**	no habl**en**	*don't speak!*
-er	(comer)	no com**as**	no com**áis**	no com**a**	no com**an**	*don't eat!*
-ir	(escribir)	no escrib**as**	no escrib**áis**	no escrib**a**	no escrib**an**	*don't write!*

Marta, ¡**no hables** así! — *Marta, **don't talk** like that!*
Chicas, ¡**no comáis** chicle en clase! — *Girls, **don't eat** chewing-gum in class!*
No escriba en esa sección, señora – firme aquí. — ***Don't write** in that section, madam – sign here.*
Sr y Sra Gutiérrez, **no pasen** por allí. — *Mr and Mrs Gutiérrez, **don't go** that way.*

The rules above also apply to verbs which are irregular in the **yo** form of the present tense (section 36) and to stem-changing verbs (section 37):

poner: ¿**Pongo** la mesa? No, **no pongas** ésa. — *Shall I set the table? No, **don't set** that one.*
cerrar (ie): ¿**Cierro** la ventana? No, **no cierras** ésa. — *Shall I shut the window? No, **don't shut** that one.*

These common irregular verbs have the following negative command forms:

		tú	*usted*	*vosotros*	*ustedes*
(to go)	ir	**no vayas**	**no vaya**	**no vayáis**	**no vayan**
(to be)	estar	**no estés**	**no esté**	**no estéis**	**no estén**
(to be)	ser	**no seas**	**no se**	**no seáis**	**no sean**

Examples:
Raúl, ¡**no vayas** por allí!
Señor, ¡**no esté** inquieto!
Belén y Ana, ¡**no seáis** tontas!

Negatives

53 Negative words

The negative indicates that something does *not* happen or that you are *not* doing something. In Spanish, *not* is expressed by **no**. It always comes before the verb, and before the reflexive or object pronoun if there is one:

No toco mucho el piano – **no** tengo tiempo. *I **don't** play the piano much – I have**n't** got time.*
No me levanto muy temprano: **no** soy madrugador. *I do **not** get up very early: I'm **not** an early riser.*

Other common negative words are:

nada	*nothing*	**nunca / jamás**	*never*
nadie	*no one*	**ni ... ni ...**	*neither ... nor ...*

¿Qué pasa? **Nada**. *What's going on? **Nothing**.*
¿Sales mucho? **Nunca**. *Do you go out a lot? **Never**.*
¿Quién es? **Nadie**. *Who is it? **No one**.*
Ni él **ni** ella está. ***Neither** he **nor** she is there.*

The negatives **nada**, **nadie**, **nunca / jamás** have two possible positions: they can come either before the verb on their own, or after the verb which then has **no** in front:

Nunca viene / **No** viene **nunca**. *He **never** comes.*
Nadie vive allí / **No** vive **nadie** allí. ***No one** lives there.*

54 None, not ... an

No with a noun (e.g. *no pen*) and *not ... any / one, none* are expressed by the adjective **ninguno**. It agrees with the noun it refers to (section 14):

¿**Un** boli rojo? No tengo **ninguno**. *A red biro? I have**n't** got **one**.*
¿**Una** carpeta azul? Lo siento – no veo **ninguna** aquí. *A blue folder? I'm sorry, I do **not** see **one** here.*
¿**Unos** vaqueros negros? ¡No hay **ningunos**! *Some black jeans? There are**n't any**!*
¿**Unas** pastillas? No quedan **ningunas**. *Some lozenges? There are **none** left.*

When **ninguno** comes before a masculine singular noun, it becomes **ningún**:

No hay **ningún** alumno de BUP en esta aula. *There's **no** GCSE student in this classroom.*

55 Neither, not ... either

Tampoco *(neither, not ... either)* is the negative which replaces **también** *(also, as well)*:

Me gustaría ir al parque zoológico **también**. *I'd like to go to the zoo **as well**.*
No viene Amaya. Su hermana no viene **tampoco**. *Amaya isn't coming. Her sister is**n't** coming **either**.*
Yo no quiero ir. Yo **tampoco**. *I don't want to go. Me **neither**.*

Impersonal verbs

56 The impersonal *se*: 'one', 'we', 'they'

To convey the idea of *one / you* or *we / they,* use **se** plus the third person singular (**él / ella / usted**) form of the verb when it refers to a singular noun, and the third person plural (**ellos / ellas / ustedes**) of the verb when it refers to a plural noun:

En España, **se come** mucho **ajo**. *In Spain, **they eat** a lot of **garlic**.*
¿Dónde **se venden castañuelas**? *Where do **they sell castanets**?*

Use the third person singular plus an infinitive to refer to an action:

Hay un parque donde **se puede jugar** al fútbol. *There's a park where **you can play** football.*

57 *Gustar*

Gustar is used to mean *to like*, but really means *to be pleasing (to)*. It can be followed by a noun or by a verb in the infinitive. With singular nouns and infinitives, use the **él / ella / usted** form of **gustar**. With plural nouns, use the **ellos / ellas / ustedes** form:

¿Te **gusta** la limonada?	***Do you like*** *lemonade? (**Is** lemonade **pleasing** to you?)*
Me **gusta** beber té.	***I like*** *drinking tea. (**It is pleasing** to me to drink tea.)*
A Pablo no le **gustan** las peras.	*Pablo **doesn't like** pears. (Pears **aren't pleasing** to Pablo.)*

Note from the examples above that the *indirect object pronoun* (**me**, **te**, **le**, **nos**, **os** or **les** – section 29) is used to indicate who likes / doesn't like something:

¿**Te** gusta salir? Sí, **me** gusta mucho.	*Do **you** like going out? Yes, **I** like it a lot.*
¿Qué **os** gusta hacer? **Nos** gusta ver la tele.	*What do **you** like doing? **We** like watching TV.*

58 Other impersonal verbs

These verbs behave in the same way as **gustar** (section 57):

apetecer	*I feel like (to appeal to)*
chiflar	*I adore (to captivate)*
doler	*my … hurts (to hurt, cause pain to)*
emocionar	*I'm thrilled by (to move, thrill)*
encantar	*I love (to enchant)*
interesar	*I'm interested in (to interest)*

¿Te **apetece** tomar un café? No, me **duele** la cabeza. — ***Do you feel like*** *a coffee? No, my head **aches**.*

Adverbs

59 Formation of adverbs

Adverbs indicate how something is done. They often end in *-ly* in English: *carefully, easily* and *angrily* are all adverbs. To form adverbs in Spanish, make the adjective feminine and add **-mente**:

careful	cuidadoso	> cuidados**a**	cuidadosa**mente**	*careful**ly***
easy	fácil	> fácil	fácil**mente**	*eas**ily***

When two or more adverbs are used together, the first one loses the **-mente**:

Lo hizo **cuidadosa** y tranquil**amente**. — *He did it carefully and calmly.*

The following common adverbs do not end in **-mente**:

bien	*well*	No me siento muy **bien**.	*I don't feel very **well.***
mal	*badly*	Carmen juega **mal**.	*Carmen plays **badly**.*
despacio	*slowly*	Habla más **despacio**, por favor.	*Speak more **slowly**, please.*

The adverb *quickly* or *fast* has two forms, **rápido** and **rápidamente**:

Martín siempre habla **rápidamente**. — ¡Socorro! ¡Llame una ambulancia! ¡**Rápido**!

Further verb expressions

60 *Ser* and *estar*

There are two verbs *to be* in Spanish: **ser** and **estar**. They are both irregular (see section 36). Use **ser** when talking about the following:

jobs / nationality	**Soy** profesora y **soy** inglesa.	*I'm a teacher and I'm English.*
relationships	**Somos** gemelos.	*We are twins.*
characteristics	Mi madre **es** alta, delgada y amable.	*My mother is tall, slim and kind.*
to whom a thing belongs	¿**Es** tuyo el estuche azul?	*Is the blue pencil case yours?*

Use **estar** when talking about the following:

place	¿Dónde **está** el museo?	*Where is the museum?*
feelings	¡**Estoy** absolutamente furioso!	*I'm absolutely furious!*
a temporary state	La tienda **está** cerrada.	*The shop is shut.*

Use **ser** with **soltero/a** *(single)* and **viudo/a** *(widower, widow)*. Use **estar** with **separado/a** *(separated)*, **divorciado/a** *(divorced)*, **casado/a** *(married)* and **muerto/a** *(dead)*:

Mi tío **es** viudo y su hija **está** muerta.	*My uncle is a widower and his daughter is dead.*
¿Tus padres **están** divorciados? No, **están** separados.	*Are your parents divorced? No, they are separated.*

61 How long

To express how long you *have been doing* something, use **hace ... que** + *present tense* or *present tense* + **desde hace ...**, or **llevo ...** + gerund (see section 39):

Hace cuatro años **que aprendo** español. — *I have been learning Spanish for four years.*
Aprendo español **desde hace** cuatro años.
Llevo cuatro años **aprendiendo** español.

Similarly, to say how long you *had been doing* something, use **hacía ... que** or **desde hace ...** with the *imperfect tense* (section 43), or **llevaba ...** + gerund:

Hacía cuatro años **que aprendía** español. — *I had been learning Spanish for four years.*
Aprendía español **desde hace** cuatro años.
Llevaba cuatro años **aprendiendo** español.

62 *Acabar de*

Acabar de, used in the present tense, means *to have just (done something)*. When used in the imperfect tense (section 43), it means *had just (done something)*. It is followed by an infinitive:

Acabo de ver a Irene – ella **acaba de terminar**.	***I've just seen*** *Irene – she* ***has just finished****.*
Acababa de hacer los deberes cuando me llamó.	***I had just done*** *my homework when she rang me.*

63 *Soler*

Soler + infinitive, used in the present tense, means *usually (do something)* or *be accustomed to (doing something)*. In the imperfect, it indicates what *used to* happen, and it is a useful alternative to using the imperfect tense on its own. It is a stem-changing verb of the type **o** > **ue** (section 37).

Suelo ir al cine el fin de semana, si puedo.	***I usually go*** *to the cinema at the weekend, if I can.*
En las vacaciones, **iba** a la costa / **solía ir** a la costa.	*In the holidays,* ***I used to go*** *to the coast.*

64 Expressions with *tener*

The following expressions use **tener** *(to have)* + noun where English generally uses *to be* + adjective:

tener ... años	*to be ... years old*
tener calor	*to be hot*
tener cuidado	*to be careful*
tener éxito	*to be successful*
tener frío	*to be cold*
tener ganas (de)	*to feel like*
tener hambre	*to be hungry*
tener miedo	*to be afraid*
tener razón	*to be right*
tener sed	*to be thirsty*
tener sueño	*to be sleepy*
tener suerte	*to be lucky*

65 *Haber*

The verb **haber** means *to have*, but is mostly used to form the perfect and pluperfect tenses (see sections 46 and 47). By itself, it is used only in the third person singular and is the equivalent of English *there is / there are*, etc. Notice the special form **hay** in the present tense.

present	**hay**	*there is / are*	**Hay** casi mil alumnos en mi instituto.
imperfect	**había**	*there was / were / used to be*	Antes, **había** mucho tráfico en el pueblo.
preterite	**hubo**	*there was / were*	Esa noche, **hubo** una tormenta tremenda.
future	**habrá**	*there will be*	En el futuro, **habrá** más ordenadores en el instituto.
conditional	**habría**	*there would be*	En un mundo ideal, **habría** menos contaminación.

The passive: see Worksheet 18.4

The subjunctive: see Worksheets 20.3 and 20.4

Vocabulario Español – Inglés

Key to symbols: *(m)* masculine noun; *(f)* feminine noun; *(mpl)* masculine plural noun; *(fpl)* feminine plural noun; *(vb)* verb; *(adj)* adjective; *(inv)* invariable; *(Gr)* see Gramática section; ~ repeated word; * slang. For stem-changing verbs the vowel change is given in brackets, e.g. almorzar (ue).

A

a to, at *(Gr 7, 8)*
abajo below, down, downstairs
abanico *(m)* fan
abeja *(f)* bee
abierto *(adj)* open
abrir *(vb)* to open *(Gr 46)*
aburrido *(adj)* boring
aburrirse *(vb)* to be bored *(Gr 38)*
acabar de *(vb)* to have just *(Gr 62)*
acercarse *(vb)* to draw near *(Gr 38)*
acogedor *(adj)* welcoming
aconsejar *(vb)* to advise
acordarse (ue) de *(vb)* to remember *(Gr 37, 38)*
acostarse (ue) *(vb)* to go to bed *(Gr 37, 38)*
actual *(adj)* present-day
de acuerdo agreed, OK
adelantar *(vb)* to move forward, overtake
además moreover
adjunto *(adj)* enclosed
adonde where … to; ¿adónde? where … to? *(Gr 32)*
aduana *(f)* customs
aerodeslizador *(m)* hovercraft
afeitarse *(vb)* to shave *(Gr 38)*
aficionado (a) *(adj)* enthusiastic, keen (on)
agenda *(f)* diary
agrícola *(adj)* agricultural
agua *(f)* water *(Gr 4)*
aguantar *(vb)* to bear, stand
agujero *(m)* hole
ahí there
ahora now
ahorrar *(vb)* to save
al aire libre in the fresh air
aislado *(adj)* isolated, lonely
al ajillo in a garlic sauce
ajo *(m)* garlic
albergue juvenil *(m)* youth hostel
albóndiga *(f)* meatball
alcanzar *(vb)* to reach
aldea *(f)* hamlet, small village
alegre *(adj)* cheerful, happy
alemán *(adj, m)* German
alfombra *(f)* carpet, rug
algo something
algodón *(m)* cotton
alguien someone
algunas veces sometimes
alguno *(adj)* some *(Gr 14)*
alimentación *(f)* food
alimentos *(mpl)* food(stuffs), groceries
almacén *(m)* store; grandes almacenes *(mpl)* dept. store
almendra *(f)* almond
en almíbar in a sugar syrup
almorzar (ue) *(vb)* to have lunch *(Gr 37)*
almuerzo *(m)* lunch
alojamiento *(m)* accommodation
alojarse to stay *(Gr 38)*
alquilar *(vb)* to hire
alrededor (de) round about *(Gr 7)*
alrededores *(mpl)* surroundings
alto *(adj)* tall, high
alubia *(f)* bean
alumno/a *(m/f)* pupil
amable *(adj)* kind
amante (de) *(adj)* lover (of)
amargado/a* *(m/f)* 'sad' person
amargo *(adj)* bitter
amarillo *(adj)* yellow
ambiental *(adj)* environmental; música ~ piped music
ambiente *(m)* atmosphere
amenazar *(vb)* to threaten
amistad *(f)* friendship
amplio *(adj)* spacious, wide
amueblado *(adj)* furnished
anciano/a *(m/f)* old man, old woman
andando walking, on foot
andar *(vb)* to walk *(Gr 42)*
andén *(m)* platform
anillo *(m)* ring
animado *(adj)* lively, busy
anoche last night
anteayer the day before yesterday
anterior preceding, above
antes (de) before
antiguo *(adj)* old, ancient, former *(Gr 14)*
añadir *(vb)* to add
año *(m)* year
apagar *(vb)* to turn off, put out
aparcamiento *(m)* car park, parking
aparcar *(vb)* to park
aparte apart, aside, besides
apellido *(m)* surname
apenas scarcely, hardly
apertura *(f)* opening
apetecer *(vb)* to appeal to; me apetece … I feel like … *(Gr 57, 58)*
aprobar (ue) *(vb)* to pass, approve *(Gr 37)*
apropiado *(adj)* appropriate
aprovechar *(vb)* to take advantage of
¡que aproveche! enjoy your meal!
apuntar *(vb)* to note down
apuntes *(mpl)* notes
aquel that *(Gr 23)*
árbol *(m)* tree
archivar *(vb)* to file
arena *(f)* sand
armario *(m)* cupboard
arquitectónico *(adj)* architectural
arrancar *(vb)* to pull up, (car) to start
arreglar *(vb)* to fix, mend, tidy up
arreglarse *(vb)* to tidy oneself up *(Gr 38)*
arroz *(m)* rice
artesanía *(f)* craft work
asado *(adj)* roast
ascensor *(m)* lift
¡qué asco! how horrible!
así so, thus, in this way
asiento *(m)* seat
asignatura *(f)* subject
asistir a *(vb)* to be present at
asqueroso *(adj)* horrible, nasty
asustado *(adj)* frightened
atasco *(m)* traffic jam
atentado *(m)* attack
aterrizar *(vb)* to land
atracador *(m)* robber, gangster
atrasado *(adj)* late, delayed
atreverse a *(vb)* to dare to *(Gr 38)*
atrevido *(adj)* daring, bold
atropellar *(vb)* to knock over / down
atún *(m)* tuna
aula *(f)* classroom
aun even
aunque although
ausencia *(f)* absence; ~ sin permiso truancy
autopista *(f)* motorway
autovía *(f)* dual carriageway
averiado *(adj)* broken down
avión *(m)* aeroplane, aircraft
ayer yesterday
ayudar *(vb)* to help
ayuntamiento *(m)* Town Hall
azúcar *(m)* sugar
azul *(adj)* blue

B

bacalao *(m)* cod
bailar *(vb)* to dance
baile *(m)* dance
bajar *(vb)* to go down, get off / out
bajo *(adj)* short, low
baloncesto *(m)* basketball
bandera *(f)* flag
bañador *(m)* swimming costume
bañarse *(vb)* to have a bath, bathe *(Gr 38)*
barato *(adj)* cheap
barba *(f)* beard
barco *(m)* boat
barra *(f)* bar
barrio *(m)* district
bastante *(adj)* enough

basura *(f)* rubbish
basurero *(m)* rubbish dump
bebida *(f)* drink
biblioteca *(f)* library
bici(cleta) *(f)* bicycle
bien well
bienvenido/a *(adj)* welcome
bigote *(m)* moustache
billete *(m)* ticket, note
billetero *(m)* wallet
bisutería *(f)* (costume) jewellery
blanco *(adj)* white; espacio *(m)* en ~ gap, blank
bocadillo *(m)* sandwich
boda *(f)* wedding
bodega *(f)* wine cellar
bohío *(m)* shack
bolera *(f)* bowling alley
bolsa *(f)* bag
bolso *(m)* (hand)bag
bombero *(m)* firefighter
borrasca *(f)* squally storm
bosque *(m)* wood
botón *(m)* button
brazo *(m)* arm
bricolaje *(m)* DIY
broma *(f)* joke, trick
bruscamente suddenly
bueno *(adj)* good *(Gr 14)*
BUP *(m)* examination (like GCSE)
burro *(m)* donkey
buscar *(vb)* to look for
butaca *(f)* armchair
buzón *(m)* letter-box

C

caballo *(m)* horse
caber *(vb)* to fit (into) *(Gr 42, 49, 50)*
cabeza *(f)* head
cada *(inv)* each *(Gr 13)*
cadena *(f)* chain
caer *(vb)* to fall; dejar ~ to drop *(Gr 39, 41)*
caja *(f)* cash-desk
cajero/a *(m/f)* cashier
calamares *(mpl)* squid
caliente *(adj)* hot
callado *(adj)* quiet
callarse *(vb)* to be quiet *(Gr 38)*
calle *(f)* street
calor *(m)* heat
calvo *(adj)* bald
calzar *(vb)* to take (shoe size)
cambio *(m)* change, (foreign) exchange
camión *(f)* lorry
camisa *(f)* shirt
camiseta *(f)* T-shirt
campamento *(m)* camp
campo *(m)* countryside
cansado *(adj)* tired
capa *(f)* layer
capaz (de) *(adj)* capable (of)
carburante *(m)* fuel
cárcel *(f)* prison
carne *(f)* meat
carnet de conducir *(m)* driving licence
carnet de identidad *(m)* identity card
carnicería *(f)* butcher's shop
carnicero *(m)* butcher
carretera *(f)* road
carta *(f)* letter
cartero *(m)* postman
casa *(f)* house
casado *(adj)* married
casi almost
castaño *(adj)* chestnut
castañuelas *(fpl)* castanets
castellano *(adj, m)* Castilian, Spanish
catarro *(m)* cold
cebolla *(f)* onion
ceda el paso give way
celda *(f)* cell
celoso *(adj)* jealous
cenar *(vb)* to dine, have dinner
cerámica *(f)* pottery
cerca (de) near (to) *(Gr 7, 8)*
cercano *(adj)* near
cerdo *(m)* pig, pork
cerilla *(f)* match
cerrado *(adj)* closed
cerrar (ie) *(vb)* to close *(Gr 37)*
cerveza *(f)* beer
chabola *(f)* shanty town
chachi* *(adj) (inv)* smashing, terrific, cool
chalé *(m)* detached house
champiñones *(mpl)* mushrooms
chándal *(m)* tracksuit
charlar *(vb)* to chat
chico/a *(m/f)* boy, girl
chiflar *(vb)* to captivate; me chifla(n) … I adore … *(Gr 57, 58)*
chillar *(vb)* to squeak, squeal
chiste *(m)* joke
chocar con / contra *(vb)* to bump into
chubasco *(m)* squally shower
¡qué chulada!* how wicked!
chungo* *(adj)* rotten, uncool
chupado *(adj)* really easy
churro *(m)* doughnut, fritter
ciego *(adj)* blind
cielo *(m)* sky
cierto *(adj)* certain
cine *(m)* cinema
cinturón *(m)* belt
circunvalación (carretera de ~) *(f)* by-pass
cita *(f)* date, appointment
ciudad *(f)* town, city
claro *(adj)* clear, light
cliente/a *(m/f)* client, customer
climatizado *(adj)* air-conditioned
cobarde *(m)* coward
cobrar *(vb)* to charge
coche *(m)* car
cocina *(f)* kitchen
cocinero/a *(m/f)* cook, chef
coger *(vb)* to catch, take, pick up
collar *(m)* necklace
comedor *(m)* dining room
comenzar (ie) *(vb)* to begin *(Gr 37, 41)*
comer *(vb)* to eat
comestibles *(mpl)* foodstuffs
comida *(f)* meal, lunch
comisaría *(f)* police station
como like, as; ¿cómo? how? *(Gr 32)*
complementos *(mpl)* accessories
completo *(adj)* full
comprensivo *(adj)* understanding, sympathetic
comprobar (ue) *(vb)* to check *(Gr 37)*
con with *(Gr 7)*
concurso *(m)* competition
conducir *(vb)* to drive, lead *(Gr 36, 42)*
conductor *(m)* driver
confección *(f)* sewing, fashion
conferencia *(f)* telephone call
conmigo with me *(Gr 34)*
conocer *(vb)* to (get to) know *(Gr 36)*
constar de *(vb)* to consist of
construir *(vb)* to build *(Gr 39, 41)*
consulta *(f)* surgery, consultation, query
contaminación *(f)* pollution
contar (ue) *(vb)* to count, recount *(Gr 37)*; ~ con to depend / rely on
contestar *(vb)* to answer
contra against
cordero *(m)* lamb
correa *(f)* watch strap
corrector *(m)* correcting fluid
correo *(m)* post; ~ electrónico e-mail
Correos Post Office
correr *(vb)* to run
corresponsal *(m/f)* pen-pal
corrida de toros *(f)* bullfight
cortés *(adj)* polite
corto *(adj)* short
costa *(f)* coast
COU *(m)* equivalent of A level course
creer *(vb)* to believe, think *(Gr 39, 41)*
cremallera *(f)* zip
cristal *(m)* glass
cruce *(m)* crossroads
cruzar *(vb)* to cross *(Gr 41)*
cuadro *(m)* picture, square
(el / la) cual who, which; ¿cuál(es)? which one(s)?

cuando when; ¿cuándo? when? *(Gr 32)*
cuanto *(adj)* how much; en ~ a as regards; ¿cuánto? how much? *(Gr 32)*
cuarto *(m)* room, quarter
cubierto *(adj)* covered
cubierto *(m)* place-setting
cuchara *(f)* spoon
cuchillo *(m)* knife
cuenta *(f)* bill, account; tener en ~ to bear in mind
cuero *(m)* leather
cuidar *(vb)* to take care of; ~ (a los) niños to babysit
cumbre *(f)* height, top
cursillo *(m)* (short) course
cuyo *(adj)* whose *(Gr 27)*

D

DAO *(m)* CAD (computer-aided design)
dar *(vb)* to give; ~ una vuelta to go for a stroll *(Gr 36, 41)*
darse cuenta de *(vb)* to realise *(Gr 38)*
de of, from *(Gr 7, 8, 18, 21)*
debajo (de) underneath, below *(Gr 7, 8)*
deber *(vb)* to owe, ought to
débil *(adj)* weak
decir *(vb)* to say, tell *(Gr 36, 42, 46, 49, 50, 51)*
dejar *(vb)* to leave, let
delante (de) in front (of) *(Gr 7, 8)*
deletrear *(vb)* to spell
delgado *(adj)* slim
demás *(mpl)* rest, others
demasiado *(adj)* too, too much
dentro (de) inside, within *(Gr 7, 8)*
denuncia *(f)* report
dependiente/a *(m/f)* (shop) assistant
deportista *(adj)* sporty
deportivo *(adj)* sporting, sports
deprimido *(adj)* depressed
derecha *(f)* right; a la ~ on the right
desaparecer *(vb)* to disappear
desarrollo *(m)* development
desayunar *(vb)* to have breakfast
descansar *(vb)* to rest
descanso *(m)* break, rest
descenso *(m)* descent, lowering
desconocido *(adj)* unknown
descuento *(m)* discount
desde from *(Gr 7)*
desde hace since, for (time) *(Gr 61)*
desear *(vb)* to desire, want
desempleo *(m)* unemployment
desierto *(m)* desert
desmayarse *(vb)* to faint *(Gr 38)*
despacho *(m)* office
despacio slowly
despejado *(adj)* clear (sky)
despertarse (ie) *(vb)* to wake up *(Gr 37, 38)*
después (de) after
destino *(m)* destiny, destination
destruir *(vb)* to destroy *(Gr 39, 41)*
desván *(m)* attic
desventaja *(f)* disadvantage
desvío *(m)* detour
detalle *(m)* detail
detenido *(adj)* arrested, detained
detrás (de) behind *(Gr 7)*
devolver (ue) *(vb)* to return, give back *(Gr 37)*
día *(m)* day; ~ festivo holiday; ~ laborable working day
día de Reyes *(m)* 6 January, Epiphany
dibujo *(m)* drawing; dibujos animados *(mpl)* cartoons
¡diga! (on telephone) hello!
dineral *(m)* a lot of money, fortune
dinero *(m)* money
dirección *(f)* address, direction
diseñador(a) *(m/f)* designer
disminuir *(vb)* to reduce, diminish *(Gr 39, 41)*
disperso *(adj)* scattered
distinto *(adj)* different
diversión *(f)* fun, entertainment
divertido *(adj)* funny, amusing, entertaining
divertirse (ie) *(vb)* to enjoy oneself *(Gr 37, 38, 41)*
doblar *(vb)* to double; ~ la esquina to go round the corner
doler (ue) *(vb)* to hurt *(Gr 37, 57, 58)*
donde where; ¿dónde? where? *(Gr 32)*
dorado *(adj)* golden
dormir (ue) *(vb)* to sleep *(Gr 37, 39, 41)*
dormitorio *(adj) (inv)* dormitory
dormitorio *(m)* bedroom
drenaje *(m)* drainage
droguería *(f)* chemist's
ducha *(f)* shower
ducharse *(vb)* to have a shower *(Gr 38)*
dueño *(m)* owner
dulce *(adj, m)* sweet
durante during
durar *(vb)* to last
duro *(adj)* hard

E

e and *(Gr 11)*
echar *(vb)* to pour, throw (out), post; ~ de menos (a uno) to miss (someone)
edificio *(m)* building
el the *(Gr 3)*
él he *(Gr 34)*
electrodomésticos *(mpl)* domestic appliances
elegir (i) *(vb)* to choose *(Gr 37)*
ella she *(Gr 34)*
emocionar *(vb)* to thrill, to move; me emociona(n) … I'm thrilled / moved by … *(Gr 57, 58)*
empapelado *(adj)* papered
empezar (ie) *(vb)* to begin *(Gr 37, 41)*
empleado/a *(m/f)* employee
empleo *(m)* job, employment
empotrado *(adj)* built-in
empujar *(vb)* to push
en in *(Gr 7)*
enamorarse (de) *(vb)* to fall in love (with) *(Gr 38)*
encantado *(adj)* pleased, delighted
encantar *(vb)* to enchant; me encanta(n) … I love … *(Gr 57, 58)*
encima (de) on top (of) *(Gr 7)*
encontrar (ue) *(vb)* to find *(Gr 37)*
encontrarse (ue) *(vb)* to find oneself, to be situated *(Gr 37, 38)*
enfadado *(adj)* angry, cross
enfermero/a *(m/f)* nurse
enfrente (de) opposite *(Gr 7, 8)*
enrollado* *(adj)* cool, with-it
ensaladilla *(f)* Russian salad
enseñar *(vb)* to teach
entender (ie) *(vb)* to understand *(Gr 37)*
entenderse (ie) (con) *(vb)* to get on (with) *(Gr 37, 38)*
entonces then, in that case
entorno *(m)* surroundings, environment
entrada *(f)* entrance, ticket
entre between *(Gr 7)*
entrenar *(vb)* to train
envase *(m)* wrapping, container
enviar *(vb)* to send
envoltorio *(m)* package, wrapping
época *(f)* time, age
equipaje *(m)* luggage
equipo *(m)* team
equivocado *(adj)* mistaken
escaparate *(m)* shop window
escocés *(adj)* Scottish
Escocia *(f)* Scotland
escondido *(adj)* hidden
escribir *(vb)* to write *(Gr 46)* ~ a máquina to type
escuela *(f)* primary school
ese *(adj)* that *(Gr 23)*
esfuerzo *(m)* effort
eso that *(Gr 24)*
espacio *(m)* en blanco gap, blank
espalda *(f)* back
España *(f)* Spain

español *(adj, m)* Spanish
espejo *(m)* mirror
espeleología *(f)* caving, pot-holing
esperanza *(f)* hope
esperar *(vb)* to hope
esquina *(f)* corner
estación *(f)* station, season;
~ de servicio service station
estadio *(m)* stadium
estado *(m)* estate;
~ civil marital status
estanco *(m)* tobacconist's
estar *(vb)* to be *(Gr 36, 42, 51, 52, 60)*
este *(adj)* this *(Gr 23)*
esto this *(Gr 24)*
estrecho *(adj)* narrow
estrella *(f)* star
estresante *(adj)* stressful
estropeado *(adj)* ruined
estuche *(m)* (pencil / glasses) case
estudiar *(vb)* to study
etiqueta *(f)* ticket, label
evaluación *(f)* assessment
evitar *(vb)* to avoid
éxito *(m)* success
explicar *(vb)* to explain
exposición *(f)* exhibition
extranjero *(adj)* foreign
extranjero *(m)* foreign country;
al / en el ~ abroad
extranjero/a *(m/f)* stranger, foreigner
extraño *(adj)* strange, odd

F

fabada *(f)* bean stew
fábrica *(f)* factory
fabricar *(vb)* to make
fácil *(adj)* easy
faena *(f)* task, chore
faltar *(vb)* to be missing
farmacia *(f)* chemist's
faro *(m)* headlight
fastidiar *(vb)* to annoy *(Gr 58)*
favorecer *(vb)* to favour
fecha *(f)* date
feliz *(adj)* happy
feo *(adj)* ugly
ferrocarril *(m)* railway
festivo *(adj)* festive, holiday
ficha *(f)* card
fiebre *(m)* fever, temperature
fin *(m)* end
al final (de) at the end (of) *(Gr 7)*
a fin(al)es (de) at the end (of) (time phrase)
finca *(f)* farm
firma *(f)* signature
firmar *(vb)* to sign
físico *(adj)* physical appearance
flan *(m)* caramel custard
flojo *(adj)* weak, bad at
folio *(m)* sheet of paper
folleto *(m)* brochure
¡qué follón!* what a pain!
fondo *(m)* bottom, background;
al ~ at the back
formulario *(m)* form
fosfato *(m)* phosphate
fracaso *(m)* failure
francés *(adj, m)* French
Francia *(f)* France
franquear *(vb)* to frank, stamp
frase *(f)* sentence
fregadero *(m)* sink
freno *(m)* brake
frente (a) opposite (to), facing
fresa *(f)* strawberry
fresco *(adj)* cool
frigorífico *(m)* refrigerator
frío *(m)* cold
frito *(adj)* fried
frontera *(f)* border, frontier
fuego *(m)* fire
fuente *(f)* fountain
fuera (de) outside *(Gr 7, 8)*
fumar *(vb)* to smoke
funcionar *(vb)* to work, function
funcionario *(m)* civil servant
fusil *(m)* rifle, gun

G

gafas *(fpl)* glasses;
~ de sol sunglasses
Gales *(m)* Wales
galés *(adj, m)* Welsh
gallego *(adj, m)* Galician, from Galicia
galleta *(f)* biscuit
gamba *(f)* prawn
ganadería *(f)* livestock farming
ganar *(vb)* to win
ganga *(f)* bargain
garbanzo *(m)* chickpea
gasolinera *(f)* petrol station
gastar *(vb)* to spend, waste
gastos *(mpl)* expenses, costs
gazpacho *(m)* cold soup
gemelo/a *(m/f)* twin
gente *(f)* people
gerente *(m/f)* manager
gimnasio *(m)* gymnasium
girar *(vb)* to turn
goloso *(adj)* greedy
gordo *(adj)* fat
gorro *(m)* cap
grabar *(vb)* to record
gracioso *(adj)* funny, witty
Gran Bretaña *(f)* Great Britain
grande *(adj)* big, great *(Gr 14)*
granja *(f)* farm
gratificar *(vb)* to offer a reward
gratis *(inv)* free
gratuito *(adj)* free
grave *(adj)* serious
grifo *(m)* tap
gris *(adj)* grey
gritar *(vb)* to shout
grueso *(adj)* thick, bulky
guante *(m)* glove
guardia *(m/f)* policeman/woman
guay* *(adj)* cool
guía *(f)* guide (book)
guisante *(m)* pea
gustar *(vb)* to be pleasing to;
me gusta(n) … I like … *(Gr 57)*
gusto *(m)* taste, pleasure;
¡mucho ~! pleased to meet you!

H

haba *(f)* broad bean
haber *(vb)* to have *(Gr 42, 46, 47, 49, 50, 65)*
había there was / were / used to be *(Gr 65)*
habitación *(f)* room
hablador *(adj)* talkative
hablar *(vb)* to speak
habrá there will be *(Gr 65)*
hace ago
hacer *(vb)* to do, make *(Gr 36, 41, 46, 49, 50, 51)*
hacerse *(vb)* to become, to be made / done *(Gr 38, 46)*;
~ daño to hurt oneself
hacia towards *(Gr 7)*
hamaca *(f)* hammock
hambre *(f)* hunger
harina *(f)* flour
hasta until *(Gr 7)*
hay there is / are *(Gr 65)*
hecho *(adj)* done; bien ~ well done
helar (ie) *(vb)* to freeze *(Gr 37)*
herido *(adj)* wounded
hermano/a *(m/f)* brother, sister
hermoso *(adj)* pretty
hierba *(f)* grass
hijo/a *(m/f)* son, daughter
hogar *(m)* home, fireplace
hoja *(f)* leaf, sheet of paper
holandés *(adj, m)* Dutch
holgado *(adj)* baggy
hombre *(m)* man
honrado *(adj)* honest
hora *(f)* time, hour
horario *(m)* timetable
hortera* *(adj) (inv)* tacky, lacking in taste
hoy today
hubo there was / were *(Gr 65)*
huelga *(f)* strike
huevo *(m)* egg
húmedo *(adj)* damp
humo *(m)* smoke

I

idioma *(m)* language
iglesia *(f)* church
igual *(adj)* equal, same; me da ~ I don't mind
ilusionado *(adj)* hopeful, excited, eager
imagen *(f)* image, picture
impermeable *(m)* raincoat
importe *(m)* amount (to pay)
imprescindible *(adj)* essential
impresionar *(vb)* to impress *(Gr 58)*
incendio *(m)* fire
incluso including
incómodo *(adj)* uncomfortable
informática *(f)* ICT
informes *(mpl)* (school) report
ingeniero/a *(m/f)* engineer
Inglaterra *(f)* England
inglés *(adj, m)* English
inolvidable *(adj)* unforgettable
insolación *(adj)* sunstroke
instalaciones *(fpl)* facilities
intentar *(vb)* to try
intercambio *(m)* exchange
interesar *(vb)* to interest; me interesa(n) … I'm interested in … *(Gr 57, 58)*
interurbano *(adj)* intercity
inundación *(f)* food
inútil *(adj)* useless
inventar *(vb)* to invent
inversión *(f)* investment
invierno *(m)* winter
ir *(vb)* to go; ~ de paseo to go for a walk *(Gr 36, 41, 43, 48, 51, 52)*
Irlanda *(f)* Ireland
irlandés *(adj, m)* Irish
izquierda *(f)* left; a la ~ on the left

J

jabón *(m)* soap
jaleo *(m)* noise, racket
jamás never *(Gr 53)*
jarabe *(m)* syrup
jardín *(m)* garden
jarra *(f)* jar
jefe/a *(m/f)* boss, chief
jerez *(m)* sherry
jornada *(f)* (working) day
joven *(adj)* young
joven *(m/f)* young person, teenager
joyería *(f)* jeweller's
jubilarse *(vb)* to retire *(Gr 38)*
judías *(fpl)* beans; ~ verdes green / French beans
juego *(m)* game
juerga *(f)* good time; estar de ~ to have a good time, to live it up
jugar (ue) *(vb)* to play *(Gr 37, 41)*
juguete *(m)* toy
junto *(adj)* next (to)
juvenil *(adj)* (for) youth

K

kilo *(m)* kilo
kilómetro *(m)* kilometre

L

la the *(Gr 3)*, it, her *(Gr 28)*
labio *(m)* lip
laboral *(adj)* working
lácteos *(mpl)* dairy produce
lado *(m)* side; al ~ (de) beside, next (to) *(Gr 7)*
ladrar *(vb)* to bark
ladrón *(m)* burglar
lana *(f)* wool
lápiz *(m)* pencil
largo *(adj)* long
las the *(Gr 3)*, them *(Gr 28)*
¡qué lástima! what a pity!
lata *(f)* tin
lavar *(vb)* to wash
lavarse *(vb)* to get washed *(Gr 38)*
le (to / for) him, her, you *(Gr 28, 29)*
lechuga *(f)* lettuce
leer *(vb)* to read *(Gr 39, 41)*
legumbre *(f)* vegetable
lejos (de) far (from) *(Gr 7, 8)*
lengua *(f)* tongue, language
lentejas *(fpl)* lentils
lentillas *(fpl)* (contact) lenses
lento *(adj)* slow
les (to / for) them, you *(Gr 28, 29)*
letrero *(m)* sign, notice
levantarse to get up *(Gr 38)*
libra *(f)* pound; ~ esterlina pound sterling
libre *(adj)* free
libro *(m)* book
ligero *(adj)* light
limpiaparabrisas *(m)* windscreen wiper
limpiar *(vb)* to clean
limpio *(adj)* clean
liquidación *(f)* clearance sale
liso *(adj)* straight
listo *(adj)* ready, clever
litoral *(m)* coast, shore
llamarse *(vb)* to be called *(Gr 38)*
llano *(adj)* flat
llave *(f)* key
llegada *(f)* arrival
llegar *(vb)* to arrive *(Gr 41)*
llenar *(vb)* to fill (up)
lleno *(adj)* full
llevar *(vb)* to wear, carry, take
llevarse con *(vb)* to get on with *(Gr 38)*
llover (ue) *(vb)* to rain *(Gr 37)*
lluvia *(f)* rain
lluvioso *(adj)* rainy
lo it *(Gr 28)*
localidad *(f)* location, place, seat, ticket
loco *(adj)* mad
los the *(Gr 3)*, them *(Gr 28)*
lucha *(f)* fight, struggle
luego then
lugar *(m)* place
lujo *(m)* luxury; de ~ luxury, luxurious
de lunares spotty, spotted
luz *(f)* light

M

madrastra *(f)* stepmother
madre *(f)* mother
madrugada *(f)* very early morning
madrugador(a) *(m/f)* early-riser
majo *(adj)* nice, handsome
mal badly
maleta *(f)* suitcase
malo *(adj)* bad *(Gr 14)*
mandar *(vb)* to send
manga *(f)* sleeve
manifestación *(f)* demonstration
mano *(f)* hand
mantel *(m)* tablecloth
mantenerse *(vb)* to keep, stay *(Gr 38)*; ~ en forma to keep fit
mantequilla *(f)* butter
manzana *(f)* apple
mañana tomorrow
mañana *(f)* morning
maquillaje *(m)* make-up
máquina (fotográfica) *(f)* camera
marca *(f)* make, brand
marcar *(vb)* to dial
marcharse *(vb)* to go away, leave *(Gr 38)*
marearse *(vb)* to feel / be (sea)sick *(Gr 38)*
marido *(m)* husband
mariscos *(mpl)* seafood
marrón *(adj)* brown *(Gr 13)*
más more; ~ que more than *(Gr 15)*
masificación *(f)* overcrowding
masificado *(adj)* overcrowded
matar *(vb)* to kill
matrícula *(f)* registration number
mayor *(adj)* main, larger, older, largest, oldest *(Gr 13, 16, 18)*
mayoría *(f)* majority
me (to / for) me *(Gr 28, 29)*
a mediados (de) in the middle (of)
mediano *(adj)* average
médico *(m/f)* doctor
medio *(adj)* half, average *(Gr 14)*
mejor *(adj)* better, best *(Gr 13, 16, 18)*
mejorar *(vb)* to improve

menor lesser, younger, least, youngest *(Gr 13, 16, 18)*
menos less; ~ que less than *(Gr 15)*
mensaje *(m)* message
mercadillo *(m)* (flea) market
mercado *(m)* market
merecer *(vb)* to deserve; ~ la pena to be worth (it)
merendar (ie) *(vb)* to have a snack / picnic *(Gr 37)*
merengue *(m)* South American music / dance
merienda *(f)* snack, picnic
merluza *(f)* hake
mermelada *(f)* jam; ~ de naranjas marmalade
mesa *(f)* table
meseta *(f)* high plain, plateau
mesón *(m)* inn
meter *(vb)* to put
mi *(adj)* my *(Gr 21)*
mí (to / for) me *(Gr 34)*
miedo *(m)* fear
miel *(f)* honey
miembro *(m/f)* member
minería *(f)* mining industry
mío *(adj)* mine *(Gr 22)*
mirar *(vb)* to look (at)
miseria *(f)* poverty, misery
mismo *(adj)* same
mitad *(f)* half
mochila *(f)* rucksack
moda *(f)* fashion; estar / ir a la ~ to be fashionable
mojado *(adj)* damp
molestar *(vb)* to annoy, disturb
moneda *(f)* coin
monedero *(m)* purse
montaña *(f)* mountain
montar *(vb)* to get on; ~ a caballo to ride a horse
montón *(m)* load, heap
morcilla *(m)* black pudding
morder (ue) *(vb)* to bite *(Gr 37)*
moreno *(adj)* dark
morir (ue) *(vb)* to die *(Gr 37, 41, 46)*
mostaza *(f)* mustard
moto(cicleta) *(f)* motorbike
moverse (ue) *(vb)* to move *(Gr 37, 38)*
movida *(f)* hustle and bustle
mucho *(adj)* much, a lot (of) *(Gr 19)*
mueble *(m)* piece of furniture
muela *(f)* tooth
muerte *(f)* death
muerto *(adj)* dead
mujer *(f)* woman
mundo *(m)* world
muñeca *(f)* doll
muralla *(f)* wall
muy very *(Gr 19)*

N

nacer *(vb)* to be born
nacimiento *(m)* birth; fecha de ~ date of birth
nacionalidad *(f)* nationality
nada nothing *(Gr 53)*
nadar *(vb)* to swim
nadie no one *(Gr 53)*
naipes *(mpl)* playing cards
naranja *(adj) (inv)* orange (coloured) *(Gr 13)*
naranja *(f)* orange
nariz *(f)* nose
nata *(f)* cream
naturaleza *(f)* nature
Navidad(es) *(f, fpl)* Christmas
neblina *(f)* mist
necesitar *(vb)* to need
en negrita in bold
negro *(adj)* black
neumático *(m)* tyre
nevar (ie) *(vb)* to snow *(Gr 37)*
nevera *(f)* freezer
ni … ni … neither … nor … *(Gr 53)*
nieve *(f)* snow
ninguno *(adj)* no, none *(Gr 14, 54)*
niño/a *(m/f)* child
noche *(f)* night
Nochebuena *(f)* Christmas Eve
Nochevieja *(f)* New Year's Eve
nombre *(m)* name
normas *(fpl)* rules
nos (to / for) us *(Gr 28, 29)*
nosotros/as we *(Gr 34)*
notas *(fpl)* marks
noticias *(fpl)* news
novedad *(f)* novelty
hacer novillos *(mpl)* to play truant
novio/a *(m/f)* boy/girlfriend
nube *(f)* cloud
nubosidad *(f)* cloud cover
nuestro *(adj)* our, ours *(Gr 21, 22)*
nuevo *(adj)* new, another *(Gr 14)*
nunca never *(Gr 53)*

O

o or *(Gr 11)*
objeto *(m)* object
obra *(f)* work
obrero *(m)* workman
obtener (ie) *(vb)* to obtain *(Gr 37)*
ocasionar *(vb)* to make happen, cause
occidental *(adj)* western
ocio *(m)* leisure
oculto *(adj)* hidden
ocurrir *(vb)* to happen, occur
odiar *(vb)* to hate
oferta *(f)* offer
oficina *(f)* office; ~ de turismo tourist office; ~ de objetos perdidos lost property office
ofrecer *(vb)* to offer
los oídos *(mpl)* ears
¡oiga! (on telephone) hello!
oír *(vb)* to hear *(Gr 39, 41)*
ojo *(m)* eye; ¡ojo! careful!
olla *(f)* pot, pan, kettle
olor *(m)* smell
olvidarse (de) *(vb)* to forget (about) *(Gr 38)*
onda *(f)*: estar en la ~* to be trendy
opinar *(vb)* to think
oportunidades *(fpl)* special offers
optativo *(adj)* optional
ordenador *(m)* computer
oreja *(f)* ear
orgulloso *(adj)* proud
oro *(m)* gold
orquesta *(f)* orchestra
os (to / for) you *(Gr 28, 29)*
oscuro *(adj)* dark
otoño *(m)* autumn
otro *(adj)* other, another *(Gr 6)*

P

padrastro *(m)* stepfather
padre *(m)* father
pagar *(vb)* to pay *(Gr 41)*
país *(m)* country
paisaje *(m)* countryside
palabra *(f)* word
pan *(m)* bread
panadería *(f)* baker's
pantalla *(f)* screen
pantalón *(m)* trousers
papas *(fpl)* potatoes
papelera *(f)* waste-paper basket
papelería *(f)* stationer's
para for *(Gr 9)*
parabrisas *(m)* windscreen
parada *(f)* stop; ~ de taxis taxi rank
paraguas *(m)* umbrella
pararse *(vb)* to stop *(Gr 38)*
parecer *(vb)* to seem
parecido *(adj)* similar
pared *(f)* wall
pariente *(m/f)* relative, relation
paritario *(adj)* peer
paro *(m)* unemployment; estar en ~ to be unemployed
participar *(vb)* to share, participate
particular *(adj)* private
partido *(m)* match
a partir de from
parvulario *(m)* nursery school
pasar *(vb)* to pass; ~ lista to take the register; pasarlo bien / mal to have a good / bad time
paseo *(m)* walk; ir de ~, dar un ~ to go for a walk
pasillo *(m)* corridor, passageway

pastel *(m)* cake
pastelería *(f)* cake shop
pastilla *(f)* tablet, pastille
patinar *(vb)* to skate
patria *(f)* country, homeland
patrón *(m)* patron saint
peaje *(m)* toll
peatón *(m)* pedestrian
pecas *(fpl)* freckles
pedido *(m)* order
pedir (i) *(vb)* to ask for, request, order *(Gr 37, 41)*
peinarse *(vb)* to comb one's hair *(Gr 38)*
pelado *(adj)* shaven
peligroso *(adj)* dangerous
pelirrojo *(adj)* red-haired
pelo *(m)* hair; ~ al dos very short hair
peluquería *(f)* hairdresser's
pendiente *(m)* earring
pensar (ie) *(vb)* to think *(Gr 37)*
pensión *(f)* board; media ~ half board
peor *(adj)* worse, worst *(Gr 13, 16, 18)*
pequeño *(adj)* small
perder (ie) *(vb)* to lose *(Gr 37)*
perdido *(adj)* lost
perezoso *(adj)* lazy
periódico *(m)* newspaper
permanecer *(vb)* to stay, remain
pero but *(Gr 12)*
perro *(m)* dog
pesadilla *(f)* nightmare
pesado *(adj)* boring, a pain
pescadería *(f)* fishmonger's
peso *(m)* weight
pesquero *(adj)* fishing
pez *(m)* fish
picante *(adj)* spicy, hot
picar *(vb)* to sting
pie *(m)* foot
piel *(f)* skin, fur
pierna *(f)* leg
pieza *(f)* piece, room
pimienta *(f)* pepper (spice)
pimiento *(m)* pepper (vegetable)
pinchazo *(m)* puncture
pintada *(f)* graffiti
pintado *(adj)* painted
pintoresco *(adj)* picturesque
piña *(f)* pineapple
piscina *(f)* swimming pool
piso *(m)* flat
pista *(f)* track; ~ de tenis tennis court; ~ de hielo ice rink
planchar *(vb)* to iron
planta *(f)* floor, plant; ~ baja ground floor
plata *(f)* silver
plátano *(m)* banana
plato *(m)* plate, dish
playa *(f)* beach
plaza *(f)* square; ~ de toros bullring
pleno *(adj)* full
plumier *(m)* pencil case
poblado *(adj)* populated
pobre *(adj)* poor *(Gr 14)*
poco *(adj)* little, few
poder *(m)* power
poder (ue) *(vb)* to be able to *(Gr 37, 39, 42, 49, 50)*
pollo *(m)* chicken
polvo *(m)* dust
pólvora *(f)* powder
poner *(vb)* to put *(Gr 36, 42, 46, 49, 50, 51)*
ponerse *(vb)* to put on (clothes), to become; ~ moreno/a to get a tan *(Gr 38)*
por for, by, along, through *(Gr 9)*
¿por qué? why?
porque because
porrón *(m)* wine jug
portavoz *(m)* spokesperson
postre *(m)* dessert
potable *(adj)* drinking, drinkable
prácticas *(fpl)* de trabajo work experience
prado *(m)* meadow
precio *(m)* price
precioso *(adj)* nice, charming, precious
precipitación *(f)* rainfall
preferir (ie) *(vb)* to prefer *(Gr 37, 41)*
premio *(m)* prize
prenda *(f)* garment
primavera *(f)* spring
primero *(adj)* first *(Gr 14)*
primo/a *(m/f)* cousin
a principios (de) at the beginning (of)
prisa *(f)* hurry, haste; de ~ quickly, in a hurry
probar (ue) *(vb)* to try, prove, taste *(Gr 37)*
profesor(a) *(m/f)* teacher
profesorado *(m)* teaching staff
pronombre *(m)* first name
pronóstico *(m)* (weather) forecast
pronto soon
propina *(f)* tip
propio *(adj)* own, of one's own
proporcionar *(vb)* to give, supply, provide
proteger *(vb)* to protect
próximo *(adj)* next
publicitario *(adj)* advertising
pueblo *(m)* village, small town
puente *(m)* bridge
puerta *(f)* door
puertaventanas *(fpl)* French windows
puerto *(m)* port
puesto *(m)* job, post
pulsera *(f)* bracelet
en punto on the dot

Q

que which, who, that *(Gr 25)*; ¿qué? what? which? *(Gr 32)*; ¡qué ...! what a ...!
quedar (en) *(vb)* to meet (at)
quedarse *(vb)* to stay *(Gr 38)*
quehaceres *(mpl)* household chores
queja *(f)* complaint
quejarse (de) *(vb)* to complain (about) *(Gr 38)*
quemadura *(f)* burn; ~ de sol sunburn
querer (ie) *(vb)* to like, love *(Gr 37, 42, 49, 50)*
querido *(adj)* dear
quesadilla *(f)* cheese pastry
queso *(m)* cheese
quien(es) who; ¿quién(es)? who? *(Gr 32)*
quisiera I would like (to)
quitarse *(vb)* to take off *(Gr 38)*
quizá(s) perhaps

R

RACE *(m)* RAC motoring organisation
raíz *(f)* root
raro *(adj)* rare, strange, odd
rascacielos *(m)* skyscraper
Rastro *(m)* flea market in Madrid
de rayas striped
raza *(f)* race
razón *(f)* reason
rebajas *(fpl)* reductions
recado *(m)* message
recibo *(m)* receipt
reciclar *(vb)* to recycle
reclamación *(f)* complaint; libro de reclamaciones complaints book
recoger *(vb)* to pick up, collect, tidy (up)
recogida *(f)* collection
recompensa *(f)* reward
reconocer *(vb)* to recognise
recorrido *(m)* run, journey, route
recreo *(m)* break
recuerdo *(m)* souvenir
recursos *(mpl)* means, resources
red *(f)* network
refresco *(m)* cool drink
regalo *(m)* present
regresar *(vb)* to return
reír *(vb)* to laugh
relajado *(adj)* relaxed, easy-going
relajarse *(vb)* to relax *(Gr 38)*
relato *(m)* tale, story
relleno *(adj)* stuffed, full
reloj *(m)* watch, clock

rendimiento *(m)* performance
RENFE *(f)* Spanish rail network
repartir *(vb)* to share out, distribute, deliver
repasar *(vb)* revise
repaso *(m)* revision
repostería *(f)* confectionery
resumen *(m)* summary
revista *(f)* magazine, review
rincón *(m)* corner
rizado *(adj)* curly
robar *(vb)* to rob
robo *(m)* robbery
rojo *(adj)* red
¡qué rollo!* what a pain!
romper *(vb)* to break *(Gr 46)*
ropa *(f)* clothes
rosa *(adj) (inv)* pink *(Gr 13)*
roto *(adj)* broken
rotonda *(f)* roundabout
rubio *(adj)* fair
ruido *(m)* noise
ruidoso *(adj)* noisy

S

sábana *(f)* sheet
saber *(vb)* to know *(Gr 36, 42, 49, 50)*
sacar *(vb)* to get, take (out); ~ buenas / malas notas to get good / bad marks *(Gr 41)*
saco de dormir *(m)* sleeping bag
sal *(f)* salt
sala de espera *(f)* waiting room
sala de fiestas *(f)* dance hall
salado *(adj)* salty
salchichón *(m)* sausage
salida *(f)* exit, way out, departure
salir *(vb)* to leave, go out *(Gr 36, 49, 50, 51)*
salsa *(f)* sauce
salud *(f)* health
sandía *(m)* water-melon
saneamiento *(m)* sanitation, drainage
sangre *(f)* blood
sangría *(f)* fruit punch
sano *(adj)* healthy
secar *(vb)* to dry
en seguida straight away, immediately
seguir (i) *(vb)* to follow *(Gr 37, 41)*
según according to
seguridad social *(f)* social security
seguro *(adj)* safe, secure
sello *(m)* stamp
semáforos *(mpl)* traffic lights
Semana Santa *(f)* Holy Week, Easter
sencillo *(adj)* simple, single
senderismo *(m)* trekking
sensible *(adj)* sensitive
sentarse (ie) *(vb)* to sit down *(Gr 37, 38)*
sentirse (ie) *(vb)* to feel *(Gr 37, 38, 41)*
señas *(fpl)* address
ser *(vb)* to be *(Gr 36, 41, 43, 51, 52, 60)*
será will be
servicio *(m)* service, toilet
si if
sí yes
siempre always
sierra *(f)* mountain range
silla *(f)* chair
sillón *(m)* armchair
simpático *(adj)* nice
sin without
sino but *(Gr 12)*
sitio *(m)* place
sobrar *(vb)* to be left over
sobre on, about *(Gr 7)*
sobre *(m)* envelope
socio/a *(m/f)* member
socorro *(m)* help
solamente only
soleado *(adj)* sunny
soler (ue) *(vb)* to be accustomed to *(Gr 37, 63)*
solicitud *(f)* application, request
solitario *(adj)* lonely
solo *(adj)* alone
sólo only
soltero *(adj)* single, unmarried
sombrero *(m)* hat
son *(vb:* ser): ~ 20 euros it costs 20 euros *(Gr 36)*
sonar (ue) *(vb)* to sound *(Gr 37)*
sonido *(m)* sound
soñar (ue) *(vb)* to dream *(Gr 37)*
soplar *(vb)* to blow
soportable *(adj)* bearable
sótano *(m)* cellar, basement
su *(adj)* his, her, their, your *(Gr 21)*
suave *(adj)* soft, gentle
subir *(vb)* to go up, get on
subrayado *(adj)* underlined
sucio *(adj)* dirty
sucursal *(m)* branch
suegro/a *(m/f)* father/mother-in-law
sueldo *(m)* salary
suelo *(m)* floor, ground
suelto *(adj)* loose, separate
suerte *(f)* luck
surtido *(m)* selection
suspender *(vb)* to fail
susto *(m)* fright, scare
suyo *(adj)* his, hers, theirs, yours *(Gr 22)*

T

taberna *(f)* tavern, inn
tableta *(f)* bar
talla *(f)* size; de ~ media of average size / height
taller *(m)* workshop
tamaño *(m)* size
también also *(Gr 55)*
tampoco neither *(Gr 55)*
tan … como … as … as … *(Gr 17)*
tanto *(adj)* as much, so much *(Gr 17)*
taquilla *(f)* ticket office
tardar *(vb)* to take (time)
tarde *(adj)* late
tarde *(f)* afternoon, evening
tarea *(f)* task, chore
tarjeta *(f)* card; ~ postal postcard
te (to / for) you *(Gr 28, 29)*
techo *(m)* roof
teleférico *(m)* cable car
temporada *(f)* holiday season
temprano *(adj)* early
tendrá will have *(Gr 49)*
tenedor *(f)* fork
tener (ie) *(vb)* to have *(Gr 37, 42, 49, 50, 51, 64)*
tener que (ie) *(vb)* to have to *(Gr 37)*
tercero *(adj)* third *(Gr 14)*
terminar *(vb)* to finish
ternera *(f)* veal
terremoto *(m)* earthquake
terreno *(m)* land, earth
testigo *(m)* witness
ti (to / for) you *(Gr 34)*
tiempo *(m)* time, weather
tienda *(f)* shop, tent
tierra *(f)* earth, land
toalla *(f)* towel
tobillo *(m)* ankle
tocar *(vb)* to touch, to play (instrument)
todo *(adj)* all, every *(Gr 6)*
tomar *(vb)* to take, eat / drink; ~ el sol to sunbathe
tonto *(adj)* silly, stupid
torcer (ue) *(vb)* to turn, twist *(Gr 37)*
torero *(m)* bullfighter
toro *(m)* bull
torpe *(adj)* dull, thick, slow
torre *(f)* tower, tower block
tos *(f)* cough
trabajador *(adj)* hard-working
trabajar *(vb)* to work
trabajos manuales *(mpl)* CDT
traer *(vb)* to bring *(Gr 36, 42)*
traje *(m)* suit
tranquilamente *(adj)* quietly
trasnochador(a) *(m/f)* night-owl
tratar (de) *(vb)* to try to
trato *(m)* dealings, treatment
travieso *(adj)* mischievous
trenza *(f)* plait
trimestre *(m)* term
trozo *(m)* piece, slice
trucha *(f)* trout
tu *(adj)* your *(Gr 21)*

tú you (Gr 34)
turrón (m) nougat
tutoría (f) tutor group
tuyo (adj) yours (Gr 22)

U
u or (Gr 11)
último (adj) last
un(a) a, one (Gr 2)
único (adj) only, unique
unidad (f) unit
uno one
unos/as some (Gr 2)
urbanización (f) housing estate
usado (adj) worn
usted(es) you (Gr 34)
útil (adj) useful
utilizar (vb) to use
uva (f) grape

V
vaca (f) cow
vacaciones (fpl) holidays; estar de ~ to be on holiday
valiente (adj) brave
valorar (vb) to value
vaqueros (mpl) jeans
varios (adj) several, various (Gr 14)
vasco (adj, m) Basque
vaso (m) glass
a veces sometimes, at times
vecino/a (m/f) neighbour
velocidad (f) speed
vendedor(a) (m/f) seller
vender (vb) to sell
venir (ie) (vb) to come (Gr 37, 42, 49, 50, 51)
ventana (f) window
ver (vb) to see; ~ la tele to watch TV (Gr 36, 41, 43, 46)
verano (m) summer
verdadero (adj) true
verde (adj) green
verduras (fpl) green vegetables
vergüenza (f) shame
vestido (m) dress
vestirse (i) (vb) to get dressed (Gr 37, 38, 41)
vestuarios (mpl) cloakrooms
vez (f) time, occasion
viajar (vb) to travel
viaje (m) journey
viajero (m) traveller
vida (f) life
vidrio (m) glass
viejo (adj) old
viento (m) wind
vino (m) wine
visitante (m/f) visitor
viudo/a (m/f) widower, widow
vivir (vb) to live
vivo (adj) alive, bright (of colour)
voluntad (f) will
volver (ue) (vb) to return, come back (Gr 37, 46)
vosotros/as you (Gr 34)
voz (f) voice
vuestro (adj) your, yours (Gr 21, 22)

Y
y and (Gr 11)
ya already, now
yo I (Gr 34)
yogur (m) yoghurt

Z
zanahoria (f) carrot
zapatería (f) shoe shop
zapatilla (f) trainer, slipper
zapato (m) shoe
zumo de fruta (m) fruit juice

Vocabulario Inglés – Español

Key to symbols: (m) masculine noun; (f) feminine noun; (mpl) masculine plural noun; (fpl) feminine plural noun; (vb) verb; (adj) adjective; (inv) invariable; (Gr) see Gramática section; ~ repeated word; (fam) familiar; (form) formal. For stem-changing verbs the vowel change is given in brackets, e.g. poder (ue).

A
a un, una (Gr 2)
to be able to poder (ue) (vb) (Gr 37)
abroad extranjero (m); to go ~ ir al extranjero
academic académico (adj)
accessories complementos (mpl)
to be accustomed to soler (ue) (vb) (Gr 63)
activity actividad (f)
address dirección (f), señas (fpl)
advert anuncio (m)
after después (de) (Gr 7, 8)
afternoon tarde (f); in the ~ por la tarde
again otra vez; to do (something) again volver a (hacer algo) (vb)
ago hace; two years ~ hace dos años
air-conditioned climatizado (adj)
air-conditioning aire acondicionado (m)
all todo (adj) (Gr 6)
allergic alérgico (adj)
alone solo (adj)
along por (Gr 9)
already ya
also también (Gr 55)
to amuse oneself entretenerse (vb) (Gr 38)
and y, e (Gr 11)
ankle tobillo (m)
to annoy fastidiar (vb)
another otro (adj) (Gr 6)
to answer contestar (a) (vb); ~ the phone coger el teléfono
any alguno (adj) (Gr 14)
anything algo; ~ else? ¿algo más?
appointment cita (f); to make an ~ with pedir hora / cita con
area zona (f), (of town) barrio (m)
arm brazo (m)
armchair butaca (f), sillón (m)
around alrededor (de) (Gr 7, 8)
to arrive llegar (vb) (Gr 41)
art arte (m), dibujo (m)
as como; as … as … tan … como … (Gr 17)
to ask for pedir (i) (vb) (Gr 37, 41)
assembly asamblea (f); ~ hall salón de actos (m)
at (time) a
at (place) en
(to do) athletics (hacer) atletismo (m)
autumn otoño (m)
avenue avenida (f)
away (distance) a … (de); 20 kilometres ~ from here a 20 kilómetros de aquí

B
bad malo (adj) (Gr 14); to be ~ at ser flojo/a en
baggy holgado (adj)
balcony balcón (m), terraza (f)
bald calvo (adj)
bandage venda (f)
bargain ganga (f)
to bark ladrar (vb)
basement sótano (m)
bath baño (m); to have a ~ bañarse (vb) (Gr 38)
to bathe bañarse (vb) (Gr 38)
battery pila (f)
to be estar (vb) (Gr 36, 42, 51, 52, 60), ser (vb) (Gr 36, 41, 43, 51, 52, 60)

bearable soportable *(adj)*
beard barba *(f)*
because porque
bed cama *(f)*; **to go to ~** acostarse (ue) *(vb) (Gr 38)*
bedroom dormitorio *(m)*
bee abeja *(f)*
to begin empezar (ie) *(vb)*, comenzar (ie) *(vb) (Gr 37)*
at the beginning a principios de
behind detrás (de) *(Gr 7, 8)*
below debajo (de) *(Gr 7, 8)*
beside al lado (de) *(Gr 7, 8)*
best mejor *(adj) (Gr 13, 18)*
best wishes abrazos *(mpl)*
better mejor *(adj) (Gr 13, 16)*
between entre *(Gr 7)*
bicycle bici(cleta) *(f)*
big grande *(Gr 14)*
bill cuenta *(f)*
birthday cumpleaños *(m)*
bite picadura *(f)*
to bite morder (ue) *(vb) (Gr 37)*; **I've been bitten by …** me ha mordido …
black negro *(adj)*
blister ampolla *(f)*
blue azul *(adj)*
board pensión *(f)*; **full ~** pensión completa; **half ~** media pensión
boat barco *(m)*
bonfire hoguera *(f)*
book libro *(m)*; **a ~ of metro tickets** un bono-metro
boring aburrido *(adj)*
to be born nacer *(vb)*
bottle botella *(f)*
box caja *(f)*
boys' (male) masculino *(adj)*
bracelet pulsera *(f)*
brakes frenos *(mpl)*
branch (of store) sucursal *(m)*
break recreo *(m)*, descanso *(m)*
breakfast desayuno *(m)*; **to have ~** desayunar *(vb)*
break(time) recreo *(m)*
bridge puente *(m)*
to bring traer *(vb) (Gr 36)*; **can you ~ me?** ¿me trae?
brochure (on) folleto *(m)* (sobre)
broken roto *(adj)*; **I've broken my …** se me ha roto el / la …
brother hermano *(m)*
brown marrón *(Gr 13)*
to brush (hair) peinarse *(vb) (Gr 38)*; **~ one's teeth** lavarse *(vb) (Gr 38)* los dientes
to build construir *(vb) (Gr 39, 41)*
building edificio *(m)*
built-in empotrado *(adj)*
bunk-bed litera *(f)*
burnt quemado *(adj)*; **I've burnt my …** se me ha quemado el / la …
bus autobús *(m)*
but pero, sino *(Gr 12)*
to buy comprar *(vb)*
by por *(Gr 9)*, en; **~ car** en coche
by-pass (carretera de) circunvalación *(f)*

C

cake pastel *(m)*; **~ shop** pastelería *(f)*
to be called llamarse *(vb) (Gr 38)*
to calm tranquilizar *(vb)*
camera máquina fotográfica *(f)*
campsite camping *(m)*
can poder (ue) *(vb) (Gr 37)*; **where ~ I buy …?** ¿dónde puedo comprar …?
canteen cantina *(f)*
card ficha *(f)*, tarjeta *(f)*; **credit ~** tarjeta de crédito *(f)*
cards cartas *(fpl)*, naipes *(mpl)*
carol villancico *(m)*
car park aparcamiento *(m)*
carpet moqueta *(f)*
to carry on seguir (i) *(vb) (Gr 37)*; **carry straight on** siga todo recto *(form)*
cartoons dibujos animados *(mpl)*
in cash en metálico / efectivo
to catch coger *(vb)*
CD disco compacto *(m)*, *CD (m)*
CDT trabajos manuales *(mpl)*
ceiling tejado *(m)*
to celebrate celebrar *(vb)*
central central *(adj)*, céntrico *(adj)*
centre centro *(m)*
to change cambiar *(vb)*
changing rooms probadores *(mpl)*
channel cadena *(f)*
to chat charlar *(vb)*
to check comprobar (ue) *(vb) (Gr 37)*
check(ed) de cuadros
chess ajedrez *(m)*
chest (body) pecho *(m)*; **~ of drawers** cómoda *(f)*
child niño/a *(m/f)*
chores faenas de casa *(fpl)*
Christmas Navidad *(f)*, Navidades *(fpl)*; **~ Eve** Nochebuena *(f)*; **~ card** tarjeta *(f)* de Navidad
cinema cine *(m)*
classroom aula *(f)*
clean limpio *(adj)*
to clean limpiar *(vb)*
cloakroom vestuario *(m)*
to close cerrar (ie) *(vb) (Gr 37)*; **when does it ~?** ¿a qué hora cierra?
closed cerrado *(adj)*
clothes ropa *(f)*
coach autocar *(m)*
coast costa *(f)*
coat abrigo *(m)*
cold frío *(m)*, frío *(adj)*; **to be ~** tener frío **(people)** *(Gr 64)*, hacer frío **(weather)**; **to have a ~** tener catarro, estar resfriado / constipado
to collect coleccionar
to come venir (ie) *(vb) (Gr 37, 42, 49, 50)*
come in! ¡pasa! *(fam)*, ¡pase! *(form)*
comedy comedia *(f)*
to comfort consolar (ue) *(vb) (Gr 37)*
comfortable cómodo *(adj)*
community comunidad *(f)*
compulsory obligatorio *(adj)*
computer ordenador *(m)*
concert concierto *(m)*
connection conexión *(f)*
consists of consta de, consiste en
contact lenses lentillas *(fpl)*
to cook guisar, cocinar *(vb)*
cooker cocina *(f)*; **electric ~** cocina eléctrica; **gas ~** cocina de gas
corner (of street) esquina *(f)*; **(of room)** rincón *(m)*
correct correcto *(adj)*
to correct corregir (i) *(vb) (Gr 37)*
to cost costar (ue) *(vb) (Gr 37)*; **how much does it ~?** ¿cuánto cuesta / es?
cotton algodón *(m)*
cough tos *(m)*
country país *(m)*
countryside campo *(m)*
course (studies) cursillo *(m)*; **as a first / second ~** de primer / segundo plato
cramped exiguo *(adj)*
cream (dairy) nata *(f)*; **antiseptic ~** crema antiséptica *(f)*
to cross cruzar *(vb) (Gr 41)*; **~ the square** cruce *(form)* la plaza
cup taza *(f)*, copa *(f)*
curly rizado *(adj)*
curtains cortinas *(fpl)*
to cut cortar *(vb)*; **~ oneself** cortarse *(vb) (Gr 38)*; **I've cut my …** se me ha cortado el / la …
(to go) cycling (hacer) ciclismo *(m)*

D

dance baile *(m)*
to dance bailar *(vb)*
dangerous peligroso *(adj)*
dark oscuro *(adj)*
date fecha *(f)*; **for what ~?** ¿para qué fecha?
day día *(m)*
dead muerto *(adj)*
dear querido *(adj)*; **(expensive)** caro *(adj)*; **Dear Sir** Muy señor mío

delicious rico *(adj)*, delicioso *(adj)*
to deliver repartir *(vb)*
it depends depende
dessert postre *(m)*; for ~ de postre
diary agenda *(f)*
diesel (fuel) gasoil *(m)*
difficult difícil *(adj)*
dining room comedor *(m)*
dinner cena *(f)*; to have ~ cenar *(vb)*
direction dirección *(f)*
dirty sucio *(adj)*
dishwasher lavaplatos *(m)*
divorced divorciado *(adj)*
DIY bricolaje *(m)*
to do hacer *(vb) (Gr 36, 41, 46, 49, 50)*
to do (sport etc.) practicar *(vb)*
documentary documental *(m)*
door puerta *(f)*
dormitory dormitorio *(adj) (inv)*; ~ town ciudad dormitorio
double doble *(adj)*
downstairs abajo
to get dressed vestirse (i) *(vb) (Gr 37, 38)*
to drink beber *(vb)*
to drive conducir; ~ up the wall hacer subir por las paredes
to dust quitar el polvo

E

each cada *(inv) (Gr 13)*
early-riser madrugador(a) *(m/f)*
to earn ganar *(vb)*
earring pendiente *(m)*
Easter Semana Santa *(f)*; ~ Day Domingo de la Resurrección *(m)*
easy fácil *(adj)*
to eat comer *(vb)*
educational educativo *(adj)*
by e-mail por correo electrónico
end: at the ~ of (time) a finales / fines de, (street) al final de *(Gr 7, 8)*
engine motor *(m)*
English inglés *(adj, m)*, lenguaje *(m)* y literatura *(f)*
to enjoy oneself divertirse (ie) *(vb) (Gr 37, 38)*
enquiry consulta *(f)*; to respond to enquiries responder a consultas
entertainment diversión *(f)*
entrance entrada *(f)*
errand recado *(m)*; to run errands hacer recados
escalator escaleras mecánicas *(fpl)*
estate: housing ~ urbanización *(f)*
every todo *(adj) (Gr 6)*
everywhere por todas partes
exam examen *(m)*
exchange (money) cambio *(m)* de moneda (extranjera); (school) intercambio *(m)*
exciting apasionante *(adj)*
excuse me perdone *(form)*
exercise ejercicio *(m)*; to take / do ~ hacer ejercicio
experiment experimento *(m)*
to explain explicar *(vb)*
to explore explorar *(vb)*
eye ojo *(m)*

F

facilities instalaciones *(fpl)*; sports ~ instalaciones deportivas
factory fábrica *(f)*
to fail suspender *(vb)*
fair(-haired) rubio *(adj)*
to fall caer *(vb)*; to ~ over / down caerse *(vb) (Gr 38)*
family familia *(f)*
fan (of) hincha (de) *(m/f)*
far (from) lejos (de) *(Gr 7, 8)*; is (it) ~? ¿está lejos?; how ~ is (it)? ¿a qué distancia está?
as far as hasta
fascinating fascinante *(adj)*
fashion moda *(f)*; teenage ~ moda joven; ladies' ~ confección señoras
father padre *(m)*
fax fax *(m)*
to feel sentirse (ie) *(vb) (Gr 37, 38)*; I don't feel well no me siento / encuentro bien
to feel like: I ~ like me apetece *(vb) (Gr 58)*
to file archivar *(vb)*
to fill llenar *(vb)*
to fill in / out rellenar *(vb)*
filling (tooth) empaste *(m)*
film película *(f)*
to find encontrar (ue) *(vb) (Gr 37)*
fine! ¡muy bien!
to finish terminar *(vb)*
fireworks fuegos artificiales *(mpl)*
first primero *(adj) (Gr 14)*
first name nombre *(m)*
fish (food) pescado *(m)*; (pet) pez *(m)*
fit en forma; to keep / stay ~ estar en forma
to fix arreglar *(vb)*
flat piso *(m)*, apartamento *(m)*
floor suelo *(m)*, planta *(f)*; ground ~ planta baja
flower flor *(f)*
food comida *(f)*, alimentos *(mpl)*
foot pie *(m)*; on ~ a pie, andando
for para, por *(Gr 9)*
foreign extranjero *(adj)*
foreigner extranjero/a *(m/f)*
fork tenedor *(m)*
to frank franquear *(vb)*
freckles pecas *(fpl)*
free gratis *(inv)*, gratuito *(adj)*
free time tiempo libre *(m)*, ratos libres *(mpl)*
freezer nevera *(f)*
French francés *(adj, m)*
fresh fresco *(adj)*
from de, desde *(Gr 7, 8)*
full lleno *(adj)*, completo *(adj)*
fun diversión *(f)*, divertido *(adj)*
fur piel *(f)*
furnished amueblado *(adj)*
furniture muebles *(mpl)*; piece of ~ mueble *(m)*

G

garage garaje *(m)*
in general en general
geography geografía *(f)*
German alemán *(adj, m)*
to get off (bus) bajar *(vb)* (del autobús)
to get on (bus) subir *(vb)* (al autobús)
to get on with entenderse (ie) con *(vb) (Gr 37, 38)*, llevarse con *(vb) (Gr 38)*
to get to ir a; how do you ~ to ...? ¿para ir a ...?, ¿por dónde se va a ...?
to get up levantarse *(vb) (Gr 38)*
girls' (female) femenino *(adj)*
to give dar *(vb)*; can you ~ me ...? ¿me da ...?; (he / she) gives us homework nos pone deberes
glasses gafas *(fpl)*; sun ~ gafas de sol; ~ case estuche *(m)* de las gafas
to go ir *(vb) (Gr 36, 41, 43, 48, 51, 52)*
to go down bajar *(vb)*
to go out salir *(vb) (Gr 36)*
to go round doblar *(vb)*; ~ the corner doblar la esquina
to go up subir *(vb)*
gold oro *(m)*
good bueno *(adj) (Gr 14)*; to be ~ at ser fuerte en; Good Friday Viernes Santo *(m)*
graffiti pintada *(f)*
green verde; ~ spaces lugares verdes *(mpl)*
group (friends) pandilla *(f)*
guide (book) guía *(f)*; (person) guía *(m/f)*
guide dog perro-guía *(m)*
gymnasium gimnasio *(m)*

H

hair pelo *(m)*
half mitad *(f)*, medio *(adj)*; at ~ term a mitad de trimestre
hand mano *(f)*
hat sombrero *(m)*

to hate odiar *(vb)*; **I hate history** se me da muy mal / fatal la historia; **I hate maths** se me dan muy mal / fatal las matemáticas
to have tener (ie) *(vb)* *(Gr 37, 42, 49, 50, 51, 64)*
to have just acabar de *(vb)* *(Gr 62)*; **I have just bought …** acabo de comprar …
to have to tener que (ie) *(vb)*; **you have to …** hay que …; **what do you have to do to …?** ¿qué hay que hacer para …?
head cabeza *(f)*
headlights faros *(mpl)*
healthy sano *(adj)*
heating calefacción *(f)*
to help ayudar *(vb)*; **can I ~ you?** ¿en qué puedo servirle?, ¿qué desea?
her su *(adj)* *(Gr 21)*
here aquí
hers suyo *(Gr 22)*
to hire alquilar *(vb)*
his su *(adj)*, suyo *(Gr 21, 22)*
history historia *(f)*
holidays vacaciones *(fpl)*; **on holiday** de vacaciones
Holy Week Semana Santa *(f)*
at home en casa
homework deberes *(mpl)*
hot caliente *(adj)*; **to be ~ (people)** tener calor *(Gr 64)*, **(weather)** hacer calor
house casa *(f)*; **detached ~** chalé / chalet *(m)*; **semi-detached ~** casa doble *(f)*; **terraced ~** casa adosada *(f)*
hovercraft aerodeslizador *(m)*
how? ¿cómo? *(Gr 32)*
how long? ¿cuánto tiempo?
how many? ¿cuántos/as? *(adj)* *(Gr 32)*
how much? ¿cuánto/a? *(adj)* *(Gr 32)*
to be hungry tener *(vb)* hambre *(Gr 64)*
to hurt doler (ue) *(vb)* *(Gr 37, 58)*, hacerse *(vb)* *(Gr 38)* daño en; **(my head) hurts** me duele (la cabeza); **I've hurt my …** se me ha hecho daño en el / la …

I

I yo
ICT informática *(f)*
ID card carnet *(m)* de identidad
illegal ilegal *(adj)*
immediately en seguida
impersonal impersonal *(adj)*
to improve mejorar *(vb)*
in en *(Gr 7)*
included incluido *(adj)*
indoor interior *(adj)*; **~ pool** piscina cubierta *(f)*
industry industria *(f)*
inside dentro (de) *(Gr 7, 8)*
interest interés *(m)*; **what is there of ~?** ¿qué hay de interés?
to be interested in: are you interested in football? ¿te interesa *(vb)* el fútbol?; **I'm not interested in bullfighting** no me interesan los toros *(Gr 57, 58)*
interview entrevista *(f)*
to introduce (to) presentar (a) *(vb)*
to irritate irritar *(vb)*
it lo / la *(Gr 28)*

J

jeweller's joyería *(f)*, bisutería *(f)*
jewellery joyas *(fpl)*
job empleo *(m)*
journey viaje *(m)*

K

key llave *(f)*
keyboard teclado *(m)*
kind amable *(adj)*, tipo *(m)*; **what ~ of ticket?** ¿qué tipo de billete?
kitchen cocina *(f)*
knee rodilla *(f)*
knife cuchillo *(m)*

L

laboratory laboratorio *(m)*
language idioma *(m)*
to last durar *(vb)*
last último *(adj)*; **~ week** la semana pasada
latest (up-to-date) último *(adj)*
laundry lavandería *(m)*
to lay poner *(Gr 36)*; **~ the table** poner la mesa
to learn (to) aprender (a) *(vb)*
leather cuero *(m)*
to leave salir *(vb)* *(Gr 36)*, **(an object, school)** dejar
left izquierda *(f)*; **on the ~** a la izquierda
to be left quedar; **there is / are none ~** no queda(n)
leg pierna *(f)*
less (than) menos (que) *(Gr 15)*
let me permítame *(form)*
life vida *(f)*
lift ascensor *(m)*
light luz *(f)*, claro *(adj)* *(Gr 13)*
I'd like quisiera
to like querer (ie) *(vb)* *(Gr 37)*, ser *(vb)* aficionado/a a *(m/f)*; **I like French** me gusta el francés *(Gr 57)*, se me da bien el francés; **I like maths** me gustan las matemáticas *(Gr 57)*, se me dan bien las matemáticas
line línea *(f)*; **production ~** cadena de producción *(f)*
list (of) lista *(f)* (de)
to listen to escuchar
litter basura *(f)*
live en directo
to live vivir *(vb)*
living room salón *(m)*
loan préstamo *(m)*
long largo *(adj)*
to look after cuidar (a) *(vb)*
to look for buscar *(vb)*
to lose perder (ie) *(vb)* *(Gr 37)*
lost perdido *(adj)*; **I've lost …** he perdido …
a lot mucho *(Gr 19)*
lounge salón *(m)*
to love querer (ie) *(vb)* *(Gr 37)*; **I love … (food etc.)** me chifla(n) …, me encanta(n) … *(Gr 58)*, **(subject)** se me da(n) muy bien / súper bien …
lunch comida; **to have ~** comer *(vb)*; **~ time** hora de comer *(f)*

M

mad histérico *(adj)*; **(he / she) makes me ~** me pone histérico/a
majority mayoría *(f)*
to make hacer *(vb)* *(Gr 36, 41, 46, 49, 50)*; **(he / she) makes us …** nos hace …
many muchos/as *(adj)*
map mapa *(m)*
market mercado *(m)*
marks notas *(fpl)*; **to get good / bad ~** sacar buenas / malas notas
married casado *(adj)*
match (sport) partido *(m)*
mathematics matemáticas *(fpl)*
me me *(Gr 28, 29)*; **for me** para mí *(Gr 34)*
to mean significar, querer decir *(vb)*
medical médico *(adj)*
medium mediano *(adj)*; **~ height** de talla media
to meet reunirse *(vb)* *(Gr 38)*; **(get to know)** conocer a *(vb)* *(Gr 36)*; **where shall we ~?** ¿dónde nos vemos?, ¿dónde quedamos?; **to ~ clients** recibir a clientes
meeting reunión *(f)*
member miembro *(m/f)*, socio/a *(m/f)*
menu menú *(m)*, carta *(f)*; **~ of the day** menú del día
message recado *(m)*
microwave microondas *(m)*
in the middle of a mediados de
mine mío *(Gr 22)*
minute minuto *(m)*; **to type up the minutes** redactar el acta
mixed mixto *(adj)*
mixture mezcla *(f)*
model maqueta *(f)*, modelo *(m/f)*; **the latest models** las últimas novedades

money dinero *(m)*;
a lot of ~ dineral *(m)*
month mes *(m)*
monument monumento *(m)*
more (than) más (que) *(Gr 15)*
morning mañana *(f)*;
in the ~ por la mañana
mother madre *(f)*
motorbike moto(cicleta) *(f)*
moustache bigote *(m)*
music música *(f)*
my mi *(adj) (Gr 21)*

N

name nombre *(m)*; **in whose ~?** ¿a nombre de quién?
nationality nacionalidad *(f)*
navy marino *(m)*;
~ blue azul marino *(Gr 13)*
near (to) cerca (de) *(Gr 7, 8)*
nearest más cercano *(adj)*
necklace collar *(m)*
to need necesitar *(vb)*
neither tampoco *(Gr 55)*; **neither … nor …** ni … ni … *(Gr 53)*
network red *(f)*
never nunca, jamás *(Gr 53)*
new nuevo *(adj)*;
New Year el Año Nuevo;
New Year's Eve la Nochevieja
news noticias *(fpl)*
newspaper periódico *(m)*
night noche *(f)*; **at ~** por la noche
night-owl trasnochador(a) *(m/f)*
no no
noise ruido *(m)*
noisy ruidoso *(adj)*
none ninguno *(adj) (Gr 14, 54)*
no one nadie *(Gr 53)*
normally normalmente
notes apuntes *(mpl)*
nothing nada *(Gr 53)*
novel novela *(f)*
now ahora
number número *(m)*
nursery school parvulario *(m)*

O

of de *(Gr 7, 8)*
office despacho *(m)*
oil aceite *(m)*
O.K. vale, de acuerdo
old antiguo *(adj) (Gr 14)*, viejo *(adj)*
older mayor *(adj) (Gr 13, 16)*;
~ people la gente mayor *(f)*
on (about) sobre; **when's it on?** ¿a qué hora se pone?; **what's on (TV)?** ¿qué ponen (en la tele)?
once una vez
open abierto *(adj)*; **~ all day** abierto sin interrupción
to open abrir; **when does it ~?** ¿a qué hora abre?
opposite enfrente (de) *(Gr 7, 8)*
optional optativo *(adj)*
or o, u *(Gr 11)*
orange naranja *(f)*,
(colour) naranja *(adj) (inv)*
to organise organizar *(vb)*
our nuestro *(adj) (Gr 21)*
ours nuestro *(Gr 22)*
outside fuera (de) *(Gr 7, 8)*
outskirts afueras *(mpl)*
overcrowded masificado *(adj)*
overcrowding masificación *(f)*
to owe deber *(vb)*; **how much do I owe you?** ¿cuánto le debo?
own propio *(adj)*;
on (one's) ~ solo *(adj)*

P

packet paquete *(m)*
pain (in) dolor (de) *(m)*
to paint pintar *(vb)*; **~ with oils / with watercolours** pintar al óleo / a la acuarela
painted (in) pintado *(adj)* (de)
papered (with) empapelado *(adj)* (con)
parents padres *(mpl)*
to pass pasar *(vb)*, **(exam)** aprobar (ue) *(vb) (Gr 37)*
passport pasaporte *(m)*
in the past antes
to pay pagar *(vb) (Gr 41)*
people gente *(f)*; **for how many ~?** ¿para cuántas personas?
pepper (spice) pimienta *(f)*;
(vegetable) pimiento *(m)*
per por; **~ week** por semana, a la semana
petrol gasolina *(f)*
physical físico *(adj)*;
~ appearance físico *(m)*
piano piano *(m)*
pigsty pocilga *(f)*
pink rosa *(adj) (inv)*
place lugar *(m)*, sitio *(m)*
plait trenza *(f)*; **in plaits** en trenza(s)
plan (street) plano *(m)*
to plan planear
plane avión *(m)*
plasters tiritas *(fpl)*
play drama *(m)*
to play (instrument) tocar *(vb) (Gr 41)*;
(sport, game) jugar (ue) a *(vb) (Gr 37, 41)*
playground patio *(m)*
pleasant agradable *(adj)*
plump gordito *(adj)*
pony-tail cola de caballo *(f)*
poor pobre *(adj) (Gr 14)*
port puerto *(m)*
post correo *(m)*
postcode código postal *(m)*
poster póster *(m)*
Post Office Correos
prefix prefijo *(m)*
to prepare preparar *(vb)*
present regalo *(m)*
pretty bonito *(adj)*
procession proceso *(m)*, desfile *(m)*
programme programa *(m)*;
children's ~ programa infantil;
sports ~ programa deportivo;
music ~ programa de música
to pronounce pronunciar *(vb)*; **how do you ~ (it)?** ¿cómo se pronuncia?
to protect proteger
PSE ética *(f)*
public público *(m)*
pupil alumno/a *(m/f)*
purple malva *(adj) (inv)*
purse monedero *(m)*
to put poner *(vb) (Gr 36, 42, 46, 49, 50)*

Q

quality calidad *(f)*
quiz show concurso *(m)*

R

racket (sport) raqueta *(f)*,
(noise) jaleo *(m)*
radiator radiador *(m)*
raincoat impermeable *(m)*
to read leer *(vb) (Gr 39, 41)*
to recommend recomendar (ie) *(vb) (Gr 37)*; **what do you ~?** ¿qué me recomienda? *(form)*
red rojo *(adj)*
red-haired pelirrojo *(adj)*
refrigerator frigorífico *(m)*
region región *(f)*
register: to take the ~ pasar lista *(vb)*
to relax relajarse *(vb) (Gr 38)*
to repair reparar *(vb)*
to repeat repetir (i) *(vb) (Gr 37)*
repetitive repetitivo *(adj)*
reply respuesta *(f)*
to reply (to) responder (a) *(vb)*
reservation reserva *(f)*
return vuelta *(f)*; **a ~ ticket** un billete de ida y vuelta
to return volver (ue) *(vb) (Gr 37)*
to revise repasar *(vb)*
reward recompensa *(f)*
right derecha *(f)*;
on the ~ a la derecha
room habitación *(f)*
roundabout rotonda *(f)*
rubbish basura *(f)*
rucksack mochila *(f)*
rug alfombra *(f)*
to run correr *(vb)*

S

(to go) sailing (hacer) vela (f)
sales oportunidades (fpl), liquidación (f)
salt sal (f)
salty salado (adj)
sauce salsa (f)
to save (money) ahorrar (vb), (life) salvar
to say decir (vb) (Gr 36, 42, 46); how do you ~ (it)? ¿cómo se dice?
school (secondary) instituto (m), (junior) colegio (m), (primary) escuela (f)
science(s) ciencias (fpl)
scientific científico (adj)
seasick mareado (adj)
sector sector (m)
to see ver (vb) (Gr 36, 41, 43, 46)
to seek solicitar (vb)
to sell vender (vb)
to send enviar, mandar (vb)
sentence frase (f)
separated separado (m)
series serie (f)
to serve servir (i) (vb) (Gr 37); do you serve ...? ¿se sirve ...?
service servicio (m)
to set light to prender (vb) fuego a
to share compartir (vb)
shaved head cabeza pelada (f)
sheet sábana (f)
shop tienda (f)
shopaholic adicto (adj) a ir de compras / a la compra
short bajo (adj), corto (adj)
to shout gritar (vb)
show espectáculo (f)
shower ducha (f)
to feel sick estar mareado (adj)
sightseeing turismo (m); to go ~ hacer turismo
silver plata (f)
to sing cantar (vb)
single soltero (adj), sencillo (adj), individual (adj); a ~ ticket un billete sencillo
sink fregadero (m)
sister hermana (f)
to sit down sentarse (ie) (vb) (Gr 37, 38); sit down! ¡siéntate! (fam), ¡siéntese! (form)
size tamaño (m), talla (f); what ~? ¿de qué tamaño?, (shoes) ¿qué número calza?, (clothes) ¿qué talla usa?
to ski esquiar (vb)
skin piel (f)
to sleep dormir (ue) (vb) (Gr 37)
slim delgado (adj)
slowly despacio, lentamente
small pequeño (adj)
smell olor (m)
to smoke fumar (vb)
snake serpiente (f)
soap jabón (m)
soap opera telenovela (f)
some unos, unas (Gr 2), alguno (adj) (Gr 14)
so much tanto (adj) (Gr 17)
song canción (f)
to be sorry sentir(lo) (ie) (vb) (Gr 37); I'm ~ lo siento
souvenir recuerdo (m)
spacious espacioso (adj)
Spanish español (adj, m)
to speak hablar (vb)
to spell deletrear (vb); how do you ~ (it)? ¿cómo se escribe / deletrea?
to spend gastar (vb)
spoon cuchara (f)
sport deporte (m)
sports day día del deporte (m)
sporty deportivo (adj)
spotted de lunares
spring primavera (f)
square plaza (f), cuadrado (adj)
to squeak chillar (vb)
stadium estadio (m); football ~ estadio de fútbol
stamp sello (m)
to stand (upright) estar de pie, (bear) aguantar (vb)
star estrella (f)
station estación (f)
statue estatua (f)
to stay alojarse (vb), quedarse (vb) (Gr 38)
stepbrother hermanastro (m)
stepfather padrastro (m)
stepmother madrastra (f)
stepsister hermanastra (f)
sting picadura (f)
to sting picar (vb); I've been stung by ... me ha picado ...
stomach estómago (m)
stop parada (f); bus ~ parada de autobuses
store almacén (m); dept. ~ grandes almacenes (mpl)
straight(-haired) liso (adj)
straight away en seguida
stranger extranjero/a (m/f)
street calle (f)
stressed out estresado (adj)
striped de rayas
stroll vuelta (f); to go for a ~ dar una vuelta
to study estudiar (vb)
stupid tonto, estúpido (adj)
subject asignatura (f)
suitcase maleta (f)
it suits me me va bien
summer verano (m)
sun sol (m)
to sunbathe tomar (vb) el sol
supermarket supermercado (m)
surname apellido (m)
to swim nadar (vb)
swimming pool piscina (f)
syrup jarabe (m)

T

table mesa (f); to set / clear the ~ poner / quitar (vb) la mesa
tablecloth mantel (m)
tablet pastilla (f)
to take tomar (vb), coger (vb), llevar (vb); ~ ... street tome / coja (form) la calle ...; I'll take it me lo / la llevo
to take (time) tardar (vb); how long does it take to ...? ¿cuánto tiempo se tarda en ...?
tall alto (adj)
tanned moreno (adj); to get ~ ponerse (vb) (Gr 38) moreno/a
tasty rico (adj)
to teach enseñar (vb)
teacher profesor(a) (m/f)
team equipo (m); as part of a ~ en equipo
telephone teléfono (m)
to telephone telefonear, llamar (por teléfono) (vb)
television tele(visión) (f); ~ set televisor (m)
to tell decir (vb) (Gr 36, 42, 46)
temperature (when ill) fiebre (f), (climate) temperatura (f); I've got a ~ tengo fiebre
tennis tenis (m); ~ court pista de tenis (f)
tent tienda (f) (de campaña)
term trimestre (m)
terrace terraza (f)
that ese (adj), aquel (adj), eso, aquello (Gr 23, 24)
the el, la, los, las (Gr 3)
theatre teatro (m)
them los, las, les (Gr 28, 29), ellos/as (Gr 34)
then luego, entonces
there allí, ahí
there is / are hay (Gr 65)
there was / were había, hubo (Gr 65)
there will be habrá (Gr 65)
there would be habría (Gr 65)
they ellos/as (Gr 34)
thing cosa (f); the important ~ lo importante

third tercero *(adj) (Gr 14)*
to be thirsty tener sed *(Gr 64)*
this este *(adj)*, esto *(Gr 23, 24)*
thrilling apasionante *(adj)*
throat garganta *(f)*
through por
ticket (transport) billete *(m)*; (entertainment) entrada *(f)*
tight estrecho *(adj)*
time hora *(f)*, tiempo *(m)*; to have a good / bad ~ pasarlo bien / mal
all the time todo el tiempo
at what time? ¿a qué hora?
timetable horario *(m)*
to a *(Gr 7, 8)*
toilet servicio *(m)*, aseo *(m)*
tomorrow mañana; ~ morning mañana por la mañana
tonight esta noche
too (much) demasiado; I've eaten too much he comido demasiado; he's too poor es demasiado pobre
too much *(adj)* demasiado/a
tooth muela *(f)*, diente *(m)*
toothpaste pasta *(f)* dentífrica
tourist turístico *(adj)*
towards hacia *(Gr 7)*
towel toalla *(f)*; sanitary ~ compresa higiénica *(f)*
town ciudad *(f)*
toy juguete *(m)*
traffic tráfico *(m)*
traffic lights semáforos *(mpl)*
to train entrenarse *(vb) (Gr 38)*
training formación profesional *(f)*
travel agency agencia de viajes *(f)*
trick broma *(f)*; to play tricks on gastar *(vb)* bromas a
trophy trofeo *(m)*
to try (on) probar(se) (ue) *(vb) (Gr 37, 38)*; can I try it on? ¿me lo / la puedo probar?
tube tubo *(m)*
to turn torcer (ue) *(Gr 37)*; ~ left tuerza *(form)* a la izquierda
twice dos veces
to twist torcer (ue) *(vb) (Gr 37)*; I've twisted my … se me ha torcido el / la …
type tipo *(m)*, categoría *(f)*
to type escribir *(vb)* a máquina
tyre neumático *(m)*

U

ugly feo *(adj)*
umbrella paraguas *(m)*
uncomfortable incómodo *(adj)*
under debajo (de) *(Gr 7, 8)*
under-(18s) los menores de (18) años
underground metro *(m)*
to understand entender (ie) *(vb) (Gr 37)*, comprender *(vb)*
unemployed parado *(adj)*; to be ~ estar en paro
unleaded sin plomo
unpleasant desagradable *(adj)*
until hasta
upstairs arriba
us nos *(Gr 28, 29)*, nosotros *(Gr 34)*
to use usar *(vb)*, utilizar *(vb)*
utility room lavadero *(m)*

V

to vacuum (clean) pasar *(vb)* la aspiradora
varied variado *(adj)*
variety variedad *(f)*; wide ~ gran variedad
vegetarian vegetariano *(adj)*; for vegetarians para vegetarianos
very muy *(Gr 19)*
video vídeo *(m)*
to visit visitar *(vb)*
voluntary voluntario *(adj)*

W

waiter camarero *(m)*
waitress camarera *(f)*
walk paseo *(m)*; to go for a ~ dar un paseo
to walk andar, ir a pie *(vb)*
wall (inside) pared *(f)*, (outside) muralla *(f)*
wallet billetero *(m)*
warm cálido *(adj)*
to wash lavar *(vb)*; ~ the dishes fregar los platos; to have a ~ lavarse *(Gr 38)*
washbasin lavabo *(m)*
to get washed lavarse *(vb) (Gr 38)*
wasp avispa *(f)*
to waste gastar *(vb)*
watch reloj *(m)*
to watch mirar *(vb)*; ~ TV ver *(vb)* la tele
water agua *(f) (Gr 4)*
in the way of (regarding) en cuanto a
to wear llevar *(vb)*, ponerse *(vb) (Gr 38)*
weather tiempo *(m)*; ~ forecast meteorológico *(m)*
week semana *(f)*
welcome bienvenido *(adj)*
well bien
well-built fuerte
Welsh galés *(adj, m)*
what lo que *(Gr 26)*; what? ¿qué?, ¿cómo? *(Gr 32)*
when cuando; when? ¿cuándo? *(Gr 32)*
where donde; where is / are …? ¿dónde está(n) …? *(Gr 32)*
where from de donde; where are you from? ¿de dónde eres? *(fam) (Gr 32)*
where (to) adonde; where are you going (to)? ¿adónde vas? *(fam) (Gr 32)*
which que *(Gr 25)*; which? ¿qué? *(Gr 32)*; which one(s)? ¿cuál(es)? *(adj) (Gr 32)*
white blanco *(adj)*
who quien; who? ¿quién? *(Gr 32)*; who's speaking? ¿de parte de quién?
whose cuyo *(adj) (Gr 27)*
why? ¿por qué? *(Gr 32)*
to win ganar *(vb)*
window ventana *(f)*, French windows puertaventanas *(fpl)*
windscreen parabrisas *(m)*; ~ wiper limpiaparabrisas *(m)*
to windsurf hacer windsurf *(m)*
wine vino *(m)*; ~ list lista *(f)* de vinos
winter invierno *(m)*
with con *(Gr 7)*; ~ me conmigo; ~ you contigo *(Gr 34)*
without sin *(Gr 7)*
wool lana *(f)*
word palabra *(f)*
work trabajo *(m)*; ~ experience prácticas de trabajo *(fpl)*
to work trabajar *(vb)*
worksheet hoja *(f)* de actividades
worse peor *(adj) (Gr 13, 16)*
worst peor *(adj) (Gr 13, 18)*
to write escribir *(vb)*
wrong falso *(adj)*; it's a ~ number se ha equivocado de número

Y

year año *(m)*; school ~ curso *(m)*; to take a ~ out tomar un año de descanso
yellow amarillo *(adj)*
yesterday ayer; the day before ~ anteayer
you tú, ti, vosotros/as, usted(es) *(Gr 34)*, te, le, la, os, les, las *(Gr 28, 29)*
your tu, su, vuestro *(adj) (Gr 21)*
yours tuyo, suyo, vuestro *(Gr 22)*
youth hostel albergue juvenil *(m)*